"十二五"普通高等教育本科国家级规划教材

教育部高等学校电子商务类专业教学指导委员会指导
新一代高等学校电子商务实践与创新系列规划教材

阿里巴巴商学院 组织编写

电子商务服务
（第2版）

梁春晓　盛振中　潘洪刚　罗　堃　阿拉木斯　薛艳　编著

清华大学出版社
北京

内 容 简 介

本书从电子商务服务发展、影响和体系，电子商务服务产品、赢利模式和运营管理，电子商务服务公共管理，以及与电子商务服务相关的理论和观点等几个方面全面介绍电子商务服务相关知识。

全书内容共分 9 章，分别是走进电子商务服务，电子商务服务相关知识，电子商务服务体系和商业生态，电子商务交易服务，电子商务支撑服务，电子商务衍生服务，电子商务服务产品和赢利模式，电子商务服务管理、评价和优化，电子商务服务公共治理。

本书贴近前沿，内容新颖，形式创新，安排大量相关知识和鲜活案例，可以作为高等学校电子商务、市场营销、国际贸易、服务经济、企业管理、信息管理等相关专业的本科生和研究生教材，也可供对电子商务和信息经济感兴趣的各类人士参考。

图书在版编目（CIP）数据

电子商务服务/梁春晓等编著. 一2 版. 一北京：清华大学出版社，2015(2023.8重印)

新一代高等学校电子商务实践与创新系列规划教材

ISBN 978-7-302-40578-8

Ⅰ．①电… Ⅱ．①梁… Ⅲ．①电子商务－商业服务－高等学校－教材 Ⅳ．①F713.36

中国版本图书馆 CIP 数据核字（2015）第 130091 号

责任编辑：袁勤勇　王冰飞
封面设计：常雪影
责任校对：白　蕾
责任印制：杨　艳

出版发行：清华大学出版社
　　　　　网　　址：http://www.tup.com.cn，http://www.wqbook.com
　　　　　地　　址：北京清华大学学研大厦 A 座　　　　邮　　编：100084
　　　　　社 总 机：010-83470000　　　　　　　　　　邮　　购：010-62786544
　　　　　投稿与读者服务：010-62776969，c-service@tup.tsinghua.edu.cn
　　　　　质量反馈：010-62772015，zhiliang@tup.tsinghua.edu.cn
　　　　　课件下载：http://www.tup.com.cn，010-83470236
印 装 者：北京嘉实印刷有限公司
经　　销：全国新华书店
开　　本：185mm×260mm　　　　印　　张：17.5　　　　字　　数：399 千字
版　　次：2010 年 11 月第 1 版　　2015 年 8 月第 2 版　　印　　次：2023 年 8 月第12次印刷
定　　价：48.00 元

产品编号：062737-03

新一代高等学校电子商务实践与创新系列规划教材

编写委员会

指　导：教育部高等学校电子商务类专业教学指导委员会

顾　问：潘云鹤　宋　玲　吴　燕　马　云　刘　军

　　　　李　琪　陈德人　吕廷杰　陈　进

编委会

主　任：梁春晓

副主任：张　佐　章剑林

委　员：（按姓氏笔划为序）

　　　　王学东　邓顺国　兰宜生　刘业政　刘震宇

　　　　刘　鹰　孙宝文　汤兵勇　宋远方　阿拉木斯

　　　　张　宁　张李义　张宽海　李洪心　杨坚争

　　　　邵兵家　孟卫东　段永朝　高红冰　徐　青

　　　　彭丽芳　潘洪刚　盛振中

十多年来,我国电子商务的各个领域发生了巨大变化,从形式到内涵的各个方面都更加丰富和完善,在国民经济中的作用显著增强,对电子商务人才的需求愈来愈大,也对高等学校电子商务人才培养工作提出更高的要求。因此,如何面向日新月异的电子商务发展,开展各具特色的电子商务专业人才培养工作,打造新型的电子商务教材体系和系列教材,显得十分必要。

杭州师范大学阿里巴巴商学院是一所产学研相结合,充满创新创业激情的新型校企合作商学院。这次由教育部高等学校电子商务专业教学指导委员会指导,该商学院组织开展的高等学校本科教学电子商务实践与创新系列教材建设工作,是一次针对产业界需求、校企合作开展电子商务人才培养工作改革的有益实践,对探索我国现代服务业和工程创新人才的培养具有积极的意义。

电子商务实践与创新系列教材建设目标是打造一套结合电子商务产业和经济社会发展需要,面向电子商务实践,体现校企合作和创新创业人才培养特点的新一代电子商务本科教学系列教材,旨在为电子商务人才培养工作服务。系列教材建设工作,前期已经过半年多时间的调查和研究,形成了面向电子商务发展的新一代教材体系基本框架。该系列教材针对电子商务中的零售、贸易、服务、金融和移动商务等深浅不同的领域,对学生进行实践与创新的培训,不但吻合电子商务业界的发展现状和趋势,也属校企合作教学改革的一次实践与创新。

二〇一〇年七月十九日

一直觉得,自己人生中最快乐的日子,是站在讲台上当老师的那段时光。看着学生不断成长,真的是一件很有意义的事。

很多人说,良好的教育可以改变人的一生,教育对人的创新能力的培养非常重要。我们国家每年有几百万名大学生毕业,但很多人走出校园却找不到工作;另一方面又有很多中小企业的老板对我说,自己的企业招聘不到合适的人才。这种反差说明我们的教育发生了偏离。现在学校里灌输得更多的是知识,而不是思考方式,这不是一种文化的传递。

现在很多大学开设了电子商务专业,这对于阿里巴巴这样的电子商务公司来说是件好事。阿里巴巴已成立十年多时间,这十年多时间,我们证明了一件事情,就是互联网和电子商务在中国能成功。同时我们相信互联网和电子商务的发展将彻底改变未来,彻底影响我们的生活。我相信电子商务未来会成为国与国之间的竞争力,而不仅仅是企业之间的竞争力。但我觉得很多大学在培养电子商务专业人才时可能需要更加脚踏实地、更加务实,因为理论上可行的东西在实践中不一定能做到。我在阿里巴巴商学院成立仪式上说过,这是阿里巴巴在电子商务教育上的一次摸索,商学院要加强对学生创业方面的指导、培训,中国中小企业发展需要创业者,他们更需要商学院的培训和教育。

这个世界在呼唤一个新的商业文明,我们认为新商业文明的到来、展开与完善,有赖于每一个公司、每一个人的创新实践。未来的商业人才需具备四个特质:拥有开放的心态、学会分享、具有全球化的视野、有责任感。过去十年以来,我们看到越来越多的年轻人加入网商行列,他们是改革开放以来最具创造能力的新一代,他们更有知识,更懂得诚信,更懂得开放。

分享和协作是互联网的价值源泉。作为一家生于杭州,长于杭州的企业,阿里巴巴乐意为电子商务未来的发展做出贡献。阿里巴巴创业团队自 1995 年开始创业到现在,积累了许多经验和大量案例,阿里巴巴希望将这些案例与中国的中小企业人、创业者及学子们分享,形成教育、企业、产业及社会通力发展的模式。

阿里巴巴商学院组织编写的电子商务实践与创新系列教材正是基于这一点进行策划酝酿的。这套教材融合了数以千万计网商的电子商务实践,从理论层次进行了总结升华;同时,教材编写团队中不仅有电子商务理论界的著名教授和学者,也有电子商务企业界专家,相信这套教材对高等学校电子商务教学改革将是一次很好的探索和实践。

　　感谢教育部高等学校电子商务专业教学指导委员会给予的指导,感谢所有参加系列教材编写工作的专家、学者,以及系列教材组织编写委员会的顾问、领导和专家。我相信,这次合作不仅是一次教材编写的合作,同时也是新一代电子商务实践与创新系列教材建设工程的开篇,更是一次全国电子商务界精英的大联盟,衷心期待我们的老师、同学们能够从教材中吸取知识加速成长。

阿里巴巴集团

2010 年 8 月 10 日

　　贯彻党的二十大精神,筑牢政治思想之魂,启迪专业知识之智,使教材真正发挥"培根铸魂,启智增慧"的作用。编者在对本书进行修订时牢牢把握这个根本原则。党的二十大报告提出,要坚持教育优先发展、科技自立自强、人才引领驱动,加快建设教育强国、科技强国、人才强国,坚持为党育人、为国育才,全面提高人才自主培养质量,着力造就拔尖创新人才,聚天下英才而用之;要加快发展数字经济,促进数字经济和实体经济深度融合,打造具有国际竞争力的数字产业集群,加快建设网络强国、数字中国。而电子商务服务是发展数字经济的重要基础,其相关课程是落实立德树人根本任务,培养德智体美劳全面发展的社会主义建设者和接班人不可或缺的环节,对提高人才培养质量具有较大的作用。

　　电子商务服务是电子商务和信息经济领域的重大产业创新。

　　《电子商务服务》第1版问世以来的四年间,与我国电子商务应用高速发展同步,电子商务服务也有了极大发展,创新不断涌现,物种不断丰富,变化天翻地覆。我国电子商务服务业已经成为全球领先的战略性新兴产业,在电子商务、信息经济以及国民经济和社会发展中的作用和影响愈加突出,是推动电子商务和信息经济持续发展的强大引擎和基础设施,以及促进传统经济向信息经济转型升级的关键支撑。电子商务服务正在并将持续高速发展、创新和演进,新实践、新模式和新概念不断涌现,令人眼花缭乱,亟待了解、研究和学习。

　　基于电子商务服务的新发展、新认知和新需求,本书在第1版的基础上做了全面修订和改进,知识体系进一步完善,内容更加贴近前沿,更新和加入了一些数据、案例和最新研究成果,尽可能全面展现与电子商务服务相关的最新发展、演进趋势和理论观点。与第1版相比,第2版增加了电子商务交易服务、电子商务支撑服务和电子商务衍生服务三章,删除了电子商务服务技术和服务业电子商务两章。

　　本书力求从以下5个方面建立电子商务服务的知识框架。

　　第1章和第3章从总体上介绍电子商务服务的概念、发展、现状、作用和影响等,以及电子商务服务体系和商业生态。

　　第2章介绍与电子商务服务相关的主要理论、概念和观点。

第4～6章分别介绍电子商务服务的三大组成部分：电子商务交易服务、电子商务支撑服务和电子商务衍生服务。

第7章和第8章介绍电子商务服务产品和赢利模式，以及电子商务服务管理、评价和优化。

第9章分别从工商管理、税收、个人隐私及商业数据保护、知识产权、消费者权益、反欺诈、反不正当竞争、第三方平台法律责任等角度介绍与电子商务服务相关的公共管理。

本书分工为：梁春晓任主编，负责本书的总体思路和框架，第1章、第3～6章由盛振中编写，第2章由罗堃编写，第7章和第8章由潘洪刚编写，第9章由阿拉木斯编写，部分案例由薛艳编写，最后由薛艳和梁春晓统稿。

此次修订得到了西安交通大学李琪教授、浙江大学陈德人教授、中国社会科学院荆林波研究员、云华时代郭昕董事长以及阿里巴巴商学院段永朝特聘教授、章剑林教授和张佐书记等的热情鼓励和指导，在此深表感谢。阿里巴巴商学院吴吉义副教授、湖畔大学李丽娜总监以及其他专家和教师也从不同角度为本书修订做出了贡献，在此一并致谢。

由于电子商务服务仍在快速发展、创新和演进之中，对电子商务服务的认知仍在积累、研究和深化，与此相关的一些体系、概念和观点等仍待成型或达成共识，更由于编者知识和水平局限，书中的疏漏、不当和粗糙之处仍会不少，望各位读者不吝指正，力争下一版继续有大的改进。

作　者

2023 年 7 月于北京

前言

第1版

在异军突起的电子商务服务业的推动下,我国电子商务已经进入大规模、高速度发展的时期。2009 年,我国企业间电子商务交易额超过 3 万亿元,网上零售交易额超过 2000 亿元,广泛拉动物流、支付和 IT 等相关行业,大量创造就业和创业机会(仅淘宝网就创造 300 多万个直接和间接就业机会),电子商务及相关服务业的经济社会影响日益广泛和深刻,由此催生的新商业文明正在浮现。

未来 5～10 年,我国电子商务将有 5～10 倍的成长空间。预计到 2015 年,网上消费者将从 2009 年的 1.5 亿元增长至 5 亿元以上,网上零售交易额将从 2009 年的 2000 多亿元增长至 20 000 亿元,占社会消费品零售总额的比例将从 2009 年的约 2% 增长至 7% 以上。届时,我国将形成全球最大规模的电子商务服务体系,拥有最具竞争力的电子商务基础服务企业,电子商务应用规模将居世界前列。

电子商务及相关服务业已经成为影响国民经济信息化的关键因素,也是推动我国从农业社会、工业社会进入信息社会的加速器。

电子商务服务业正在并将持续高速发展、创新和演化,电子商务服务业的新实践、新模式、新概念不断涌现,令人眼花缭乱,亟待大力了解、研究和学习。本着尽快推出一本虽很不完善但总能有所帮助的教材的愿望,作者们在几无借鉴的情况下,从零起步,在教育部电子商务专业教学指导委员会的指导、清华大学出版社的支持下,以较快的速度完成了本书。

本书由多位作者合作完成,梁春晓任主编,负责本书的总体思路、框架和统稿,第 1 章由梁春晓和盛振中编写,第 2 章由罗堃编写,第 3 章由盛振中编写,第 4 章由潘洪刚和盛振中编写,第 5 章和第 7 章由吴吉义编写,第 6 章由潘洪刚和罗堃编写,第 8 章由阿拉木斯编写。

本书在编写过程中得到了西安交通大学李琪教授、浙江大学陈德人教授、北京邮电大学吕廷杰教授、对外经济贸易大学陈进教授的热情鼓励和指导,在此深表感谢。阿里巴巴商学院的张佐书记、徐青副院长、章剑林教授,以及阿里巴巴集团社会责任部金媛影总监等也对本书做出了贡献,在此一并致谢。

电子商务服务业刚刚兴起，对电子商务服务的认识还在初步积累、研究和深化之中，与此相关的很多概念和观点尚未成型或尚未达成共识，更由于作者水平有限、编写时间较短，书中的疏漏、不当和粗糙之处一定很多，望各位读者不吝指正，力争再版时能有较大的改进。

梁春晓

2010 年 7 月于北京

目录

第 1 章　走进电子商务服务

学习目标

- 掌握电子商务服务及相关概念；
- 了解电子商务服务的发展、现状和未来，以及电子商务服务的作用和影响；
- 了解电子商务经济体。

任务书或角色扮演

浏览并使用淘宝网（www. taobao. com）和当当网（www. dangdang. com），比较并说明两者之间的异同。

1.1　电子商务服务概述

1.1.1　电子商务服务的概念

电子商务服务是指为电子商务应用提供的服务，即面向企业或个人的电子商务应用的服务。常见的电子商务服务有电子商务交易服务、快递服务、仓储服务、运营服务、营销服务等。

所有提供电子商务服务的企业即电子商务服务提供商的集合，即电子商务服务业。

电子商务服务按不同的标准分类如下。

（1）按行业的不同，可分为综合性电子商务服务和行业性电子商务服务，前者不区分行业，为所有行业厂商和所有产品、服务提供交易服务，如阿里巴巴、慧聪网等；后者专注于某一行业或产品、服务，如中国化工网等。

（2）按服务对象的不同，可分为面向生产者（企业）和面向消费者（个人）的电子商务服务。前者主要服务企业间的电子商务交易（B2B），后者主要服务企业与个人（B2C）或者个人与个人（C2C）之间的电子商务交易。

1.1.2　电子商务服务与电子商务应用

"电子商务服务"与"电子商务应用"相对应，前者相当于市场中的"供给"，后者相当于市场中的"需求"：电子商务应用是指一个个具体的企业和个人运用电子商务方式实现商务目标，如完成采购、销售、消费等；电子商务服务则是指提供一定的服务以满足这些需求，如电子商务交易服务、电子支付服务等。

1.1.3　电子商务服务与服务业电子商务

由于电子商务快速发展,电子商务服务业的边界尚未完全清晰,常常与服务业电子商务混淆,因此有必要比较和区分。

(1) 服务业电子商务:传统服务业借助互联网信息技术优化升级后实现服务的电子化,其实质是技术进步引起的产业自身的优化升级,属于应用新技术,产业改造升级的范畴。

(2) 电子商务服务业:伴随电子商务的发展形成和扩展,是新兴的服务行业,其实质是新技术应用下催生或衍生的新兴产业,具有创新性和拓展性,富有广阔的发展前景,属于创新技术应用和衍生的范畴。

1.1.4　电子商务服务与现代服务

现代服务是相对于传统服务而言的,主要是指那些依托电子信息等高技术和现代管理理念、经营方式和组织形式发展起来的服务,包括为生产者提供的服务,如信息、物流、金融、会计、咨询、法律等服务;也包括为消费者提供的服务,如网络零售、电子支付、互联网理财、数字化娱乐等。

电子商务服务是现代服务的重要组成部分,是满足电子商务应用需求的现代服务的集合。相应地,电子商务服务业是现代服务业的重要组成。

电子商务服务业、现代服务业、服务业三者之间的关系如图 1-1 所示。

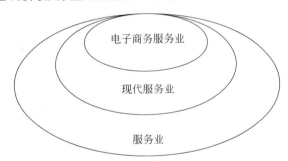

图 1-1　电子商务服务业、现代服务业、服务业之间关系示意图

1.2　电子商务服务的发展

1.2.1　电子商务服务兴起背景

电子商务服务是随着电子商务的发展而兴起的,是电子商务应用规模不断扩大、影响不断深化的结果。

如果说起初企业要应用电子商务,就必须自己从事注册域名、购买(租用)服务器、购买虚拟主机、制作网页等工作的话,那么电子商务服务业的兴起则意味着这一切都可以通过专业化的电子商务服务平台来完成;如果说起初网上商店要开通网上支付,就必须与各家银行分别洽谈、签约而且未必成功的话,那么电子商务服务业的兴起则意味着只要与一家网上支付平台合作就可以了。

电子商务服务的兴起,标志着电子商务领域的专业化水平有了质的飞跃。

1.2.2 电子商务服务发展过程

伴随着电子商务高速、持续发展,我国电子商务服务业先后经历萌芽、起步、规模化增长和协同扩张4个阶段。在发展过程中,电子商务应用和电子商务服务互动促进,一方面,电子商务应用的规模化、多样化,不断促成电子商务服务分工细化、服务水平提升;另一方面,电子商务服务不断帮助电子商务应用提升效率,降低成本。由此,电子商务服务业规模持续增长、分工不断细化、经济社会价值快速显现,并逐步成为信息经济的基础设施。

1. 萌芽阶段(1995—2002 年)

1995 年,马云创办中国黄页,成为最早为企业提供网页创建服务的互联网公司。1999 年,8848、携程网、易趣网、阿里巴巴、当当网等一批电子商务网站先后创立,中国电子商务服务业进入萌芽阶段。

在萌芽阶段,网民数量少,网商数量更少。而且,网民的网络活动主要停留在电子邮件和新闻浏览层面。截至 2000 年 6 月 30 日,中国上网计算机仅 650 万台,上网用户仅1690 万[①],并且上网用户主要是浏览新闻和查收邮件。这个阶段,网络基础弱、网民和网商规模小,电子商务服务相对简单。经过互联网络泡沫的洗礼,电子商务服务平台为中小企业和创业者走向互联网和电子商务铺路奠基。

电子商务交易服务是电子商务服务业起步的最早环节,是电子商务服务业得以萌芽发展的“核心”;其后,围绕电子商务交易平台这个核心,电子商务支撑服务和衍生服务才得以兴起和发展。

2. 起步阶段(2003—2007 年)

进入 2003 年,在企业间交易、网络零售、电子商务、电子认证等领域已经涌现了众多电子商务服务商,如当当网、卓越网、阿里巴巴、慧聪网、淘宝网、eBay、易趣、支付宝、中国金融认证中心等。这些“生于网络、长于网络”的电子商务服务商在短短的数年内崛起,电子商务服务业规模迅速壮大。

数据显示,2005 年,我国电子商务交易额达到 3875.1 亿元;电子支付机构超过 50 多家,国家授权许可的 CA 认证机构有 17 家。围绕电子商务开展服务的第三方物流、电子支付、电子认证机构的年销售额已经突破百亿元[②]。

随着《电子商务发展“十一五”规划》的实施,在各级政府的政策引导下,电子商务交易额稳定持续增长,电子商务服务业快速起步。

---

① 中国互联网络发展状况统计报告.
② 新闻工作室.电子商务服务业初露端倪. http://www.enet.com.cn/article/2006/0630/A20060630120587. shtml.

3. 规模化增长阶段（2008—2010 年）

随着电子商务的快速增长，电子商务服务需求急剧增加，从 2008 年开始，电子商务服务业进入规模化增长阶段，集中体现在以下两个方面。

（1）电子商务服务的客户规模化。随着中小企业应用电子商务和消费者应用网络购物快速扩散，面向中小企业和消费者电子商务交易平台快速发展，两者之间良性互动。截至 2010 年底，阿里巴巴平台会员超过 5600 万人，企业商铺超过 800 万人，付费会员超过 100 万人。支付宝注册用户突破 5.5 亿人，超过 46 万家商户选择使用支付宝，日交易额超过 25 亿元，日交易笔数达到 850 万笔[①]。

（2）电子商务服务商数量快速增长。2008 年，淘宝网启动开放平台战略，向第三方服务商开放买家、卖家、商品、店铺、交易、物流、评价等多个环节的数据，由此催生了一大批在信息技术、营销、物流、数据分析等细分领域的专业服务商。电子商务服务商数量进入快速增长阶段，截至 2010 年底，接入淘宝开放平台的服务商超过 7000 家。

以淘宝为代表的电子商务交易平台通过开放战略，集成了信息、支付、物流、金融、IT 运营等多种服务，成为电子商务服务业的核心，标志着电子商务领域的专业化水平有了质的飞跃。

4. 协同扩张阶段（2011 年至今）

经过前三个阶段十余年的快速发展，2011 年我国电子商务服务业开始进入协同扩张阶段，其特征是电子商务交易平台与第三方电子商务服务商协同发展，共同进化。典型案例是历年"双十一"大促销。2013 年，"双十一"大促销产生的包裹数超过 1.5 亿件。在其后一周内有 78.9% 已送到消费者手中。尽管包裹数量创历史新高，几乎是前一年的两倍，但全国没有出现大面积的爆仓问题。在此背后，是成千上万家电子商务服务商通力协作，它们来自电子商务交易、物流快递、电子支付、信息技术、运营服务等领域，通过提前制定应急方案、实时共享数据等，高效地支撑海量电子商务交易。

电子商务服务商之间大规模协同作战，与云计算在电子商务中发挥信息基础设施密不可分。截至 2011 年底，接入淘宝开放平台的服务商超过 4 万家，服务商每天调用应用程序接口（API）的次数达到十亿次级别。海量的电子商务交易产生海量的数据处理和服务需求，在服务成本、信息安全、弹性扩容等方面提出全新的挑战，传统的 IT 架构难以低成本、高效率地满足海量化、个性化的电子商务服务需求。2012 年 7 月，阿里巴巴推出名为"聚石塔"的电子商务云计算服务，在海量数据存储、计算、传输等方面提供全新的 IT 支持。2013 年"双十一"大促销，在 1.88 亿笔订单中，超过 75% 由云计算处理完成，并且实现零漏单、零故障。2014 年"双十一"，阿里云聚石塔处理了 96% 的"双十一"订单，无一故障、无一漏单，通过"订单全链路"功能，实现订单、配送、签收各个环节实时数据的商家可视化。

1.2.3 电子商务服务未来展望

（1）电子商务服务业将成为最重要的商业服务、商业基础设施和现代服务业的核心。

---

① IDC. 为信息经济筑基——电子商务服务业及阿里巴巴商业生态的社会经济影响. 白皮书，2011.

随着电子商务的应用日益广泛和深入,在与电子商务相关的信用、支付、物流、IT、金融等领域,将涌现出越来越多的服务商,他们将为电子商务活动提供多样化的服务,成为电子商务广泛应用和深入发展必不可缺的组成部分。更进一步看,电子商务服务业正在成为新的商业基础设施,电子商务服务业将扮演"公共服务"的角色,为全社会提供无处不在、随需随取、极其丰富、极低成本的电子商务服务,电子商务服务业将成为信息社会最重要的商业基础设施。

与此同时,电子商务及网商生态体系将日益完善,第三方支付、现代物流等支撑服务业将加速发展,与传统产业进一步融合,技术创新、商业模式创新步伐也将加快。

(2) 电子商务服务平台继续作为电子商务服务业核心,规模进一步扩大,模式进一步创新。

电子商务服务平台的规模进一步扩大,将出现更多的百万会员数量级的电子商务服务平台,从而进一步强化电子商务服务平台的规模效应和网络效应,进一步提高电子商务服务平台的生存能力和服务能力。

电子商务服务平台的服务模式进一步创新,在服务环节、服务范围和服务功能上均实现大的突破。

① 电子商务交易服务的服务环节从交易前向交易中和交易后延伸。目前电子商务交易服务平台的服务环节几乎都集中在交易前的环节,即搜寻和发布商务信息以降低交易成本。未来几年,电子商务交易服务平台将有选择地针对一部分类型的企业、产品和服务,提供在线成交和交割服务。

② 电子商务服务的服务范围从外部市场交易向企业内部运营渗透,通过提供在线软件和信息系统服务,如在线 ASP、CRM 和财务管理等,为企业提供全面 IT 运营服务。

③ 电子商务服务的功能将实现基于电子商务服务平台的集成化。电子商务服务平台拥有海量客户以及理解和服务客户的能力,为电子商务服务体系中的其他角色,如信用、认证、支付和现代物流等提供了良好的运营环境,未来将有越来越多的信用、认证、支付和现代物流等服务集成于电子商务服务平台上,从而进一步提高整个电子商务服务业的服务水平。

综合性电子商务服务平台与行业性电子商务服务平台摆脱低水平竞争,充分保持和发挥各自的优势,不断走向合作乃至融合,构造"互为平台"的电子商务服务新模式。电子商务服务平台从"工具性平台"向"生态性平台"升级,构建和服务于基于电子商务服务平台的电子商务生态,将成为未来电子商务服务平台的重要功能。

(3) 云计算、物联网、移动互联网等技术创新,将极大地促进电子商务服务模式和商业模式创新。

云计算、物联网等技术创新将为电子商务服务模式创新和商业模式创新提供新的发展动力和新的拓展空间。

云计算将为电子商务服务商提供强大的技术支持,解决计算能力、存储空间、带宽资源等瓶颈。未来的电子商务软件与服务,将广泛部署在云计算平台上。未来几年,作为未来电子商务服务业基础的云计算将得到广泛应用,并发挥巨大作用,这对于摆脱西方巨头垄断、支持现代服务业和小企业发展意义重大。

物联网的兴起,将有利于提升电子商务活动中信息获取、储存、处理和传递的效率与智能化水平。物联网将在信息、支付、物流等领域给电子商务带来前所未有的变化。

数量巨大的移动电话用户,为移动电子商务在我国的发展和普及提供了坚实的用户基础。到 2013 年底,我国移动电话用户已经超过 12 亿,且仍然拥有较大的扩展空间。电信运营商大力推动移动信息基础设施建设,也将为移动电子商务的发展和普及提供坚实的技术基础。各地各级政府的大力促进也是移动电子商务发展和普及一大推动力。未来几年,3G 应用将不断扩展,手机上网将进一步普及,用户将可以通过手机、上网本和 PDA 等移动终端实现随时随地购物,由电视、互联网和手机构成的立体化电子商务体系将逐渐成型,移动电子商务将商务、工作、生活和学习等各个领域加速渗透,日益普及。

(4) 我国电子商务服务业将成为新的经济增长点,并成为全球领先的战略性新兴产业。

国家《电子商务发展"十一五"规划》指出:"技术创新加速社会专业化分工,为电子商务服务业提供了广阔的发展空间。电子商务服务业正成为新的经济增长点,推动经济社会活动向集约化、高效率、高效益、可持续方向发展。"

电子商务服务业已经并将继续促进我国电子商务快速发展,在未来几年成为国民经济重要的经济增长点和全球领先的战略性新兴产业。我国正面临经济社会转型的关键时期,抓住机遇,充分发掘我国丰富市场需求,大力发展电子商务服务业,对于优化产业结构,加速经济转型,把握全球电子商务发展的主动权,具有十分重要的战略意义。

预计到 2015 年,我国将形成全球最大规模的电子商务服务体系和最具竞争力的电子商务基础服务企业,电子商务应用规模将位列世界第一,电子商务发展环境将进一步优化,电子商务技术创新、商业创新引发的制度创新将进一步突出,电子商务的经济和社会影响力将进一步扩展和深化,具有新商业文明特征的基础设施、商业行为、商业组织、社会生活和制度环境将进一步显现。

1.3 电子商务服务的作用和影响

1.3.1 降低交易成本

1. 降低准备成本

电子商务平台免费为卖家提供网络空间、在线店铺、技术维护等支持,帮助卖家节省了独立建站的经济和时间成本,减轻了普通经营者的负担。

与传统商铺相比,网络店铺替卖家节省了日益高昂的实体店面成本。2009 年 8 月,咨询机构 IDC 公司对淘宝网活跃店铺的地域分布和运营状况进行了抽样调研,并以同期相应地域的店面租赁价格和运营费用为基准进行折算。结果表明,仅此一项,淘宝网每月替卖家在库存/物流成本方面节省约 9.2 亿元的投入。

2. 降低库存和物流成本

零售业的电子商务化,使零售商可以实时了解到商品的销售情况和供求信息,动态调整进货清单,商品积压或短缺的情况显著减少,降低了库存成本。电子商务还可以帮助卖家有效控制物流成本。例如,淘宝网与超过 20 家快递物流企业合作为淘宝用户服务,并推出推荐物流、时效物流和大件物流等细分服务,使卖家能够根据需求选择最经济的物流方式。

3. 降低营销成本

网上零售的营销成本普遍低于传统零售,在电子商务平台上,卖家不仅可以免费展示产品,还可通过博客、论坛等社会化应用推动关系营销。淘宝网为卖家提供了"大客户品牌"、"钻石展位"、"超级卖霸"、"淘宝直通车"和"淘宝客"等多种低价高效的增值服务,并支持定制化的营销方案。"我过去线下做生意,广告很难到达目标客户,花了很多冤枉钱。在淘宝上,我写写博客、发发贴,人气就提上去了。"武汉的一位饰品网店店主邱女士这样说。

4. 降低渠道成本

调研发现,相当多的淘宝卖家绕过分销商,直接向厂商下订单;而企业也可以建立网络直营店,直接抵达海量的用户。传统的多级销售渠道正被缩短为"生产商—网络零售商/网络直营店—海量消费者"的新型渠道体系,简化了产品从生产商到最终消费者之间的层级,提高了渠道效率。

5. 降低财务成本

传统的多级分销零售体系中,各级分销商和零售商之间往往存在复杂的账目关系,呆账、坏账比较普遍,并影响到资金的流转速度。电子商务让渠道层级得到简化,有利于财务成本的降低。支付宝的网上支付方式,帮助商户直接在网上完成支付结算过程。同样的资金规模,更快的资金周转率能够帮助用户支撑更高的业务量。这也是全程电子商务的魅力所在。

分析表明,电子商务平台在降低企业交易和运营成本方面的作用十分显著,使得网商能够建立起价格优势,同传统销售渠道相比,在线销售的商品价格平均可以降低 10% 以上,为消费者带来了实惠。

此外,基于电子商务平台的第三方支付平台,能够有效降低传统企业的运营和销售成本。以机票销售为例,支付宝与中国东方航空公司建立了战略合作关系,为其提供在线机票的直销支付服务。东航总经理马须伦认为,"通过线上渠道和电子支付方式,可节省航空公司的营销推广成本,提高资金运作效率。"

1.3.2　促进电子商务发展

2003 年以来,以交易服务为主、以交易平台为核心的电子商务服务业渐成规模,大大降低了电子商务应用门槛和交易成本,应用电子商务的企业(特别是中小企业)、创业者和消费者大大增加,这反过来又有力地带动了电子商务服务业的崛起——这是最近几年电子商务领域最重大的事件,国家《电子商务发展"十一五"规划》将电子商务服务业作为重中之重,提出到"十一五"末电子商务服务业"成为重要的新兴产业"的战略目标。

专业化电子商务服务业的崛起及其与电子商务应用相互促进的正反馈机制,是近几年中国电子商务高速发展的重要原因,也是未来几年中国电子商务继续高速发展的保障和引擎。

交易是一切经济活动的核心。电子商务交易服务业是电子商务服务业的核心,也是现代服务业的核心,甚至是未来整个经济活动的核心。近年来,全球电子商务服务业发展十分迅速,对经济活动的影响越来越大,正在重构全球经济格局,加速信息社会进程,并对未来信息社会的形成、结构和演化产生重要影响。电子商务促进社会分工进一步细化,基于网络的电子商务交易服务、业务服务、技术服务的服务模式和服务产品不断创新,服务规模逐渐扩大,成为国民经济新的增长引擎。

1.3.3 促进企业成长和创新

电子商务服务对于企业(特别是中小企业)的发展,至少有两个方面的支持作用。一是将电子商务融入企业(特别是中小企业)成长的各个阶段,满足企业在不同时期的需求;二是通过电子商务推动企业(特别是中小企业)完成战略转型,实现业务模式的突破。

1. 帮助中小企业成长

阿里巴巴 B2B 公司自成立以来,陆续推出"中国供应商"、"国际诚信通"、"中国诚信通"等多项服务,帮助中国乃至海外的中小企业通过互联网发掘商机、达成交易。越来越多的中小企业选择阿里巴巴 B2B 平台完成内外贸易。2013 年 6 月 20 日,阿里巴巴 B2B 中国事业部网站注册会员数突破 1 亿[①]。

中小企业会员在阿里巴巴 B2B 平台的投入获得巨大的回报。咨询机构 IDC 公司通过对部分中小企业的抽样调研发现,21.76％的中小企业在阿里巴巴 B2B 平台上获得了平均 238 倍的交易额回报,59.35％的中小企业获得了平均 171 倍的交易额回报,大大高于传统营销方式带来的投入回报率[②]。阿里巴巴 B2B 平台在中小企业贸易中发挥了较强的杠杆作用。

2. 对中小企业生长周期全程支持

阿里巴巴 B2B 公司准确把握了中小企业成长过程中的阶段性需求。大多数初创型的中小企业,以求"生存"为基本目标,关注的核心在于"更多的订单"所带来的"更多的销量和收入"。阿里巴巴 B2B 为中小企业提供了产品展示平台、国内外贸易信息和多功能建站服务,帮助企业获得订单,增加收入;企业形成一定规模后,运营管理和人才培养就成为"成长"阶段的新课题。阿里软件为中小企业提供低成本的 IT 解决方案,支持其信息化进程;阿里学院则帮助中小企业培养企业管理和电子商务人才。资金是中小企业长期"发展"的命脉,阿里巴巴创立阿里贷款,建立面向中小企业的新型信贷模式,为企业发展持续注入活力。

---

① 杨婧如.阿里巴巴 B2B 会员突破 1 亿.深圳特区报,2013-6-21.
② IDC 中国.为经济复苏赋能——电子商务服务业及阿里巴巴商业生态的社会经济影响,2009(12).

3. 推动中小企业模式转型

电子商务可以帮助企业实现产品创新、新渠道拓展和资源重新整合,加速中小企业转型。金融风暴当中,许多中小企业通过阿里巴巴平台从外贸转型为内贸,从替知名品牌代工转型为创立自有品牌,或从单一品类转型为多元化产品线,成功变风险为机遇。咨询机构 IDC 公司认为,后危机时代,"中国制造"正在升级为"中国创造",电子商务可以在这一过程中发挥关键的作用。

1.3.4 提升企业竞争优势

调研显示,网商通过电子商务能够有效提升企业竞争实力,强化企业竞争优势,最主要的价值表现为及时准确地把握市场信息(63.2%)、增加客户和销售额(47.3%),其他的价值还有获得电子商务经验和知识、提高企业信息化水平、拓展商业人脉等。

电子商务给企业带来的价值如图 1-2 所示。

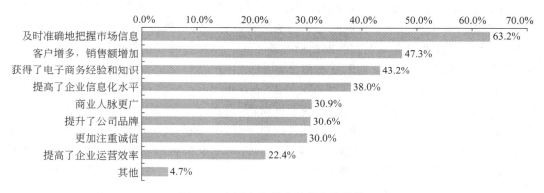

图 1-2　电子商务给企业带来的价值

1.3.5 带动相关产业发展

1. 拉动物流行业经济,刺激物流企业变革

2013 年,国家邮政局数据显示,全国规模以上快递公司完成业务量达 92 亿件,超过 60% 来自网络零售。其中来自淘宝、天猫平台的快递包裹约 50 亿件。

以支付宝为代表的第三方电子支付体系,建立了可靠的信用机制,去除了物流行业电子化的瓶颈,加快了资金周转速度,保障了物流企业的发展壮大。

同时,电子商务能够引导中国物流企业完成向网络化、信息化的现代物流转型。电子商务平台通过与物流企业建立合作关系,加强对物流配送流程的监控,推动行业服务质量的提升,并带动物流企业管理模式的转变。例如,2008 年,淘宝网为物流企业开通了网上订单结算服务,促进物流企业信息化水平的提升;2009 年,淘宝网先后推出"限时物流"和"货到付款"等物流配送政策,激励了物流企业配套服务制度的完善。

2. 面向电子商务的 IT 创新

(1) 电子商务开放技术平台。淘宝网推出淘宝开放平台(Taobao Open Platform,

TOP),利用应用接口对外开放电子商务能力。第三方软件开发商可以基于淘宝 API 查询在线交易数据库,开发电子商务的配套软件,完善电子商务应用和服务。2012 年,淘宝开放平台开放 API 数据接口超过 1000 个,日均数据调取频次约 24 亿次,接入淘宝开放平台的卖家达到 120 万家,是上一年的 2.6 倍。

(2) 电子商务云计算平台。阿里巴巴集团于 2009 年 9 月创立"阿里云计算"公司,专注于云计算领域的研究和开发。"阿里云"基于分布式运算架构,将大量计算资源集中起来,并提供智能化管理,支持面向中小企业和网商的电子商务在线服务。

阿里云计算平台能够作为基础设施,为广大第三方应用提供商业运营资源和高效可靠的计算能力。咨询机构 IDC 公司认为,未来的电子商务软件与服务,将广泛部署在云计算平台上。"阿里云"还可以从基础设施层面推动电子商务平台各模块的资源整合,并进行数据挖掘,提升平台的整体商业价值。

3. 提供会展服务、促进虚拟经济与实体经济融合

在阿里巴巴新商业体系中,线上的虚拟经济与线下的实体经济将通过电子商务和会展业实现融合。阿里巴巴展会网涵盖了包括消费品、工业品、原材料等不同类别产品的展会信息,为参展商和展会专业服务商提供互动平台。参展商可以获得展台设计与搭建、礼仪、设备租赁、物流等各环节的服务商信息。

2009 年 5 月,阿里巴巴"首届网货交易会"在广州开幕,3 万名来自全国各地的淘宝卖家与广东地区的 400 家阿里巴巴平台线上供应商,通过直接的贸易集市方式实现供需对接;"第二届网货交易会"于 2009 年 9 月在杭州举行,有 1200 多家阿里巴巴供应商和超过 5 万个淘宝卖家参会,现场成交额为 2660 万元,订单成交额近 2 亿元。会展服务打通了电子商务分销商和供应商渠道,推动新的 B2B2C(供应商—零售商—消费者)商业模式的形成。

4. 开辟中小企业金融信贷的创新模式

融资困难一直是制约中小企业发展的瓶颈。不同于大型企业,中小企业生命周期较短,发展不确定性大,缺乏足量信用资产,同银行沟通合作不足。这些不利因素,使中小企业成为银行信贷的盲区。金融危机以来,国家实施了积极的财政政策和适度宽松的货币政策,但是中小企业并没有从中获得与大型企业同等的"信贷扶持"。工信部数据显示,2009 年前 3 个月,全国信贷规模总量增加了 4.8 万亿元,其中中小企业贷款增加额度只占不到 5%。融资问题已经成为改善中小企业经营环境,落实中小企业扶持政策的重点和难点。

阿里巴巴面向中小企业推出无抵押的新型信贷机制"网络联保"。这一机制通过 3 家或 3 家以上企业共同申请贷款、签署联保协议的方式,降低了银行风险;通过中小企业信用数据库,银行可以实时了解企业的资金流向和经营状态,以及过往交易历史和诚信记录,有效控制不良贷款率。此外,阿里巴巴和银行合作,推出凭阿里巴巴订单申请贷款的"供应链贷款"、凭借信用评价申请贷款的"纯信用贷款",以及传统的抵押物贷款等多种服务模式,满足不同条件的中小企业差异化需求。

以网络诚信体系为基础的"网络联保"贷款,不仅帮助众多中小企业顺利"过冬",也带

动了金融业信贷模式的创新。中国建设银行、中国工商银行等5家银行已与阿里巴巴建立网络联保贷款合作,预计今后几年中将有很多银行加入该信贷体系。中国建设银行副行长赵林说,银行网络联保贷款"具有里程碑式的意义",是"现代商业银行首次突破传统信贷模式,以网上电子商务的信用度评级作为银行贷款发放的重要依据的一次金融创新"。

数据显示,3年来中小企业获得的网络贷款呈跳跃式增长。2007年,中小企业共获得网络贷款2000多万元,2008年跃升至10亿多元。截至2009年10月,阿里贷款共计发放贷款40.9亿元,惠及中小企业超过2000家,不良贷款率仅0.74%,低于此前银监会公布的1.77%的商业银行平均不良贷款率。

更进一步,阿里金融推出了小微信贷。"数据和网络是微贷技术的核心。阿里小微信贷利用我们的天然优势,也就是阿里巴巴、淘宝、支付宝等电子商务平台上客户积累的信用数据和行为数据,引入网络数据模型和在线视频资信调查模式,通过交叉检验技术辅以第三方验证确认客户信息的真实性,将客户在电子商务网络平台上的行为数据映射为企业和个人的信用评价,向这些通常无法在传统金融渠道获得贷款的'弱势群体'批量发放'金额小、期限短、随借随还'的小额贷款。"小微金服微贷事业部的总经理娄建勋介绍。

截至2013年12月,阿里小微信贷的客户数已经到达64万家,放贷的总金额累计达到了1500多亿元,而坏账率不到1%。数据显示,80后、90后创业者成为阿里小微信贷的融资主力。

1.3.6 促进创业和就业

电子商务成为创造就业机会的新动力。一方面,电子商务的发展直接创造就业机会。越来越多的企业应用电子商务,以及电子商务服务业本身的发展,创造出大量新的就业机会。据不完全统计,2009年上海来自电子商务的新增就业岗位接近一半,浙江约1/4,广东近1/5。中国就业促进会研究项目组研究显示,2013年,我国网络创业带动直接就业达到962.5万人,其中淘宝带动866万人。同时,调研发现,30.7%的网店未来一年有招工计划。其中,个人网店中,未来一年有招工计划的网店占29.4%;企业网店中,未来一年有招工计划的网店占71.4%。

另一方面,电子商务通过带动起来的相关产业发展,间接为社会提供更多的就业机会。例如,电子商务带动物流业的发展,物流业又带动相关领域的就业岗位的增长。2008年,我国社会物流从业人员约2000万人,物流业每增加1个百分点,就可以新增10万个就业岗位。在促进就业方面,电子商务具有显著的"乘数效应"。阿里研究院与清华大学联合课题组调研显示,截至2013年6月,电子商务交易平台、物流、支付、运营、信息技术、客服、培训等电子商务服务业创造的就业机会达204万个。

电子商务服务业带动的就业机会,具有"类型多样、覆盖广泛"的特征,能提供多样的就业选择。以物流快递为代表劳动力密集型电子商务服务业,创造的就业机会门槛低、规模大。以信息技术服务为代表的技术密集型电子商务服务业,创造的就业机会含金量高、增速快。

1.4 电子商务服务支撑电子商务经济体兴起

1.4.1 电子商务经济体的兴起

自1995年萌芽至今,中国电子商务经历了从"工具"(点)、"渠道"(线)到"基础设施"(面)这3个不断扩展和深化的发展过程。2013年,电子商务在"基础设施"上进一步催生出新的商业生态和新的商业景观,进一步影响和加速传统产业的"电子商务化",进一步扩展其经济和社会影响,"电子商务经济体"开始兴起。

中国电子商务演进如图1-3所示。

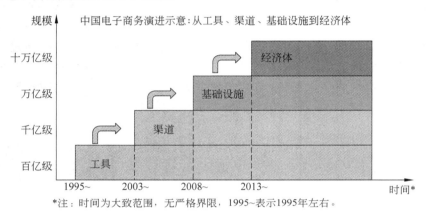

图 1-3　中国电子商务演进示意图

电子商务从工具、渠道、基础设施到经济体的演进,不是简单的新旧替代的过程,而是不断进化、扩展和丰富的生态演进过程。

(1)工具阶段。早期,应用电子商务的企业和个人主要把电子商务作为优化业务活动或商业流程的工具,如信息发布、信息搜寻和邮件沟通等,其应用仅局限于某个业务"点"。

(2)渠道阶段。随着网民和电子商务交易的迅速增长,电子商务成为众多企业和个人的新的交易渠道,如传统商店的网上商店、传统企业的电子商务部门以及传统银行的网络银行等,越来越多的企业在线下渠道之外开辟了线上渠道。网商随之崛起,并逐步将电子商务延伸至供应链环节,促进了物流快递和网上支付等电子商务支撑服务的兴起。

(3)基础设施阶段。电子商务引发的经济变革使信息这一核心生产要素日益广泛运用于经济活动,加快了信息在商业、工业和农业中的渗透速度,极大地改变了消费行为、企业形态和社会创造价值的方式,有效地降低了社会交易成本,促进了社会分工协作,引爆了社会创新,提高了社会资源的配置效率,深刻地影响着零售业、制造业和物流业等传统行业,成为信息经济重要的基础设施或新的商业基础设施。越来越多的企业和个人通过以电子商务平台为核心的新商业基础设施降低交易成本、共享商业资源、创新商业服务,也极大地促进了电子商务的迅猛发展。

（4）经济体阶段。随着网商群体日益壮大及主流化，电子商务基础设施日益完善，电子商务对经济和社会影响日益强劲，电子商务在"基础设施"之上进一步催生出新的商业生态和新的商业景观，进一步影响和加速传统产业的"电子商务化"，促进和带动经济整体转型升级，电子商务经济体开始兴起。

1.4.2　电子商务经济体的界定

电子商务经济是指以电子商务为基础的经济。

电子商务经济体是指具有电子商务属性的经济活动的集合，包括电子商务应用、电子商务服务、电子商务相关互联网基础设施和电子商务相关互联网设备制造 4 个部分，如图 1-4 所示。

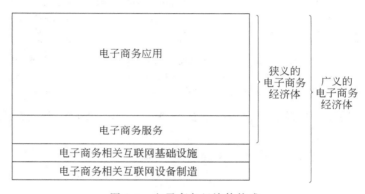

图 1-4　电子商务经济体构成

电子商务经济体之构成有广义和狭义之分，广义电子商务经济体包含电子商务应用、电子商务服务、电子商务相关互联网基础设施和电子商务相关互联网设备制造 4 个部分，而狭义电子商务经济体则仅包含电子商务应用和电子商务服务。

（1）电子商务应用：包括企业、消费者和政府电子商务应用等[①]。

（2）电子商务服务：包括电子商务交易服务业（如网络零售交易平台）、电子商务支撑服务业（如网上支付）、电子商务衍生服务业（如代运营服务）等。

（3）电子商务相关互联网基础设施：包括宽带、IDC 和云计算运营等。

（4）电子商务相关互联网设备制造：包括计算机、手机、服务器和路由器制造等。

2012 年，中国电子商务应用规模[②]为 7.95 万亿元，其中，企业之间电子商务交易额（B2B）约 6.65 万亿元，网络零售交易额约 1.3 万亿元。

网络零售交易额将持续高速增长。2012 年，网络零售交易额占社会消费品零售总额的比例为 6.3%，预计到 2020 年中国网络零售交易额将突破 10 万亿元，占社会消费品零售总额的比例将达到 16.3%，将增长约 10 个百分点，如图 1-5 所示。2013 年，中国超越美国成为全球第一大网络零售市场。

---

① 本报告在计算电子商务应用规模时未计入在线旅游、在线教育、在线炒股和政府采购等。

② 本报告中电子商务应用规模指电子商务交易额，未经特殊注明时，本报告中有关电子商务的数据均来自中华人民共和国商务部、国家统计局、艾瑞咨询、易观咨询、阿里研究中心。

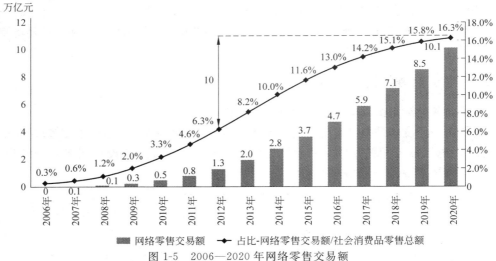

图 1-5　2006—2020 年网络零售交易额

资料来源：商务部、艾瑞咨询、易观咨询、阿里研究中心，2013 年 4 月

电子商务应用总体规模也将保持高增长态势，预计到 2020 年将达到 43.8 万亿元，如图 1-6 所示。

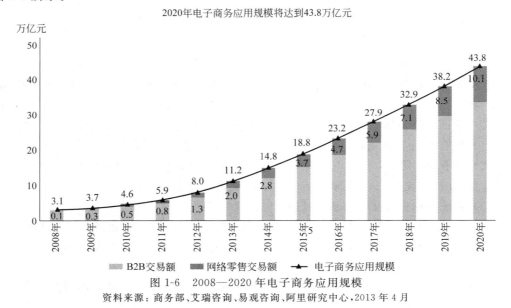

图 1-6　2008—2020 年电子商务应用规模

资料来源：商务部、艾瑞咨询、易观咨询、阿里研究中心，2013 年 4 月

电子商务服务业在不同领域、不同层面的扩展与协同，极大地展现了一个新兴产业集群蓬勃崛起的兴旺景象。2012 年，电子商务服务业市场规模为 2463 亿元，同比增长 72%[①]，预计未来 3～5 年，电子商务服务将进入扩张期，其规模的年均增长速度将保持为

[①]　2012 年"电子商务服务"的统计口径略有调整，按照新口径，2011 年的电子商务服务业规模要高于《生态大爆发——2011 年中国电子商务服务业报告》中发布的 1200 亿元。

60％～70％,呈现比电子商务应用更快的发展速度。电子商务服务业的强势发展,将推动电子商务应用,尤其是传统企业转型电子商务应用的强劲增长。

电子商务服务业所支撑的电子商务应用规模逐年扩大。电子商务服务业所支撑的电子商务应用规模占电子商务应用总体规模的比例,也在逐年扩大。

(1) 网络零售领域,电子商务服务业支撑的网络零售交易额约占网络零售总交易额的90％,预计未来10年将维持高位。

(2) B2B领域,绝大部分中小企业电子商务应用通过电子商务服务业支撑完成。2012年电子商务服务业支撑完成了约65％的B2B电子商务应用[①],预计到2020年该比例会上升到70％～80％。

由电子商务服务业支撑完成的电子商务应用规模占电子商务应用总体规模的比例如图1-7所示。

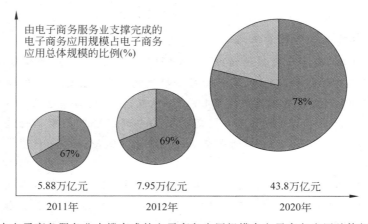

图1-7 由电子商务服务业支撑完成的电子商务应用规模占电子商务应用总体规模的比例

2012年,2463亿元的电子商务服务业支撑了超过5万亿元的电子商务应用。预计2020年,将有约4万亿元的电子商务服务业支撑超过30万亿元的电子商务应用。

未来几年,电子商务经济体将继续高速成长。2020年,电子商务经济体规模将达到2010年的10倍。

驱动电子商务经济体继续高速成长的因素是多方面的,包括(但不限于)以下几个方面。

(1) 2012年网络零售在社会消费品零售总额中的占比超过6％,这将极大地促动越来越多的传统零售商转型电子商务,并进一步带动消费者从线下向线上转移。

(2) 随着电子商务服务业进入扩张期,电子商务服务业日趋丰富和完善,为企业和个人电子商务应用功能的作用更强,电子商务应用门槛更低,这将帮助更多的传统企业转型电子商务(特别是B2B电子商务)。

(3) 移动互联网和大数据的应用,将促进网络消费与生活的无缝连接,进一步激发和

[①] B2B电子商务应用包括中大型企业的电子商务应用和中小企业的电子商务应用,后者绝大部分通过电子商务服务业支撑完成。2012年的“65％”的数据来源于艾瑞咨询。

释放消费者隐性的个性化需求。

（4）互联网和物流基础设施的发展将极大地释放中国三四线城市、西部和农村地区的网络消费潜力，向"消费无差别"迈进。在这些地区，现有流通体系的落后相当程度上限制和抑制了消费。

案例 1-1　阿里巴巴：从公司运营到生态运营[①]

2014 年 5 月 7 日凌晨消息，阿里巴巴集团在美国提交招股书。根据招股书表述，阿里巴巴以其交易规模及多年的布局，已经成为全球最大的在线及移动电子商务公司。其招股书显示，淘宝、天猫、聚划算及其在电商领域的种种布局，被定义为"阿里巴巴电商生态"，淘宝、天猫和聚划算 3 个平台 2013 年的交易总额（GMV）达到 15 420 亿元，约合 2480 亿美元。这一规模远超 eBay 和亚马逊，成为全球第一。

1. 数据显示阿里核心商业生态

截至 2013 年底，淘宝和天猫的活跃买家数超过 2.31 亿，活跃的卖家数大约为 800 万。以此推算，阿里电商体系里，人均年购买金额超过 6000 元，远超亚马逊的人均购买能力。此外，2013 年，淘宝和天猫共产生了 50 亿个包裹，占中国当年包裹总量的 54%。

数据显示，在 2013 年，大约有 113 亿笔的交易在阿里巴巴的电商生态系统里达成。平均每个买家购买了 49 笔，每一笔的成交额约 136 元。这使得这一平台占据了中国网络零售的绝大部分市场份额。

值得注意的是，阿里巴巴在移动端的增长非常迅速。2013 年第 4 季度，阿里电商在移动端的成交额占比达到 19.7%，而 2012 年同期这一数字仅为 7.4%。根据艾瑞数据，整个 2013 年，阿里巴巴旗下的手机淘宝等移动客户端的成交总额达到 2320 亿元，占中国移动端电子商务交易总额的 76.2%。

在移动端的布局上，根据 2014 年 2 月的月活跃用户数，阿里巴巴集团已经占据了中国最受欢迎 APP 前五名中的三席，分别是手机淘宝、支付宝钱包（关联公司支付宝的 APP）和 UCWeb 手机浏览器。UC 是阿里巴巴集团所控股的公司。

此外，阿里巴巴在 2014 年还全资收购高德地图、投资银泰集团，与移动端结合，推进 O2O 战略，搭建线上线下结合的交易平台。亿万的买家、卖家和第三方服务提供商，共同组成了一个巨大的平台。阿里巴巴称为"生态系统"，并维持其运营。

"我们不仅仅是在运营一家公司，我们把自己看作这一生态系统的管家，职责是让生态更加繁荣与平衡，让所有参与者获得利益。"阿里巴巴在招股书中说，生态系统在不断发展，并产生了自我强化的效应，不同参与者之间的互动都为对方创造了更多价值。

2. 平台模式进入高速发展周期

受益于阿里电商体系交易额的爆发式增长，阿里巴巴的收入规模在最近几年开始进

[①]　阿里招股书详解：从公司运营到生态运营. 新浪科技. http://tech.sina.com.cn/i/2014-05-07/06319363317. shtml.

入高速增长的轨道。据招股书披露,2013年2～4季度,阿里巴巴集团的收入达到404.73亿元,同比增长56.6%。

2013年,中国在线零售交易占总零售市场的份额仅为7.9%。艾瑞咨询预计,到2016年,中国在线零售市场的普及率将达到11.5%,规模达3.79万亿元。这意味着从2013年到2016年,中国在线零售的年复合增长率为27.2%。阿里巴巴集团的收入增长与平台交易额的增长基本保持同步。

在阿里巴巴的平台生态模式下,收入随平台交易额同步放大后,利润率也在不断提高。平台的高度扩张弹性,让费用占收入的比例越来越低。截至2013年底,基于阿里巴巴云计算,阿里巴巴平台处理交易的能力达到每分钟360万笔。

数据显示,从2010财年(2009年4月1日—2010年3月31日)至2013年2～4季度,阿里集团的运营利润率从—13.1%上升到了51.2%,净利润率从—7.5%上升至43.8%。2013年2～4季度,阿里巴巴集团的净利润达到177.42亿元。

这意味着阿里巴巴构造并运营了十多年的平台化生态圈已经进入高速增长周期。阿里巴巴招股书说:"阿里巴巴的使命是'让天下没有难做的生意',我们的创始人们创办公司的初衷,是为了帮助小企业,创始人们坚信,互联网可以通过技术和创新,提高小企业在国内外市场的竞争优势。从1999年创办之日起,这个使命就一路指引着公司的发展,今天它依然是我们制定公司发展战略的方向。"

招股书强调,正是基于上述使命,阿里巴巴在移动和PC端建立了庞大的电子商务生态圈,让参与者们可以在我们的平台上创造和分享价值。

阿里招股书显示,根据阿里研究院和清华大学社会科学学院联合发布的研究报告,截至2013年6月,淘宝和天猫上的商家共雇佣约970万人。此外,来自物流、营销、咨询、运营外包、培训及其他专业服务的各类供应商提供就业机会200万个。

阿里巴巴亦在招股书中承诺,未来还将采取一系列措施来扩大平台的影响力与价值,包括增加活跃买家数量和购买频次、扩张新的品类和产品、扩大在移动电商的领先优势、发展跨境电子商务、开发更多的产品与服务以帮助卖家更成功、加大在物流基础设施、云计算和大数据的投入等。

3. 未来仍将不断扩充和完善生态系统

阿里巴巴在招股书中表示,要成为一家至少102年的企业,为用户提供商业和数据技术方面的基础设施,创造一个社会和商业互动的平台。阿里巴巴在招股书中也明确,未来将在云计算、大数据和物流基础设施等领域继续加大投入。

"我们认为,云计算将成为互联网和移动电子商务基础设施的最基本组成部分。"阿里巴巴透露,"飞天"平台的单个集群规模已经可扩充到5000个节点,拥有100PB的存储能力和10万个CPU核的处理能力。飞天平台是阿里巴巴运用自有技术将服务器集群连接在一起的通用式分布计算平台。

截至2013年底,阿里巴巴的云计算平台已经为98万个客户提供服务,涵盖电子商务、数字娱乐、金融服务、医疗健康、气象、政府管理等多个领域。基于庞大的电子商务生态系统和云计算平台,阿里巴巴未来将是最大的数据应用和输出平台。

阿里小贷是目前最为典型的大数据应用案例。阿里巴巴在2010年创办了阿里金融,为阿里平台上的卖家提供贷款服务。阿里巴巴运用平台上积累的卖家数据，发展出一套专有的信用评估模型，能够制定借贷人的信用评分和评估借款人的偿贷能力。据招股书披露，截至 2013 年 12 月 31 日，阿里金融为超过 34.2 万个中小企业或卖家提供过贷款服务，贷款余额为 126 亿元。

此外，阿里巴巴还在 2013 年联合多家企业和物流服务商共同搭建了中国智能物流骨干网。这是一个全国范围的现代仓储网络，也被称为菜鸟网络。通过这一平台，买家、卖家和物流服务商的信息能够互相联系起来，实现信息共享。阿里巴巴在其中拥有 48% 的股份。

在这一物流平台上，阿里巴巴本身不会直接运营自己的物流公司，也不会有快递员配送包裹，主要负责提供底层的基础设施，如数据平台和仓储体系。

此外，阿里巴巴还在 2014 年 3 月完成了对海尔集团 2% 股份的认购，同时投资入股了海尔旗下物流企业，最高可获得约 35% 的股权。整体交易金额约 28.21 亿港元。2013 年 9 月，阿里巴巴还以 2.02 亿美元投资了美国在线交易的物流服务商 Shoprunner。

作为生态系统的延展和补充，阿里巴巴在 2014 年还入股了文化中国和优酷土豆，与主营电视网络的华数集团也达成战略合作协议，加上之前投资的虾米音乐和电影制作渠道，力图通过全方位的布局，为用户提供一站式的数字文化娱乐服务，实现"Live@Alibaba"的愿景。

"为了增强用户体验，拓展平台的能力与范围，我们已经并且会持续对平台和生态系统进行大笔投资。"阿里巴巴在招股书中称，未来将继续投资和收购与其互补的公司、产品、技术及其他资产，以不断完善和扩充生态系统，投资方向会与移动产品、数字媒体、O2O 本地服务以及物流服务相关。

招股书显示截至 2013 年底，阿里巴巴集团拥有的现金及等价物和短期投资约为 78.76 亿美元。

案例 1-2　瑞金麟：整合服务助力传统企业转型[①]

瑞金麟网络技术服务有限公司成立于 2009 年 5 月，致力于通过专业服务来与传统企业共同携手实现其互联网化转型。瑞金麟专注为传统企业创建独立的电子商务体系，提供量身定制的渠道互联网化、营销互联网化、CRM 互联网化、供应链互联网化及创新型业务等一体化解决方案。

1. 从电商代运营起家

部分传统企业在转型发展电子商务的过程中，选择将电商业务全权委托给专业的电商代运营公司。瑞金麟在起步之初即服务于这样的企业。瑞金麟为企业在天猫等电子商务平台搭建旗舰店、开发官网、页面设计、产品货架管理、日常营销管理、客服、订单处理、

　　① 　参考文献：瑞金麟连续两年成为运营淘拍档. 赛迪网. 2011(8)；崇晓萌. 瑞金麟 A 轮融资 40% 发展国际品牌经销业务. 北京商报，2012(9)；瑞金麟：代运营转型经销商控制供应链. 亿邦动力网，2012(10)；瑞金麟安士辉：电商代运营因何成悲剧. 亿邦动力网，2013(12).

仓储配送等服务,其中仓储配送环节外包给其他公司。

除此之外,瑞金麟还提供内训、咨询、整合营销、客服和 ERP 系统服务。采取固定服务费＋交易额提成＋增值服务的赢利模式。

当时,客户主要集中在传统服装、食品、快消品行业。瑞金麟先后成功服务了中粮、中石化、买买茶、圣大保罗、鸭宝宝、康佳等多个品牌。

2. 通过 IT 系统提升运营服务

瑞金麟自主研发的瑞雪系统,为客户提供从供应、财务、仓储、运营到营销的全方面 IT 系统解决方案。瑞雪系统的特色体现在良好的数据关联和抓取服务上,通过瑞雪服务卖家就可以把平台上的商品和系统里的商品进行关联。

数据的同步关联提高了发货的速度。订单审核完成后,瑞雪系统自动生成出库单到库房,库房会根据出库单快速打印快递单和发货单进行发货。

瑞雪 ERP 系统可与淘宝 API 对接,任何企业都可通过瑞雪 EC-ERP 系统有效地实时了解库存,减少人力成本自动解决售后服务,同步更新淘宝信息,自动解决订单。

在自动化的功能上,瑞雪 ERP 系统将传统搭建淘宝网店的繁复操作工具简化到任何人都能轻松上手,便利操作,极其有效地解决了人力成本的问题,让原先至少要 10 人以上操作的淘宝客户服务人员有效减少到 3 人左右。

在售后服务上,24 小时实时机动的服务能够让客户毫无后顾之忧。只要客户端有问题,瑞金麟客服团队就能通过系统显示发现问题并及时解决。高效的 ERP 系统和高品质的客户服务团队让客户有更好的购物体验。

3. 探索经销模式

大部分电商代运营公司选择的是代销模式,即代运营某个企业或者品牌,卖出货品后收取佣金和提成。

除代销模式外,瑞金麟也探索经销模式,即从品牌商处购买产品,进行全网零售和分销再卖给经销商或消费者。

代销模式投入少,基本没什么风险。而经销则需投入大量资金备货,并且有货品积压的风险。为何把主要业务从代销转为经销?瑞金麟创始人之一安士辉表示,因为瑞金麟要控制供应链,控制品牌的货品。电商的核心是供应链和营销。如果没有优质货品,再优质的品牌也难以在电子商务这一领域取得成功。

代销、代运营最大的问题就是没有办法控制供应链和货品,所以瑞金麟要通过经销的模式来控制供应链。

4. 服务海外品牌

由于国外市场萎缩以及国内消费者对国际时尚品牌的认知度不断加大,中国市场已经成为外资品牌的争抢热土。

“几乎所有知名度较高、尚未进入中国市场的外资时尚、流行品牌,都在咨询与中国的电商平台开设旗舰店的相关事宜。”安士辉说,这些品牌包括欧洲、北美和日本多地的流行大牌,以及平价时尚品牌。

这些品牌大都打算在未来几年在中国内地市场开设门店,但由于门店选址等相关事宜较为复杂，需要耗费较长的时间和成本，通常会选择通过网售试探市场，依此决定国内实体店的规模。网店代运营为传统国外品牌进入中国起到了良好的试探作用。

Forever 21 在开设实体店前，由瑞金麟代运营天猫旗舰店，正价销售商品，发现中国女性消费者非常喜欢其风格和价格。北京专卖店随之落成，第一天即带来几百万元销售额。随后，Forever 21 在上海也开设了旗舰店，二三线城市的消费需求则继续由网店满足。

5. 向电商综合服务提供商转型

随着电商行业的发展，品牌商对电商的认识逐渐清晰，也有部分传统企业开始自己发展电商业务，其中不乏年交易额百亿的公司。

"大部分民营企业会将收回电子商务业务自己做，这会导致代运营公司死掉一大批。"瑞金麟创始人之一安士辉看到的是这样的危机。

"我们从 2012 年年初就在去代运营化，那时候在上海、北京组建了数据营销中心。2013 年我们会投入大部分的资源和人力去开发 CRM（客户关系管理）系统。"对瑞金麟来说，代运营是创业 4 年后即将告别的一个阶段。

在去代运营化后，瑞金麟希望在代运营的基础上发展出更多的能力，如互联网营销、IT 系统服务、供应链管理等。

案例 1-3　美丽说：网络消费导购模式

美丽说是目前国内最大的女性时尚电子商务平台之一，致力于为年轻时尚爱美的女性用户提供最流行的时尚购物体验。于 2009 年创立，其社会化电商导购模式，在几年间快速吸引了上千万年轻时尚爱美的女性用户，成为中国年轻女性最青睐的时尚风向标。截至 2013 年，拥有超过 1 亿的女性注册用户，用户年龄集中在 18 岁到 35 岁。截至 2014 年 6 月，美丽说已有上万家时尚优质商家入驻，其移动客户端装机量超过 7500 万，来自于移动端的订单占比超过 70%，全面超越 PC 端。美丽说移动客户端的用户黏性也很高，移动客户端人均单日使用时间超过 30 分钟，是年轻时尚女孩的高频使用场景之一。

所谓的美丽说模式，是指社会化电子商务分享的模式，在一个垂直的领域内，有相同兴趣爱好的人聚集在一个社区，相互之间可以推荐、分享、评论商品，而商品的链接来自外部的电商网站，社区自身通过展示广告、选择购买分成取得收入。在为用户提供讨论场所的同时，也为商家找到了精准用户，从商业模式的角度来说，这是一种链条非常短但非常高效的商业模式。

由于具备了商业链条短、用户匹配度高等优点，自美丽说诞生后，美丽说模式开始逐渐蔓延开。例如，人人网推出实名制购物分享平台人人逛街，益君成推出了针对小资白领社交导购社区博图汇，麦田推出母婴亲子购物分享社区宝宝淘；此外，蘑菇街、就爱说都是典型的模仿者。

案例讨论：

在电子商务、网络消费的迅猛发展中，新的业务主体、商务模式不断涌现。其中，能够经受激烈竞争和市场变化的,背后无不隐藏着深刻的经济学规律。在本案例中,美丽说模式看似只是在传统的网络卖家与网络买家之间新增了一个"导购"或"买手"的角色,实际上却是分工思想的深刻体现,是价值链环节的延伸。可以预见,在大规模的市场容量与自由化的市场竞争中,将会有越来越多符合经济规律的新商业模式涌现,甚至改写目前人们所熟知的商务模式。

本章小结

本章界定与电子商务服务相关的基本概念,并分析了电子商务服务业与服务业、现代服务业的联系;简要叙述和解释电子商务服务业的兴起、发展现状及未来展望;从电子商务发展、企业、相关行业及就业等角度介绍了电子商务服务业的作用和影响;最后,介绍了电子商务服务业支撑电子商务经济体的情况。

思考题

1. 什么是电子商务服务?电子商务应用与电子商务服务的区别和关系是什么?分别列出3个电子商务服务网站和不提供电子商务服务的电子商务应用网站。
2. 简述我国电子商务服务业的兴起和发展现状。
3. 电子商务服务对企业(特别是中小企业)的作用是什么?
4. 谈谈你对电子商务经济体的看法。

参考文献

[1] 梁春晓. 电子商务服务业的体系、兴起和发展[J]. 科技与现代服务业,2006(12).
[2] IDC中国. 为经济复苏赋能——电子商务服务业及阿里巴巴商业生态的社会经济影响[R],2009(12).
[3] 梁春晓. 电子商务生态研究展望[J]. 网商研究通信,2008(10).
[4] 互联网实验室. 2004网商冲击波——中国网商研究报告[R],2004.
[5] 宋斐,盛振中. 淘宝网电子商务生态分析[C]. 第十三届中国信息经济学会学术年会论文集,2008(7).
[6] 阿里研究中心. 增长极:从新兴市场国家到互联网经济体[R],2014.

第2章 电子商务服务相关知识

学习目标

了解与电子商务服务相关的一些基础理论,以及一些新兴概念和理论,以帮助学习、理解电子商务服务业的理论基础和运作机制。

任务书或角色扮演

- 运用分工理论,解释电子商务服务为何会兴起并且快速发展。
- 说明电子商务服务如何降低交易成本。

2.1 专 业 分 工

2.1.1 分工的内涵

分工在古典经济学家那里既是一个单纯的经济因素,还是一定社会经济制度在生产领域中的集中反映。以亚当·斯密为代表的古典思想的精髓就是人类生产活动的专业化分工,而这又恰恰是规模报酬递增规律的根本原因。因此,规模经济的本质就是专业化经济。亚当·斯密第一次把分工放到了经济增长研究的中心位置。他在《国民财富的性质和原因的研究》一书中开篇就指出,"分工是国民财富增进的源泉"。他认为,一国国民财富的积累,首要的原因是劳动生产率的提高,而劳动生产率的提高则是分工的结果。他认为,"劳动生产力上最大的改进,以及运用劳动时所表现的更大的熟练、技巧和判断力,似乎都是劳动分工的结果"。亚当·斯密不仅一般论述了采取分工生产的方式可以提高劳动生产率,还深入分析了产生分工效率的原因。他将分工分为 3 种:一是企业内分工;二是企业间分工,即企业间劳动和生产的专业化;三是产业分工或社会分工。

马克思的劳动分工理论认为,一定的产业总是坐落在一定的区域空间上,一定的劳动空间必然有一定的产业与之相应;同时,企业内部分工与社会内部分工之间是相辅相成、不可分割的,"工场手工业的分工要求社会内部的分工已经达到一定的发展程度。相反地,工场手工业分工又会发生反作用,发展并增加社会分工"。马克思分析了分工会导致生产效率的提高以及协作可带来规模经济效益的原因。正如马克思所说:"由协作和分工产生的生产力不费资本分文"。马克思还分析了分工是如何导致生产效率提高的:在分工条件下,每一个工人终生只从事某一种简单操作,从而成为"局部工人",他花在这一操作上的时间,比循序地进行整个系列操作的手工业者要少;分工使生产过程具有很强的连续性、计划性、规划性和劳动强度;分工使局部工人终生从事某种固定操作,有助于操作经验的积累和劳动方法的完善以及劳动效率的提高。而协作所带来的规模经济效益则来源于:协作劳动不仅提高了个人生产力,而且还创造了一种集体生产力;协作劳动所引起的竞争心理与振奋精神可提高个体的工作效率;协作可以缩小生产的空间范围,从而由于劳动者的集群、不同劳动过程的靠拢和生产资料的集群而节约费用。

纵观人类经济发展的历史,分工提高生产效率几乎是不言自明的事实。在古典经济学家那里,分工问题从来都是经济理论的核心。各国经济发展水平之争实际上就是生产模式的效率之争;而生产模式的效率之争,最终还是通过分工水平的差异表现出来。有理由认为,用分工水平解释和比较不同生产模式的效率是有说服力的。但值得注意的是,劳动分工这一内生的过程既可以发生在企业内部,导致企业内部新工种、新部门的产生,也可以发生在企业与企业之间,某一新的生产环节会分离出去而成为一个独立的专业化的企业。由此可见,劳动分工的深化所带来的生产效率的提高,是分工经济的一条普遍原理。

2.1.2 斯密定理与杨格定理

关于分工的决定因素,亚当·斯密认为,"分工起因于交换能力,分工的程度,因此总要受到交换能力大小的限制,换言之,要受到市场广狭的限制"。"分工受市场范围的限制",这就是著名的"斯密定理"。亚当·斯密对于分工提高生产率的经典解释是:第一,劳动者的技巧因业专而日进;第二,节省劳动时间;第三,机器的发明和采用。

将亚当·斯密的这一观点加以概括,分工提高生产效率并促进经济增长的关键有两点:其一,原来要求复杂劳动的工作,通过分工,只要求简单劳动就可以了。由于简单劳动只需要较少的生产技能学习时间,因此分工增加了人们可以用于生产的时间,从整体上降低了人们从事生产活动的成本;其二,分工使得单个生产过程简单化,有利于用机器生产代替手工劳动。机器的使用在提高劳动生产率的同时,又进一步降低了对劳动技能复杂性的要求。亚当·斯密还认为,分工受市场范围的限制,分工提高了人力资本,促进了技术创新,是产生报酬递增的根源。总之,以斯密为代表的古典经济学的基本逻辑是,分工带来的专业化导致技术进步,技术进步产生报酬递增,而进一步的分工依赖于市场范围的扩大。分工既是经济进步的原因又是其结果,这个因果累积的过程所体现出就是报酬递增机制。因此,专业化和分工应该成为研究经济增长和社会发展的出发点。

1928 年,阿林·杨格在其经典论文《报酬递增与经济进步》中重新阐述了亚当·斯密关于劳动分工与市场规模的思想,并对"斯密定理"进行了拓展。他第一次论证了市场规模(范围)与迂回生产、产业间分工之间的相互作用、自我演进的机制,从而第一次超越了亚当·斯密关于分工受市场范围限制的思想。他从斯密定理出发,指出了一个不同于马歇尔的发展古典经济学思想的方向,即强调专业化经济和劳动分工才是经济进步的最重要源泉,深刻阐述了报酬递增与经济进步的关系,并指出,只有以分工和专业化问题为核心来分析需求和供给,才是经济学的关键所在。他指出,"报酬递增的原因不是规模经济,而是产业的不断分工和专业化的结果"。他认为,劳动分工依赖于市场范围,而市场不仅由人口、区域决定,更是由购买力决定;购买力由生产力决定,而生产力则由分工决定。

这样便是"分工一般地取决于专业化分工"。

阿林·杨格关于市场规模引致分工的深化，又引致市场规模的扩大，且是一个循环累积、互为因果的演进过程的思想，便是著名的"杨格定理"，即分工受市场范围限制，同时市场范围也受分工的限制。在杨格看来，劳动分工和专业化之所以会提高生产率，是因为劳动分工通过"迂回生产方法"实现了规模收益；反过来，规模收益递增又降低了生产的单位成本，并使给定的家庭收入购买力上升，从而扩大了市场规模，市场规模的扩大导致分工的进一步深化，分工深化进一步导致市场规模扩大，这是一个互动的过程，杨格将其称为经济进步。其原因就在以下两个方面。

（1）劳动分工取决于市场规模。只有当市场对某种物品的需求足够大时，生产这种产品的中间环节才可能被分离出来。

（2）市场规模又取决于劳动分工。一方面，劳动分工使得原料生产者和最终产品消费者之间被插入越来越多的专业化企业，随着产业间劳动分工的扩大，一个企业以及由它作为部分构成的产业就失去了统一性。这个企业内部经济就分解成为专业化程度更高的各个企业的内部经济和外部经济。这种分解是对工业最终产品市场的增长所创造的新形式的调整。因此，产业间的分工是报酬递增的媒介。而且，迂回生产的潜在经济分别由专业化的企业通过经营而取得。这些专业化企业构成了一个有机的新产业（即分工网络）。这时，在市场上交换的就不仅仅是最终产品，而且还包括了众多的中间产品，从而使市场规模不断扩大。另一方面，市场的大小由有效购买力决定，而购买力则由生产率决定。但生产率水平又依赖于分工水平。迂回生产使得分工不断深化，最终使得劳动生产率和人均收入提高，市场规模扩大。市场规模引致分工深化，分工深化又引致市场规模的扩大。这种演进是累积的，并以累进的方式自我繁殖。这意味着一个动态的机制产生了良性循环，使分工水平与市场范围不断增加，分工与市场具有了某种累进、自我繁殖的良性循环机制。

总之，杨格的分工理论第一次论证了市场规模与迂回生产、产业间分工的相互作用、自我演进的机制；市场规模已经是内生的而不是给定的外在变量，从而使劳动分工真正实现了动态化。

2.2 交 易 成 本

2.2.1 交易成本的概念

诺贝尔经济学奖得主、美国芝加哥大学罗纳德·科斯教授于 1937 年在《企业的性质》一书中提出了"交易费用"的概念，它所包含的就是交易成本的内容。科斯写道："利用价格机制是有成本的。通过价格机制组织生产的最明显的成本就是所有发现相对价格的工作……市场上发生的每一笔交易的谈判签约的费用也必须考虑在内"。科斯于 1960 年发表了著名的《社会成本问题》，对交易成本的内容做了进一步的界定，科斯把它定义为获得准确的市场信息所需要付出的费用以及谈判和经常性契约的费用。因此，人们可以把交易成本理解为"扯皮成本"，在各种可能的情况下，为获取经济收益而与人打交道时发生的一切时间、精力和物质的支出。

那么,研究交易成本有何意义呢?科斯用交易成本完满地解释了企业存在的原因和决定企业规模的因素,并用它分析了企业与市场的差别与联系,他认为企业和市场是两种不同但又可以相互替代的交易制度。市场的交易由价格机制来协调,而企业的存在将许多原属于市场的交易"内部化"了。在企业内部,行政命令取代了价格机制成为生产活动的协调机制,企业通过市场"内部化"可以节省交易成本。

企业是生产成本和交易成本的统一。在与物质世界打交道过程中,获取的是一定的物质产品,支付的是在生产过程中的人、财、物的耗费,即生产成本。在与人打交道的过程中,人、财、物的耗费,就是交易成本。从动态角度看,交易成本渗透到交易活动的全过程中。在现代社会,交易成本有可能占到所有成本的3/4,而生产成本占到1/4,所以交易成本的概念有广泛的应用价值。许多学者把交易成本分成两类:一种是必要的交易成本,如谈判、签约、履约、监督经济绩效等费用,是制度存在的必要条件之一;另一种是非必要交易成本,是制度中存在的应予以消除的,如由于政府机构臃肿、人员过多等引起的效率低下产生的交易成本。

在新古典经济学中,认为市场是一个零交易成本的世界,也就是假设制度是给定不变的。对企业为什么存在,由什么决定企业的结构和规模边界等问题都无法作出解释。科斯交易成本理论突出的贡献就是把"交易成本"概念纳入到经济分析中,认为市场运行同样是需要成本的,承认交易成本的存在,并确定了交易成本对不同的契约安排等生产制度的影响,从而使经济学获得了对现实经济问题的新的解释力。

2.2.2　科斯的交易成本理论

在《企业的性质》中,科斯首次运用了比较制度分析的方法,将市场与企业看做两种不同的协调经济活动方式。"但既然人们通常认为统筹协调能通过价格机制来实现,那么,为什么这样的组织是必需的呢?为什么会存在'自觉力量的小岛'呢?在企业之外,价格变动决定生产,这是通过一系列市场交易来协调的。在企业之内,市场交易被取消,伴随着交易的复杂的市场结构被企业家所替代,企业家指挥生产。显然,存在着协调生产的替代方法。然而,假如生产是由价格机制调节的,生产就能在根本不存在任何组织的情况下进行,面对这一事实,我们要问:组织为什么存在?"进而,科斯提出了两个互为对应的概念:运用价格机制组织交易的交易成本及在企业内部完成相同交易的组织成本。通过对市场交易成本的注意可以增强对企业作为配置资源的科层结构的理解,该文的主旨是通过对交易成本与管理成本的认识,更准确地理解企业的内部结构以及企业的规模。

科斯于是在《社会成本问题》中讨论外部性问题的正统经济学解释。为了对其进行批评,科斯引入了零交易成本世界并对其含义加以讨论。中心问题是如果价格机制的运行不需要成本,并且产权得到清晰的界定,相关团体可以运用合同程序解决外部性问题。其后演变为科斯定理。这个定理是人们从他的文章归纳出来的,最根本也是最为人所重视的是强调了"产权"在经济问题中的重要地位,明确产权对减少交易成本的决定性作用。它是在交易成本为零的状态下,不管产权是如何初始界定的(只要产权明晰),市场交易都将导致资源配置处于帕累托最优状态,这就是科斯第一定理。而科斯研究的是一个交易成本为正的经济世界,提出了被人总结的所谓科斯第二定理,其基本内容是在市场交易成本为正的前提下,合法的产权初始界定以及经济组织形式的选择将会对资源配置产生影响。"科斯定理"的本质意义可理解为通过产权界定从而转让权利来实现资源的优化配置。从第一、第二定理可以得到结论:即在交易成本大于零的情况下,产权的清晰界定将有助于降低人们在交易过程中的成本,提高经济效益。

根据科斯的理论,如果产权不明晰,一个重要的后果就是交易成本无穷大,任何交易都做不成;而产权明晰,即使存在交易成本,市场中的交易主体不仅可以通过交易来解决各种问题,而且还可以有效地选择资源配置最有效的交易方式,使社会总福利最大化,交易成本最小化。

科斯定理是就"外部效应"而论的,科斯认为产权不明晰,导致了外部效应所造成的损失不可避免。

经济学早年提出的解决外部负效应的基本办法是"征税",也就是福利经济学的代表庇古所提出的庇古税,庇古税主要是通过政府对经济的干预而解决外部性的问题。科斯认为从市场的角度能解决外部负效应问题,并不需要政府干预,如果将产权界定给损失最小的一方,社会福利将达到最大化。厂商要通过计算生产的成本和收益能使社会总产品及利润最大化的方案,政府要做的只是界定产权。经济学家在交易成本、产权等概念和理论基础上,发展起了"产权学派"和"交易成本经济学",并形成了现代的"新制度经济学"。交易成本理论、产权理论对现代经济学的发展产生了深刻的影响,也为解释经济现象引入了新的思路。

2.3 服务、服务经济与现代服务业

当前世界经济发展的一个重要特征是经济服务化,服务业在各国国民经济中的重要性不断提高,服务贸易在全球贸易中的地位日益上升,制造业与服务业的界限因为相互融合发展而日益模糊,服务业特别是一些新兴现代服务业的发展水平成为一国竞争力评价的重要指标。服务业的快速发展及在国民经济中不断提升的地位,也催生了服务经济学研究的热潮,学术界和实际部门越来越重视服务经济学的理论与政策研究。

2.3.1 服务

1.服务的概念

"服务"既可以作为一个社会用语,又可以作为一个经济范畴中的概念。如果从经济学角度来考察服务的含义,那么在经济思想史上,第一个阐明服务的特殊性质的重要经济学家当属亚当·斯密。在其著作《国民财富的性质和原因的研究》中,亚当·斯密提出了生产性与非生产性劳动的定义,"有一种劳动,加在物上,能增加物的价值;另一种劳动却不能够。前者因可生产价值,可称为生产性劳动,后者可称为非生产性劳动。这里,斯密并没有直接指出生产服务的劳动为非生产性劳动,但从其列举的非生产性劳动来看,主要都是现在被归为社会或社区服务的服务活动以及政府服务活动,如个人服务、律师、医生、艺员等",同时,亚当·斯密也对这两种劳动成果的特点进行了解释:"制造业工人的劳

动,可以固定并且实现在特殊商品或可卖商品上,可以经历一些时候,不会随生随灭……反之,家仆的劳动,却不固定亦不实现在特殊物品或可卖品上。家仆的劳动,随生随灭,要把它的价值保存起来,供日后雇用等量劳动之用,是很困难的。"

自亚当·斯密提出服务劳动是非生产性劳动的观点以来,时至今日的一两百年间,关于这一命题的争论一直不绝于耳。在 1803 年出版的《政治经济学概论》一书中,法国经济学家萨伊通过变革价值理论清楚地表述了服务劳动成果的存在形式及其性质,他认为:"人们所给予物品的价值,是由物品的用途而产生的。""所谓生产,不是创造物质,而是创造效用。"这种解释实际上等于肯定了服务劳动属于生产性劳动,从而突破并否定了亚当·斯密的见解。在这之后,穆勒、巴师夏,以及后来的富克斯、希尔、瑞德尔、佩蒂特等学者都对服务的概念和性质做了进一步研究。应该说,这些研究大多是承袭了服务区别于产品的最显著特征,即无形性这种传统定义方式,并适当考虑了服务区别于有形产品的一些其他特性,如不易储存、容易消逝、生产与消费的同时性等特征。

在众多对服务进行论述的学者中,马克思关于服务的定义无疑是十分精辟的。马克思批判地继承和发展了亚当·斯密关于生产性劳动和非生产性劳动的观点,认为:"服务这个名词,一般来说,不过是指这种劳动所提供的特殊使用价值,就像其他一切商品也提供自己的特殊使用价值一样;但是,这种劳动的特殊使用价值在这里取得了'服务'这个特殊名称,是因为劳动不是作为物,而是作为活动提供服务的。"马克思关于服务的定义肯定了服务是使用价值,是劳动产品,是社会财富,可以投入市场进行交换。如其所言,"收入的一部分同充当使用价值的商品价值,一部分同作为使用价值来消费的服务本身来交换",此外,马克思还指出了服务同其他商品的差别只是形式上的,商品具有实物的形式,而服务则体现为一种活动形式。"任何时候,在消费品中,除了以商品形式存在的消费品以外,还存在一定量的以服务形式存在的消费品"。

2. 服务的特征

对服务特征的分析大多是通过与商品的比较来进行的,因为服务往往被看做是商品的对等物。这里所谓商品,更多是针对有形的物品而言;而服务却是无形的,并且极其容易消逝。服务在创造的同时就被消费,或者说服务生产与消费几乎是同步的,但实际上,服务与商品并不是如此泾渭分明。现实生活中,几乎所有商品的购置都是在服务的推动下完成。同样,在每一项服务提供的背后,几乎都有商品在提供相应的支撑,因此,商品与服务之间并没有一道清晰的分界线,它们只是不可分割的统一体的两端。

在图 2-1 中,根据物质含量的高低,前 3 个项目可以归类为"商品"。而后面的 7 个项目几乎都应该归类为"服务",自助加油站中几乎没有什么服务;销售出去的汽车是一件有形的商品;租赁出去的汽车是一件商品,但汽车租赁中已经包含了一定的服务内容,外卖食品可以看成一半是商品,一半是服务。在剩余的其他项目中,尽管也包含一些有形的物质,但其主要内容无一例外都是服务。与之类似,科特勒(1984 年)也曾分析了从纯商品到纯服务的 4 种变化类型:

(1)纯有形商品,如香皂、牙膏等产品没有附带服务;

(2)附带服务的有形商品,利用服务来吸引招徕顾客,如计算机;

(3)附带少部分商品成分的服务行为,如空中旅行的头等舱和维修业;

（4）纯服务，如照顾小孩和心理、法律咨询等。

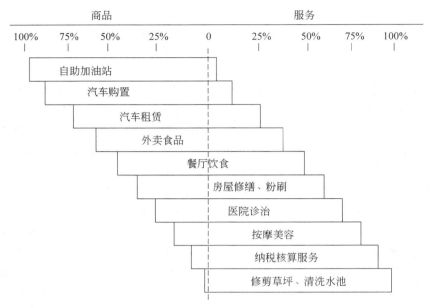

图 2-1 各种商品和服务的比较

尽管商品与服务的界限并不是十分清晰，但与商品相比，服务作为一种经济活动还是表现出一些显著的特征。

第一，服务一般是无形的。服务的空间形态基本上是不固定和不直接可见的，因而往往是无形的，一方面，服务提供者通常无法向顾客介绍空间形态明确的服务样品；另一方面，服务消费者在购买服务之前，往往不能感知服务，在购买之后也只能觉察到服务的结果而不是服务本身。但是，随着现代科技的发展进步，有些无形的服务开始变得"有形化"了，或者称为"物化服务"。例如，唱片、光盘等作为服务的载体，本身价值相对其提供的整个价值来说，可以忽略不计，其价值主体是服务，这就是无形服务的"有形化"，或者说是服务的"物质化"。

第二，服务的生产与消费是同时发生的。有形的商品一旦进入市场体系或流通过程便成为感性上独立的交易对象，生产过程在时空上同它分割开来。与之不同，服务要么同其提供来源不可分，要么同其消费不可分。这种不可分性要求服务提供者或（和）服务购买者不能与服务在时间或（和）空间上分割开来。但是在物化服务的情况下，服务的这一特征也有所改变，其生产和消费可以不同时发生。例如，服务的提供者与使用者可以通过电子信息流和其他现代通信渠道而发生相互作用。

第三，服务是难以储存的。服务一旦被生产出来，就不能像商品那样长久搁置或处于库存状态。日本经济学者井原哲夫说："服务与工业产品或农产品的根本区别在于，不存在库存的特性。这种特性来自'运送的不可能性'和'生产时间模式由需求时间的模式所决定'的性质。"如果服务不被使用，则既不会给购买者带来效用，也不会给提供者带来收益，相反都可能造成一定损失。但如果某些服务能够被物化，作为无形的服务有时也是可以储存的。实际上,储存既包括空间上的储存,也包括时间上的储存,或时空两方面的储存。服务是否可以储存的问题主要是指时间上的储存,亦即服务是购买时消费还是在购买以后的某个时间再消费。

第四,服务具有异质性。同一种服务的消费效果和品质往往存在显著差别,这种差别来自于供求两方面。一方面,服务提供者的技术水平和服务态度常常因人、因时、因地而异,于是服务也随之发生变化;另一方面,服务消费者对服务也可能会提出特殊要求。因此,同一种服务的一般与特殊的差异是司空见惯的。正是因为这种异质性,服务质量标准也十分不确定。统一的服务质量标准只能规定一般要求,难以穷尽所有特殊情形。这样,服务质量就具有很大的弹性,从而既为服务行业创造优质服务开辟了广阔的空间,也给劣质服务留下了可乘之机。因此,与能够执行同标准的商品质量管理相比,服务质量的管理要困难和灵活得多。同样是因为此原因,服务领域的寻租行为(如政府服务中的腐败现象)相对更加普遍。

3. 服务的分类

与服务的基本概念存在广泛争论一样,关于服务分类也是一个众说纷纭的话题。服务的分类在很大程度上决定了服务业的分类,下面重点介绍几种常用的分类方法。

1) 流通服务、生产者服务、社会服务和个人服务

经济学家布朗宁和辛格曼(1975)从服务的功能出发,将服务分为流通服务、生产者服务、社会服务、个人服务,并进而对各式各样的服务行业进行了相应的归类,如表 2-1 所示。其中流通服务和生产者服务基本上是工业生产的延伸,其发展在很大程度上是受工业文明的推动;而社会服务和个人服务则主要来自消费者对它们的直接需要,其发展在更大程度上是被最终需求所推动。

表 2-1　服务与服务业的分类

服 务	服 务 业	服 务	服 务 业
流通服务	交通、仓储业 通信业、批发业 零售业(不含餐饮业) 广告业及其他销售服务	社会服务	医疗、保健业 教育 福利和宗教服务 邮政
生产者服务	银行、信托及其他金融业 保险业、房地产 工程和建筑服务业 会计和出版业、法律服务 其他营业服务	个人服务	家政服务 旅馆和餐饮业 修理服务、洗衣服务 理发美容 娱乐休闲

资料来源:转引自何德旭、夏杰长(2009)。

具体来看,流通服务如仓储、交通、通信、批发、零售等活动,是从生产到消费的最后一个阶段;它们与第一产业和第二产业加起来就是商品从原始自然资源经过提炼、加工、制造、销售,最后到达消费者这样整个生产、流通和消费的完整过程。因此,流通服务必然会随着商品生产规模的扩大而增加。

生产者服务主要是作为商品生产的中间投入,当然也有一部分是为最终消费者服务的,只是这部分的重要性和规模远不及作为中间投入的部分。因此,生产者服务往往会随着商品生产规模的扩大而发展,同时,又会随着社会分工程度的提高和产业组织的复杂化而不断地从商品生产企业中"外部化"出来,从而得到进一步发展。

社会服务包括医疗、教育、邮政、政府等服务活动,它们的显著发展出现在工业化后期。这类服务往往具有公共需求的特性,是物质文明高度发展后的产物,因此,它们的实现必须借助于高度发展的物质生产条件。社会服务中有相当一部分是为了维持制度的运行而产生的,属于社会消耗的"交易费用",因此并不是越多越好。

个人服务包括家政、餐饮、住宿、娱乐等服务活动,其主要来自于个体消费者的最终需求,具有规模小、经营分散、资本投入低、技术含量不高等特点。

2)生产者服务、消费者服务和政府服务

格鲁伯和沃克(1993)在研究加拿大服务业的增长时,提出可以把现代经济生产中的一切服务分为三类,分别是生产者服务、消费者服务和政府服务。其中,消费者服务是指消费者在私营市场购买的服务;政府服务主要是由政府为消费者使用而提供的服务;生产者服务是指生产者在私营市场购买的服务,用于商品和服务的进一步生产,也称为中间(投入)服务。

从发展阶段来看,在现代产业社会的早期,几乎所有的服务工作都是消费者服务。当生产性服务业兴起之后,消费性服务业并没有消失。只是比较而言,消费性服务业的增长逐渐放缓,服务业增长的主要动力开始来自于生产性服务业。丹尼尔斯(1993)发现在大部分经济体系中,生产性服务业在服务业中所占的比重不一定最大,但却是服务业就业中增长速度最快的部门。格鲁伯和沃克(1993)对生产者服务的重要性进行了说明:"生产性服务部门乃是把日益专业化的人力资本和知识资本引进商品生产部门的飞轮。人们早就认识到人力资本与知识资本在经济增长中所起的重要作用。现在很明显,在相当大的程度上,生产性服务业构成了这种形式的资本进入生产过程的渠道,在生产过程中,它们为劳动与物质资本带来更高的生产率并改进了商品与其他服务的质量。"

从经济学特征来看,生产者服务在更大程度上是作为一种中间需求,是企业、非营利组织和政府主要向生产者提供的服务产品和劳动;消费者服务作为最终需求,其服务对象则是最终消费者,"鉴别消费者服务的最清楚的方法是靠显而易见的需求来源以及满足个人和家庭需要";而政府服务则既包括中间需求,也包括最终需求。除了在需求性质方面的上述差异之外,生产者服务、消费者服务业和政府服务,在服务特点、收入弹性、劳动生产率、就业特征以及资本和技术密集性质方面都表现出较大的差异。

3)补充性服务、传统服务和新兴服务

Katouzian(1970)根据服务业在经济发展不同阶段所表现出来的不同特点。在罗斯托经济发展阶段理论的基础上将服务分为补充性服务(Complementary Services)、传统服务(Old Services)和新兴服务(New Services)三类。

补充性服务包括银行、金融、交通、批发和零售贸易等活动,它们与制造部门有着密切的联系,其发展在很大程度上是工业化的结果。换言之,补充性服务最先是为工业生产和工业文明服务的,因而在初始阶段往往是工业化过程的"随生物"。补充性服务的需求来自工业生产过程中的中间需求,主要体现在城市化影响和迁回生产两个方面,因此不仅与工业化有关,还与社会分工的深度有关。在工业化之前,这类服务活动处于较低的发展水平,其快速发展是随着工业化的推进而得以实现。随着工业化的成熟和稳定,这类服务活动也将进入稳定发展阶段。但是,如果社会分工继续深化,生产的迂回程度不断加深,那么这些补充性服务也有继续发展的可能。

传统服务主要是指那些在人类社会早就存在的服务活动,如家政、仆役等,这类服务并不是工业化的结果,而是在工业革命之前就已经存在,因此其需求是"传统"的。除了这种解释外,对传统服务的理解还有一种说法,即服务的生产方式是"传统"的,或者说是"前资本主义生产方式",如家仆服务和传统商业(黄少军,2000)。随着资本主义生产方式的深入发展,在发达国家工业化的过程中,传统服务的重要性会随之下降。但对发展中国家来说,由于普遍存在的劳动力剩余,在现代工业难以大量吸纳劳动力的环境下,传统服务活动因为家庭生产方式、资本投入小、雇用人数少、分散经营等特征,将会成为吸收就业的主要渠道,新兴服务包括娱乐、文化、医疗、教育服务等,其发展与工业化后期人均收入大幅度增长密切相关。新兴服务并不意味着这些服务是"新生"或新出现的,它们在工业化之前也可能存在,只是在当时而言是一种"奢侈性"消费,相应的需求十分有限。只有到了工业化后期,这类服务才会出现加速增长的趋势,这也是由经济发展的产业规律所决定的。并且,作为一种"奢侈"消费品,新兴服务会随着价格、收入、收入分配和社会价值观的改变而变化,因而具有动态的特征。

4)全球化角度对服务的分类

范德维克和查德威克按照全球化潜在的可能性以及全球化可能采取的方式把服务分为六大类。从两个方面着手对服务进行划分:其一是与商品的相关性,表示商品在服务传递中的重要性;其二是消费者与制造商的交往程度,表示服务传递过程中服务提供商和消费者相互作用的程度。

第一类服务是比较单纯的,对商品依赖较小,消费者和制造商之间的互动程度低,商品的作用并不明显。一般来说,任何国家都能提供此类服务,因此,这类服务的全球化潜力非常有限,跨国公司在该类市场中获利的空间也很小。

第二类服务对商品依赖适中,消费者和制造商之间的互动程度低,商品的作用相对明显。由于其中介作用的商品易于出口,因此这类服务的全球化潜力较大。

第三类服务对商品依赖很大,消费者和制造商之间的互动程度低。这类服务有的是直接包含在商品中,或者可以通过电信网络转移。它们几乎不需要消费者和制造商之间的接触,是服务出口中最方便的一种形式。

第四类服务对商品依赖小,消费者和制造商之间的互动程度较高,大多表现为专业服务。这类服务的全球化要求人员的流动,通常是服务提供商到客户的所在国,或者以分公司或子公司的形式在对方国内设立分支机构。

第五类服务对商品依赖适中,消费者和制造商之间的互动程度较高。这类服务中客户与服务提供商之间的交互活动很重要,同时又要在较大程度上依赖于商品,并且电信设备和技术在服务提供中也很关键。因此,这类服务的全球化可以通过多种形式实现,包括对外直接投资、特许经营、许可证经营或者契约管理等。

第六类服务对商品依赖很大,消费者和制造商之间的互动程度也很高。此类服务中,商品的作用和互动的作用都十分显著,电信网络和技术也会对服务供给造成重要影响。可以预见,随着技术的发展,这类服务的全球化潜力将越来越大。

对于上述六类服务,从全球化的角度来看,服务全球化的形式主要有3种(见图2-2):第一种是内生在商品之中直接可出口的服务,其投资需求小,几乎不需要在对方国内设立分支机构,也极少需要控制分销活动;第二种形式是通过特许经营、许可证经营或契约管理来实现,往往要求在当地设立分支机构,可能需要一部分投资,但其全球化实现起来相对容易;第三种形式主要通过海外直接投资来实现,可以设立分公司或子公司,或者对对方公司进行并购。

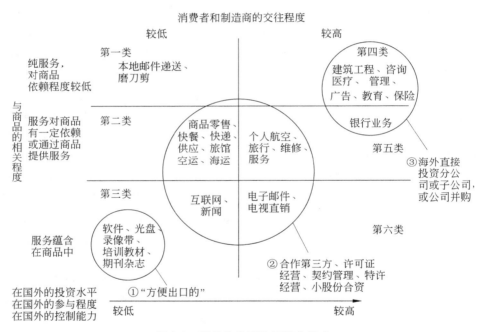

图 2-2 服务的类型和国际化模式

5)经济网络型服务、最终需求型服务、生产者服务、交易成本型服务

根据古典经济学家和马克思的关于产业资本是生产资本、商业资本和货币资本的统一的观点,黄少军(2000)对布朗宁和辛格曼的分类方法进行了调整,把流通服务和生产者服务中的金融作为"经济网络型服务"(表2-2)。把生产者服务中的会计、法律和企业管理服务以及社会服务中的政府部门作为"交易成本型服务",其中前者属于企业制度交易成本,后者属于政审交易成本。工程与建筑服务和大部分的"经营服务"被归入不能准确归类的"生产者服务";剩余的服务部门就是"最终需求型服务",其中个人服务主要为传统服务业,社会服务主要为新兴服务业。

表 2-2　经济网络型服务、最终需求型服务、生产者服务和交易成本型服务

经济网络型服务	物资网络	交通仓储业、批发业 零售业（不含餐饮业）、广告业
	资本网络	银行、信托、其他金融业、保险业
	信息网络	通信业、出版业
最终需求型服务	个人服务	家政服务、旅馆和餐饮业、修理服务、洗衣服务、理发和美容、娱乐休闲、其他个人服务、房地产
	社会服务	医疗保健业、教育、福利和宗教服务、邮政
生产者服务	工程和建筑服务业 研发设计、信息处理等"经营服务"	
交易成本型服务	政府（含市场管理）	政府
	企业	会计、法律服务、管理经济

资料来源：转引自何德旭、夏杰长（2009）。

2.3.2　服务经济

从经济结构演进的一般趋势来看，按照费希尔（1935）在《安全与进步的冲突》一书中的观点，人类生产活动的发展有 3 个阶段。在初级生产阶段上，生产活动主要以农业和畜牧业为主；第二阶段以工业生产大规模的发展为标志；第三阶段开始于 20 世纪初，大量的劳动和资本不再是继续流入初级生产和第二级生产中，而是流入旅游、娱乐、文化艺术、保健、教育和科学、政府等服务活动中。对此，著名的"配第—克拉克定理"也揭示了伴随经济进步而产生的劳动力产业结构演进规律，即"劳动人口由农业转移到制造业，再从制造业转向商业和服务业"。克拉克认为，这是所有国家在经济发展中最具一般性的规律，该定理也被后来的许多经济学家如西蒙、库兹涅茨、霍利斯·钱纳里等在一定程度上给予了证实。

从英美国家工业化以来历次产业增加值的结构变动情况来看，英国和美国的服务业增加值早在 19 世纪初期就已经超过工业和农业，但是近一个世纪以来，服务业在国民经济中的比重并没有明显提升。从 19 世纪初到 20 世纪中期的 150 年间，英美国家次产业结构的变动突出表现在农业比重的下降和工业份额的增加。与 1801 年相比，到 1955 年英国农业增加值在国民经济中的比重从 32.5% 下降至 4.7%；其工业比重从 23.4% 增加至 48.1%，增幅非常显著；而服务业比重从 44% 增加至 47.3%，仅仅提高了 3.3 个百分点。同样的经历在美国也得到了印证。美国农业增加值在国民经济中的比重从 1799 年的 40% 下降至 1955 年的 8%；工业比重从 13% 增加至 42%；而服务业比重从 48% 增加至 49%，仅提高了 1 个百分点。

第二次世界大战之后，特别是进入 20 世纪 60 年代以来，服务业在全球经济中的比重开始加速上升。数字显示，与 1990 年全球平均 61% 的水平相比，到 2004 年服务业在全球经济中所占的比重又提高了 7 个百分点。此外，从不同收入组别的国家和地区来看，2004 年高收入国家服务业在国民经济中所占的比重已经达到 72%，中等收入国家服务业

在国民经济中所占的比重为 53%,即便是在低收入国家,服务业的份额也达到了 49%。从服务业增长特点来看,这一时期以金融、保险、房地产和商务服务为主的现代服务业在增加值中的比重增加最多,其他服务业部门的比重变化不大。经济发展与合作组织(OECD)将服务业分为五类:第一类包括批发、零售、餐饮和旅馆;第二类包括运输、仓储和通信;第三类包括金融、保险、房地产和商务服务;第四类包括公共管理及国防;第五类包括教育、卫生、社会服务及其他。在服务业近几十年的发展过程中,其各部门的产出比重都有所增加,但增加最明显的当属金融、保险、房地产和商务服务为主的现代服务业,这在发达国家表现得尤为突出。

2.3.3 现代服务业

1. 服务业的概念

服务业通常被称为第三产业。1935 年,新西兰教授费希尔提出了"第一产业"的概念,他在《安全与进步的冲突》一书中将人类生产活动的发展分成 3 个阶段。其中处于初级阶段的生产活动以农业和畜牧业为主;处于第二阶段的以工业生产为标志;而第三阶段的产业为第三产业。费希尔的理论很快被人们所接受。从 20 世纪 50 年代后期开始,世界各国的经济统计部门普遍采用三次产业的分类方法,如表 2-3 所示。

表 2-3　国际上通用的三大产业划分

产业划分	解　释	产 业 范 围
第一产业	产品直接取自自然界的部门	农业、林业、牧业、渔业、狩猎业
第二产业	对初级产品进行再加工的部门	采矿业、制造业、电力、燃气及水的生产供应业、建筑业
第三产业	为生产和消费提供各种服务的部门	商业、餐饮业、仓储业、运输业、交通业、邮政业、电信业、金融业、保险业、房地产业、租赁业、技术服务业、职业介绍、咨询业、广告业、会计事务、律师事务、旅游业、装修业、娱乐业、美容业、修理业、洗染业、家庭服务业、文化艺术、教育、科研、新闻传媒、出版业、体育、医疗卫生、环境卫生、环境保护、宗教、慈善事业、军队、警察等

资料来源:转引自何德旭、夏杰长(2009)。

2. 服务业的分类

依据服务业的经济性质,可把服务业划分为以下五类。

(1)生产服务业是指直接和生产过程有关的服务活动行业。

(2)生活服务业是指直接满足人们生活需要的服务活动行业,包括加工性服务,具有提供固定物质载体的特点;活动性服务,即不提供物质载体而只提供活动。

(3)流通服务业是指商品交换和金融领域内的服务行业,包括生产过程的继续、交换性服务业和金融服务业。

(4)知识服务业是指以知识为基础,为人类的生产和生活提供较高层次的精神文化需求的服务业,包括专业性服务业和发展性服务业。

（5）社会综合服务业是指不限于某个领域的交叉性服务活动行业，包括公共交通业、社会公益事业和城市基础服务。

服务业的分类如表 2-4 所示。

表 2-4　服务业的分类

分类依据	服务业类别		内　　容
服务业经济性质	生产服务业		劳动设施的修缮和维护 作业线的装备、零部件的转换 生产组织、工时运筹、劳动力调整
	生活服务业	加工性服务	餐饮、缝纫、家用器具的修理等
		活动性服务	旅店、理发等 文化性服务
	流通服务业	生产过程的继续	仓储、保管、搬运、包装等
		交换性服务业	销售、结算等商业活动服务
		金融服务业	银行、保险、证券、期货等
	知识服务业	专业性服务业	技术咨询、信息处理等
		发展性服务业	新闻出版、报纸杂志、广播电视、科研、文化教育等
	社会综合服务业	交叉性服务业	公共交通业、社会公益事业、城市基础服务

资料来源：转引自何德旭、夏杰长（2009）。

3. 现代服务业概况

现代服务业是相对于"传统服务业"而言的，它伴随着信息技术的应用和信息产业的发展而出现，是信息技术与服务产业结合的产物。它不仅包括直接因信息产业和信息化的发展而产生的新兴服务业形态，如计算机和软件服务、信息咨询服务等；同时也包括通过应用信息技术，从传统服务业改造衍生而来的服务业形态，如金融、物流服务等。

现代服务业是在工业化比较发达的阶段产生的，工业的发展是现代服务业的基础和条件。现代服务业主要是依托信息技术和现代经营理念而发展起来的，它是知识和技术相对密集的服务业。现代服务业是主要依靠信息科技、人才等与知识相关的要素投入的产业，发展现代服务业有利于促进经济增长方式由粗放型增长向集约型增长转变，由主要依靠消耗资源向更多地依靠智力支持和科技进步转变。

1）现代服务业的含义

现代服务业是相对于传统服务业而言的，主要是指那些依托电子信息等高技术和现代管理理念、经营方式和组织形式发展起来的，主要为生产者提供服务的部门，如信息、物流、金融、会计、咨询、法律服务等行业。

丹尼尔·贝尔在《后工业社会来临》一书中详细分析了后工业社会的特征，并突出强调了后工业社会中的现代服务业与传统服务业的区别。他认为，在后工业社会中，服务业以技术性、知识性的服务和公共服务为主。美国学者马克卢普则在《美国的知识生产与分配》一书中，明确给出现代服务业的一般范畴和简单分类模型。他认为，现代服务业主要包括教育、科学研究、通信媒介和信息服务 4 个行业,突出强调了现代服务业的知识性和信息服务性。

2) 现代服务业的分类

现代服务业一般具有五大基本特征,即知识性、新兴性、高附加值性、高素质性和高科技性,但具体到某一实际的服务行业,它可能同时具有五大特性,也可能只具有其中两个特性。例如,旅游业的整体行业只有知识性和高附加值性;只有诸如航天中心游和未来太空游之类的科技旅游,才能同时具备现代服务业的五大基本特征。

一般而言,界定现代服务业的基本标准有两个:一是同时具备五大特征;二是只需要具备某一特征的宽泛标准。例如,旅游业,总量定性判定具有知识性和高附加值性,按宽泛标准属于现代服务业的范畴,但按严格标准则不属于现代服务业的范畴;又如,房地产业在我国是改革开放之后才兴起的,相对于传统的建筑业而言,具有新兴性和高附加值性,但缺乏知识性和高素质性,按宽泛标准,可以将其归类于现代服务业之中,但按严格标准又不属于现代服务业的范畴。

现代服务业的分类目录如表 2-5 所示。

表 2-5　现代服务业的分类目录

核心服务业	门类	类别名称	内　　　容
核心服务业	J	金融服务业	银行业、证券业、保险业、其他金融活动
	M	科学研究与技术服务业	研究与试验发展、专业技术服务业、科技交流与推广服务业
	L	租赁和商务服务业	租赁业、商务服务业
辅助服务业	F	物流业	交通运输业、仓储业、邮政业
	G	信息服务业	电信和其他信息运输服务业、计算机服务软件业
	K	房地产业	
配套服务业	P	教育培训业	
	Q	医疗保健业	卫生、社会保障业、社会福利业
	B	文化、体育和娱乐业	新闻出版业;广播、电视、电影;文化艺术业;体育;娱乐业

资料来源:转引自何德旭、夏杰长(2009)。

2.4　服务外包

在全球新一轮产业转移的大潮中,服务外包成为新的重要推动因素。服务外包是跨国公司“归核化”(Refocusing)战略调整的副产品,同时为那些寻求服务业发展的其他国家提供了不可多得的机遇。

服务外包的快速发展始于 20 世纪 80 年代 IT 产业的软件服务,早期的服务产业移动并非为了降低成本,而是为了满足汹涌的服务需求。最早的外包服务提供者中,许多人认为提高服务质量的可行性和控制成本同等重要。2001 年,所有的计算机离岸服务出口市场规模估计为 320 亿美元,其中主要的出口提供者为爱尔兰、印度、加拿大和以色列。从 2001 年到 2003 年,美国公司的决策者纷纷采用商务流程外包,使之快速增长为企业发展的重要因素。据估计,全球各行业的外包市场已经从 2001 年的 1500 亿美元增长到 2004 年的 3000 亿美元。其中,仅软件服务跨境外包市场平均每年以 29.2% 的速度增长,2005 年整个市场规模达到 289 亿美元。

2.4.1　服务外包的概念

服务外包是指作为生产经营者的业主将服务流程以商业形式发包给本企业以外的服务提供者的经济活动。服务外包的发包方可以是企业,也可以是政府和社团组织等。外包的服务可以提供给本国市场、东道国市场或第三方市场。通常,外包是以合同为基础的过境支付的形式进行。在新一轮产业转移进程中,跨国公司则通过建立可控制的离岸中心或海外子公司向第三方提供服务,而不直接地向当地的服务提供者分包业务,这种商业流程向海外转移的形式被称为服务离岸。服务外包并非完全发生于服务行业,制造业和其他行业所需要的服务流程更倾向于对外发包。服务外包由来已久,但过去仅限于少数传统行业。近年来,随着经济全球化的加强和跨国公司的战略调整,服务外包发展迅速,影响广泛。服务外包的本质是企业以价值链管理为基础,将其非核心业务通过合同方式发包、分包或转包给本企业之外的服务提供者,以提高生产要素和资源配置效率的跨国生产组织模式。服务外包影响着广泛的服务活动,遍布各个产业。由于外包服务往往以跨国公司的非核心商业流程为主,技术含量和附加值相对较低,因此发展中国家在承接外包服务方面拥有低成本优势。

2.4.2　服务外包的分类

服务外包的定义回答了外包是什么这个问题,那么外包的分类将清晰地说明外包可以"包"什么。由于对服务外包的研究处于领先地位的都是一些咨询管理公司,因此关于服务外包的分类一直处于一个比较混乱的状况,并没有明确的规定,但是随着服务外包的发展,一些分类方法得到了越来越多企业和研究者的承认。

在服务外包兴起初期,按接包者的地理位置,分为域内外包和离岸外包,但是随着服务外包的发展,绝大多数跨国公司都将业务交给境外的合作伙伴来完成了,所以这种方法已经淡化,而且在实际的使用中,如无特别说明,一般提到服务外包就是指离岸的服务外包,本文的研究中所提到的服务外包也是默认为离岸的服务外包。

另外,还可以根据服务外包动机将服务外包分为策略性外包、战略性外包和改造性外包;根据服务外包形式将服务外包分为产品或组件外包和服务项目外包;根据服务外包转包层数将服务外包分为单级外包和多级外包;根据服务外包承包商数量将服务外包分为一对一外包和一对多外包。

但是使用最为广泛的分类方法,是美国的 Gartner 公司按照发包的业务领域和最终服务的市场,将服务外包分为业务流程外包(Business Process Outsourcing,BPO)和信息技术外包(Information Technologies Outsourcing,ITO)。两者都是基于 IT 技术的服务外包,ITO强调技术,更多涉及成本和服务,BPO更强调业务流程,解决的是有关业务的效果和运营的效益问题。近年来在服务外包方面还出现了一个新名词,即知识流程外包(Knowledge Process Outsourcing,KPO),更有人认为这是继BPO发展之后的第三种服务外包模式。KPO介入比业务流程外包更为高端的知识工作的外包。KPO不对客户做出具体的建议和推荐,只为其提供一些可供选择的方案;与BPO相比,KPO则更加用户化,具有更高的附加值。在一定程度上,KPO处于价值链更为上游的位置,因为从事ITO和BPO业务的咨询公司、研究公司也属于KPO公司的客户。但是要让KPO发挥具体的作用,还需要很长的实践阶段。

2.4.3　信息技术外包和业务流程外包

1. 信息技术外包(ITO)

所谓信息技术外包(ITO),是指服务外包发包商以合同的方式委托信息技术服务外包提供商向企业提供部分或全部的信息技术服务功能。就目前来看,ITO的主要业务范围包括系统操作服务(Operation services)、系统应用管理服务(Application Management)、技术支持管理服务(Help Desk Management)三类。

由此可见,ITO可以包括产品支持与专业服务的组合,既能够向客户提供IT基础设施,又能够提供应用服务,或者同时提供这两方面的服务,从而满足客户的业务需求。根据Gartner公司的分类,ITO还被进一步细分成数据中心、桌面、网络与企业应用外包。

2. 业务流程外包(BPO)

现代企业的业务流程构架正在经历着前所未有的变化,这正是因为BPO出现。

Gariner将业务流程外包(BPO)定义为"把一个或多个IT密集型业务流委托给一家外部提供商(ESP),让他管理和控制特定的流程。以上这些业务基于已详细定义好和可测量的方法来执行的"。被外包给ESP的业务流程实例包括物流、采购、人力资源、财务会计、客户关系管理,以及其他管理或面向消费者的业务功能(Gartller,2006)。

BPO是一种极具创新意义的业务战略,它涉及公司的多个业务部门,能够有效地帮助公司降低成本,提高顾客满意度。BPO目前主要包括4个方面的业务,分别是需求管理、企业内部管理、业务运作服务及供应链管理。

最初大多数企业选择BPO主要是为了节约成本,但是现在越来越多的企业将其视为一种战略转变的手段,大多数企业认为节约成本、提高效率、将内部核心转移到创新和新项目、专注于核心竞争力和利用国外的低成本劳动力是吸引他们选择BPO的最主要因素。

ITO和BPO作为服务外包的两种主要形式,两者并不是完全独立没有交集的,ITO是客户将全部或部分IT工作包给专业性公司完成的服务模式,而BPO是随着网络技术的发展和全球信息化程度的加深,发包商不再仅仅局限于单纯地将IT业务进行外包,而是拓展到了业务流程的领域而产生的外包形式。无论如何分类,各种服务外包的形式都与IT和网络通信有密切的关系,所以说现代服务外包是基于IT的服务外包。从服务外包的宏观发展过程来看,尽管 BPO 是随着 ITO 的兴盛而逐渐出现和发展的,而且在过去的十几年里,无论在数量和规模上都有了很大的增长,而且将继续呈现迅速增长的势头,但是 BPO 将比传统的 ITO 保持更高的增长速度,因为现在业界普遍认为 BPO 是比ITO 更为高端的服务外包形式,将 BPO 视为获取竞争优势的有效商业模式。事实上,BPO 在毛利水平、客户新增机会以及合作伙伴的积极程度上都具备很大的优势,所以相对于传统的 ITO 来说,BPO 具有很大的增长潜力,并日渐成为服务外包市场发展的主要力量。

2.5　双　边　市　场

2.5.1　双边市场的概念

双边市场(Two-sided Markets)也被称为双边网络(Two-sided Networks),是有两个互相提供网络收益的独立用户群体的经济网络。这个定义只是从普及概念的角度给出了一个描述性的介绍,而对经济研究而言还不够严谨。

Rochet 和 Tirole(2003)首先给出了粗略的定义:双边(更一般地说是多边)市场是一个或几个允许最终用户交易的平台,通过适当地从各方收取费用使双边(或多边)保留在平台上。进而 Rochet 和 Tirole(2004)给出了如下的双边市场定义:考虑一个对每次交易收费的平台,向买者和卖者分别收取 a_B 和 a_S 的费用。如果已实现的交易量 D 仅依靠总价格水平 $a = a_B + a_S$,即交易量对总价格水平 a 在买者和卖者之间的再分配不敏感,那么双方之间交易的市场是单边的(one-sided);相反,如果 a 保持不变而交易量 D 随 a_B 变化,那么市场是双边的。

Armstrong(2004)认为,两组参与者需要通过中间层或平台进行交易,而且一组参与者加入平台的收益取决于加入该平台另一组参与者的数量,这样的市场称为双边市场。双边市场涉及两种类型截然不同的用户,每一类用户通过共有平台与另一类用户相互作用而获得价值(Wright,2004)。Rochet 和 Tirole(2004)在只存在使用外部性的情况下,定义和区分了双边市场和单边市场。考虑一个平台,它对每笔交易分别向买方和卖方收取 a_B 和 a_S 的费用。如果在平台上实现的交易量 V 仅仅依赖于总的价格水平 $a = a_B + a_S$,也就是说,对总价格在买方和卖方的重新分配不敏感时,该双方相互作用的市场是单边市场;与之相反,如果当 a 保持不变时,V 随着 a_B 的变化而变化,则该市场是双边市场。

2.5.2　双边市场的特点

1. 存在两组参与者之间的网络外部性,即市场间的网络外部性

自 Katz 和 Shapiro(1985)开始,有大量的文献研究市场内的网络外部性问题。但在某些情况下,如媒体产业,网络外部性发生在两个市场之间,在某一特定市场上生产的产品效用随着对另一市场所生产产品的需求数量而变化,反之亦然,这就称为双边网络外部性。

2. 采用多产品定价方式

中间层或平台必须为它提供的两种产品或服务同时进行定价。从实证和规范的观点

看,双边市场不同于多产品的寡头垄断或垄断情况。然而,多产品定价的文献并没有考虑不同产品消费中的外部性问题:使用一个著名的例子来说明,剃刀的购买者在他的购买决策中将从购买剃刀刀片得到的净剩余内部化。与之相反,双边市场理论的出发点则是,一类最终用户并没有将它使用平台对其他类型用户产生的福利影响内部化(Rochet & Tirole,2004)。

这两个特点把很多貌似双边市场的情形排除在外。有许多竞争性平台把两组代理人拉到一起,提高了剩余,但两个群组间的网络效应并不存在。例如,企业需要为产出市场的消费者进行竞争,同时也需要为劳动力进行竞争。但工人通常关心的是工资,并不关心有多少产品卖了出去,而消费者通常关心的是价格,对企业雇用了多少工人并不关心。此外,也有两个群组间存在外部性,却根本不以平台作为中介。最明显的例子来自经济地理方面,一组居民特别想居住在具有互补性的另一组居民居住的地方(Armstrong,2004)。

双边市场在现实世界中存在较为广泛。许多传统产业如媒体、中介业和支付卡系统都是典型的双边市场。随着信息通信技术的迅速发展与广泛应用,又出现了多种新型的双边市场形式,如 B2B、B2C 电子市场、门户网站等。

2.5.3 双边市场的分类

双边市场数量很多而且形式复杂,形成了下面的几种分类方法。

1. 按照市场功能分类

按照市场功能来划分,双边市场可分为:目录服务,如分类目录、黄页等;配对市场,如就业站点、婚姻中介等;支付安排,如借记卡和信用卡等;搜索引擎,如 Google、Yahoo、百度等;交易地点,如拍卖、B2B 市场、车展览和跳蚤市场等。

2. 按照市场的复杂程度分类

按照市场的复杂程度来划分,双边市场可分为:简单双边市场,如报纸、无线电视、广播等,往往只由三类参与者组成;复杂双边市场,如信用卡系统、电信、Internet 等,由更多的参与者组成。

3. 按照平台的竞争情况分类

按照平台的竞争情况来划分,双边市场可分为:垄断者平台,市场上只有一个平台可供选择;竞争性平台,有多个平台可供选择,但每一参与者只能选择其中一个平台。竞争性瓶颈,参与者希望加入所有平台,形成所谓"多重注册"情况。

4. 按照平台的所有权分类

按照平台的所有权来划分,双边市场可分为:独立拥有平台和垂直一体化平台两大类。独立拥有平台又称为垂直分解的平台,是指平台的所有权只由中间层组织这样的参与者拥有,它又分为 3 种情况:开放平台所有权、封闭平台所有权和垄断平台所有权。垂直一体化平台是指不再只由中间层拥有平台,而销售商或消费者也拥有自己的平台摊位,它又可分为开放平台所有权和封闭平台所有权。

5. 按照平台的功能分类

按照平台的功能来划分,双边市场可分为以下四类。

第一类由中介市场组成,其中平台起到两边之间匹配者的作用。这类平台包括约会服务、不动产代理商、因特网 B2B、拍卖行和股票交易系统。

第二类是听众制造市场,其中平台发挥市场制造者的作用,即把成组的购买者与成组的销售商匹配起来。这一类市场有黄页目录、电视、报纸和因特网门户网站。

第三类是共享的投入市场。最具代表性的例子是计算机软件、服务器、PDAs 和视频游戏。在这些市场上,用户对应用软件制造商或开发商提供的产品集合中的一个子集感兴趣,但是如果他们不首先获得瓶颈投入(操作系统或者控制台)则不能使用他们。另外,应用软件制造商在技术上依赖于操作系统制造商。

第四类是基于交易的市场。这一类与前面三类的区别是,这里平台能够测量市场两边的所有交易。因此他们面临一个两阶段问题:在第一阶段他们需要把两边拉到一起;在第二阶段他们需要鼓励两边交互作用,即产生尽可能多的交易。最著名的例子是信用卡产业和 3G 电信网。

2.6　生命周期

2.6.1　产品生命周期理论

产品生命周期理论是美国哈佛商学院教授雷蒙德·维农于 1966 年在《国际投资和产品周期中的国际贸易》一文中最先提出来的。该理论根据产品生命周期的一般原理,侧重于从技术进步、技术创新和技术传播的角度分析国际贸易、国际分工的基础。

该理论认为,一种产品与有生命的物体一样,具有诞生、发展、衰亡的生命周期。当一种新产品被引进时,它通常需要高度熟练的劳动力来生产。随着产品逐渐成熟并且获得广泛认可,它就变得标准化了,然后可以使用不熟练的劳动力和大规模生产技术生产该产品,从而使原先生产该产品的发达国家所拥有的生产的比较优势就转移到拥有相对廉价劳动力的不发达国家,这可能伴随着发达国家向拥有廉价劳动力的国家直接投资。维农也指出,高收入和节约劳动力的新产品最可能在富裕国家最先生产。首先,发达国家生产该种产品的机会最大,因为发达国家的资本充裕并且人均收入高,能够消费该种产品;其次,开发新产品要求靠近产品市场,有利于厂商及时利用消费者的反馈信息及时地改进新产品;最后,能够提供及时优质的维修等服务。不同于技术差距贸易理论强调模仿时滞,国际产品生命周期模型强调的是新产品的标准化过程。按照这些理论,工业最发达国家出口那些包含新的更高级技术的非标准化产品,同时进口那些包含旧技术的产品。

维农根据美国的实际情况,以美国为例提出了国际产品生命周期的四阶段模型:

第一阶段是美国对某种新产品的出口垄断时期。新产品是创新的产物,由于创新阶段需要投入大量的研究与开发费用和技术力量,这只能由发达国家如美国等资本充裕和科技力量雄厚的国家进行,从而生产出创新产品,并对该创新产品拥有垄断地位。

第二阶段是其他发达国家开始生产这种新产品。外国开始仿制该种新产品,由于仿制国不需要负担新产品的科研开发费用,也不需要支付因出口而支付国际间的运费和关税,因此在劳动成本方面具有优势,产品价格低于从美国进口产品的价格。虽然其出口价格高于美国的出口价格,从而不能在国际市场上同美国产品竞争,但从美国的进口逐渐减少,于是仿制使美国产品竞争力下降,出口产生相应的萎缩。

第三阶段是外国产品在出口市场上与美国产品进行竞争的时期。外国厂商开始出口该种产品,美国垄断地位逐渐丧失,出口大幅度下降。因为其他国家生产新产品后打开了销路,取得了规模经济的效益,成本进一步下降,使其能在世界出口市场上与美国产品进行价格竞争,最终外国产品在第三国市场上代替了美国产品。

第四阶段是美国开始了进口竞争时期。外国产品进入美国市场,美国进口该种"不再是创新"的产品,开始从净出口国转变为净进口国。因为随着其他发达国家出口的扩大,新产品成本持续降低的数量超过向美国出口所需要的运费、关税和保险费用,他们的产品终于进入美国市场,美国出口出现停滞状态,从而新产品周期在美国即告结束。这时发展中国家很可能开始利用廉价劳动力和自然资源生产这种产品,逐渐增加向发达国家的出口。

当4个阶段结束后,该产品的国际生产周期在仿制国依然继续进行,此时可能处于第二阶段或者第三阶段,此后别的国家又可能开始新的仿制过程,使得该产品在别国又开始了自己的生命周期。这种新产品的生产、出口在不同类型国家中的变化、传递(通常由美国传递到加拿大、西欧、日本,再由加拿大、西欧、日本传递到有一定工业基础的新兴工业化国家,如韩国、新加坡等),然后再从新兴工业化国家传递到发展中国家,其情形有如接力赛一样一棒接一棒。

1967年,贺尔什根据维农的产品生命周期理论,对世界不同类型国家的工业竞争力作了对比研究,从而进一步将产品生命周期理论动态化。他把世界各国分为3种类型:A类型国家,指以美国为首的最发达的工业化国家;D类型国家,指较小的工业发达国家,如荷兰、瑞士、以色列等;L类型国家,指开始进入工业化但程度很低的发展中国家和地区,如印度、土耳其等。贺尔什认为,A类型国家有能力生产处于产品生命周期各阶段的产品,但是因A类型国家在资金、管理、国内市场、研究与开发等方面具有优势,所以在研制新产品上具有比较优势;同时,A类型国家市场广大,可以进行大规模生产,于是对于处在第二阶段的产品拥有相对优势。D类型国家有相对丰富的科技力量和较为雄厚的科研实力,但是同时其国内市场比较狭小,外部经济规模也小,从而当产品进入生命周期第二阶段其相对优势就会逐渐下降,进入第三阶段则会完全丧失,因此其优势主要集中在某些特定范围内新产品的开发。L类型国家有丰富的半熟练工人,其劳动力资源的丰富程度足以弥补其资本的相对稀缺,在这个基础上,L类型国家具有工艺定型、技术成熟、对技术要求较低的产品的生产优势,即拥有生产处于产品生命周期第三阶段的产品的优势。对他们来说,这种已成熟的产品也比较容易出口到已经存在的市场中,从而有利于扩大产出。

2.6.2 产业生命周期理论

产业发展的生命周期是指产业从产生到衰亡具有阶段性和共同规律性的厂商行为(特别是进入和退出行为)的改变过程,产业生命周期理论则是在实证基础上对其进行研究的现代产业组织学重要分支之一。产业发展的生命周期的研究始于 20 世纪 80 年代，它是从产品生命周期的研究演变而来的。1966 年美国教授雷蒙德·维农（Vernon）最先提出了产品生命周期理论，随后在 20 世纪 70 年代 William J. Abernathy 和 James M. Uterback 等以产品的主导设计为主线将产品的发展划分成流动、过渡和确定 3 个阶段，进一步发展了产品生命周期理论，并共同提出了 A-U 模型；在此基础上，到 20 世纪 80 年代 Gort 和 Klepper 提出了的 G-K 产业生命周期理论，再到 20 世纪 90 年代 Klepper、Graddy 的 K-G 产业生命周期理论，Agarwal、Rajshere 等的产业生命周期理论，使该理论在各个分支的纷争和融合中逐步走向成熟。

1. 传统的产业生命周期理论

产品生产都有一个产生、发展和衰退的过程，即具有自己的生命周期。产品的生命周期一般可划分为投入期、成长期、成熟期和衰退期 4 个阶段。由于某一产业是以其具有代表性的产品为基础的，因此可以把一个产业的生命周期划分为形成期、成长期、成熟期和衰退期 4 个阶段，主要是根据该产业在全部产业中所占比重的大小及其增长速度的变化来划分的。最初传统的产业生命周期曲线忽略了具体的产品型号、质量、规格等差异，仅仅从整个产业的角度考虑问题。

产业生命周期大致可分为成熟前期和成熟后期两个大的阶段，在成熟前期，几乎所有的产业都具有类似 S 的生长曲线，在成熟后期，产业生命周期的生长曲线可分为两种类型，一种类型是产业长期处于成熟期，形成稳定型行业；另一种类型是产业进入衰退期，逐步完全退出经济活动。

产业生命周期是一种定性的理论，产业生命周期曲线是一条近似的假设曲线。识别产业生命周期处于那个阶段主要从以下几个方面来考虑：市场增长性、需求增长率、产品品种、竞争者数量、进入壁垒和退出壁垒、技术变革、用户购买行为等。

这些因素在产业生命周期各阶段的变现如下：产业生命周期曲线只是一条抽象化的典型曲线，实际情况要远远复杂得多，因此，准确判断某产业处于哪一个阶段是非常困难的，如果出现判断错误，往往出现战略上的失误。影响一个产业发展的因素很多，关系复杂，不能简单根据几个反映产业生命周期的因素判断，要全面考虑，如政策环境整体经济环境等。所以应将产业生命周期分析与其他分析方法结合起来使用，以免陷入分析的片面性。

2. 现代的产业生命周期理论

随着市场经济的发展和成熟，现代产业生命周期理论认为产业生命周期包括自然垄断阶段、全面竞争阶段、产业重组阶段、蜕变创新阶段 4 个阶段。

（1）自然垄断阶段。自然垄断阶段是新技术和新工艺出现到逐步成熟，形成生产能力进入市场，为部分目标消费者所认识和接受的时期。这一阶段的基本特点是：由于发明创造，或者优先引进新技术，最初只有少数企业进入该产业；技术不很成熟；具有较强的自然垄断性；产业进入壁垒高，风险大。

（2）全面竞争阶段。随着新技术的不断改进和完善，市场不确定因素的减少，加上产业发展的需要，政府的扶持与鼓励，高额利润的吸引，许多投资者开始进入该产业，逐渐形成全面竞争状态。这一阶段的主要特点是:产业技术逐步完善和成熟;自然垄断利润逐步消失;新加入者很多;竞争的重点表现为价格战。

(3)产业重组阶段。经过全面的竞争,无论是企业规模还是经济实力都有了很大发展,成为产业中的佼佼者和领导者,而另一部分企业在市场中处于不利地位,逐步被淘汰。产业进入了优胜劣汰为主的产业重组阶段。这一阶段的特点是:兼并与淘汰产业是发展的主旋律;市场需求处于相对饱和的状态;前期以价格战为主要竞争手段,而后期表现为"寡头垄断"的特点。

(4)蜕变创新阶段。经过产业重组后,各企业为了竞争,也为了满足消费者的需求,一般都是投入大量的人、财、物进行原有技术的升级与创新,或另辟蹊径进行产业的升级换代,产业进入蜕变创新阶段。这一阶段的主要特点是:它与新产业的自然垄断阶段密不可分;产业内企业之间竞争主要重点放在新技术的开发和运用、新产品的开发与营销和经营管理上。

2.7 商 业 生 态

2.7.1 商业生态的概念

所谓的商业生态系统,就是由组织和个人所组成的经济联合体,其成员包括核心企业、消费者、市场中介、供应商、风险承担者等,在一定程度上还包括竞争者,这些成员之间构成了价值链,不同的链之间相互交织形成了价值网,物质、能量和信息等通过价值网在联合体成员间流动和循环。不过,与自然生态系统的食物链不同的是,价值链上各环节之间不是吃与被吃的关系,而是价值或利益交换的关系,也就是说,他们更像是共生关系,多个共生关系形成了商业生态系统的价值网。

商业生态系统也是一种企业网络,是"一个介于传统组织形式与市场运作模式之间的组织形态",但它不是一般的企业网络,它强调以企业生态位的思想来看待自己和对待他人。强调这一点非常重要,Delic 和 Dayal 认为,无论是哪一种企业网络,它们共同的目标都是在一个不断进化和变化的环境中求得生存。要达到这个目标,一个企业网络必须能够快速准确地感知到环境的变化,明白其所处的状态,并制定出一套可行的方案。不仅如此,它还应当展现出其良好的学习行为。所以,商业生态系统是一种新型的企业网络。

美国学者詹姆士·穆尔(James F. Moore)在企业生态系统均衡演化的层面上,把商业活动分为开拓、扩展、领导和更新 4 个阶段。商业生态系统在作者理论中的组成部分是非常丰富的,他建议高层经理人员经常从顾客、市场、产品、过程、组织、风险承担者、政府与社会 7 个方面来考虑商业生态系统和自身所处的位置;系统内的公司通过竞争可以将毫不相关的贡献者联系起来,创造一种崭新的商业模式。在这种全新的模式下,作者认为制定战略应着眼于创造新的微观经济和财富,即以发展新的循环以代替狭隘的以行业为基础的战略设计。

2.7.2 商业生态系统的特征

商业生态系统作为一种新型的企业网络,不仅具有企业网络的一般特征,同时它还具有以下几个重要特征。

（1）商业生态系统建立在企业生态位分离的基础之上。

所谓生态位，是一个生物单位对资源的利用和对环境适应性的总和。当两个生物利用同一资源或共同占有某环境变量时，就会出现生态位重叠，由此，竞争就出现了，其结果是这两个生物不能占领相同的生态位，即产生生态位分离。商业世界也一样，企业对资源的需求越相似，产品和市场基础越相近，它们之间生态位的重叠程度就越大，竞争就越激烈。因此，企业必须发展与其他企业不尽相同的生存能力和技巧，找到最能发挥自己作用的位置，实现企业生态位的分离。Ditlea 认为，成功的企业将是那些能够找到属于自己生态位的企业。企业生态位的分离不仅减少了竞争。更重要的是为企业间功能耦合形成超循环提供了条件。

（2）商业生态系统强调系统成员的多样性。

多样性概念来源于生态学，生态系统中的各类生物在环境中各自扮演着重要的角色，通过物种与物种之间、生物与环境之间的摄食依存关系，自然界形成了多条完整的食物链并构成了复杂的食物网，进行着生态圈内物质流动与能量传输的良性循环，食物链的断裂将极大影响系统功能的发挥。和自然生态系统一样，多样性对于商业生态系统也是非常重要的。首先，多样性对于企业应对不确定性环境扮演着缓冲的作用；其次，多样性有利于商业生态系统价值的创造；最后，多样性是商业生态系统实现自组织的先决条件。

（3）商业生态系统的关键成员对于保持系统的健康起着非常重要的作用。

自然生态系统中，可以根据各物种的作用划分为：优势种、亚优势种、伴生种和偶见种。其中，优势种对整个群落具有控制性影响，因为如果把群落中的优势种去除，必然导致群落性质和环境的变化。同样的道理，在商业生态系统中，关键企业对于系统抵抗外界的干扰起着非常重要的作用，因为它所支持的多样性在遇到外界干扰时充当了缓冲器的作用，从而保护了系统的结构、生产力和多样性。

（4）商业生态系统认为系统的运作或动力不是来自系统外部或系统的最上层，而是来自系统内部各个要素或各个子系统之间的相互作用。

自主、自发地通过子系统相互作用而产生系统规则，这是协同学科最根本的思想和方法。这种思想认为，复杂性模式的出现实际上是通过底层（或低层次）子系统的竞争和协同作用而产生的，而不是外部指令。系统内部各个子系统通过竞争而协同，从而使竞争中的一种或几种趋势优势化，并因此支配整个系统从无序走向有序。商业生态系统是一个复杂适应系统，在一定的规则下，不同种类的、自我管理的个体的低层次相互作用推动着系统向高层次有序进化。

（5）商业生态系统尤其是虚拟商业生态系统具有模糊的边界，呈现网络状结构。

商业生态系统具有模糊的边界，主要体现在两个方面，首先是每一个商业生态系统内部包含着众多的小商业生态系统，同时它本身又是更大的一个商业生态系统的一部分，也就是说，其边界可根据实际需要而定；其次是某一企业可同时存在于多个商业生态系统生存，犹如青蛙既属于湖泊生态系统，又属于草地生态系统一样。例如，飞利浦不仅和美国电话电报公司合作取得先进的光电技术，也同德国西门子公司合作，设计统一的电话系统。

（6）商业生态系统具有自组织的特征，并通过自组织不断进化。

商业环境不断改变，对于商业生态系统来说，只要条件满足，自组织就不会停息。也就是说随环境不断进化。

2.8　新兴概念和理论

2.8.1　长尾理论与利基市场

"长尾"（The Long Tail）概念是由《连线》杂志主编克里斯·安德森在2004年十月的"长尾"一文中最早提出，用来描述诸如亚马逊和Netflix之类网站的商业和经济模式。"长尾"实际上是统计学中幂律（Power Laws）和帕累托分布（Pareto）特征的一个口语化表达。

长尾理论是网络时代兴起的一种新理论，由美国人克里斯·安德森提出。长尾理论认为，由于成本和效率的因素，过去人们只能关注重要的人或重要的事，如果用正态分布曲线来描绘这些人或事，人们只能关注曲线的"头部"，而将处于曲线"尾部"、需要更多的精力和成本才能关注到的大多数人或事忽略。例如，在销售产品时，厂商关注的是少数几个所谓VIP客户，"无暇"顾及在人数上居于大多数的普通消费者。而在网络时代，由于关注的成本大大降低，人们有可能以很低的成本关注正态分布曲线的"尾部"，关注"尾部"产生的总体效益甚至会超过"头部"。例如，某著名网站是世界上最大的网络广告商，它没有一个大客户，收入完全来自被其他广告商忽略的中小企业。安德森认为，网络时代是关注"长尾"、发挥"长尾"效益的时代。

所谓长尾理论，是指当商品储存流通展示的场地和渠道足够宽广，商品生产成本急剧下降以至于个人都可以进行生产，并且商品的销售成本急剧降低时，几乎任何以前看似需求极低的产品，只要有卖，都会有人买。这些需求和销量不高的产品所占据的共同市场份额，可以和主流产品的市场份额相比，甚至更大。商业和文化的未来不在于传统需求曲线上那个代表"畅销商品"（hits）的头部；而是那条代表"冷门商品"（misses）经常为人遗忘的长尾。长尾模型如图2-3所示。

举例来说，人们常用的汉字实际上不多，但因出现频次高，所以这些为数不多的汉字占据了图2-3的红区（主体部分）；绝大部分的汉字难得一用，它们就属于那长长的蓝尾（长尾部分）。一家大型书店通常可摆放10万本书，但亚马逊网络书店的图书销售额中，有1/4来自排名10万以后的书籍。这些"冷门"书籍的销售比例正以高速成长，预估未来可占整体书市的一半。克里斯·安德森认为，只要存储和流通的渠道足够大，需求不旺或销量不佳的产品共同占据的市场份额就可以和那些数量不多的热卖品所占据的市场份额相匹敌甚至更大。

长尾市场也称为"利基市场"。"利基"一词是英文Niche的音译，意译为壁龛，有拾遗补缺或见缝插针的意思。菲利普·科特勒在《营销管理》中给利基下的定义为：利基是更窄地确定某些群体，这是一个小市场并且它的需要没有被服务好，或者说有获取利益的基

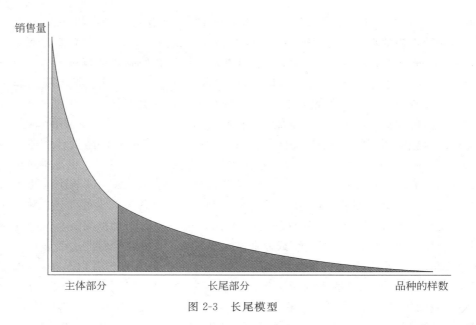

图 2-3　长尾模型

础。通过对市场的细分,企业集中力量于某个特定的目标市场,或严格针对一个细分市场,或重点经营一个产品和服务,创造出产品和服务优势。

2.8.2　众包与集体智能

1. 众包的概念

"众包"(Crowd Sourcing)概念是由美国《连线》杂志的记者杰夫·豪在 2006 年 6 月提出的。他对"众包"的定义是:"一个公司或机构把过去由员工执行的工作任务,以自由自愿的形式外包给非特定的(而且通常是大型的)大众网络的做法。众包的任务通常由个人来承担,但如果涉及需要多人协作完成的任务,也有可能以依靠开源的个体生产的形式出现。"

"众包"概念实际上是源于对企业创新模式的反思。传统的产品创新方法是:首先由生产商对市场进行调查,然后根据调查结果找出消费品的需求,最后再根据需求设计出新产品,但这种创新的投资回报率通常很低,甚至血本无归。而如今,随着互联网的愈发普及,消费者的创新热情和创新能力愈发彰显出更大的能力和商业价值,以"用户创造内容(User-generated Content)"为代表的创新民主化正在成为一种趋势。

目前,"众包"从创新设计领域切入,已经成为华尔街青睐的最新商业模式,被视为将掀起下一轮互联网高潮,并且有可能颠覆传统企业的创新模式。

2. 众包的特征分析

第一,众包是对外包的颠覆。所谓外包,是指企业整合利用其外部最优秀的专业化资源,从而达到降低成本、提高效率、充分发挥自身核心竞争力和增强企业对环境的迅速应变能力的一种管理模式。它是社会专业化分工的必然结果,是专业化作用下规模经济的产物。强调的是高度专业化,主张企业"有所为、有所不为";信赖的是专业机构和专业人士,主张"让专业的人干专业的事"。而众包则是互联网力量彰显的产物,强调的是社会差异性、多元性带来的创新潜力,倚重的是"草根阶层",相信"劳动人民的智慧是无穷的",主张"3个臭皮匠顶个诸葛亮"。正如宝洁公司负责科技创新的副总裁拉里·休斯顿(Larry Huston)所言,"人们认为众包就是外包,但这肯定是一种误解。外包是指我们雇用人员提供服务,劳资双方的关系到此为止,其实和雇佣关系没什么两样。但众包是从外部吸引人才的参与,使他们参与到这广阔的创新与合作过程。这是两种完全不同的概念。"

第二,众包蕴涵着"携手用户协同创新"的理念。众包意味着产品设计由原来的以生产商为主导逐渐转向以消费者为主导,这是因为没有人比消费者更早、更准确了解自己的需求。因此,如果在产品设计过程中尽早吸收消费者的主观意见,尽早让消费者参与进来,企业的产品将更具创造力,也更容易适应市场需求并获得利润上的保证。位于美国芝加哥的"无线(Threadless)T恤公司"饱尝了利用众包设计新T恤的甜头。该公司网站每周都会收到上百件来自业余"粉丝"或专业艺术家的设计,然后他们把这些设计放在网站上让用户"评头论足",4~6件得分最高的T恤设计将会进入量产备选名单,然而能否量产还要看公司是否收到足够多的预订单。这样一来,"三赢"局面基本形成:外部设计者的创意得到发挥,得分最高者除了获得奖牌和2000美元奖金,其名字也将印在每件T恤上;消费者的参与度和满意度都大大提升;无线T恤不仅省下了雇用专职设计师的费用,而且只生产获得足够预订量的产品,几乎是稳赚不赔。

第三,众包延伸了创新边界,借社会资源为己所用。以往,企业的研发和创新模式基本上都是"各搞各的,老死不相往来"。如今,越来越多的企业采用了"内外结合"的方式,纷纷放眼外部,借助于社会资源来提升自身的创新与研发实力。创立于2001年的InnoCentive网站(www.InnoCentive.com)就是顺应这一需求而生,目前已经成为化学和生物领域的重要研发供求网络平台。由宝洁、波音和杜邦在内的众多跨国公司组成的"寻求者(seeker)阵营"纷纷把各自最头疼的研发难题抛到"创新中心"上,等待隐藏在网络背后的9万多名自由科研人才组成的"解决者(solver)阵营"破译。一旦成功解决这些问题,这些"解决者"将获得1万~10万美元的酬劳。宝洁公司通过充分借助"创新中心"以及YourEncore和NineSigma等外部研发人才交流平台,获得了丰硕的成果:内部研发人员依然维持在9000人,但外部研发人员高达150万人;外部创新比例从2000年的15%提高到2005年的50%;公司整体研发能力提高了60%。

第四,在众包中,"草根"的创新愈发成为主流。轰轰烈烈的软件开源运动充分证明,由网民协作网络写出的程序,质量并不低于微软、Sun等大公司的程序员开发的产品。由美国加州大学伯克利分校的空间科学实验室主办的SETI@home分布式计算项目,自1999年5月17日开始正式运行至2004年5月,已成功调动了世界各地近500万参与者,积累了近200万年的CPU运行时间,进行了近5×10^{21}次浮点运算,处理了超过13亿个数据单元。法国标致汽车集团2005年设计大赛的获奖作品Moove也出自一名23岁的葡萄牙学生之手。由此可见,星星之火可以燎原,草根也是一支不可忽视的潜力股!

2.8.3 免费经济

1. 免费经济的概念

免费经济简而言之就是透过提供免费的产品或服务,来达到获利的目的。而其手法都是透过免费的吸引力为起点,建立起其他的获利管道,而广告是最为熟知的一种。

长尾理论的作者克里斯·安德森认为,所谓"免费经济"主要有以下3种。

第一种是传统的免费产品,如金吉列剃须刀模式,是最自然的延伸产品。这也是另一种形式的交叉补贴,由此延伸出来的是传统新闻媒体模式。这种产品之所以免费是因为它的成本由广告主来补贴,所以也可以称为第三方市场——出版商、广告商和消费者,他们得到免费的一切。

第二种免费产品是指以前收费,后来随着成本越来越低,最终成本消失。根据摩尔定律,过程需要的成本每年都在减少,当成本逐渐接近于零时,可以最终将之视为免费。hotmail最开始尝试一小部分服务免费,用户为剩下的一部分服务付费。从2000年到2002年,用户得到的免费服务越来越多。因此,Gmail表示,他们即将推出一个容量为1000兆的免费服务,从此,该市场发生了革命性发展。雅虎表示:"我们提供给用户的是无限存储服务,通过这些加强雅虎和用户的联系。同时,通过别的方式赚钱,可以是雅虎新闻频道的横幅广告;也可以是通过掌握用户行为信息,而吸引广告投放。"

第三种免费模式就是礼品经济。现在的维基百科、博客空间、craigsli等属于这种。在这种模式下,的确有真的经济存在,而且出于没有财务考虑的动机,诸如声誉、注意力和表达欲等。所有的社交目的,事实上被证明具有不可低估的影响力,而这种目的让人们免费获得一切。而在此之前,没有哪个平台可以做到这些。

2. 免费经济的类型

1)免费增值模式(Freemium)

免费品:网络软件和服务,部分内容。

免费对象:普通用户。

该模式是媒体订阅模式的基础,它又可分为如下几种形式:从免费到付费的内容分级,或者一个额外的比免费版带有更多特性的"专业"版网站或软件。这种免费模式的例子无处不在,但都做了些巧妙的调整。传统的免费例子包括派送糖果,或给那些婴儿母亲赠送纸尿裤。这些免费模式都得花钱,制造商仅能免费派送极少数量的产品——他们希望以此吸引消费者,从而激发更多的消费欲望。但就数字产品而言,这种免费品与付费品之比却倒了过来。

一个典型的网站通常遵循1%法则——1%的用户支撑起其他所有用户。Flickr网络相册就依靠每年25美元的专业版账户支持了无数的免费用户,这个由1%的人为99%的人买单的模型实际上在其他行业也屡见不鲜。这种模式的可行之处在于,服务其他99%的用户的成本几乎为零,甚至完全能够忽略不计。

2)广告模式(Advertising)

免费品:内容、服务、软件等。

免费对象：所有人。

在广播电视节目或印刷物上安放广告,这种方式在基于互联网的广告模式前节节败退;包括雅虎的按页面浏览量付费的横幅广告、谷歌的按点击率付费的文本广告、亚马逊按交易付费的"会员广告"以及网站赞助,但这一切仅仅只是开始。接着兴起的是下一波广告模式:付费的内置搜索结果、付费的信息服务清单,以及对某些特定人群的第三方付费。如今,企业正试图从产品推介(按文章付费)转向按关系付费,如 Facebook 所有这些策略都建立在这个原理上:通过免费赠品可形成偏好显著的受众;为影响他们,广告客户愿意付费。

3) 交叉补贴模式(Cross-subsidies)

免费品:能促使顾客去购买其他互补品的任何产品。

免费对象:每一个终将进行购买的人。

沃尔玛的最新热门 DVD 仅售 15 美元,这些都是为招徕顾客而削本出售的产品。在依靠低于成本价的 DVD 诱惑顾客进去之后,他们就可能卖给你一台洗衣机或是别的什么,这将有利可图。不管是任何产品或服务套餐,从银行理财计划到手机消费计划,单个产品或服务的价格往往取决于消费者心理,而非成本。

另一个鲜活的例子,在圣保罗的一个喧闹角落,摊贩们抛售着最新的 tecnobrega CD,包括一支名为 Banda Calypso 的当红乐队。像这些出自摊贩之手的 CD,均未烙上任何唱片公司的标签,但它们并不是非法品,而是直接来源于那些乐队。Banda Calypso 将自己的 CD 和海报派发给他们将会去巡演所在地的摊贩,他们协定:摊贩可以复制这些 CD 并出售它们,同时独得所有的收入。因为卖唱片并非 Banda Calypso 的主要收入来源,这支乐队的主营业务是商业表演。Banda Calypso 在各镇之间来回巡演,由于事前超便宜 CD 的宣传造势,他们的演出场场爆满。城里的小贩实实在在地为 Banda Calypso 打造着街头信誉,他们的音乐在市区无所不在。这意味着,他们为自己的演出俘获了大批受众。

4) 零边际成本模式(Zero marginal cost)

免费品:单位发行成本极低的产品。

免费对象:所有人。

没有什么比在线音乐更能描述这一模式。在数字复制品和 P2P 传输方式的推动下,音乐发行的实际成本几乎为零。在这里,不管有没有商业模式,在无限制的传播手段下,产品变为免费。这股趋势是如此强大,以至于法律、道德规制、加密保护技术以及其他所有的盗版障碍都纷纷走向破产。一些歌手在线派发他们的音乐,并借此作为演唱会、正版唱片、播放许可证以及其他付费品的营销方式。然而其他受众却不假思索地接受了它们;对他们而言,音乐不是用来赚钱的生意,而是另有其美好意义——从快乐到创意性表达。

5) 劳务交换模式(Labor exchange)

免费品:网站和服务。

免费对象:所有用户,因为其使用行为实际上已经创造了某些价值。

用户只需通过验证程序,就能得到免费资讯内容;那些混乱不堪的文本框通常充斥着木马。用户要做的就是对木马程序做出回应,接着会被转接到其他站点,如户浏览图片所引发的带宽消耗,此举颇有赚头。不管怎样,使用这些服务的行为本身就能创造价值,或提升这种服务,或创造一些可能有其他用处的信息。

6)赠予经济模式(Gifteconomy)

免费品:包括开源软件或 UGC 在内的全部庞杂资源。

免费对象:所有人。

从 Freecycle 到维基百科,人们发现,金钱并非唯一的激励。利他主义一直都存在,互联网却为其创造了一个平台;在那里,个体行为将引发全球性的影响。在某种意义上,零成本分发使得共享成为一种产业。

2.8.4　轻公司

所谓的"轻公司",便是那些以互联网为渠道基础,向下游组织用户需求、向上游组织生产的公司。它的最大优势不在于固定资产和人员,而是有价值的商业点子、品牌,以及对于后来者的领先优势。举个简单的例子来说明这个定义:衬衣行业之前有个 PPG,今天活跃的是 Vancel,它们的共同之处都在于,通过呼叫中心获得订单,然后将订单汇集,找到代工厂商为它们加工产品,然后再贴牌送货给客户。

"轻公司"最大的特点,也是它们成功的最大秘诀,就是企业将非主要业务"外包",企业内只保留最核心的业务部分。成功的"轻公司"企业将传统业务流程上的设计、生产、销售等业务环节进行分离,把其中非主要业务"外包"给其他专业企业,以确保"轻公司"自己能集中精力做好最重要的业务部分。

竞争的日益加剧迫使产业链不断细分,"轻公司"顺势抓住这个机会让自己的企业变得"小而精",使企业反而更容易形成核心竞争力;"轻公司"策略使企业更能够专注于自己的核心能力,并通过与产业链上下游有着业务"外包"关系的企业结成合作伙伴,并因此获得比自己独立经营全部业务更大的能量。

2.8.5　维基经济

维基经济被称为"来自于大众、传播于大众、服务于大众的新经济时代智慧法则"。

维基经济学是研究大规模协作如何改变企业运作模式、商业模式的新兴术语。维基经济学是一门新的科学和艺术,它以 4 个新法则为基础:开放、对等、共享及全球运作。这些新的规则正在取代一些旧的商业教条。而人们所熟知的企业如乐高、英特尔、飞利浦、摩托罗拉、宝马、IBM、诺基亚、波音、AT&T、雅虎、YouTube 等都已经被业界冠以"维基企业"的头衔,别惊讶,在这个快速变化的时代,挑战人们对商业根深蒂固的认知的,不仅只有这些新鲜的词汇,还有人们对于商业创新的内在恐惧与既有环境的依赖。

开放、对等、共享及全球运作这 4 个准则越来越多地定义了 21 世纪公司将如何竞争。这和主导 20 世纪的层级制的、封闭的、保密的和与外界隔绝的跨国公司完全不同。

新的大规模协作正在改变公司和社会利用知识和能力进行创新和价值创造的方式。这影响了社会的每个部门以及管理的方方面面。新的商业模式正在出现,这种商业模式向世界开启大门,同每个人(尤其是消费者)共同创新,共享以前高度保护的资源,利用大规模协作的力量,不像多国公司而像真正的全球公司一样进行活动。这些公司推动了行业内的重要变革,重写了许许多多的竞争规则。

人们可以把这种新的商业模式与传统的商业思维进行比较。传统的智慧认为，公司通过做一些恰当的事，如拥有优秀的人力资本，强烈地保护知识产权，以消费者为中心，思维全球化、行动当地化以及良好地执行（如进行较好的管理与控制）来进行创新、差异化和竞争。但是新的商业世界使得这些规则不充分、有时甚至完全不正确。

获胜的组织将是那些创造大量的人类知识并将知识转化为实用的公司。问题是，组织价值、技能、工具和命令控制的结构并不是简单地过时，它们是价值创造过程中的障碍。在大规模协作能一夜之间重塑行业的时代，旧的组织结构和层级制不能提供在当今环境下公司保持竞争所需要的灵活性、创造力和分享。现在每个人在经济中扮演一种角色，每个公司都面临选择——商品化（Commoditize）或者连接（Getconnected）。

案例 2-1　黄金公司：发动全世界找黄金

在加拿大寒冷冬天的一个傍晚，黄金公司（GoldcorpInc.）的首席执行官罗伯·麦克欧文难抑沮丧。这家多伦多小型金矿采矿公司被罢工、拖延的债务和极高的生产成本等问题所困扰，导致公司停止金矿生产。黄金市场正在萎缩，多数分析家认为该公司50年来采自安大略红湖的矿产即将消失，如果难以找到大量的新黄金矿藏，黄金公司可能会宣告倒闭。

麦克欧文没有开采金矿的经验，几乎无人相信他能够拯救黄金公司。然而他给地质学家们开出了1000万美金的支票作为探矿费，派他们前往北安大略省。几个星期后，地质学家有了一个惊人的发现：钻矿测试证实了那里蕴藏着丰富的黄金矿产，是黄金公司现在开采量的30倍。但令麦克欧文极度沮丧的是，地质学家们还难以提供黄金的准确位置。他极需让这个缓慢的旧行业能够适应市场的紧迫性。

1999年，当麦克欧文参加的麻省理工学院青年总裁研讨会即将结束时，Linux突然成为讨论的话题。麦克欧文坐在演讲厅中，全神贯注倾听这个非凡的故事。演说者讲述托瓦尔兹怎样向全世界公开了自己的软件代码，允许成千上万的匿名程序员检视自己的系统，并加入自己的一份力。麦克欧文听后大受启发：如果黄金公司的地质学家不能找到红湖的金矿，也许其他人可以！找到这些人的关键是公开探矿的信息，就像托瓦尔兹为了Linux而公开代码。

麦克欧文迅速回到多伦多，向公司资深的地质学家们说明了自己的想法。他说："我想拿出我们所有的地质学研究以及1948年以来的所有数据，整理成一个文档与全世界的人共享。然后，我们请求全世界的人告诉我们，在哪里可以找到新的600万盎司的黄金。"麦克欧文认为，这次机会可以发动黄金行业那些最具才智的人参与。然而，会议室里的地质学家却满腹狐疑。

采矿业是一个极度需要保守机密的产业，除开矿产本身，地质数据是最宝贵、最需要严加看守的资源，公司不可能拿去四处散布。黄金公司的员工不知道全球地质学界是否会像软件开发员响应托瓦尔兹那样回应公司的这一做法。他们更担心的是，这场竞争会怎样影响自己，参赛者会怎样看他们找不到金矿的无能。

麦克欧文承认这个决策充满了争议和风险。"我们挑战的是最基本的观念——专有数据是不可能被散发出去的。"但他再一次决定坚持已见。

2000 年 3 月,黄金公司发起了"黄金公司挑战赛",宣布能够提出最优估计和最佳方法的参赛者将获得高达 57.5 万美元的奖金。有关这 55 000 英亩矿区的一切信息都在黄金公司的网站上发布。比赛的消息通过互联网迅速传播,来自 50 个国家的 1000 多个虚拟勘探者都在忙于挖掘和利用这些数据。

几个星期之内,来自全世界的方案雪片般地飞向黄金公司总部。参赛者的来源很奇特,有大学本科生、咨询顾问、数学家和军官,他们都试图一展拳脚。麦克欧文说:"人们应用数学、高等物理、智能系统、计算机绘图及有机的方法来解决无机问题。很多技能是我在业内闻所未闻的。当我看到计算机绘图时,差点从椅子上摔下来。"参赛者在红湖矿床上发现了 110 个目标,其中 50% 是公司从来没有发现的。80% 以上的新目标后来证实确实有大量黄金。自挑战赛开始以来,已经发现了 800 万盎司的黄金。麦克欧文估计,这一尝试将探矿时间缩短了两到三年。

如今,黄金公司从开源式勘测中收获了丰硕的果实。这次比赛不但得到了大量的黄金,还把一个价值 1 亿美元的低绩效公司改造成具有 90 亿美元价值的大企业,并将北安大略一个落后的采矿点转变成最有利可图的矿产地之一。"黄金公司挑战赛"计划对后来者最具价值的地方或许就是——它证明了即使在一个保守、讲求保密性的产业中,创新的研究方法也是有效的。通过共享公司的专有数据,麦克欧文将蠢笨的勘测流程转化为一个融合了业内最聪明脑瓜的现代化分布式黄金勘探引擎,这就是维基经济的新世界。

案例 2-2 波音公司: 像搭积木一样造飞机

一些企业通过合并和收购实现全球化——他们购买企业以获得自身所需的资源并使那些企业的创新内部化。但即使是最完美的并购也会遭遇整合问题及运作成本上升。波音公司正相反,它放弃非核心资产,通过松散的价值创造网络进行全球性的协作。

波音的这种转变是一个长期和极度痛苦的过程。面对"9·11 事件"后商用飞机产业增长不稳定和市场销售份额急剧下降的双重阴影,波音被迫调整其商业经营方式。通过大规模合作——交给大供应商去控制成千上万的零部件和特性,波音得以控制飞机成本,加快创新,使新机型上市更快。波音利用最先进的合作技术将传统供应商的集合转变为一个全球性紧密合作的体系。最终研制出具有开创性的"787 梦幻"飞机(787 Dreamline),其初期的销售额和低成本、高效率,给一度苦苦挣扎的波音带来了光明。在研制 787 过程中,波音所扮演的角色是下一阶段系统的集成者:有来自 6 个不同国家的 100 多家供应商参与制造下一代飞机,这是一种真正的合作方式而不单单是外包。波音已经建立起一个广泛的水平型的合作网络,实时合作、分担风险、共享知识,以达到更高水平的绩效。

过去,波音的合作者们和供应商没有加入研发团队,直到最后阶段才会参与细节的设计。波音设计产品的规格,供应商的工作是按规格生产。所有零部件运送到波音在华盛顿的工厂,如果各个部件不能兼容,那么他们需要重新制造。波音新的模式把供应商当成真正的合作者甚至是同等的企业,使供应商参与早期的生产过程。"我们有大量的合作者和工程人员参与到飞机设计中。"波音787项目的负责人迈克·拜尔说，"通过这种方式，我们从每一个人身上获取最好的想法。"

在开发777(787的前身)时，波音发给其电子部件供应商的规格说明文件有2500页之长，这样就没有给他们留下想象的余地。而波音787的同类文件只有20页。

波音已经意识到，当负责制造的人参与策划时，效率会更高。因为他们更清楚工厂的运作，他们设计的部件不仅是满足波音的需要，而且对于他们的生产也是最有效率的，而不只是按波音的设计去臆测。例如，飞机引擎是通用电气和Rolls-Royce合作研发的，有超过20家国际系统的供应商与波音的队伍一起研发技术，并为不同的系统和次组装的产品进行设计。当设计和研发工作结束，相同企业将通过竞争成为项目的供应商。甚至潜在的乘客也加入了全球性的设计队伍。波音开通了一个网站来宣传787，为航空爱好者和其他感兴趣的参与者提供了一个场所，在那里他们可以描述自己所希望看到的飞机的样子。

制造也同样采用了合作的方式。当波音制造777时，项目最后共聚集了1万个零部件，在其坐落于华盛顿的Everett工厂里组装。而这一次，波音员工是像搭积木一样组装大的零件和局部装配线，而不是铆接和焊接完整的铝制飞机。模块化的方式将波音的最后组装过程从13~17天减少为3天。这是怎样实现的？

因为大量的局部装配(占据新飞机的70%到80%)是由来自全球不同地区的合作者设计和生产的。垂直的尾翼来自波音华盛顿Frederickson；固定的和可移动的机翼前缘来自俄克拉何马州的Tulsa；飞机的舱面和机身前部分来自堪萨斯州的Wichita；可移动的尾缘来自澳大利亚的工厂；机身和机翼的整流罩来自加拿大的Winnipeg；日本的合作者Fuji、Kawasaki和Mitsubishi承担了787全部构造中的35%，集中于机翼和机身中部；达拉斯的Vought Aircraft Industries和意大利的Alenia Aeronautica组建了一家合资公司来生产尾翼。

要将多样的、分散于全球的设计者和制造商团队整合进入高度复杂和组织严密的研发项目，这是一个很大的挑战。组织这个复杂网络的实时合作系统由波音和DassaultSystemes创造，称为"全球合作环境"。在这个平台上，工程和设计小组之间不再需要来回寄工程图。团队中的成员在任何时间、任何地点都可以访问、检阅和修订同一张设计图并通过软件追踪修订来进行模拟，非工程方面的管理者也可以加入其中。轻便的浏览器使得从营销经理到成本会计的每个人在他们的计划需要改进时，都可以对计划进行回顾和评论，确保最终计划是在信息最充分的背景下完成的。

除了技术问题，知识产权和知识管理也对有效合作提出了考验。"为了成功，这个项目需要更高水平的合作。"Dassault公司的总裁马塞洛·莱默斯说，"我们已经发现正确的分配比例，多少知识必须是专有的，多少用来分享。"企业保护自己设计和工艺所有权是可以理解的，但在这个项目中，设计和工艺的信息的充分分享直接决定着项目的成功。"在我们的体系中，持有数据而不坦白你现在的处境和你将来的发展方向是不可以接受的行为。一切都是公开的，我们分享一切。"知识泄露是任何合作关系中都存在的风险，公司必须权衡获得专业化和合作化的得失。"我们每一部分都只保留很少的专门知识。"拜尔说。例如，波音选择保留垂直尾翼的设计和建造。

2005年，波音获得354份订单，价值超过460亿美元，这也是2000年以来，波音新飞机的订单第一次超过空中客机。但波音最大的回报在于证实了一个新的商业模式，这个模式是围绕全球合作建立的。

案例2-3　电脑特工：让员工分享和主宰

在安装完家用网络以后，计算机往往遭遇病毒和黑客的袭击，越来越多的消费者愿意花钱请技术人员来维修系统。罗伯特·史蒂文斯因此创立了电脑特工（Geek Squad）。如今，电脑特工拥有12 000名员工，分布于整个北美地区，共700多家分支机构，它们在服务领域的收入将近10亿美元。

电脑特工的员工使用维客、视频游戏，还有其他非传统的合作方式来不断更新思维方式、处理工作方案、交换服务意见，同时也会参加有同行出席的社交活动，他们甚至参与产品创新和市场营销环节。所有这一切都使得电脑特工公司形成了良好的工作氛围。电脑特工真正的秘密武器在于员工以及员工之间的合作。史蒂文斯让员工加入到不断创新和改进的行列中，使员工能更出色地完成任务。

具有讽刺意味的是，为了构建一个完美的内部维客网，确保所有员工都在一个圈子里并获得公司资源，史蒂文斯花费了相当多精力，但维客的运行始终很慢，这让他十分苦恼。到底出了什么问题呢？有一天，史蒂文斯向公司一个主管询问工作时说："我很担心阿拉斯加安克利智的那些员工，那里差不多只有20个人，不知道他们是如何完成任务的。"部门主管回答："那群安克利智的家伙啊！我一直都跟他们保持联系。"

史蒂文斯十分惊奇，马上鼓励他讲出更多的细节。主管不好意思地告诉史蒂文斯，他们所有人都用"战地2"（Battlefield 2）上网："每个服务器可供128个人在一个真实的环境中同时加入战斗，我们戴着耳麦，使用Ventrilo软件，这样在游戏时，我们可以通过网络自由交谈。"这让史蒂文斯感到不可思议："我一直想为员工提供各种合作的便利，并致力于构建这个平台。当我满心准备用合作工具建立一个场地时，员工们早已经用最有效、最经济的合作方式上网自我组织了。"现在，每时每刻都有超过384名员工同时玩这一游戏。这次经历彻底改变了史蒂文斯的想法，他发现，与其耗费大量精力去开发一个项目，不如去试着发现员工自己的设计，然后再去不断完善它。

当百思买决定在中国建立一条全新的有独立标签的产品生产线时，他们征求史蒂文斯的意见，问是否可以在一些设备上使用电脑特工的商标。史蒂文斯回答：可以试试看，但必须让电脑特工的员工来设计产品，任何没有得到员工同意的产品都不得使用电脑特工的商标。

虽然百思买同意了史蒂文斯的条件，但他们怀疑史蒂文斯是不是发疯了。史蒂文斯不让产品开发商雇佣设计师，而是在维客上集合员工一起来构思策划未来产品的草案，数以百计的员工都加入了设计行列。正如史蒂文斯所说："员工乐于帮忙排除故障，也善于提出批评，找出错误和不足，并贡献自己的聪明才智。"

两个月以后，员工设计出独特而实用的闪盘驱动器（Flashdrive），这也是今天极其常见的一种商品。员工还加进了很多人性化的改进，他们设计的闪盘驱动器能自动折叠，这样就不再需要保护套了,因为员工们很清楚客户总是把保护套弄丢,因此一件无须保护套的闪盘驱动器是非常方便的。他们也知道没有人会将闪盘驱动器挂在钥匙链上——并不是他们不想,而是因为塑料环扣粗大而且坚硬。因此员工设计了带有一个薄而结实环扣的闪盘驱动器,能够顺滑地套在钥匙链上。这个优秀的设计使电脑特工在2006年6月获得了声名显赫的德国设计大奖。史蒂文斯说:"当德国人将一个工程类的大奖颁给你时,你就知道你是最棒的。"

电脑特工的员工甚至给公司带来了公共关系方面的提升。在新电影《星球大战》准备公映前的几个星期里,电脑特工的员工就预测公司业绩会提升,这让史蒂文斯百思不得其解。后来答案出来了:很多企业的IT工作人员都会在午夜排队以便买到最佳座位的电影票,这让他们熬得很晚,第二天就会请病假。如果恰好他们工作平台出现问题,企业老板就只得寻求电脑特工的服务。电脑特工的员工建议公司制作一种IT工作人员可以提前一个月下载的请假便条,他们把这种行为称为prequelitis综合征,甚至为它创造了独立的商标。

接下来,电脑特工发布了一篇新闻稿,预言prequelitis将掀起一股大风浪,他们还说,在3月28日(电影《星球大战》公映后一天),大量的IT工人和学生都会生病。同时,他们可以将下载的便条贴在自己的站点上。网站获得了超过80万的点击率,这让史蒂文斯登上了第二天的TodayShow排行榜。

史蒂文斯指出:"公共关系做好了当然不错,但真正的价值在于自豪感、认同感及员工追求发展的决心。员工对作为一个群体所产生的力量有了更新和更深的自我认识。"这种团队的认同感和意志力不是一夜之间就能生成的,可能需要多年文化的积淀。在电脑特工,"员工文化"已经扎根,因此史蒂文斯认为没有必要去指挥他们何去何从。然而,有一件事是肯定的。不论何时,当史蒂文斯想要协调员工的合作时,他都会奉行一条新准则:首先观察,然后实施。

与"电脑特工"相似的故事不断上演。在过去3年里,许多促进员工合作的"网络武器"出现。通过它们,员工可以接触世界各地更多的人群,可以展示更丰富和全方位的能力,还可以避免各种冲突,享受到更多乐趣。员工还可以在全球范围内直接联系客户、同事、供应商和其他相关者,这些都会增加公司系统的价值。更重要的是,新型合作结构可能会获得更多的客户资料和广泛的商业基础。

案例讨论:

"在商业中,也许从来也没有比今天更激动人心、也更加危险的时候。稳定消失了,创造一家永远不会被技术所颠覆的企业的想法行不通了。"在《维客经济学》中,唐·塔普斯科特和安东尼·威廉姆斯对企业家当头棒喝。在他们看来,目前最具颠覆性的技术就是大规模合作。两人援引在互联网上广为流行的维基软件(Wiki,一种使用户能够编辑网络内容的软件),将由此衍生的"投入和共同创造"的经济命名为"维基经济(Wikinomics)"。黄金公司、波音公司和电脑特工3个案例,带领人们从不同侧面进入这个全新的经济世界。

对于如今的企业而言,所需的人才可能在组织范围之外,或是在传统的视野之外。通过分享知识资产,企业得以利用集体的智慧和天才的力量。这些在"围墙"之外的群体,正在改变人们从事商业的方式。

📓 本章小结

本章对电子商务服务的相关理论知识做了梳理,包括交易成本与专业化分工、电子商务服务业生命周期、服务经济与现代服务业、电子商务服务外包等。同时,还对商业生态、长尾理论、众包、免费经济、轻公司、维基经济等新概念、新知识做了介绍。

📚 思考题

1. 如何从交易成本角度分析电子商务服务产生的原理?
2. 电子商务服务外包有哪些具体的形式或业务类型?
3. 长尾理论对于电子商务服务实践有什么意义或启示?
4. 电子商务服务对商业生态会产生什么重要影响?

📥 参考文献

[1] (美)克里斯·安德森.长尾理论[M].北京:中信出版社,2006.
[2] 陈柳钦.专业化分工理论与产业集群的演进[J].北华大学学报,2007(8):23-30.
[3] 何德旭,夏杰长.服务经济学[M].北京:中国社会科学出版社,2009.
[4] 黄潇.跨国公司服务外包策略与我国的对策研究[D].浙江工商大学硕士学位论文,2008.
[5] 刘北林.现代服务学概论[M].北京:中国物资出版社,2008.
[6] 刘婷,平瑛.产业生命周期理论研究进展[J].湖南农业科学,2009(8):93-99.
[7] 彭新育.交易成本理论在资源与环境经济学的应用前景[J].生态经济,2008(1):42-78.
[8] 彭真善,宋德勇.交易成本理论的现实意义[J].财经理论与实践,2006(27):15-18.
[9] 石少功,刘向晖.论电子商务服务业产业集群的形成[J].未来与发展,2008(11):25-28.
[10] 石少功.我国电子商务服务业集群形成机理及其发展对策的探索性研究[D].华侨大学硕士学位论文,2009.
[11] 詹晓宁,邢厚媛.服务外包:发展趋势与承接战略[J].国际经济合作,2005(4):11-16.
[12] 张军.产品生命周期理论及其适用性分析[J].华北电力大学学报,2008(1):31-36.

第 3 章 电子商务服务体系和商业生态

3.1 电子商务服务体系

随着电子商务的快速发展，我国的电子商务服务业正作为一个新兴产业快速崛起。从现代服务业的角度看，电子商务服务业以互联网等计算机网络为基础工具，以营造商务环境、促进商务活动为基本功能，是传统商务服务在信息技术，特别是计算机网络技术条件下的创新和转型，是基于网络的新兴商务服务形态，位于现代服务业的中心位置。

国家《电子商务发展"十一五"规划》明确提出了电子商务服务业发展的主要目标，其中包括以下几个目标。

（1）基本形成以第三方电子商务服务为主流的发展态势。

（2）电子商务支撑体系基本满足应用需求。

（3）电子商务服务业成为重要的新兴产业，形成国民经济发展新的增长点。

2003 年以来，我国电子商务服务业快速成长，涌现出众多面向企业特别是中小企业的电子商务服务网站以及提供电子支付、认证、信用和现代物流服务的服务商。这些提供电子商务服务的企业集合，已经初步形成了具有一定规模的电子商务服务体系。

在电子商务服务体系中，电子商务交易服务是核心，电子商务支撑服务和电子商务衍生服务是重要组成部分，如图 3-1 所示。

（1）电子商务交易服务是指在电子商务活动中为交易各方提供的、旨在促成交易达成的基本服务，如商品展示、信息沟通、订单管理等。

按照服务对象，电子商务交易服务可细分为企业间交易服务、网络零售交易服务等类型。其中，企业间交易服务主要支持企业与企业之间的电子商务交易（B2B），典型的交易平台有阿里巴巴、慧聪网、环球资源、敦煌网、中国制造网等。网络零售交易服务主要支持

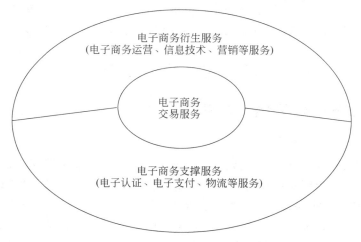

图 3-1　电子商务服务体系

零售商与消费者之间的电子商务交易,典型的交易平台有淘宝、天猫、京东商城、Amazon、eBay 等。

（2）电子商务支撑服务是指为促成电子商务交易订单完成的共性服务,如电子支付、电子商务物流、电子商务认证等。

电子商务物流服务主要是支持电子商务交易、将货物运送到买家指定地点。通常企业间电子商务主要由大宗商品物流服务支持(如德邦物流、华宇天地物流),网络零售主要由快递服务支持(如顺丰速运、申通快递)。

电子支付是指单位、个人直接或授权他人通过电子终端发出支付指令,实现货币支付与资金转移的行为。按照电子支付指令发起方式,电子支付可以分为网上支付、电话支付、移动支付、销售点终端交易、自动柜员机交易和其他电子支付。目前,主要的电子支付服务商有银行(如工商银行、招商银行)和第三方电子支付公司(如支付宝、财付通)。

电子认证服务是利用数字证书技术为电子商务、电子政务等网络业务提供行为主体的真实身份和控制权限,保证信息资源的真实性和可靠性的第三方服务,是建立网络信任体系的基础和核心。典型的电子认证服务商有中国金融认证中心、天威诚信等。

（3）电子商务衍生服务是指随着电子商务应用规模化和多样化,在电子商务服务多个领域产生的专业服务,如电子商务运营、电子商务信息技术、电子商务营销、电子商务数据分析等服务。

电子商务运营服务主要是指第三方服务商为企业提供网店设计、活动策划、营销推广、订单履行、数据分析等运营相关的服务。典型的服务商有瑞金麟、宝尊电商等。

电子商务信息技术服务是服务商依托信息技术为电子商务企业提供信息系统软件或服务。常见的有面向电子商务业务的企业资源规划(ERP)系统、客户关系管理(CRM)系统、进销存管理系统、商务智能系统等。典型的服务商有维富友软件、商派等。

电子商务营销服务是指服务商围绕电子商务为企业提供的营销策划、营销执行、营销效果监测和分析等一系列服务。常见的有搜索引擎营销、网络展示广告、网络视频营销、微博营销、移动营销等。典型的服务商有阿里妈妈、数云等。

电子商务数据分析服务是围绕企业开展电子商务、在网店运营、消费者洞察、团队管理、行业分析等方面提供数据分析的服务。典型的服务商有百分点科技、酷宝数据等。

3.2　电子商务生态

3.2.1　电子商务生态的概念、类型及特点

1. 电子商务生态的概念

电子商务生态是从商业生态的角度延伸出来的。商业生态系统理论是一种基于生态学理念发展起来的,为研究现代商业网络竞争提供了一种的新视角。1993年,美国学者詹姆斯·弗·穆尔(Moore)在《哈佛商业评论》上发表了“*Predator and Prey: A New Ecology of Competition*”一文,将生态学观点应用于企业竞争战略中,首次提出了“商业生态系统”的概念。他认为,“商业生态系统是以组织和个人的相互作用为基础的经济联合体。组织和个人是商业世界的有机体。这种经济联合体生产出对消费者有价值的产品和服务,消费者是生态系统的成员。有机体成员还包括供应商、主要的生产者和其他风险承担者。”

马可·扬西蒂和罗伊·莱温在2004年4月的《哈佛商业评论》上发表了《制定战略,从商业生态系统出发》,他们认为,“商业生态系统超越了传统价值链,也不局限于行业部门,而是涉及供应商、分销商、外包服务公司、融资机构、关键技术提供商、互补产品制造商,甚至包括竞争对手、客户和监管机构与媒体等对公司经营产生直接或间接影响的诸多因素。”

商业生态系统理论打破了传统企业之间“单赢”的竞争观念,强调企业的经营大环境是一个联系紧密、互为依赖的共生系统(田秀华等,2006),企业需要在这个环境中与其他企业共同发展。基于商业生态系统理论,企业的战略应该从思考如何相互竞争转换为如何实现更好的共同发展,关注点应该从提升内部能力转移到增加企业所参与的商业网络的整体能力上(Moore,2006),因为未来的竞争不再是个体企业之间的竞赛,而是商业生态系统之间的对抗(Dobson,2006)。

互联网实验室认为,电子商务生态系统是指在以电子交易为中心、包括客户服务、商业协作、企业内部协作的整个过程中,参与电子商务的组成要素之间的相互关系和相互作用,其核心是价值分享和共同进化。

电子商务服务生态的本质是以专业化分工与协作为基础的共同体,服务商之间进行着知识传递、能力融合与信息资源的无限次重复使用,以实现协同创新(李宗伟,2014)。

2. 电子商务生态的类型

电子商务生态可以从不同视角进行分类(梁春晓,2008)。

根据电子商务生态层次的不同,可以从宏观、中观、微观3个视角对电子商务生态进行分析。宏观层面主要研究电子商务与政治、经济、文化、技术等外部环境之间的关系,中观层面主要研究以核心要素为中心的子生态系统之间的相互关系,微观层面则主要研究个人、企业及其他物种之间的相互关系。

根据生态核心划分,有以客户为核心、以网商为核心、以电子商务服务平台为核心等;按生态范围的不同,可以从宏观、中观、微观进行划分;按生态关系,包括网商与网商之间、网商与平台之间、平台与平台之间、平台与行业之间、行业与环境之间等。

3. 电子商务生态的特点

基于对电子商务生态系统内涵及其演化路径的分析,可以看到电子商务生态系统作为传统商业与互联网技术渗透融合的新兴产物,与传统商业生态系统相比,有以下 4 个鲜明的特点(胡岗岚等,2009)。

第一,高系统更新率。电子商务作为一个本身还不成熟的新生领域,"试错"和"创新"是电子商务崇尚的两大准则(徐博艺等,2002)。因此电子商务生态系统从诞生、壮大到成熟整个过程一直会有较大幅度的更新与优化,而并非像传统商业生态系统,这种大幅度的更新只发生在系统衰退阶段。

第二,核心企业的绝对领导地位。互联网所具有的正网络效应,使核心企业对其客户的价值随着客户数增加而指数型增加,反过来客户数量越大又越能吸引更多的潜在客户。这种"网络效应"带来的结果,使得强者更强(祝秀梅,2005),同时也使其产品或服务极其容易被习惯化,锁定了客户。这将使得领导企业在电子商务的竞争中更具优势,最终形成"赢者通吃"的局面。所以在电子商务环境下,围绕一个核心电子商务企业的集群化现象明显,核心企业的绝对领导地位相对不易被推翻。

第三,系统边界的高模糊性。由于低信息共享成本、不受地域限制等互联网特点,使电子商务生态系统可以围绕着客户的需要,衍生各种与交易相关的其他服务,包括产品评论、论坛及社区、生活服务信息、搜索引擎等。因此和一般商业生态系统固定于某一领域不同,以客户为导向的电子商务生态系统的边界可以不断扩大,实现客户的各种需求。

第四,高环境威胁。电子商务作为新兴行业,电子商务模式与技术、政策环境等都没有定型,不确定性及更新率很高,因此与传统商业生态系统相比,其面临的衰退和死亡威胁更高。例如,能为消费者提供更多价值的全新电子商务模式或技术的出现可能彻底颠覆原有的电子生态系统;另外,一旦相关法律政策发生变化,也会直接影响电子商务生态系统的竞争力。

4. 电子商务生态协同创新

电子商务协同创新的方向是合作共生和差异化创新。

在电子商务服务的协同创新过程中,卖家服务市场与平台占据部分相同的物质信息资源,出现了生态位重叠现象,势必会导致两者之间的竞争。孙耀吾(2014)通过对生态位重叠企业竞合关系进行建模与仿真,发现在创新主体之间发生生态位重叠现象的情况下,要想最大限度实现生态位协同进化,创新主体必须选择合作共生模式。共生模式不仅可以扩展生态位宽度,还可以加快生态位的进化速度,稳定共生生态系统。相反,如果创新主体实行完全对抗性竞争,只追求自身发展,反而可能会导致双方纷纷退出生态位,永久性地被共生系统所淘汰。作为一个开放式系统,包含了大量生态位重叠的成员,很容易导致同质化竞争,影响各自的长远发展。所以生态位重叠成员要想脱颖而出,必须合理规划自己的核心业务,找准并发挥自身生态优势,与其他成员协同演化,共同发展,同时对自身服务进行差异化创新,形成自身核心竞争力。

3.2.2 电子商务生态系统的结构与演化

1.电子商务生态系统的结构

电子商务生态系统的结构可以分解成核心层、扩展层和相关层,如图3-2所示。

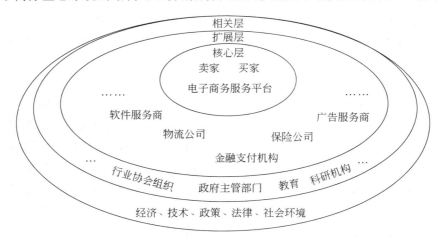

图 3-2 电子商务生态系统结构及其外部环境

(1)核心层包括电子商务服务平台、买家(采购商)和卖家(供应商)。

(2)扩展层主要包括电子商务交易相关的金融支付机构、物流公司、保险公司、软件服务商、广告服务商等,它们为电子商务交易提供多样化的服务,对于促进电子商务交易顺利完成发挥着重要作用。

(3)相关层主要包括与电子商务活动相关的政府主管部门、行业协会组织、教育和科研机构等。

(4)电子商务生态系统的外部是经济、技术、政策、法律、社会等宏观环境。

2.电子商务生态系统的演化

1)商业生态系统的发展过程

Moore(1993)从商业生态系统均衡演化的层面,将商业生态系统的发展过程分成4个阶段。

第一阶段,有特殊生存力的新商业生态系统逐渐诞生并初具规模。

第二阶段,商业生态系统通过抓住可利用的元素及相关产品和服务,吸收新增加的顾客和风险承担者,扩充其范围和消费资源。

第三阶段,随着商业共同体结构和协议变得稳定,共同体内部争夺领导权和利润日趋激烈,角色和资源在领导阶段会进行再定位和再分配。

第四阶段,为了避免商业生态系统被新系统所替代,逐渐走向衰退和死亡,系统开始持续更新。

电子商务生态系统也要经历形成、发展、成熟及衰退的逐步演化过程。

2）电子商务生态系统的演化路径

考虑到电子商务生态系统的特点，在传统商业生态系统的生命周期分析基础上，重新定义了电子商务生态系统的演化路径，将其分为开拓、扩展、协调、进化4个阶段，如图3-3所示（胡岗兰等，2009）。

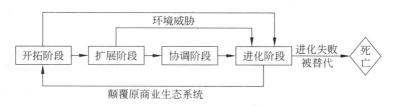

图 3-3　电子商务生态系统的演化路径

（1）开拓阶段是指核心电子商务企业以某一特定群体为客户，通过创新的运营模式或高附加值的服务吸引必要的参与者，而共同创建形成新兴电子商务生态系统的过程。生命力强大的电子商务生态系统将在这一阶段生存下来并发展到一定的规模。例如，篱笆网等以团购为核心的电子商务生态系统正在经历这个最初的创始阶段。

（2）随着系统核心种群自身的不断成长，以及关键种群的繁殖与支持种群的强大，系统规模在扩展阶段不断增长，寄生种群的物种也逐渐涌现；同时，以不同领导种群为核心的同质生态系统之间的竞争开始升级，并将在这一阶段基本确定竞争格局。例如，以携程为核心的电子商务生态系统在扩展阶段与e龙等同质生态系统的竞争中取得压倒性的胜利，基本形成了我国旅游电子商务的竞争格局。

（3）扩展阶段物种的快速增长，使协调阶段各物种之间的利益关系越来越复杂，特别是关键物种之间以及寄生物种之间争夺利益的竞争和冲突日益明显，领导种群为维持系统的健康发展，需要对系统规则进行一定的调整与完善。如商家认证体系、平均成交价格的公布等都是领导种群抑制系统内恶性竞争、完善系统规则的重要手段。

（4）当生态系统受到新模式、政策规定等外界环境变化的致命威胁，系统将进入进化阶段，需要颠覆性地改变原有的模式，并进化为全新的电子商务生态系统。例如，以搜索起家的 Yahoo! 商业生态系统，受到 Google 带来的全新搜索技术威胁，不得不从最初以搜索为核心进化为以门户为核心的电子商务生态系统。需要说明的是，由于电子商务产业不成熟造成的高环境威胁，使电子商务生态系统在开拓阶段、扩展阶段和协调阶段都可能由于外界环境的突发变化直接进入进化阶段。

明确商业生态系统当前所处的阶段，可以帮助成员更好地预测潜在的变化而采取适当的行动（Peltoniemi、Vuori，2004），特别是对于领导种群，即核心电子商务企业而言，它在电子商务生态系统发展的每个阶段都有着不可替代的作用。表3-1总结了电子商务生态系统不同发展阶段的不同特征，以及核心电子商务企业在各阶段中的角色和应采取的策略。

表 3-1　电子商务生态系统的发展阶段

发展阶段	特征	核心电子商务企业角色
开拓阶段	生态系统的创建	理解和把握关键种群的需求,探索有特殊生存力的新电子商务生态系统,促使它诞生并初具规模
扩展阶段	生态系统的膨胀	不断吸收可利用的资源,推出各种有价值的产品或服务,扩充其覆盖的范围,加快其他种群的成长;同时还要应对由于领土争夺与其他系统发生的正面冲突
协调阶段	生态规则的完善	针对系统内种群利益的冲突越来越明显的问题,通过规则的完善,监管协调系统内各成员的关系,使系统向健康、和谐的方向发展
进化阶段	生态系统的颠覆	应对由于新技术、新模式,或者外界环境变化而导致的致命威胁,为系统寻求各种可能的出路,颠覆原来的网络技术、交易模式、赢利规则或消费方式,使生态系统进化成一个全新的系统

资料来源:胡岗岚等,《电子商务生态系统及其演化路径》。

3.2.3　电子商务生态的研究

1. 论文和报告

2004 年,梁春晓等人在《2004 网商冲击波——中国网商研究报告》中指出,一个生机勃勃的中国电子商务生态系统正在形成,认为网民的需求是催生网商时代来临的原动力,正是始终存在这种需求刺激,以网商为主体的电子商务生态系统开始快速良性发展壮大就有了源源不断的原生动力。网商世界是由大量的网商个体组成的。但是网商世界的表现形式并不是这些网商个体的机械结合,网商之间的机械、外力结合可以称为网商群体,将网商之间内在的非线性关系、互动依靠内生力量的有机联系与结合称为"网商生态"。

2005 年,叶秀敏、陈禹在《网商生态系统的自组织和他组织》通过分析网商生态系统的历史形成和演化过程,揭示了网商生态系统自组织的本质属性,自组织行为是网商生态系统有序发展的内因和根本动力,政府和网络服务商的他组织行为有效地推动了系统的发展,他组织行为起辅助作用,通过自组织发挥效用。通过实证研究,揭示了现实世界中,网商的特点和需求。

2006 年,叶秀敏在其博士论文《基于 CAS 的电子商务生态系统研究》中,从复杂自适应系统和商业生态学的角度,应用系统模拟、社会网络分析、层次分析等方法,对电子商务进行解剖和分析。论文内容包括:电子商务生态系统的静态构成,电子商务生态系统的动态形成、演化和崩溃机制,以及电子商务系统的评价等几个关键问题。杨韵、谢金生在《电子商务生态系统中企业战略研究》通过分析中国的电子商务平台环境,介绍商务生态系统的相关特征,总结归纳出中国电子商务生态系统的发展现状,包括网商的聚合、核心企业如阿里巴巴的领导作用,以及生态环境的形成,并为电子商务生态系统中企业的生存发展提供策略选择。

2007 年,闵惜琳、姚锐在《电子商务生态系统中各主体的角色发展定位分析》对电子商务生态系统中包括交易方、中间商、管理者在内的各主体的现状进行分析,并提出在促进电子商务生态系统发展中各自宜采取的发展定位策略。

2008 年,宋斐、盛振中在《淘宝网电子商务生态分析》基于商业生态理论,以淘宝网为个案,分析了淘宝网 C2C 业务为主的商业生态系统的构成、特征和进化历程,并与传统零售业的商业生态系统进行了初步对比,并在此基础上分析了淘宝网商业生态系统的演化动力。杨艳萍、李琪在《电子商务生态系统中企业竞争策略研究》分析了电子商务生态系统的构成,研究电子商务生态系统中不同企业的生态位,并以骨干型企业阿里巴巴培育的电子商务生态系统为例,得出共同进化是企业在电子商务生态系统中的竞争策略。

2009 年,胡岗岚、卢向华、黄丽华在《电子商务生态系统及其协调机制研究——以阿里巴巴集团为例》中就我国出现的电子商务生态化现象,提出电子商务生态系统的概念。发现分属不同经济实体成员间的冲突影响电子商务生态系统的总体效益,各成员间的协调问题成为制约电子商务生态系统进一步发展的主要因素。从系统所面临的问题着手,提出关系、利益、信息、运作四大协调机制,并以阿里巴巴集团为核心的电子商务生态系统为例,分析其协调机制以及阿里巴巴作为核心企业的作用。牛瑞瑞在《电子商务生态系统的理论剖析及应用》,基于商务生态系统的基本思想,提出企业要生存和发展,重要的是要有共同进化的思想的观点。进一步分析电子商务环境,解释电子商务生态系统的内涵,然后阐述新商务生态系统的研究进展及其与当前其他管理思想的区别,并利用电子商务生态系统的理论对英特尔、阿里巴巴、易趣和淘宝的生态系统进行了应用分析,最后针对前面的理论剖析和应用分析阐明电子商务生态系统对于企业发展的启示。胡岗岚、卢向华、黄丽华在《电子商务生态系统及其演化路径》采用商业生态系统理论来解释中国电子商务产业的集群化现象,据此提出电子商务生态系统的定义及物种的分类,同时把电子商务生态系统的演化归纳为开拓、扩展、协调、进化 4 个主要阶段,并把电子商务生态系统与传统商业生态系统做了对比,提出了电子商务生态系统的四大特点。文章最后以阿里巴巴集团为核心的电子商务生态系统为案例,通过分析其物种结构与演化路径,从实证的角度论证了电子商务生态系统理论的合理性。张茂敏、陈禹在《网商生态系统概念与结构分析》中,以网商生态化聚合现象为研究对象,探讨了网商生态系统的概念,并对网商生态系统的结构进行了深入分析,特别是将网商生态系统中主体间的关系按照由浅入深的层次进行了系统的梳理,落脚点在于如何保证网商生态系统乃至整个电子商务的健康发展。

2009 年 3 月,为了推动电子商务生态研究,有助于更多的研究人员对电子商务生态领域的积极探索、深入研究,阿里研究中心发布《电子商务生态研究指南(2009)》,提出了九大研究方向,包括:电子商务生态研究体系、研究方法;电子商务生态系统的结构;电子商务生态系统的外部环境;电子商务生态系统的演化机制;企业电子商务生态战略;网商生态;电子商务生态中的技术创新与应用;电子商务生态与新商业文明;与电子商务生态研究相关的其他方向。

2010 年,胡岗岚在其博士论文《平台型电子商务生态系统及其自组织机理研究》中分析电子商务生态化集群现象,提出平台型电子商务生态系统的概念,并阐述其领导种群、关键种群、支持种群这三类成员之间的依赖关系。论文以阿里巴巴为核心的平台型电子商务生态系统为主要研究对象,总结了其从诞生、壮大、成熟各个阶段的演化规律,并预测其未来衰退的可能性,在此基础上归纳了平台型电子商务生态系统的开拓阶段、扩展阶段、协调阶段和衰退阶段。

2011 年,黄先芝在其博士论文《电子商务服务平台中的应用协同及定制关键问题研究》中,提出一个电子商务服务平台协同定制架构模型,阐述电子商务服务平台支持电子商务应用软件应用协同及定制的 4 个服务能力,即协同模式构建服务能力、协同能力提供服务能力、协同能力定制服务能力、协同执行服务能力。

2012 年,高瑞泽在《电子商务生态群落内部演化和竞争机理研究》中分析了电子商务生态系统的复杂性,说明利用复杂网络理论对其研究的可行性;然后,对电子商务生态群落的结构和演化特征进行分析和论述,强调在电子商务生态系统当中,竞争不再单纯存在于企业之间,而是上升至企业群落之间。纪淑娴、李军艳在《电子商务生态系统的演化与平衡研究》中探索了电子商务生态系统的发展与演化过程,通过阿里巴巴生态系统的案例分析,指出电子商务生态系统演化平衡的 4 个阶段:初步形成、发展扩大、成熟协同、衰退革新,同时分析了每个阶段的演化特点。

2013 年,刘征驰、赖明勇在《电子商务服务业集群治理:一个分析框架》研究了电子商务服务业集群治理模式,发现集群成员企业既嵌入于合作导向的信任网络中,也嵌入于创新导向的知识网络中,其治理目标的实现依赖于治理机制设计。基于"集体声誉"的信任网络治理和基于"进入权"的知识网络治理从两个维度构建了集群的核心治理机制,这两方面治理手段保证了集群共同治理目标的实现。何军、刘晓云、汪怡《基于价值链的旅游景区电子商务生态系统研究》中,用电子商务生态系统观点来分析旅游景区电子商务的应用,给出旅游景区电子商务生态系统的构成、演化、协调机制和评价指标体系,最后用黄山旅游景区的智慧黄山项目进行实证分析。

2014 年,夏晓旭在《电子商务生态链互利共生机制研究》中总结了电子商务生态链互利共生的规律,并构建电子商务生态链链内、链间互利共生的演化博弈模型,主要基于演化博弈论的相关理论和链内节点、链间互利共生关系的适用性分析,对电子商务生态链链内同级节点之间、上下级节点之间、链间对称性互利共生、链间非对称性互利共生的策略演化博弈进行研究,最终由演化博弈结果提出相应的策略发展预期分析和策略选择建议。王冰在《电子商务生态系统协同创新机理研究》中探索电子商务生态系统协同创新的构成要素及其与协同创新绩效之间的关系。研究发现:技术协同、组织协同、市场协同、文化协同及战略协同对电子商务生态系统协同创新绩效具有显著的影响。其中技术协同、组织协同、市场协同对电子商务生态系统协同创新绩效的财务绩效和产出绩效维度影响显著,组织协同、文化协同、战略协同对电子商务生态系统协同创新绩效的稳定性维度影响显著。李宗伟、盛振中、陈雨泓在《生态学视角下淘宝开放平台中卖家服务商的进化特征分析》中研究发现:在线订购类卖家服务商发展迅速,种群规模不断增长。2013 年淘宝服务市场在线订购金额同比增长 28.2%,其中第三方服务的增长达到 76%。第三方服务商开始占据更多的生态位空间,在市场中获得了更多的成交机会。2013 年上半年,淘宝官方和第三方提供服务的在线订购额比例分别为 56.4%、43.6%;2013 年全年淘宝官方和第三方提供的服务订购额比例分别为 49.9.4%、50.1%。第三方服务增长势头迅猛,从 2013 年 4 月开始,第三方服务金额占比与淘宝官方非常接近,2013 年 7 月后第三方服务金额开始超过淘宝官方。

2．学术活动

1）第一届电子商务生态学术研讨会

2008年7月23日,由中国信息经济学会电子商务专委会与阿里研究中心主办的"第一届电子商务生态学术研讨会"在西安交通大学举办,是国内首次正式举办的以电子商务生态为主题的学术研讨会。

经过10余年来的快速发展,中国电子商务在宏观环境、基础设施、支撑体系、企业应用、个人应用、市场交易和技术创新等方面均取得显著成就。近年来,中国电子商务生态特征日益突出,生态系统正在形成。"电子商务生态"开始成为电子商务研究的前沿课题。不少电子商务领域的专家学者,以及一些宏观经济学、产业经济学、企业组织管理、系统工程学等学科领域的专家学者,开始关注电子商务生态并展开相关研究,取得了一些初步成果。

梁春晓以"电子商务生态:一个亟待关注的研究领域"为主题发表了演讲。他首先对电子商务生态的定义、特征、形成、分类做了深入分析,揭示了电子商务核心平台和共同进化的重要作用。他认为,中国电子商务的生态特征已经日益突出,产业内部竞争已逐渐扩展和升级为电子商务生态系统之间的竞争。他提出,电子商务生态研究领域十大课题亟待研究:网商生态,生态型企业,电子商务生态战略,生态协作,电子商务生态模式、演化、路径和终局,电子商务生态环境,电子商务生态相关技术,电子商务生态文化,电子商务生态与社会生态,基于电子商务生态的信任机制。

中国社科院信息化研究中心秘书长姜奇平以"网商集群模型与竞争力分析"为主题,在会上发布了关于网商集群的研究成果。他认为网商集群的竞争力来自聚集经济性,而聚集经济性包括外部规模经济与外部范围经济。他指出:范围报酬递增是外部范围经济的生态性质所在。他还归纳了网商集群的相关经济模型,分析了网商集群与大型商业企业的竞争力对比。姜奇平还指出,范围经济正在成为一个新的有价值的研究方向,对网商生态研究也提供了一条极富研究价值的路线。

阿里巴巴集团研究中心的研究人员介绍了生态视角下的淘宝网发展历程与发展动力,并认为淘宝网商业生态系统具备开放性(技术开放、模式开放)、复杂性(不确定性增加)、丰富性(物种日益丰富)、共同进化(相互支撑,协同进化)等特点。与传统商业生态系统对比,淘宝网商业生态的特点非常显著:首先,从核心企业的作用来看,淘宝网发挥着平台作用,提供网络交易所需要的基础设施,为买家、卖家提供基本的服务,自己不直接参与交易;其次,从成员之间的关系来看,淘宝网上买家、卖家之间是自组织发展,无论是交易还是合作,这些现象都广泛存在,而且形式越来越多样;最后,从市场覆盖范围来看,淘宝网借助互联网可以跨越地域。此外,淘宝网商业生态系统的另一个独特特点就是海量用户和海量商品。

中国信息经济学会电子商务专委会主任李琪,充分肯定了电子商务生态这一研究视角的意义,并呼吁各界的专家、学者、研究力量从多个学科的角度,对网商产生的原因、发展等规律进行深入探索。会上,全国各地的多位学者、专家针对"电子商务生态"这一主题,进行了踊跃提问与深入交流。

2）第二届网商及电子商务生态学术研讨会

2009 年 9 月 12 日,由中国信息经济学会电子商务专业委员会、浙江大学电子服务研究中心、阿里研究中心联合主办的"第二届网商及电子商务生态学术研讨会"在杭州成功举办。会议汇聚了来自国内外相关领域的 50 多位专家、学者,共同就"网商及电子商务生态"发展的热点与趋势进行了深入研讨。

时任中国信息经济学会理事长、中国人民大学教授陈禹围绕"网商生态系统及其仿真研究"做了主题演讲。基于研究成果,他认为"网商生态系统"是指以电子商务为中心,各种类型的网商之间以及网商与外部环境之间相互作用而形成统一整体,其核心是价值共享和共同进化。网商生态系统是复杂适应系统,主要表现在主体的多样性、主体的主动性、主体间关系的复杂性、系统的开放性、信息的网络特性 5 个方面。

同时,20 位优秀论文作者在会上演讲,发表了自己的论文。这些论文的主题涵盖了网商及电子商务生态发展的方方面面,既有对网商信用、网络创业、网商成长、中小企业电子商务转型的研究,也有对网商生态、社会网络、互联网支付、移动推荐商务模式、电子商务信用融资等方面的思考。他们提出的前沿课题和深度观点引发了现场的讨论热潮,专家、学者互动踊跃。

与会专家学者纷纷指出,本届研讨会的论文从不同角度进行了深入研究,具备较高的质量,同时也与电子商务实践实现了紧密结合,在国内电子商务科研领域达到了较高水准。

3）第三届网商及电子商务生态学术研讨会

2010 年 8 月 18 日,第三届网商及电子商务生态学术研讨会在杭州召开。会议由中国信息经济学会电子商务专业委员会、浙江大学电子服务研究中心和阿里研究中心联合主办。

学者们通过学术报告、专题报告、学术论文交流和成果展示等形式,就有关网商、电子商务生态、新商业文明等方面开展深入研究、广泛交流。网商发展和电子商务生态,是学者们普遍关注的重要课题。10 年来,网商逐步实现了与主流社会经济系统的融合,网商发展与中国经济结构调整、经济增长方式转变、消费升级等命题均产生了更加深入的关联。到 2009 年,中国网商数量超过 6000 万,覆盖人群日益广泛,彼此关系不断深化,呈现出多元化、社会化发展趋势,社会影响得到广泛认同;电子商务在促进社会就业、带动物流、金融、IT 等关联产业发展等方面均表现出显著的溢出效应,电子商务生态系统的社会经济影响力与日俱增。

年轻学者正在成为电子商务研究的生力军。会上,《第三届网商及电子商务生态学术研讨会论文集》中的 8 位年轻的优秀论文作者演讲并发表了自己的论文。这些论文的主题涵盖了网商及电子商务生态发展的方方面面,既有对网商现状、网商成长、网商行为、网规发展方面的思辨与分析,也有对企业电子商务、社会网络系统、网商生态等社会经济问题的深入思考与研究。与会专家表示,近年来,越来越多的年轻学者投身电子商务研究,昭示了电子商务研究的未来前景,而以网商、网货、网规为基础的新商业文明,则正在成为一个有着巨大研究价值和社会现实意义的学术命题。会后对优秀论文作者进行了隆重的颁奖仪式。

4）第四届网商及电子商务生态学术研讨会

2011 年 7 月 24 日,第四届网商及电子商务生态学术研讨会在西安召开。会议由中国信息经济学会电子商务专业委员会、浙江大学电子服务研究中心和阿里研究中心联合主办。

本次研讨会的研究成果璀璨。前沿话题如《网商虚拟社区知识共享:个体认知与社会资本的影响》《网络零售商的多元化决策研究》《共赢的生态链——阿里巴巴的商业生态系统之路》等受到与会研究者的热烈响应;一系列紧密关联未来 10 年电子商务三座大山——制度、物流、数据的研究课题在会上发布,如《探讨政府治理电子商务的新思路》《国际电子商务物流模式发展趋势》和《网商发展指数研究》等;实践提炼理论类论文如《"沙集模式"的内涵、特点与意义》,则继以往政策层、公众层热议后,再度在学术界掀起关注热潮。

从事电子商务学术研究近 20 年的西安交大教授、中国信息经济学会电子商务专委会主任李琪老师热情赞扬了电子商务年轻研究者们不断与实践、与前沿接轨的研究热情与行动,同时感慨电子商务研究的金矿效应,呼吁年轻学子进一步挖掘这一宝藏。

西南财经大学经济信息工程学院特聘院长、美国德州理工大学高级分析与商务智能中心主任林漳希教授高度肯定了论文分享者的研究,同时告知大家,中国电子商务正日益受到国际学界的关注,以中国为背景的论文在国际期刊和国际论坛上展现越来越多;更提出期望,希望研究人员将眼光放得再远一些、步子迈得再大一些,将发生在中国的网商和电子商务实践中涌现出的学术研究课题深化研究、提炼,产出走向世界的成果。

梁春晓指出,自 1995 年以来,中国电子商务发展历经了 3 个 5 年:第一个 5 年是技术潮流,第二个 5 年是企业潮流,第三个 5 年是产业潮流,从 2011 年起,已迈进第 4 个 5 年,社会潮流,电子商务的影响已遍及社会各个领域。网商已从初创、草根,逐步走向发展、壮大和知识化,电子商务生态也已经从初建走向繁荣。一个开放、分享、透明、责任的新商业文明已经从涌现到普及。

案例 3-1   "双十一"大促销: 电子商务服务协同创新[①]

电子商务服务生态的本质是以专业化分工与协作为基础的共同体,服务商之间进行着知识传递、能力融合与信息资源的重复使用,以实现协同创新。电子商务交易平台、物流、支付、软件、代运营等服务商共同组成电子商务服务生态圈,有力地促进了整个体系服务水平的提升和服务领域的扩展,使得生态系统中商业物种走向多样化,并推动物种之间生态联系不断深化。以淘宝为例,淘宝生态里已经催生出像网店装修师、网店客服、淘宝客、淘女郎、摄影师、电子商务培训师、快递员、网络代运营等相关新兴职业。其中天猫"双十一"大促销是全球网购史的一个奇迹,每年都在创造新的交易纪录。

2014 年的"双十一购物狂欢节"是阿里巴巴连续第六届举办"双十一"。6 年来,"双十一购物狂欢节"交易额从 2009 年以来的 5200 万元、9.36 亿元、52 亿元、191 亿元、362 亿

---

① 阿里巴巴"2014 双十一购物狂欢节"解读分享会。

元,到 2014 年的 571 亿元。

"双十一"的背后,阿里从支付、技术、物流等基础设施方面,全面支撑平台的运转。同时"双十一"也离不开全社会电商"生态圈"的总动员,消费者、商家、物流、银行、商超、生产商、服务商等成为"双十一"的网络节点,彼此互联互通、相互协作,共同创造了这一互联网时代的商业奇迹。

1. 技术安全保障

2014 年的"双十一"购物狂欢节将拓展至全球范围,面对汹涌而来的流量,一旦技术保障方面"掉链子",整个电商生态圈将遭受数以十亿计的损失。在历经五年"双十一"的考验之后,阿里巴巴技术团队已具备能力,将黑客攻击、局部爆发性流量增长、机房空调故障等种种"不确定因素"变为可预估的风险,并将 2013 年 2000 多套技术应急方案缩减至 500 套以内。2014 年,阿里巴巴技术团队已经为"双十一"的流量峰值进行了 8 次压力测试。

2. 云计算

云计算在 2014 年"双十一"起到了基础支撑作用。天猫、淘宝、支付宝的大数据处理,都是基于阿里云 ODPS(开放数据处理服务)平台完成,阿里云 ODPS 可在 6 小时内处理 100PB 数据,相当于 1 亿部高清电影,为商品个性化推荐提供了技术支持,攻克了世界级的创新难题——"服务器资源弹性部署"和"数据中心异地双活",自主研发能力大幅提升。阿里云聚石塔处理了 96% 的"双十一"订单,无一故障、无一漏单,通过"订单全链路"功能,实现订单、配送、签收各个环节实时数据的商家可视化。

3. "双十一"背后的大数据

2014 年的天猫"双十一",活动页面、商品排序都是由算法决定的。哪些商品能进入"双十一"会场、出现在哪些用户的页面和什么位置,都有数据算法在背后支持。这就像一场游戏,数据是变量,算法就是游戏规则,设定什么样的游戏规则,将决定游戏最终的结果。同时,基于大数据的算法,可以让流量更加个性化。每个人看到的"双十一"页面都不一样,大数据让推荐更加精准。基于大数据的分析,能够预测下一阶段的消费热点,并给商家提出建议。

2014 年 7 月,TCL 收到一份来自阿里的建议:希望 TCL 能在"双十一"期间主推 4K 超高清电视。TCL 电子商务部总经理李发军回忆:"其实我们当时很犹豫,因为这个产品非常新,价格又昂贵,我们觉得消费者还都处于认知培养期。但是阿里给了我们很多数据,比如这个产品在过去半年来的销售增长趋势、消费者的浏览和收藏量等。"

TCL 依然决定冒险一试,并很快将此产品进行投产和备货。果不其然,在"双十一"天猫大家电的预售中,这款电视的预定量非常可观,4K 电视一度在众多电视产品中只有 7%～8% 份额,但预售期间,其占同类产品的份额上升到了 60%。

一家食品公司也收到了类似的建议。在"双十一"进口食品预售中,Rio 新推出的定制版 Hello Kitty 鸡尾酒热卖。为什么用 Hello Kitty 而不是蜡笔小新?背后的依据也是数据。

服饰公司 A21 在今年也将关注重心从流量转移到大数据分析上。在今年"双十一"

之前，A21 做了一个大胆的尝试：锁定 1000 个老客户，通过阿里数据分析他们喜欢的款式后，将新品快递过去，并告诉这些客户：如果衣服喜欢就留下，不喜欢就退回来。结果，90％的人都很喜欢推送的服装并买单，5％的人退回了服装。

A21 电商负责人陈宇文说："这充分证明了大数据给我们带来的价值。用户感受到惊喜，互动也更多。我们可以将原本的理性的数据分析，和对消费者的感性分析结合起来，从而更清晰地了解消费者的购物决策。"

4. "云支付"让支付更顺畅

2014 年以来，支付宝在系统和技术上再次进行了升级。自身开发的云支付系统在"双十一"之前正式封顶，这一支付系统是建立在云计算和大数据平台上的，实现了全分布、全冗余、高弹性、低成本的海量交易与数据处理架构。支付宝在今年"双十一"的交易峰值达到 285 万笔/分钟，相比去年"双十一"期间 79 万笔/分钟，支撑能力提升 3 倍以上，用户整体支付体验非常顺畅。移动支付 1.97 亿笔，增长 336％。

5. 智能物流体系

(1) 完善"天网"。菜鸟网络的中央物流信息系统，对阿里平台上海量的商品、交易和用户等信息，以及社会物流网络信息的深度挖掘，实现物流过程的数字化、可视化，对全国各大物流公司进行"中转站—线路—网点"整个包裹流转链路的运输预测和运输预警，让物流公司实时掌握整张物流网络每个环节的"未来包裹量预测"和"繁忙度实况预警"。

(2) 延伸"地网"。菜鸟网络已经建立了覆盖全球五大洲的海外仓储网络和航空干线资源能力。针对中国香港、中国台湾、新加坡等区域的买家网购习惯，菜鸟网络在上述三地推出了 8000 个境外自提点，将物流服务和网络延伸至最后一公里，保障 3000 多万海外华人消费者可以自由灵活地选择收件的时间和地点。

6. 强化消费者保障与服务

(1) 加大抽检力度，加强对商家的培训。严格管理高危商家、提前抽检活动商品，各部门协同提升商家自主服务能力。

(2) 严控商家"虚抬价格"行为。在促销规则上，一旦商品报名审核通过，就自动锁定价格，无法改价，从而避免商家抬价行为。同时，对商家库存管理问题实时监控，避免商家缺货、超卖。

(3) 24 小时客服响应。2014 年 11 月 11 日～13 日，实行 24 小时客服，天猫和商家投入客服近百万人。通过人力支援和快速赔付等方案加快维权和投诉处理，确保消费者和商家问题得到快速受理和解决。

(4) 与工商部门建立联动机制。针对"双十一"工商投诉会相应有所增长，制定应对预案，安排专人与工商进行联动，24 小时实时监控消费者舆情，第一时间反馈业务部门处理，未发生任何群体事件。

7. 政府支持和社会化协同

(1) 政府支持。李克强总理高度关注此次"双十一"购物节。2014 年 10 月 29 日的国务院常务会上，李克强总理谈起即将到来的"光棍节"，并以此强调要培育新业态、新产业、新消费热点。李克强强调，"网络购物对于快递等上下游行业都有很强的带动作用"。有关部门要考虑,怎么通过信息基础支撑、物流便利化等方面创造条件,推动网络购物的发展。

另外,国家发改委、工信部、商务部、国家工商总局、国家质检总局、食药监总局等中央政府,以及浙江省、杭州市主要领导和相关部门都给予了高度关注,召开相关会议部署工作,督促和帮助企业采取有效措施保护消费者利益,加大产品质量保障、物流保障、技术保障、售后服务、改善消费者体验等方面的支持力度。地方海关通关方面,在杭州、宁波、广州三地海关部门大力支持下,天猫国际通过保税模式与海关部门协作,解决了历史性难题,实现了"三单合一",即天猫国际订单、支付宝支付单、菜鸟物流单打通。消费者第一时间与海关信息系统同步,实现快速清关。

(2)物流企业协同。中国快递协会成立了"双十一"快递服务协调办公室,召开服务动员会,提前疏导北京、上海、广州、成都等20多个出货量较大城市的揽收、转运高峰,以及三四线城市和农村地区投递高峰。

菜鸟网络平台上的14家快递公司投入约125万快递员,新增25万以上,改扩建运转中心100余处,增加作业场地185万平方米,公路干线新增自有及整合社会资源新增干线车辆12000台以上。航空快递方面,顺丰增加专机线路28条,准备启用所有主备用散航班次1422条线路;圆通新增航线101条;申通利用冷门航线的仓位进行航空货物分流;百世汇通新增航空线路37条。

(3)服务商协同。"双十一"卖家的身后是数十万的软件、网络营销、在线客服等服务商的身影。例如,电商ERP软件服务提供商"E店宝",有近10万家客户,为帮助卖家处理当天海量的订单,从2014年8月份,便开始全面进行了接口标准化的技术改造。从技术底层、订单处理、针对数据传输安全性、针对云计算技术进行了底层改造,并对内做了单店铺300万订单数据的压力测试,确保订单顺利。

2014年的"双十一"是阿里巴巴与全球消费者、小微网商、快递员等服务商所组成的电商生态系统共同创造的全球消费奇迹。

案例 3-2 阿里巴巴启动"百川计划"全面开放无线资源[①]

2014年10月14日,阿里巴巴集团宣布了无线开放战略,启动百川商业计划。阿里巴巴集团COO张勇说,百川计划是阿里无限开放战略的第一步,随着应用的多样化、服务的多样化、消费者需求的多样化,阿里需要跳开"端"的限制,赋予更多的来自于生态体系的各种各样的端。"这就是今天的百川计划非常重要的出发点。"

以下为阿里巴巴集团COO张勇的现场演讲实录。

具体来说,百川计划希望做到的事情是能够把过去15年,阿里巴巴集团在整个电子商务领域进行耕耘和探索以后,沉淀下来的很多基础设施和能力,在一个安全的环境下,通过开放和分享的机制,在无线的时代,让所有的合作伙伴、所有的开发者能够使用到这样的基础服务和基础能力。通过在无线新时代的电商操作系统的开放,帮助更多的开发

---

① 张勇详解百川计划:阿里启动无线开放战略.亿邦动力网.

者、更多的合作伙伴,在无线互联网时代更好地服务用户。

大家可能会问,你说的电商基础能力,这个基础设施到底是哪些东西。我记得在6年以前,2008年,阿里巴巴集团推出过大淘宝战略。我相信在座的合作伙伴和媒体都记得。当时的大淘宝战略是希望有朝一日将我们的基于电商的服务,从登录商品交易、营销、会员,包括今天无线时代的新产生的基于位置的服务、地图的服务,包括广告的变现能力、各种的广告服务,能够形成一种通用的服务。就像今天所有的自然人都要享受水、电、煤、空气这样一些必不可少的生活生产资料一样,我们在从事商业活动的时候,能够用这些基础能力,能在淘宝、天猫、阿里巴巴的业务中使用。同时,我们也能够支持到整个生态体系当中的各个合作伙伴,在发展业务的时候也能使用。

这个设想从PC时代开始,一直围绕在我们的心头。今天,无线互联网的大潮已经完全淹没我们每一个人的时候,基于无线新时代的开放,是天时地利人和的。

在无线时代,消费者的需求越来越多样化,每个用户、每个中国的老百姓,13亿人口,我们几年以前都说有互联网网民6个亿。我想说用不了多久,全中国的老百姓全部都是互联网人口。为什么?因为智能手机已经大幅度的普及了。今天在我们的交易平台(淘宝、天猫)上,大家很容易找到500元钱以下的四核智能手机,性价比非常好。所有普通用户都能够通过智能手机进入到无线互联网。同时,不仅是浏览、阅读、视频、购物,未来用户还会使用多种多样的互联网应用和服务。

用户的需求在不断个性化。在这个基础上,我们怎么满足多样化的需求。毫无疑问,阿里巴巴能够做一些,比如我们自己的业务都在不停地满足用户新的需求。但是,个性化的需求太多了。仅我们所做的是远远不够的。整个市场需要多样化的供给、多样化的服务陪衬来满足用户的需求。这就是为什么我们看到无线时代的开放变得更无可避免,更是大势所趋。

今天我们要做的事情,能够把电商的基础设施,从会员开始,到交易、营销、广告的一揽子服务,提供给所有的开发者和合作伙伴。在新的无线的生态环境里,帮助大家着力于思考如何设计产品,如何满足用户的基本需求。让开发者和合作伙伴不再为很多公共性的需要去做考虑。比如说需要买多少服务器、需要怎么获得商品、需要怎么推广、需要怎么变现客户端的流量,或者是某一个服务的流量。这些事情实际上是共享的服务。今天,阿里巴巴基于自身的几万亿的交易平台,已经形成了非常成熟的服务体系。我们愿意在一个开放的环境中跟所有的合作伙伴分享这套体系,形成崭新的多样化服务,满足用户的多样化需求的生态体系。

在2014年年初,马云曾经提出过"云+端"的战略。阿里巴巴在无线时代,要做"云+端"。当时大家都很好奇什么是"云+端"。经过10个月的探索,我们对这个概念越来越清晰。今天的无线开放,可以说是在当时的"云+端"的战略中的前进。在这一步当中,我们提供的所有的基础服务,应该使各位自己拥有的端或者是生态体系内所有的开发者生产的端能够更好地连接起来。在这个过程中,数据也发挥越来越重要的作用,因为基于这些共享服务形成了多样化的数据,最终反哺给所有的服务提供者,最终使得消费者受益。

我们的无线开放策略就是希望能够让开发者,让生态体系当中的产品更多元化、服务更多元化。同时,也让消费者享受这个服务的过程更简单。任何服务的提供者,或者有创意的人,只需要专注于这个产品本身的设计、服务本身的设计,去找用户的痛点。而这些需要共性化考虑的后台服务、原材料的陪衬,则通过我们这个"中央共享厨房"的方式实现。我们当时是这样思考的。

在这个过程中,大家会问,阿里巴巴拥有的是一个电商体系,逍遥子讲的也都是跟电商有关系,你说的商品交易、会员、支付,这些都是跟电商有关系的功能。但是,今天的很多东西好像跟电商没关系。我想说的是,其实在无线互联网时代,是无电不商的。大家的服务最终都是商业的具体形式,没有一种互联网应用提供的不是商业,它都是商业。比如你提供一个查询天气的客户端,它难道不是一种商业吗?当有人群固定使用天气查询这个功能,客户端服务的提供者一定会想怎么样变现查询信息的人流量的价值。在无电不商的年代,在无线互联网深入人心的时代,我们怎么基于百花齐放的供给和服务,利用我们的基础设施,帮助大家从电到商的转变,这也是我们分享这个百川计划的非常重要的出发点和目的。

在不久以前,我接受过一次采访,当时记者朋友问了我 40 个问题。昨天我又把这 40 个问题拿出来看了一下。我跟我的团队讲,我们过一段时间都要回顾一下我们当时说的答案。道路清楚了,方向清楚了,我们必须坚定不移地朝前走。在电商的领域里,非常简单,今天所有的商业都在电子化。在无线互联网的年代,所有的无线互联网服务都是商业的形态。在这样的大背景下,我们通过阿里巴巴集团来开放整个无线的基础设施。基于原来从 PC 到无线的 15 年的电商经验形成的整个生态体系里面沉淀的服务,帮助更多的开发者、更多的合作伙伴来做好个性化服务。这是我们今天推出这个百川计划的初衷和出发点。

讲到开放,很多参与的同事都会问你这个开放是多久,你这个开放到底有没有恒心,能不能一直做到底。还有就是到底我能获得什么,到底你们会不会一直这么想。今天你们说得很好,要开放了,到哪天,是不是又要把这个开放关掉了,到底你们是怎么考虑的。

我也想直面问题,跟大家分享我的看法。在阿里巴巴发展的 15 年当中,我们的梦想就是持续不断地营造一个商业的生态体系,我们从来不说是卖货的公司,我们从来不说自己是 C2C 或者是 B2C,我们是服务于 C 的让它服务消费者的公司,阿里就是基于这样的战略指导思想来构建整个集团业务的公司。在这个过程中,我们对开放从一开始就是在探索。今天基于淘宝、天猫、1688 这样的从零售到批发的角度,我们从第一天就开始了开放的过程。

凡是经营过淘宝店铺,或者是在淘宝上买过东西的消费者,我相信在座绝大多数都应该是我们的用户,不然大家不会对我们这么有兴趣。

在淘宝上逛,买东西,在淘宝上做生意,最重要的是每块商家都有一块自留地,就是店铺。他自己在店铺里打理生意,让店铺更繁荣,有更多的客流量,有更多的新客和回头客。在那个阶段,我们做的是店铺级别的开放。到今天,在无线互联网的时代,整个店铺仍然是我们手机天猫、手机淘宝的重要载体。在这个客户端内部,能够基于无线店铺,给所有的商家提供更多的能力。这不仅是取决于我们开发很多的无线应用,也是跟第三方的合作伙伴合作,帮助他们开发多样化的应用,满足商家经营无线店铺的需求。这是我们在第一阶段想到的。

现在,我们更可以看到,随着应用的多样化、服务的多样化、消费者需求的多样化,我们需要把这样的能力更多地跳开"端"的限制,赋予更多的来自于生态体系的各种各样的端。这就是今天的百川计划的非常重要的出发点。

在这个过程中,我们对开放的认识也在不断地向前推进。曾几何时,我们曾经也采用过一种开放的形态,就是点状的开放,就是把一些API接口单独放出来,让大家调用。今天,我们认为开放的同义词是分享、共赢。没有一个单向的点状的开放是可以持久的,因为任何一种单向的点状的开放是单向的输出,不是一种交互,不是真正的连接。今天我们追求的是在真正的双向互动的情况下的开放,是双向互动情况下的共赢。只有这样,这个开放的机制才是稳定的。稳定的原因,因为它是共赢的,它是对双方都有利的,对整个生态系统的繁荣都有利的。基于这样的前提,我相信对阿里巴巴集团来讲,我们今天既然跨出了这一步,我们就有信心和有意愿,能够持续地走好,能够真正地让我们的生态体系在无线的新时代当中更加的繁荣。同时,把我们的操作系统,把电商的基础能力,让更多的用户和合作伙伴用到,世界是多元化的,无线时代也是多元化的。在这样的情况下,怎么样实现云和端的连接,怎么实现真正的百川各展所长,这是我们希望看到的崭新的现象。

案例 3-3 伟雅网商俱乐部: 电商生态圈的互动互助互联商盟[①]

连续三年的阿里巴巴十佳网商大会上,获奖的十大网商中有3位在上台致谢时都会说:"感谢伟雅老师。"

伟雅老师,网商故事网商研究专家,先后写过300位网商故事,十几本有关网商的书。2010年与互联网社会化媒体营销专家指间柔沙老师联合创立了伟雅网商俱乐部,这个俱乐部于2012年被中国电子商务协会、阿里巴巴集团评选为最佳网商商盟的民间自发组织。

随着中国互联网的兴起,伴随互联网与传统经济的深度融合,网商群体得到了飞速的发展。自2004年"网商"概念首次出现以来,网商历经了"浮现(2004年)"、"生存与立足(2005—2006年)"、"步入崛起(2007年)"、"走向生态化(2008年)"、"走向社会化(2009年)"、"个性化裂变(2010年)"等几个发展阶段。伴随着网商迅速发展的不仅仅是日益增长的销售额,也有日趋激烈的市场竞争以及快速变化的互联网环境。如何掌握更多的技能、方法和渠道来应对如此急速发展的市场,成为困扰网商的一个问题。与此同时,网购平台为了增加其市场的活跃度和吸引力,推陈出新各种新的模式和规则,如团购、秒杀、聚划算等,也期望有更多的卖家能够通过这些新的工具在其平台上成长起来,以吸引更多的买家和卖家到其平台上进行交易。网商的需求和网购平台的需求如何建立一个有效的机制对接呢?

谁来搭建这个对接的平台呢?

2005年左右,伟雅老师和指间柔沙老师都是阿里巴巴社区的活跃版主,伟雅老师在

---

① 案例作者:李玲芳,复旦大学管理学院产业经济系副教授。

网商故事论坛,指间柔沙老师在博客论坛,他们都在社区里学到了许多互联网的生存和发展的技能。

2007年开始,他们都利用自己的一技之长,做故事营销和社会化营销,其客户都是年销售1000万元以上的网络卖家。由于大家经常聚在一起,感觉到互联网上的新东西太多了,需要经常聚在一起互相学习,于是,伟雅网商俱乐部应运而生。

俱乐部当初的定位是会员之间的互动互助互联,主要的活动内容包括"讲述故事、传播品牌、报告理念、整合资源、建设关系"。俱乐部有两个门槛:第一个门槛是年销售1000万元以上的网商,因为这个群体内的网商有共同的需求和有共同的追求;第二个门槛是实行会员制。

第一批会员大约30人,大家约定把俱乐部办成一个公益性平台,但又不能亏损,因此实行会员制,每个会员交纳3000元会费。会员制在让俱乐部活着的前提下让创始人按照自己的理想来做事情,不会被一些眼前的利益诱惑。据两位创始人介绍,这是俱乐部能够活着并且能够发展的重要原因。

俱乐部早期的活动主要是以介绍人脉为主。最初规模很小,只有几十个会员,介绍的人脉以小二居多,包括淘宝的小二,阿里的小二,以及服务商,除了介绍人脉,会员之间也会交流自己的一些新的理念。2010年开始的四年里,俱乐部每个月都开会,平均每个月要开近两场。从2014年开始,改成了季度大会。

创造正能量的氛围,可以视为伟雅俱乐部的核心竞争力。俱乐部每年都会根据时代特点制定俱乐部口号,这也是增强凝聚力的手段。2010年的口号是:要想走得远,大家手拉手;2011年的口号是:你可以不会,但是你要知道谁会,谁最会;2012年的口号是:你是不是牛人不重要,重要的是和多少牛人在一起;2013年的口号是:你在寻找机会,其实你在寻找的是一个圈子;2014年我们的口号是:聚是一团火,散是满天星。这五句口号,生动反映俱乐部以及电商时代从交易互联走向更广阔的生态互联的过程。

2010年,俱乐部会员跨过了1000万的目标,在走向一个亿的目标时特别需要网商之间的学习,需要了解对方的干货(即实用的核心技能和做法);2011年俱乐部引入了中国最好的一批服务商(阿里巴巴十佳网商服务商大都是俱乐部会员),让会员了解其服务内容和服务特点,找到和适合自己的服务商合作;2012年俱乐部引进了规模做到很大的网商的企业家并请他们演讲,对提升会员起到了很大的帮助。大家口口相传,越来越多的网商和服务商加入进来。

随着俱乐部的壮大,一部分会员已经销售过亿,和原来圈子里的年销售1000万元的会员,彼此间共同的话题少了。两位创始人意识到俱乐部的电商成分过于单一,没有形成生态圈,于是在2013年俱乐部内的互动互助互联上有了更多的创新,既保持大圈子也创造小圈子,比如成立电子商务园区联盟以及推出高级培训项目,并且特别在品牌战略的高级培训中引入导师制,鼓励导师在教学中和自己喜欢的学员最后达成合作关系,如投资或顾问。为了给年销售额达亿元及以上的会员也提供符合他们需求的服务,2014年俱乐部通过组合内外资源,启动"中国网商好品牌帮扶工程",帮扶100家有梦想的会员企业在互联网细分领域里做到极致,成为有影响力的网商。

目前,俱乐部的700个会员里有500位是卖家,100多位是服务商,50多位是电商园区,其中销售额达亿元级的会员就有 100 多。会员既有最早一代的淘宝店主,也有线下每年做几十亿上百亿元的传统企业,既有淘宝网的大卖家,也有各个平台上做生意的新秀,既有做搜索做邮件营销这样的老服务商,也有传授各种新技能新玩法的新服务商。做 B2B 的、B2C 的、C2B 的、跨境的、O2O 的、微营销的,形成了一个多元资源的小生态链。

时至今日,伟雅俱乐部依然秉持着互动互助互联的理念,通过在小圈子里的深度分享及面对面的交流,产生情感共鸣,创造资源整合,持续助力网商会员的成长与发展。

本章小结

在电子商务服务体系中,电子商务交易服务是核心,电子商务支撑服务和电子商务衍生服务是重要组成部分。电子商务服务平台集成了信息、支付、物流、金融和 IT 运营等多种服务,在电子商务服务体系中发挥着核心作用,体现在协同、沟通、服务、社区与业务流程等方面。

电子商务生态系统是指在以电子交易为中心,包括客户服务、商业协作、企业内部协作的整个过程中,参与电子商务的组成要素之间的相互关系和相互作用,其核心是价值分享和共同进化。电子商务生态系统的结构可以分解成核心层、扩展层和相关层。电子商务生态系统的演化路径分为开拓、拓展、协调、进化 4 个阶段。

思考题

1. 电子商务服务体系的组成包括哪些内容?
2. 常见的电子商务服务类型有哪些?
3. 电子商务服务平台的主要作用有哪些?
4. 什么是电子商务生态系统?有哪些特点?

参考文献

[1] IDC 与阿里巴巴集团研究中心合作.为经济复苏赋能:电子商务服务业及阿里巴巴商业生态的社会经济影响[R],2010(1).
[2] 詹姆斯·弗·穆尔.竞争的衰亡:商业生态系统时代的领导与战略[M].梁骏,杨飞雪,等译.北京:北京出版社,1999.
[3] 胡岗岚,卢向华,黄丽华.电子商务生态系统及其演化路径[J].经济管理,2009(6):112-116.
[4] 互联网实验室.中国电子商务生态研究报告(2006—2007)[R],2007(3).
[5] 厉鹏.我国电子认证服务体系的建立与发展[J].物流管理,2008(4):28-29.
[6] 荆林波,刘波.我国电子支付工具与传统支付方式的竞争分析[J].经济管理,2008(11):28-32.
[7] 谢山.国内互联网支付业务模式分析及市场发展特点[C].第二届网商及电子商务生态学术研讨会论文集,2009(8).
[8] 梁春晓.电子商务生态研究展望[J].网商研究通信,2008(10).
[9] 互联网实验室.2004 网商冲击波——中国网商研究报告[R],2004.
[10] 叶秀敏,陈禹.网商生态系统的自组织和他组织[J].系统工程学报,2005(2):148-157.

[11] 杨韵,谢金生.电子商务生态系统中企业战略研究[J].商场现代化,2006(10):84-85.

[12] 闵惜琳,姚锐.电子商务生态系统中各主体的角色发展定位分析[J].商场现代化,2007(18):115-116.

[13] 宋斐,盛振中.淘宝网电子商务生态分析[C].第十三届中国信息经济学会学术年会论文集,2008.

[14] 杨艳萍,李琪.电子商务生态系统中企业竞争策略研究[J].科技和产业,2008(9):72-74.

[15] 胡岗岚,卢向华,黄丽华.电子商务生态系统及其协调机制研究——以阿里巴巴集团为例[J].软科学,2009(9):5-10.

[16] 牛瑞瑞.电子商务生态系统的理论剖析及应用[J].经济研究导刊,2009(10):17-18.

[17] 张茂敏,陈禹.网商生态系统概念与结构分析[C].第二届网商及电子商务生态学术研讨会论文集,2009(8).

[18] 左娅,黄碧梅.借力大数据 快递真给力[N].人民日报.http://finance.people.com.cn/n/2013/1119/c1004-23581879.html.

[19] 陈静.大数据连接每个包裹[N].经济日报.http://news.xinhuanet.com/info/2013-11/12/c_132880650.htm.

[20] 张迪.今起大量包裹进杭 收快递时不妨说声"谢谢"[N].浙江在线.http://zjnews.zjol.com.cn/system/2013/11/13/019700983.shtml.

[21] 沈婷婷.菜鸟网络首秀:大数据操盘全国快递[N].天府早报.http://tech.sina.com.cn/i/2013-11-11/12018902642.shtml.

[22] 谭辛.2013年全国网络零售交易额1.8万亿元[N].经济日报.http://cpc.people.com.cn/n/2014/0109/c83083-24067510.html.

第 **4** 章 电子商务交易服务

📑 学习目标

- 了解并掌握电子商务交易服务基本概念；
- 了解不同类型的电子商务交易服务发展概况；
- 了解并掌握电子商务交易平台的核心作用。

📑 任务书或角色扮演

分别模拟作为一名采购商和供应商,选择一家企业间电子商务服务商注册成为会员,通过使用和体验,详细描述其提供的基本服务。

4.1 电子商务交易服务的基本概念

电子商务交易服务是指在电子商务活动中为交易各方提供的、旨在促成交易达成的基本服务,如商品展示、信息沟通、订单管理等。

按照交易环节,电子商务交易服务可细分为交易前、交易中和交易后服务三部分[①]。

(1) 交易前服务:主要包括信息发布、信息搜索、信用查询等相关的服务。

① 信息发布服务支持服务使用者发布和编辑关于产品、企业相关的信息。

② 信息搜索服务支持服务使用者搜索产品、服务或相关企业的信息。

③ 信用查询服务支持服务使用者查询企业的信用等级、信用记录等方面的信息。

(2) 交易中服务:主要包括磋商服务、订单服务、交易管理服务、支付与结算服务等。

① 磋商服务是服务商为交易双方交流、洽谈提供通信工具。

② 订单服务是服务商为交易双方提供交易单证流转、管理等相关的服务。

③ 交易管理服务是服务商记录每笔交易的详细信息,供用户后续操作。

④ 支付与结算服务是服务商在交易活动中提供产品或服务的支付和清算服务。

(3) 交易后服务:主要包括物流服务等。其中,物流服务由服务商为交易双方提供货物运送服务或服务接口。

按照服务对象,电子商务交易服务可细分企业间交易服务、网络零售交易服务等类型。

---

① 部分内容参照了国家标准《第三方电子商务服务平台服务及服务等级划分规范》。

（1）企业间交易服务：主要支持企业与企业之间的电子商务交易（B2B），典型的交易平台有阿里巴巴、慧聪网、环球资源、敦煌网、中国制造网等。

案例：阿里巴巴

阿里巴巴网络有限公司是全球领先的小企业电子商务公司，也是阿里巴巴集团的旗舰业务之一。阿里巴巴于 1999 年成立，通过旗下 3 个交易市场协助世界各地数以百万计的买家和供应商从事网上生意。3 个网上交易市场包括集中服务全球进出口商的国际交易市场（www.alibaba.com）、集中服务国内贸易商的中国交易市场（www.1688.com），以及面向全球消费者的零售市场"全球速卖通"（www.aliexpress.com）。

（2）网络零售交易服务：主要支持零售商与消费者之间的电子商务交易，典型的交易平台有淘宝、天猫、京东商城、Amazon、eBay 等。

案例：eBay

eBay 是美国最大的网络购物平台，成立于 1995 年。在 eBay 上，个人和企业作为卖家发布商品信息，买家在比较、选择商品后下单，然后通过信用卡或 Paypal 或其他方式完成支付，卖家通过物流服务商送货给买家。在收到商品后，买家可以在 eBay 上对卖家的商品、服务等评分，卖家由此累积形成自己的信用记录。

4.2　电子商务交易服务的发展概况

4.2.1　企业间交易服务

1. 市场规模

2013 年，第三方 B2B 电子商务交易服务商收入达 210.2 亿元，同比增长 25.8%，如图 4-1 所示。近 5 年，得益于电子商务蓬勃发展，B2B 电子商务交易服务商的收入保持持续、快速增长。结合历史数据预计，2014 年第三方 B2B 电子商务交易服务商收入有望达到 260 亿元。

2. 发展亮点

（1）在线交易服务获得突破性成绩。近年来，在线交易服务成为第三方 B2B 电子商务平台转型的主要方向。阿里巴巴、慧聪网、我的钢铁网等相继推出在线交易服务。2013 年，B2B 在线交易服务获得突破性成绩。阿里巴巴 1688 平台日均交易额突破 3 亿元，其中，单日在线交易额峰值达 45 亿元。我的钢铁网钢铁日交易量超过万吨。慧聪网单笔订单最高交易额达 156 万元。

（2）新兴服务模式助力产业集群转型上网。2013 年以来，广东、浙江、福建等地产业集群转型上网的速度加快。其中，由"企业＋政府＋运营服务商＋平台服务商"形成的新兴服务模式被广泛应用。其中，平台服务商负责建设在线的产业集群专区，运营服务商负

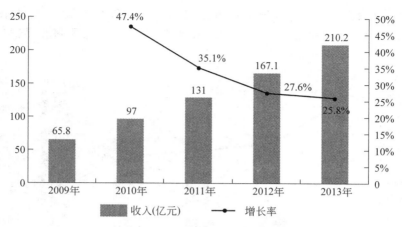

图 4-1   2009—2013 年第三方 B2B 电子商务交易服务商收入

责产业集群专区的日常运营,并通过培训、运营外包等方式,帮助企业顺利开始电子商务。该模式充分发挥不同服务商的专业能力,能规模化实现产业集群企业转型上网。据不完全统计,在阿里巴巴、慧聪网、中国网库等第三方电子商务平台上,基于各地产业集群形成的"线上产业集群"、"线上产业带"等超过 200 个。

(3) 大数据成为电子商务交易平台探索重点。2013 年以来,"大数据"在贸易、交通、医疗等领域获得前所未有的重视,同样,也成为 B2B 电子商务平台探索的重点。深入挖掘海量数据,有助于企业在采购、销售、营销、研发等环节降低成本、提高效率。阿里巴巴与美国海关达成合作,获权使用其海运进口提单原始数据。阿里巴巴将上述数据开放给"中国供应商"查询,并鼓励它们将数据直接展示到其"全球旺铺"中。生意社和新华社国家金融信息中心指数研究院共同编制"大宗商品交收指数",供行业定价参考。上海钢联与国家统计局在大数据开发应用上开展的深度合作,其编制的"上海螺纹钢价格指数"被国际商品交易所采纳使用。总体来看,电子商务交易平台对大数据的挖掘,还处于探索阶段。

(4) 新兴交易平台不断涌现。2013 年以来,在土地、钢铁、服务外包等领域涌现一批新的交易平台。上海土地市场网成为上海市土地交易的综合平台。"上海钢铁交易中心"重点开展钢铁产品网上销售、物资采购、循环物资处理、供应链融资和信息咨询服务。"东方煤炭电子交易中心"聚焦于快速推进淮北矿业的电子商务应用。"上海服务外包交易促进中心线上交易平台"汇聚上万条供需信息,为信息技术、金融、生物医药、文化创意等专业领域的会员企业提供项目对接服务。"中科物联网"是国内首个物联网电子商务 B2B 网站,旨在激活物联网产业上下游合作关系。

4.2.2   网络零售交易服务

1. 市场规模

2013 年,我国网络零售交易额达 1.85 万亿元,同比增长 42%,如图 4-2 所示。网络零售交易额占社会消费品零售总额的比重达到 7.8%①。2014 年上半年,我国网络零售交易额达 1.1 万亿元,同比增长 33.4%。2014 年全年,我国网络零售交易额达到 2.8 万亿元。

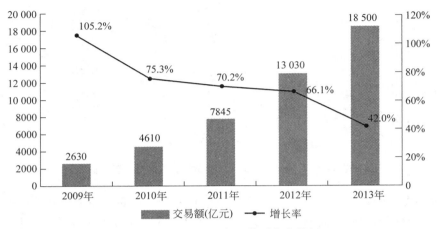

图 4-2　2009—2013 年网络零售交易额

据统计,我国约 90% 网络零售交易由网络零售交易服务平台支撑完成,美国的同一比例约 24%②。对比显示,在我国网络零售交易平台对网络零售的发展发挥着核心作用。

2. 发展亮点

(1) 移动购物成为网络零售服务商战略重点。2013 年,我国移动购物消费者数量快速增长,规模达到 5 亿人③。移动购物成为网络零售服务商战略发展方向。腾讯在微信上测试微店、微支付功能,淘宝推出微淘公共账号平台等。网络零售服务商的大力投入获得初步成绩。2013 年腾讯旗下易迅网移动端的订单量同比 2012 年增长超过 14 倍。京东商城在移动端收到的订单量占比达到 15%。在 2014 年"双十一"大促销中,天猫无线成交超过 243 亿元,约占 43.6%。支付宝移动支付交易笔数达到 1.97 亿笔,同比增长 336%。

(2) 传统零售商加快互联网转型步伐。2013 年以来,传统零售商向互联网转型步伐明显加快。尤其以苏宁为典型。2013 年年初,"苏宁电器"更名为"苏宁云商",6 月宣布"双线同价",9 月正式启动开放平台"苏宁云台",全面转型"互联网零售",并确定"电商＋店商＋零售服务商"发展模式。10 月,银泰商业与天猫达成战略合作,实现线上线下交易的结合。"双十一"当天,银泰的天猫旗舰店成交额超过 2800 万元,是 2012 年同期的 6 倍。12 月,万达集团万汇网上线,业务将涵盖百货、美食、影院、KTV 等领域。传统零

---

①　北京日报. 我国成世界最大网络零售市场［N/OL］. http://finance. people. com. cn/n/2014/0310/c70846-24587879. html,2014-03-10.

②　阿里研究院. 新基础:消费品流通之互联网转型［R/OL］. http://www. 199it. com/archives/179465. html,2013-12-14.

③　中国互联网络信息中心. 第 33 次中国互联网络发展状况统计报告［R/OL］. http://www. cnnic. net. cn/hlwfzyj/hlwxzbg/hlwtjbg/201403/t20140305_46240. htm,2014-03-05.

售商转型互联网,将推动网络零售服务商多元化,有助于实现线上线下零售服务体系快速融合。

(3)县域成为网络零售服务商重点拓展方向。县域拥有巨大的消费者人群,逐步成为网络消费的新增长点。2013年,县域网购消费额同比增长速度比城市快13.6个百分点[1]。究其原因,通过互联网县域消费者可以买到在当地无法获得的商品,且费用显著低于当地实体零售店。据测算,网上价格平均比线下价格低6%～16%[2]。淘宝、京东等纷纷向县域加大营销和物流投入,重点拓展小城镇和农村市场。

(4)网络零售服务商大力开拓进口消费业务。随着消费者收入增长和消费需求升级,进口消费快速增长,受到网络零售服务商的重视。2013年,1号店进口食品的年增长率高达137%。截至11月底,1号店进口牛奶的销量已占到全国海关牛奶进口总额的37.2%。12月,上海自贸区推出"跨境通"平台,消费者通过网站可订购进口商品,快递公司直接送到消费者手中。天猫以C2B的订单农业方式,直采海外原产地水果,联合国内专业物流冷链服务商完成配送。以美国车厘子为例,短短3天时间预售20吨。此外,京东、亚马逊等纷纷重点拓展进口商品业务。

(5)网络零售服务商试水生鲜品类商品。1号店从2013年3月开始经营生鲜品类,从水果品类扩展到蔬菜、冷藏、冷冻等品类,日订单量不断上升,"双十一"中日订单量突破5000单。天猫在26个城市试点生鲜网购,并探索"C2B预售＋冷链配送"缩短配送时间,京东、苏宁也先后推出生鲜频道,淘宝则聚集众多农户提供多样的生鲜商品。

4.2.3 新兴电子商务交易服务

1. 网络团购

网络团购是一定数量的消费者通过互联网聚合起来,在规定时间内购买同一商品或服务,从而获得较大的折扣。团购网站通过低价、高折扣等吸引消费者形成团购,批量销售商品或服务,从中获得交易佣金和服务费。典型的团购网站有美团、糯米团、窝窝团、拉手网等。

网络团购在美国兴起,2008年成立的Groupon被认为是团购网站的鼻祖。从2009年中国团购网站开始大批涌现。2010年,中国团购网站呈现爆发式增长态势。据不完全统计,截至2010年年底,团购网站超过1600家。2011—2012年,团购网站继续保持高速增长势头。

2013年是网络团购服务商转折年。因市场竞争激烈,缺乏实力的团购网站纷纷关闭。据不完全统计,截至2013年12月底,正常运营的团购网站共213家,数量仅相当于2011年高峰期的1/25。88家团购网站仅提供实物商品团购服务,125家提供本地服务团

---

① 阿里研究院. 2013年中国县域电子商务发展指数报告[R/OL]. http://data.iresearch.cn/download/460. shtml,2014-01-15.

② 麦肯锡全球研究院. 中国电子零售业革命[R/OL]. http://mat1.gtimg.com/tech/2013/pdf/MGI_China_e-tailing_Full_report_March_2013.pdf,2014-03-21.

购,其中 54 家专注于酒店、电影票、摄影等细分领域①。

市场竞争结果集中表现为市场集中度增加。据统计,2013 年排名前五的团购网站成交额占总体的 95.7%。美团和大众点评团形成第一梯队,月均成交额超过 10 亿元,糯米团、窝窝团、拉手网等形成第二梯队,月均成交额 3 亿~4 亿元②。

不过,网络团购仍然保持快速增长势头。2013 年全年网络团购成交额达到 358.8 亿元,同比增长 67.7%,团购购买人次达到 6 亿,同比增长 32.5%。在售团购单数量共计 571.5 万单,同比增长将近 1.3 倍。

网络团购快速增长的动力源自团购消费者规模进一步扩大。2013 年,团购用户规模达 1.41 亿人③,在互联网商务应用中增长率排名第一。

2014 年上半年网络团购成交额达到 294 亿元,全年有望突破 700 亿元。

2. 海外代购

海外代购是个人或企业帮助消费者在国外网站购买商品,并通过国际快递等将商品送达消费者。提供代购服务的个人或企业通过收取服务费等获得收益。典型代购网站有洋码头、海淘城、淘宝全球购等。

2013 年,海外代购服务商呈现多元化和规范化发展特征。

(1) 海外代购服务商从单一走向多元。从业务模式来看,海外代购服务商主要有 4 种类型。第一类是海淘导购,主要在商品导购等环节提供服务,典型服务商有海淘城等。第二类是独立海外代购网站,直接从海外采购现货,典型服务商有美国购物网等。第三类是海外代购交易平台,为海外代购商家或买手提供交易服务,典型服务商有淘宝全球购。第四类是海外代购整合服务平台,整合海外商品、支付、转运、通关等服务,典型服务商有洋码头等。

(2) 海外代购服务商逐步走向规范化发展。例如,淘宝全球购在准入门槛、销售资质等方面制定标准,以此规范提供代购服务的卖家。洋码头的货源曾主要源于个人买手,2013 年逐步引入专业商家,来自商家的信息已超过 80%。

4.3 电子商务交易平台

绝大部分电子商务交易服务都是通过平台的方式实现,如在中国网络零售市场,超过 90% 的交易额发生在开放的交易平台上。因此,电子商务交易平台具有极其重要的战略价值。

在电子商务生态系统中,电子商务交易平台,无论是从宏观、中观,还是从微观来看都是一个非常关键的物种。在目前很多电子商务生态系统里,电子商务交易平台都起到至

---

① 金羊网. 2013 年 700 多家团购网站消失 [N/OL]. http://money. ycwb. com/2014-01/24/content_5962430. htm,2014-01-24.

② 团 800. 2013 年中国团购市场统计报告 [R/OL]. http://zixun. tuan800. com/a/tuangoushujubaogao/ 20140117/49393. html,2014-01-17.

③ 中国互联网络信息中心. 第 33 次中国互联网络发展状况统计报告 [R/OL]. http://www. cnnic. net. cn/ hlwfzyj/hlwxzbg/hlwtjbg/201403/t20140305_46240. htm,2014-03-05.

关重要的作用。电子商务生态系统通过电子商务交易平台提供和分享价值,吸引成员加入,同时,电子商务交易平台促进企业、消费者和政府等之间大规模、全方位的资源整合与协同。

2003年以来,中国中小企业电子商务的发展很大程度依赖于中小企业的电子商务应用以及平台之间相互的拉动与促进,从而实现了共赢和共同进化的结果。综合来看,应用电子商务的企业与电子商务交易平台的共同进化,是近年来电子商务生态发展最显著的特征。

电子商务交易平台集成了信息、支付、物流、金融、信息技术、运营等多种服务,在电子商务服务体系中发挥着核心作用,体现在协同、沟通、服务、社区与业务流程等方面。具体体现如下。

(1)定制化客户服务。第三方电子商务交易平台为买卖双方提供了便利的沟通条件,用户能够随时提出个性化需求,购买小到服装饰品、大到家居电器的定制产品。杏花楼、知味观等老字号落户淘宝,推出口味、标签、形状等皆可定制的新式月饼。"网购+定制"的模式给月饼消费带来了新的体验。

(2)网商的专业化分工协作。在第三方电子商务交易平台上,网商可以根据自身的业务优势,定位于产业链的特定环节。同时,网商之间会基于供应链关系进行自发的合作。例如,阿里巴巴B2B平台上著名的"上校舰长"司景国通过电子商务交易平台组建"手工船模联盟",吸引了上海、河北、山东、海南等地船模企业的加入。司景国一方面通过平台获取订单和客户资源,另一方面根据生产商的地域和产能分发订单,实现了"集中接单、分头生产"的高效协作。

(3)动态的资源优化配置。第三方电子商务交易平台聚合了丰富的市场资讯,中小企业能及时准确地了解市场变化,做出合理决策;同时,电子商务交易平台能够简化物流、支付、IT管理等环节的流程,帮助企业科学地进行资源配置。一位山东的装饰公司经理谈到,借助于阿里巴巴外贸软件,公司节省了购买软件和服务器的花费,并免去了升级维护的烦恼,可以将更多资源投入到承接客户订单上。该客户感慨道:"电子商务最实在的好处,是帮我们把钱花在了刀刃上。"

(4)实时的社会化业务流程。第三方电子商务交易平台汇聚了众多企业、创业者和消费者,孕育了天然的社区基础。除了传统BBS与博客,"人脉通"、"淘江湖"等新型电子商务社区帮助网商进行交易互动、商机沟通和经验分享。这种方式的优势在于商家能实时了解到最新的需求。一位阿里巴巴年度"十大网商"谈到成功经验时说,"每次社区直播,可以很容易地一次性找到十几家加盟商;我也会留意博客和论坛上的客户反馈,来调整我的业务。"

(5)端到端的全程服务。在第三方电子商务交易平台上,越来越多的网商不满足于一次性出售商品。他们会借助社区,维系同用户的持续互动,提供后续产品,形成端到端的全程服务。例如,在淘宝流行的一家数码网店中,购买手机的用户,可以终身享受软件安装、手机美容等服务,同时还可获得配套的耳机、皮套、车架等商品推荐,体验到一站式购物的乐趣。

电子商务交易平台的核心作用如图4-3所示。

沟通

网商的专业化分工协作　　　　　　　　　定制化客户服务

协同　　　　　　　　　　　　　　　　　　　　服务

第三方电子
商务服务平台

动态的资源优化配置　　　　　　　　　端到端的全程服务

业务流程　　　　　　　　　　　　社区

实时的社会化业务流程

图 4-3　电子商务交易平台的核心作用

案例 4-1　全球速卖通：面向全球市场的在线零售交易平台[①]

全球速卖通是阿里巴巴旗下唯一面向全球市场打造的在线零售交易平台,融合订单、支付、物流于一体,被广大卖家称为国际版"淘宝"。主要目的和功能是把"中国制造"通过电子商务的平台直接送向全球的消费者手中,是跨境直达的平台。

1. 速卖通发展的"三步走战略"

速卖通的发展起步于 2010 年 4 月,目前服务网络覆盖全球 220 多个国家和地区,同时在俄罗斯、巴西、西班牙、美国等取得快速发展,通过重点国家的精细化运作实现速卖通的"卖全球"目标,完成交易模式的三步走战略:

第一步是中国卖家全球卖,就是目前的传统出口零售业务;

第二步是除了中国卖家外,当地卖家通过速卖通平台服务当地买家;

第三步是从货卖全球进化到货通全球,让每个在速卖通国家站的卖家都可以把货卖到全球。

2. 速卖通将"双十一"做成全球化的节日

像淘宝一样将中国的产品卖向全球,速卖通从 2010 年开始到现在围绕卖家的诉求,做了许多调整。2014 年决定参加"双十一",将原本属于中国消费者的狂欢再次升级。

2014 年"双十一"当天,速卖通按美国太平洋时间 11 月 11 日零点(北京时间 11 月 11 日 16 时)开始,12 日零点结束。在这 24 个小时里,总计有美国、俄罗斯、巴西、西班牙等全球 211 个国家加入这场全球化的盛宴。

截止"双十一"收官,速卖通"双十一"最终总订单超过 680 万笔,发生交易的国家和地区达到 211 个。

---

① 根据公开资料整理。

截至 11 月 12 日 16 时（美国太平洋时间 11 月 11 日 24 时），占据速卖通成交额前十位的国家和地区分别是俄罗斯、巴西、以色列、西班牙、白俄罗斯、美国、加拿大、乌克兰、法国、捷克共和国。其中，以色列是成交额增长最为迅猛的国家。

在俄罗斯，速卖通已经成为最大的在线购物网站，在当地还诞生了一个专用词汇"淘戈利克"（意为"淘宝控"）。一些资深的俄罗斯"淘戈利克"甚至还总结出了"中国网购攻略"，比如买服装鞋子要找广州、上海的商家，买电子产品则最好选深圳的卖家。在此次全球化"双十一"中，"淘戈利克"也是最给力的海外买家，他们成功让俄罗斯占据了速卖通订单笔数的第一位。

阿里巴巴国际 B2C 事业部总经理吴倩表示，提交订单的海外买家中，最北来自格陵兰岛、最南来自智利，还有坐落在非洲印度洋中的岛国塞舌尔和北美洲东加勒比海，最东端的巴巴多斯，甚至连世界最小国家之一圣马力诺都有买家下单购买。

从此次"双十一"各国买家最爱的 TOP5 可以看出，海外买家选择的还是中国在出口贸易中的强势产品，如俄罗斯买家青睐的是 MP3、耳环、内裤、收纳盒、羽绒服；巴西买家青睐的是开衫、手机贴纸、连衣裙、短袖、比基尼胸贴；美国买家则选择了外套、领带、钥匙扣、手链、连衣裙。

据了解，速卖通"双十一"活动的订单，95% 将会通过中国邮政、新加坡邮政与万国邮联体系的各国邮政一起协作完成配送，确保全球通邮。阿里巴巴集团首席运营官张勇表示："希望通过 5 年到 10 年的时间，将"双十一"做成全球化的节日。"

3. 速卖通如何实现跨境物流的升级

速卖通背后的物流支持主要依托于阿里菜鸟平台，通过邮政物流体系搭建全面覆盖网络，同时搭配专线体系，提高时效，降低成本。

下面以俄罗斯的跨境物流为例。

速卖通在俄罗斯快速发展的同时，物流速度却成为障碍。为解决物流困境，速卖通通过阿里菜鸟与中国邮政合作在保证俄罗斯全境覆盖的基础上，建立了专线物流，利用速卖通电商平台能力大量集货后专线直运到俄罗斯。目前，此专线每天一班，不需要像单个货代要等几天才能凑齐一个干线。加上电子化电子清关技术的使用，提升了通关效率。这个链路使得俄罗斯人民的收货时效由过去的 60～90 天，缩短并控制在 35 天以内。

速卖通跨境物流模式如图 4-4 所示。

速卖通全球供应链体系如下：

速卖通跨境物流合作伙伴	
服务范围	公　司
全球	中国邮政，新加坡邮政，芬兰邮政，俄罗斯邮政，巴西邮政
东南亚	申通国际，圆通，顺丰（海外），4PX，乐趣购，酷悠悠，大韩通运
俄罗斯	俄罗斯邮政，ITELLA，燕文物流，哈邮（俄速通）
南美	巴西邮政，燕文物流
北欧	芬兰邮政
北美	美加转运

菜鸟海外仓储干线资源(海外仓)		
国 家	城 市	数 量
美国	洛杉矶	2
	纽卡斯尔市	2
	波特兰市	3
德国	汉堡	1
	法兰克福	1
澳洲	悉尼	2

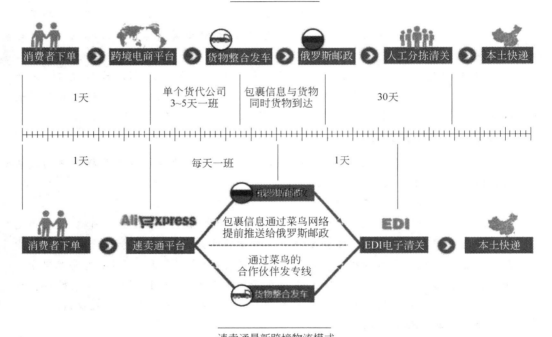

图 4-4　速卖通跨境物流模式

案例 4-2　聚划算：汇聚用户需求的团购平台①

聚划算(www.juhuasuan.com)上线于 2010 年 3 月,是继支付宝、天猫之后,淘宝孵化出的又一项业务。与当时团购网站主推的本地化生活服务不同,聚划算主要团购网络

———————————

① 根据公开资料整理。

商品。2011 年 10 月,阿里巴巴集团将淘宝网旗下的团购平台聚划算分拆为独立公司。

聚划算是一个定位精准,以小搏大,以 C2B 驱动的营销平台,除了主打的商品团,还陆续推出了本地化服务、品牌团、聚名品、聚设计、聚新品等新业务频道。

1. 单品营销最犀利的平台

2010 年 9 月 9 日上午 10 点,淘宝聚划算上的奔驰团购开团,3 分钟售出 39 辆,6 分钟售出 55 辆,37 分钟已经售出 99 辆,1 个小时售出 116 辆,2 个小时 143 辆……3 个小时 28 分的时候,最后一辆奔驰车被买家拍走。据统计,此次团购销售总额达 2700 万元,帮用户省掉 820 万元。其中浙江地区售出 69 辆,北京 45 辆,广东 22 辆,山东 12 辆,上海 10 辆。这可以说是当时国内史无前例的最大宗团购。聚划算强大的销售力显然也出乎奔驰的意料之外,原本计划持续 21 天的团购活动,竟然 3 个多小时就销售一空。据淘宝公布的数据显示,奔驰团购页面上线三天时间,访客数已经超过 100 万人次。

2010 年 10 月 28 日,聚划算上演圣殿种子"秒团",成为网络团购产业的标志性事件。上海世博会落幕,聚划算发起"将英国馆拆了团了捐了"的大型团购。开团不到 1 分钟,5000 份种子就被抢购一空。淘宝立即追加了 3000 份,不到 1 分钟又被一抢而空。11 月 4 日,淘宝再次追加 2000 套珍藏版种子,这一次被抢光用了不到 5 秒。12 月 10 日,10 根英国首相亲笔签名的圣殿种子以 10 万元起价在聚划算上进行拍卖,共筹得 144 万余元人民币,和之前的 10 000 根种子团购一样,拍卖收益同样用于慈善事业。

2010 年聚划算团购成交金额达 2 亿元。

2011 年聚划算全年交易额达到 101.8 亿元。

2012 年聚划算全年交易额达到了 207.5 亿元,是 2011 年的 2.03 倍,日客户访问峰值突破 1600 万,日均客户访问(日均 UV)达 800 万。

2013 年聚划算全年交易额突破 354 亿元,有 5000 多万人在聚划算购物,单日成交峰值突破 55.58 亿元。

2. 持续实践 C2B 战略

2011 年 8 月 4 日,聚划算 D2C 上线,D2C 是英文 Designer-to-customer(设计师对客户)的缩写,简单地说,就是让设计师直接面对他/她的客户。一方面消费者可以从与设计师的直接交流中选择适合自己需求的产品,另一方面设计师可以通过"聚需求、团宝贝"的方式直接面向消费者,完成从设计到销售的全过程。D2C 团购汇聚了全国多位优秀的服装设计师,通过"设计稿+模特 T 台秀"的方式进行新品团购预售。在聚划算开展的团购预售中,一款由 D2C 设计师邓力夫设计的连衣裙开团后就预售一空,达到 974 件。另一款由 D2C 设计师吴海燕设计的衣服标价 688 元,高于淘宝女装平均价格 2.5 倍,一天销售 2267 件。

2012 年 11 月 20 日,聚划算旗下"聚想团"上线,成为继"我想团"下线后聚划算推行的又一个 C2B 模式的团购网站。通过"聚想团"买家们可以基于共同的喜好和需求联合起来向卖家发出团购请求,由卖家根据买家们的请求决定是否开团和团购价格的反向团购活动。

2013 年 1 月 5 日,阿里巴巴集团聚划算事业群在杭州举行"C2B 定制研讨峰会",宣布启动 C2B（消费者驱动）战略，推出大规模定制产品平台——聚定制，将在家电、家居、旅游、电信等行业发力，未来通过聚定制平台有效聚合需求，使消费者能购买到个性化的高性价比商品。

根据聚定制规则，其应用场景主要是品牌商品预售和新品定制。品牌商品预售，通过前期数据分析或调研，提前定制成品或半成品来销售，根据订单安排生产和发货，通过降低库存，让消费者拿到更高性价比的东西；而新品定制，提供模块化的纬度供销费者选择，满足个性化需求，然后根据成本安排生产，满足消费者需求。

在 2012 年 9 月聚划算联合海尔统帅电器发起"双节买彩电，定制最划算"活动，8 天内有 100 万网友投票，通过对六项定制点，电视尺寸、边框、清晰度、能耗、色彩、接口进行投票，随后根据投票结果安排生产和定制预约。

与传统工业"蒙眼式设计，赌博式生产，压货于渠道"的低效率的产销互动模式相比，聚定制模式，库存和价格更低。通过触到了 100 万个用户，来参与产品的定义、设计，由此挖掘出 10 万用户有一个基本的共性需求，然后为这些用户生产 10 万件产品。从用户的角度来说，产品已经是个性化了，而对厂家而言，生产的却仍然是相对标准化的产品。

聚划算对 C2B 战略进行了一次又一次的有益尝试，得益于互联网能够便捷且低成本地把海量个性化的需求信息和产品及服务进行匹配，其宣告了个性化消费时代的到来。

案例 4-3　一达通：面向中小企业的外贸综合服务平台[①]

一达通（www.ydt35.com）是中国第一家中小企业外贸综合服务平台，通过互联网为中小企业和个人提供一站式外贸服务，覆盖金融、通关、物流、退税、外汇等外贸交易所需的进出口环节。

一达通通过整合不同环节的服务，改变传统外贸经营模式，集约分散的外贸交易服务资源，为广大中小企业和个人减轻外贸经营压力、降低外贸交易成本、解决贸易融资难题。

1. 起源：整合外贸服务碎片化需求

2001 年，中国正式加入 WTO。同年，深圳市一达通企业服务有限公司成立。在公司创始人魏强看来，中小企业的机会来了。要想让那些中小企业主动来找一达通，那就要以比企业自己做更便宜的价格来提供服务。此前，魏强在外贸行业打拼了将近 20 年，积累了相当丰富的外贸经验。

魏强的创业思路很清晰，将进出口贸易中的服务环节从传统的"贸易＋服务"的外贸公司中剥离，为出口企业提供通关、物流、金融等涉及从找订单到做订单的全部过程服务，从而将企业从繁杂的进出口服务环节中解脱出来。这种定位决定了一达通与其他外贸公司不同的商业模式。

"一达通在成立之初就没有瞄准 500 强企业，再加上早些年中国制造业成本低，外贸企业对于服务外包的意愿不强。"

---

① 摘编自《一达通：大数据沉淀塑造外贸生态圈》，原文作者池笑旖，出处《天下网商》，2014.06。

2008 年全球金融危机爆发，一达通的春天来了。由于外部需求降低，外贸开始变得艰难，资金也很紧张。越来越多的中小企业开始委托一达通提供物流、通关以及金融服务，以节省外贸成本，以维持原本就微薄的利润。

从 2008 年开始，一达通的营收持平，2009 年共服务了 800 个客户，2010 年服务了 1200 个客户。同年，阿里巴巴的投资为一达通注入了一股全新的力量，不仅提供资金上的支持，而且阿里巴巴 B2B 平台上的客户都有外贸服务的潜在需求，这给一达通提供了最好的客户资源。2013 年，平台服务客户数达到 15 000 个。

一达通多年以来一直在潜心做"进出口外包服务平台"，即将繁杂的进出口过程分解成若干环节，再建立一套系统对各环节进行标准化处理，同时以互联网为基础，通过集约化的方式提供外贸服务。

2. 优势：集约化的方式降低成本

当绝大多数同行都将大客户作为战略重点时，魏强将一达通的价值主张定义为将中小企业纳入正规的进出口服务体系中。外贸小企业在物流、通关、退税等环节均要耗费大量的时间与人力成本，订单越小，这些成本在整体成本中的占比就越高。

在这里，一达通做了两件事：一是打造中小企业的进出口服务超市；二是基于互联网打造这个服务超市。

"企业可以在计算机里查看所有的办理流程。对买卖双方而言，这是公开透明的。"肖锋说，"交易在线完成对买卖双方很重要。所有的数据都是在线的，我们给客户提供一个免费的系统，正在进行的业务、历史业务、各方结账信息，只要导入企业的 ERP 系统就变成了企业自身的数据，这是传统企业做不到的。"

以集约化的方式来帮助外贸企业完成通关、退税、融资、外汇、物流等流通环节，最大的好处在于"比中小企业自己去做更方便、更便宜"。

对于银行、物流公司、海关等基础服务商和机构而言，一达通平台是一个整合了数万家外贸公司业务量的大客户。通过将中小企业碎片化的需求以及标准化的产品或服务，进行整合、传输、存储，一达通平台以更低的成本和更高效的方式完成出口流通环节；而对于小企业而言，则可以通过便利的出口、融资、物流等渠道，大大降低这方面的成本。仅以物流为例，一达通的实践证明，通过这种集约物流资源，可以降低中小企业客户 30％左右的物流成本。

3. 衍生：金融服务的需求与缺失

魏强认为，中国外贸的根本问题在于金融服务缺失，金融服务缺失直接导致多数中小企业无法赊销。无法赊销的结果就是：风险转移到了海外买家身上，这就导致了订单数量下降，订单质量下滑，订单价格被压低。

为了说明金融服务的缺失，肖锋给记者举了一个例子：一外国客户看好一家东莞家具工厂的产品，准备下一份大订单，提出的唯一条件是"账期 3 个月"。对工厂而言，不仅要担心订单风险，还要担心资金周转问题。3 个月内要自筹资金生产，同时又不能从银行得到贷款，这直接影响生产进度。虽然无法接单，但是工厂又不想放弃订单，于是主动找到香港同行，让对方接单，自己做代工，付出的代价是，在订单完成之后，将九成的利润让给香港同行。

　　"不是我们商品不行、市场不行,而是金融服务不行。"肖锋说,"两间同样品质、同样地段的房子,一个要现款购买,一个可以按揭,哪个更好卖? 答案很显然。所以,现在比拼的不只是产品,更是金融服务。外贸比拼的是交易条件。"

　　一达通增值服务中的金融服务也在此时开始发挥作用,它能将中小企业融资需求打包,按照需求总额与银行对接,成为银行的大客户,享受优惠融资服务和外汇服务。

　　另外,一达通平台还能通过掌握企业外贸流程中的"资金流、信息流、物流"等进出口数据来监督和控制风险。

　　"银行不能给小企业做贸易贷款的根源就在于风险和成本。但是,一达通却在不经意间解决了这个难题。"肖锋说。

　　中小企业单独向银行申请贷款很难获批,关键的一点就是企业信息不对称,银行也不能或者不愿投入成本来获取中小企业的信息。一达通平台有这些企业真实的进出口经营数据,而作为中间方,一达通在一定时间段内还掌控着企业进出口环节的资金流和货物流,这些都是企业获取融资的依据。

　　"所有的业务流程在一达通的平台上完成,我们对贸易信息了解最全面,直接解决了真实性问题。"肖锋说,"银行是信贷工厂,而一达通是信贷超市。"一达通作为渠道,遵循了风险控制和风险转移的特性,保证了企业和银行与之合作的有效性。

　　目前,一达通平台的客户已经可以享受到"赊销保"、"信融保"等金融服务。以"赊销保"为例,出口企业接赊销订单时,由阿里巴巴通过一达通垫付最高80%的应收货款,为企业分担资金压力。

　　这项提前"放款"的金融服务,由阿里巴巴联合中国银行和中国出口信用保险公司共同推出。它的基本流程是:信用保险公司提供额度,银行基于此额度进行贷款,保险公司覆盖风险。如果保险公司的征信调查显示对方企业有风险,一达通还可以反馈给这边的企业不要做信用支付,或者建议在安全半径之内进行信用支付。如果最后国外企业支付不了了,就启动保险索赔。

　　在肖锋看来,互联网金融是一个宽泛的概念,其中B2B贸易金融是一个大领域。在一达通的互联网金融模式里,平台自身承载风险,但同时又通过"资金流、信息流、物流"等数据来控制风险,"我的坏账率很低。首先,我降低风险;其次,我的收益覆盖风险。"

　　说白了,一达通的贸易贷款是跟着贸易订单运作,而不是跟着人运作。通过将规范的金融服务对接到中小企业,一达通实现了更低的违约率与更高的回报。

案例4-4　洋码头: 服务海外购物的交易平台[①]

　　洋码头成立于2009年,定位为服务海外购物的交易平台。洋码头的愿景是"通过整合优化低效率运作的国际物流资源和全球零售供应链来促进在线零售的全球化进程,改

---

　　① 　参考文献:洋码头简介.洋码头官方网站,2014(11);周麟.洋码头:换种方式做海购.天下网商·经理人,2013(12);江然.洋码头创始人:跨境进口电商"三直"模式起步.每日经济新闻,2014-11-14.

造中间环节多,库存过高,市场门槛高的传统代理制跨国零售模式"。

1. 直销：买卖直接对接

总体来看,传统进口贸易电商的运作路径较为一致:自己做代理商,或是找国内的进口代理,把商品引入进来,再销售给消费者。

洋码头采用不一样的模式,不涉及具体的卖货,而是促成海外卖方直接对接国内消费者。在起步阶段,洋码头上的卖方主要由海外留学生、专职代购和家庭主妇组成。随着市场走向规范化发展,洋码头开始逐步引入商家入驻,并将网站流量逐步向商家倾斜。

洋码头联合创始人蔡华介绍说,这些入驻的商家本身在线下就是有零售资质的商户,相比个人买手,他们有资质做采购,有着很强的议价能力和货源能力,价格和商品质量都更有保证。同时,因为有库存,售后方面的处理也更容易做到。

值得注意的是,国际直邮购物模式有一个前提,根据国家海关的相关规定,以个人自用包裹形式清关的物品是禁止二次售卖的。

蔡华介绍,因为洋码头上的商品是通过个人包裹自用通道清关的,每个消费者第一次在洋码头上购物时都需要提交个人身份证信息,海关会在系统上记录每次购买的量是否超过个人自用的范围,防止二次售卖。

洋码头与海外零售商、国内消费者的关系,如图 4-5 所示。

图 4-5　洋码头与海外零售商、国内消费者的关系

洋码头购买流程,如图 4-6 所示。

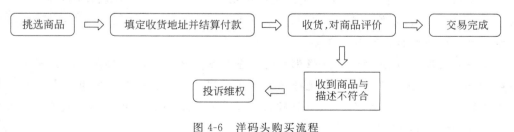

图 4-6　洋码头购买流程

2. 直邮：自建海外仓储物流

一般的海淘逻辑是,需要假设自己是一个身处美国的消费者,在美国的购物网站上购

物,然后再由自己找到的转运公司运到中国。

在这一流程中,有3个痛点:一是物流的中间状态是不透明的,二是运费价格昂贵,三是物流过程中一旦产生破损或丢失,无从申诉。为了解决这些问题,也是为了配合电商节奏,洋码头选择在海外建立仓库,并自建国际物流公司,帮助美国商家把商品国际直邮发送到中国消费者手中。

中国消费者产生购买之后,美国商家或是个人买手可以把订单打包后发到洋码头海外搭建的仓库货站,再委托其自建的官方国际物流贝海国际速递直接国际直邮配送到中国消费者家里。

在整个交易及国际配送过程中,消费者可以通过网站后台、短信、邮件全程跟踪到整个订单及国际包裹的实时状态,例如海外仓库配货打包、国际直邮发往国内、入境海关报关报检等,包括了海淘之前普遍模糊的海外快递部分,十分详细。在这其中,洋码头做了一件事就是,通过系统的对接,把整个过程中不同碎片化的服务商整合并且打通。

从用户下单开始,海外商家的 ERP 系统内就自动将来自中国客户订单进行自动化处理,海外仓储配货系统同时就会针对中国订单进行处理配货打包,同时全程所有的订单信息及物流信息都通过洋码头官方物流服务商贝海国际速递来对接中国海关的清关系统和境内物流合作伙伴。

洋码头这种创新性的做法使整个过程变得十分简化,整个环节无缝对接,所有环节的服务效率可以提升到最大可能。最终的结果就是,通过洋码头海外商家直购直邮的海外购物节奏非常快,消费者往往订单付款后4～7天之后就能收到由海外直邮回来的包裹,与一般海淘的半月甚至月度周期相差甚远。

目前,洋码头已经在洛杉矶、纽约及旧金山地区建立了不同容量规模的海外仓库,除了接收来自各个城市的包裹之外,位置偏远的商户也可以选择把货品寄存在此,用户下单后由洋码头海外仓库代为配货打包发货。由于大量使用了信息化技术,洋码头海外3个仓库的操作人员加在一起在不超过6个人的情况下,在需求旺盛的购物季,3个仓库的运能也能维持高峰期每日6000多包裹的吞吐量。

3. 贴心服务:吸引高黏性用户群

为洋码头贡献一个亿销售额的是不过区区几十万的购买用户,根据洋码头的介绍,其用户群成熟度较高,客单价高的同时也乐于重复购买。这么高的黏性从何而来,洋码头的答案是通过信任感和易用感的建立。

在洋码头购物,用户会被反复强化其是安全购物的理念。洋码头在美国当地建立了公司,有专门的团队对买手和商家进行严格审核认证;另外,有一个监控团队来考察买手和商家的买卖规范。最后,用户反馈会形成第三轮的考核,这三道流程都形成了一个系统化的标准和评分机制,定期优胜劣汰。

一旦发生商家违规违法的事情,洋码头表示还会主动帮助中国消费者去美国起诉那些买手或商家,不会出现申诉无门的情况。同时,洋码头会着力推荐用户使用官方物流通道进行购物,对使用护航直邮的用户进行返点激励。这样做既能让用户对自己的包裹状态了然于胸,同时也便于售后服务的进行。

洋码头实行无条件退换货的政策,消费者如果有退换需求,只需要把商品邮寄到其设置在国内的售后处理中心即可,不需要承担昂贵的国际快递费用。

洞察消费者心理的蔡华说:"在我们的经验里,如果不涉及质量问题,退换率几乎为0,因为这是一个从海外寄过来的包裹,消费者都很珍惜,觉得是好不容易买到的,不会轻易退换。"而无条件退换货的设置,则给消费者极大的心理安全感,从实际的退换体验来说,也是一种细微到极致的服务。

另外,洋码头认为应该简化用户的购物,通过对海外商家的教育和跟进,给用户提供完整的商品描述、符合长途运输的包裹要求,提供中文界面、支付宝支付等,让用户在前端的感知上和国内电商没有大的差异。

本章小结

电子商务交易服务是指在电子商务活动中为交易各方提供的、旨在促成交易达成的基本服务,如商品展示、信息沟通、订单管理等。

按照交易环节,电子商务交易服务可细分为交易前、交易中和交易后服务三部分。按照服务对象,电子商务交易服务可细分企业间交易服务、网络零售交易服务等类型。

电子商务交易平台集成了信息、支付、物流、金融、信息技术、运营等多种服务,在电子商务服务体系中发挥着核心作用。

思考题

1. 不同电子商务交易服务对企业、消费者的价值各体现在哪些方面?
2. 不同电子商务交易服务成功的关键因素有哪些?
3. 电子商务交易平台未来的发展方向有哪些?

参考文献

[1] 商务部.第三方电子商务服务平台服务及服务等级划分规范.

[2] 北京日报.我国成世界最大网络零售市场[N/OL]. http://finance. people. com. cn/n/2014/0310/c70846-24587879. html,2014-03-10.

[3] 阿里研究院.新基础:消费品流通之互联网转型[R/OL]. http://www. 199it. com/archives/179465. html,2013-12-14.

[4] 中国互联网络信息中心.第33次中国互联网络发展状况统计报告[R/OL]. http://www. cnnic. net. cn/hlwfzyj/hlwxzbg/hlwtjbg/201403/t20140305_46240. htm,2014-03-05.

[5] 阿里研究院.2013年中国县域电子商务发展指数报告[R/OL]. http://data. iresearch. cn/download/460. shtml,2014-01-15.

[6] 麦肯锡全球研究院.中国电子零售业革命[R/OL]. http://mat1. gtimg. com/tech/2013/pdf/MGI_

China_e-tailing_Full_report_March_2013. pdf,2014-03-21.

[7] 金羊网. 2013 年 700 多家团购网站消失[N/OL]. http://money. ycwb. com/2014-01/24/content_5962430. htm,2014-01-24.

[8] 团800. 2013 年中国团购市场统计报告[R/OL]. http://zixun. tuan800. com/a/tuangoushujubaogao / 20140117/49393. html,2014-01-17.

[9] 团800. 2013 年中国团购市场统计报告[R/OL]. http://zixun. tuan800. com/a/tuangoushujubaogao / 20140117/49393. html,2014-01-17.

[10] 中国互联网络信息中心. 第 33 次中国互联网络发展状况统计报告[R/OL]. http://www. cnnic. net. cn/hlwfzyj/hlwxzbg/hlwtjbg/201403/t20140305_46240. htm,,2014-03-05.

第 5 章 电子商务支撑服务

学习目标

- 了解并掌握典型的电子商务支撑服务的基本概念；
- 了解不同类型的电子商务支撑服务的发展概况。

任务书或角色扮演

在网络购物时，分别选择 2～3 种不同电子支付服务完成付款，并对比其异同。

5.1 电子支付服务

1. 基本概念

电子支付是指单位、个人直接或授权他人通过电子终端发出支付指令，实现货币支付与资金转移的行为。电子支付的类型按电子支付指令发起方式分为网上支付、电话支付、移动支付、销售点终端交易、自动柜员机交易和其他电子支付。目前主要的电子支付服务商有银行和第三方电子支付公司。

与传统支付方式相比，电子支付具有以下特点。

（1）电子支付比传统支付方式更加方便、快捷和高效。在电子支付环境下，完成支付所需的时间几乎可以忽略不计。

（2）电子支付较传统支付方式更为安全。

（3）电子支付能够节约社会成本，提高社会福利。在支付过程中，交易双方以及银行的所有活动都会产生一定的成本，在电子支付环境下，信息技术可以大大降低支付手续的复杂性和不确定性。

电子商务交易中，最常用的是网上支付，具体可分为网银支付模式和第三方支付模式。网银支付模式是指网上商户（电子商务公司）直接将银行互联网支付网关接入到自己的电子商务交易平台，为用户提供网上支付功能。

第三方支付业务模式又分为以下两种模式。

（1）纯粹网关型模式。该模式中，网上商户和银行网关之间有一个第三方支付网关，第三方支付网关负责集成不同银行的网银接口，为网上商户提供统一的支付接口和结算对账等业务服务。

（2）虚拟账户型模式。这里的"虚拟账户"是指交易双方在第三方支付中介平台中所设立的账号，这种账户与传统的银行账户具有类似功能，可以在两个虚拟账户之间转账，也可以在虚拟账户与实际银行账户（借记账户或信用卡账户）之间转账。

2. 发展概况

2013 年, 我国第三方电子支付交易额达 5.37 万亿元, 同比增长 46.8%[①], 如图 5-1 所示。电子支付额持续、快速增长, 一方面是电子支付用户快速增长。2013 年, 电子支付用户达 2.6 亿, 同比增长 17.9%, 其中, 2013 年新增 3955 万人[②]。另一方面是电子支付在网络购物、公共事业缴费、本地生活等领域应用日益广泛。

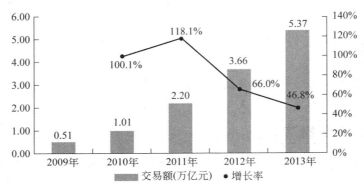

图 5-1　2010—2013 年电子支付交易额

2014 年上半年, 第三方电子支付交易规模突破 3.7 万亿元, 全年有望达到 8 万亿元。2009—2013 年中国第三方互联网支付市场交易规模结构如图 5-2 所示。

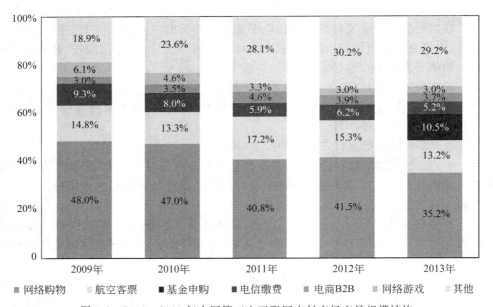

图 5-2　2009—2013 年中国第三方互联网支付市场交易规模结构

---

　　① 艾瑞咨询. 2013 年中国第三方互联网支付市场交易规模达 53 729.8 亿[EB/OL]. http://ec. iresearch. cn/e-payment/20140121/225451. shtml, 2014-01-21.

　　② 中国互联网信息中心. 第 33 次中国互联网络发展状况统计报告[R/OL]. http://www. cnnic. net. cn/hlwfzyj/hlwxzbg/hlwtjbg/201403/t20140305_46240. htm, 2014-03-05.

从交易结构来看,网络购物占比最大(约35.2%),其次是航空客票(约13.2%),第三位是基金申购(10.5%)。基金申购是2013年的"黑马",脱颖而出位列第三。电信缴费退居第四(约占5.2%)。

2010—2013年第三方移动支付交易额如图5-3所示。

图5-3 2010—2013年第三方移动支付交易额

2013年,我国第三方移动支付交易额首次突破万亿元,达1.22万亿元,同比增长707%[①]。2014年上半年,我国第三方移动支付交易规模突破2.7万亿元,全年有望达到5.5万亿元。

截至2014年底,中国人民银行给269家企业发放了第三方支付牌照[②]。上海、北京、广东、浙江、江苏是获得牌照企业最集中的5个省市。

3. 发展亮点

(1)移动支付爆发式增长。近年来,移动支付交易大幅增长。2013年首次突破万亿元,交易额、增长速度均创历史新高。移动支付爆发式增长,与智能手机普及、移动互联网应用崛起密切相关。2013年,中国智能手机用户数量已达3.54亿,超越美国成为世界上智能手机用户量最多的国家[③]。

(2)电子支付应用多元化,网络购物占比下降。随着电子支付应用多元化,网络购物在电子支付交易额中比例下滑,2013年占比首次低于40%。网络购物总体仍然保持良好的增长势头,其占比下滑,主要源于电子支付应用多元化,如航空客票、基金申购、话费充值、水电煤缴费等,并且新兴细分领域增速超过网络购物。

(3)电子支付服务商成为互联网金融创新主力。近两年,"互联网金融"掀起最受关

---

① 艾瑞咨询. 2013年中国第三方移动支付市场交易规模破万亿. http://ec. iresearch. cn/e-payment/20140121/225415. shtml.

② 中国人民银行. 非金融机构支付业务许可机构名单[EB/OL]. http://www. pbc. gov. cn/publish/zhengwugongkai/3580/index. html,2014-02-26.

③ 新浪科技. 互联网女皇2013年趋势报告[R/OL]. http://tech. sina. com. cn/i/2013-05-30/03428393363. shtml,2013-05-30.

注的热潮,在这波热潮中,电子支付服务商成为主角。支付宝与天弘基金合作推出"余额宝"不到半年即成为国内最大的基金。截至 2014 年 12 月底,余额宝规模达 5789.36 亿元。财付通与华夏、广发、易方达和汇添富四家基金合作推出"微信理财通"。百度百付宝与华夏基金共同推出金融理财产品"百发"。

(4)电子支付服务商战略布局 O2O。2013 年以来,以餐饮、娱乐、打车等为典型代表的 O2O 消费快速崛起。与居民"衣食住行"密切相关的消费市场规模巨大,为移动支付提供了巨大的拓展空间。支付宝、财付通、百付宝等纷纷进行战略布局。O2O 对于电子支付服务商而言,不仅仅是增加支付交易额,更关键的是融入用户的日常消费,提升电子支付的渗透度和黏性,并且,通过沉淀用户数据和消费行为数据,为未来基于大数据的消费金融服务奠定基础。

5.2　电子商务物流服务

1. 基本概念

电子商务物流服务主要是支持电子商务交易、将货物运送到买家指定地点。通常企业间电子商务主要由大宗商品物流服务支持,网络零售主要由快递服务支持。

常见的电子商务物流服务模式有以下 3 种。

(1)自营物流配送:由电子商务企业自己投资仓库、担负配送、售后等。如京东自建物流,截至 2014 年 2 月,京东在 34 个城市拥有 82 个仓库,总建筑面积为 130 万平方米,在 476 个城市设置 1485 个配送站以及 212 个自提点。

(2)第三方物流配送:在仓库、配送等环节由专业的服务商提供服务。如淘宝接入了中国邮政、申通快递、顺丰快递、圆通快递、韵达快递等数十家快递服务商,由卖家、买家自主选择。

(3)自营物流配送与第三方物流配送相结合:即电子商务企业在部分城市(一般是大城市)采用自己的物流配送服务,在其余城市(一般是中小城市、偏远地区)采用第三方专业的物流配送服务。

2. 发展概况

2013 年,全国规模以上快递服务企业业务量累计完成 91.9 亿件,同比增长 61.6%;全国规模以上快递服务企业业务收入累计完成 1441.7 亿元,同比增长 36.6%[①]。

2014 年,全国快递服务企业业务量累计完成 139.6 亿件,同比增长 51.9%;业务收入累计完成 2045.4 亿元,同比增长 41.9%[②]。

2013 年,全国社会物流总额 197.8 万亿元,同比增长 9.5%。其中,受电子商务快速增长带动,单位与居民物品物流总额保持快速增长态势,同比增长 30.4%,增幅比上年加

---

①　国家邮政局. 2013 年邮政行业运行情况. http://www.spb.gov.cn/dtxx_15079/201401/t20140115_274540.html.

②　国家邮政局.2014 年邮政行业运行情况. http://www.spb.gov.cn/dtxx_15079/201501/t20150115_410741.html.

快 6.9 个百分点。2013 年,全国社会物流总费用 10.2 万亿元,同比增长 9.3%①。

2013 年快递业务收入情况如图 5-4 所示。

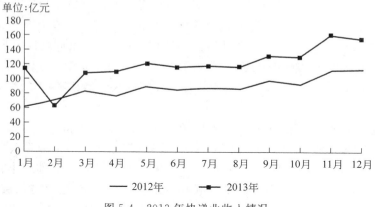

单位:亿元

图 5-4　2013 年快递业收入情况

网络零售已经成为推动快递业务持续、高速增长的第一动力。2013 年,网络零售包裹占快递业务比例超过 60%。2013 年,受"双十一"大促销强劲带动,申通、圆通、韵达、中通四大快递企业当天承接的电子商务快件订单均超过 1000 万件,创下历史新高。四大快递企业单日业务峰值达到千万级别,是电子商务显著促进快递服务的集中体现,同时,这也意味着快递企业的服务能力迈上新的台阶。从地域分布来看,快递业务量前十大城市,均是电子商务较发达的城市。表 5-1 列出了 2013 年快递业务量前十大城市。

表 5-1　2013 年快递业务量前十大城市

排名	城市	快递业务量(万件)	排名	城市	快递业务量(万件)
1	上海市	95 012.4	6	金华市	35 472.1
2	北京市	81 818.2	7	苏州市	28 334.9
3	广州市	79 337.4	8	东莞市	27 593.1
4	深圳市	65 511.6	9	南京市	19 728.9
5	杭州市	46 852	10	成都市	19 565.2

资料来源:国家邮政局。

3. 发展亮点

(1) 大数据显著提升快递网络协作能力。2014 年,"双十一"大促销产生的快递包裹共计 2.785 亿件。大数据发挥了至关重要的作用。菜鸟网络推出的"物流雷达预警"和各大快递服务商共享海量数据,网络零售平台、快递服务商能直观地看到每个配送点目前的收货和发货情况,提醒卖家选择相对通畅的快递公司,并通过线路预测来减少爆仓。同

---

① 国家发改委,国家统计局,中国物流与采购联合会. 2013 年全国物流运行情况通报[EB/OL]. http://www.stats.gov.cn/tjsj/zxfb/201403/t20140306_520357.html,2014-03-07.

时，引入气象和交通数据，物流公司可综合报告、天气、道路等情况，及时调整运力，以及提前准备应急方案。

（2）快递企业迎来融资热潮。2013年以来，快递企业受到资本竞相追逐。据不完全统计，1月，力鼎资本、凤凰资本、鹏康投资入股全峰快递；5月，红杉中国和金石投资入股中通速递；8月，中信资本、元禾控股、招商局集团及古玉资本组成财团共同投资顺丰速运。12月，阿里巴巴集团战略投资海尔旗下物流日日顺。2014年10月，宅急送出让30％的股权引入10亿元战略投资。近年快递行业持续快速增长，领先的快递服务商投资价值受到资本肯定。

（3）冷链物流异军突起。2013年以来，在生鲜电商蓬勃发展的带动下，冷链物流在一线城市异军突起。部分物流服务商布局冷仓建设，部分冷链落地配送公司逐步扩大覆盖范围。从合作模式来看，初步分为两类：第一类是自建冷链物流，如顺丰自建全程冷链物流，覆盖全国11个城市，部分垂直生鲜电商在北京、上海等自建冷链物流；第二类是电商与第三方冷链物流合作，如1号店在北京和上海自营生鲜品类，在配送环节与第三方冷链物流公司合作。

（4）"最后100米"创新层出不穷。2013年以来，在物流配送的"最后100米"涌现出多样的创新。猫屋、阿里小邮局等在深圳、杭州、武汉等城市广泛试点，为网购消费者提供包裹代收、自提等服务。在上海、广州有超过1000家便利店提供免费代收货服务。浙江省大力探索在社区、农村发展电子商务服务站，其中，丽水市遂昌县在吴处村、钟根村、新旦村等地建立了新农村电子商务服务点"赶街"。村民们在这里通过网络购买生活用品、收发包裹、缴纳水电费等。此外，在江西、安徽等省小城镇部分便利店开始探索为居民提供网络代购、话费充值等服务。

（5）供应链一体化服务创新。2013年以来，"供应链一体"化成为年度创新点。顺丰打造一体化供应链服务，为客户提供"信息、资金、物流"三流合一服务。阿里巴巴推出"淘工厂"，整合上游的供应链。一达通为中小民营出口企业提供通关、融资、退税等供应链服务。

5.3　云计算服务

1. 基本概念

云计算是一种基于互联网的计算方式，通过这种方式，共享的软硬件资源和信息可以按需求提供给计算机和其他设备。云计算服务具有成本更低、灵活性更高、技术水平更强等特点。

电子商务交易额不断创历史新高，创造出海量数据存储、技术、传输等新的需求。因而，云计算在电子商务服务商、电子商务企业等的各个业务环节有广泛应用。

2. 发展概况

2013年，我国云计算市场规模超过1000亿元，达到1100亿元，同比增长81％。我国云计算处于快速增长初期，近三年年均增长超过85％，预计2014年云计算市场规模有望超过 1800 亿元。

2010—2013 年云计算市场规模如图 5-5 所示。

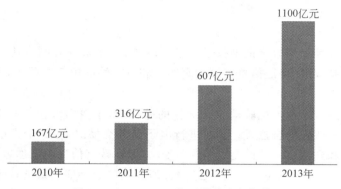

图 5-5 2010—2013 年云计算市场规模

3. 发展亮点

（1）云计算成为电子商务平台战略方向。在中国主要的电子商务平台中，继阿里巴巴集团在 2011 年成立阿里云后，2013 年，先后有京东、苏宁等推出云计算服务：6 月，京东对外推出云平台，提供六类云服务，并确定"三步走"云计算发展战略。9 月，苏宁推出云平台，面向商户和消费者开放金融云、信息技术云、物流云等七大增值服务，到年底吸引近万家商户入驻。云计算成为主要电子商务平台战略发展方向。12 月，阿里云获得由英国标准协会（BSI）颁发的全球首张云安全国际认证金牌。2014 年 11 月，在"双十一"大促销中，"聚石塔"电子商务云计算平台支持的订单超过 96%。

（2）金融云丰富金融基础设施。2013 年 11 月，名为"聚宝盆"的金融云服务发布，通过"聚宝盆"服务，区域银行、中小银行可以快速、低成本地实现网上支付等功能，打破小城镇和农村电子商务发展的瓶颈。据统计，全国区域性银行有 2000 余家。东海银行、渤海银行、鹤壁银行等接入"聚宝盆"。2013 年 11 月新成立的众安在线，成为我国第一家所有业务都运行在云计算平台的金融企业。在 2013 年，天弘基金、浙商证券等金融企业也开始尝试使用金融云服务。此外，蚂蚁金服搭建了金融云平台，其在技术方面的规划将在 2015 年达到一个新的高度：2015 年第一季度，蚂蚁金服将实现金融中间件和大数据平台的开放，其自主开发的分布式关系数据库 Ocean Base 也将在 2015 年下半年实现开放。随着越来越多银行、保险、基金等业务迁移到云计算平台，金融云正成为金融基础设施的重要组成。

（3）国际巨头布局中国云服务市场。2013 年以来，国际著名的信息技术公司微软、IBM、亚马逊先后进军中国云服务市场。微软与世纪互联云计算合作落地云服务，分别通过 Windows Azure 提供公共云计算平台服务，通过 Office 365 提供在线办公、电子邮件、门户协作、统一通信等服务。IBM 与首都在线合作落地，提供横跨设计、建设、运营的全生命周期服务的云计算解决方案，涵盖云基础设施即服务（IaaS）、平台即服务（PaaS）和软件即服务（SaaS）。亚马逊公有云服务 AWS 将面向中国地区推出公有云计算平台。

5.4 电子认证服务

1. 基本概念

电子认证服务是利用数字证书技术为电子商务、电子政务等网络业务提供行为主体的真实身份和控制权限,保证信息资源的真实性和可靠性的第三方服务,是建立网络信任体系的基础和核心。

电子认证采用电子技术检验用户合法性的操作,其主要内容包括 3 个方面:①保证自报姓名的个人和法人的合法性;②在进行电子商务交易时,保证个人或企业间收发信息在通信的途中和到达后不被改变;③数字签名,即在数字信息内添加署名信息。

(1) 电子认证的认证原理。电子认证服务所采用的数字证书认证技术是以密码技术为核心,在国际上广泛流行的是采用 PKI(Public Key Infrastructure)技术。在 PKI 钥系统中,为每个用户生成一对相关的密钥:公开密钥和私有密钥。双方进行信息交换的过程是:发送方通过网络或其他公开途径得到接收方的公钥,然后使用该密钥对信息加密后发送给接收方;接收方用自己的私钥对收到的信息进行解密,得到信息明文。在这里,只有接收方才能成功地解密该信息,因为只有接收方拥有与之相对应的私有密钥,从而保证了信息的机密性。如果发送方在发送信息时附上自己的数字签名,则接收方通过验证数字签名可以保证信息的完整性和不可抵赖性。PKI 框架中的核心元素是数字证书;PKI 的核心实施者是认证中心(Certification Authorities,CA)。数字证书又称为数字标识(Digital Certificate,Digital ID)。它提供了一种在网络上身份验证的方式,是用来标志和证明网络通信双方身份的数字信息文件。在网上进行电子政务和电子商务活动时,双方需要使用数字证书来表明自己的身份,并使用数字证书来进行有关的操作。

(2) 电子认证服务在网络信任体系中的作用。网络信任体系是以密码技术为基础,以法律法规、技术标准和基础设施为主要内容,以解决网络应用中身份认证、授权管理和责任认定等为目的的完整体系,它是网络环境下各项业务活动有序开展的基础保障。

(3) 电子认证服务机构的作用。电子认证服务机构在一定程序规则的基础上完成用户网络身份与现实身份一一对应,颁布符合法律规范的数字证书,实现高强度的身份认证,保证传输信息加密安全,确保电子交易中的各项数据真实、可靠、不可抵赖。在必要时,电子签名证据管理系统中保存的签名结果及原数据可供随时查询。

2. 发展概况

2013 年,电子认证服务业总体市场规模达到 38 亿元。经工信部批准成立的电子认证服务机构达到 33 家[①]。经国家商用密码办公室批准的电子认证服务使用密码许可单位达到 36 家[②]。

---

① 工业与信息化部. 电子认证服务机构设立许可名单[EB/OL]. http://bzxx.miit.gov.cn:8080/datainfo/miit/miit10065.jsp,2014-02-21.

② 国家商用密码办公室. 电子认证服务使用密码许可单位名录[EB/OL]. http://www.oscca.gov.cn/News/201401/News_1260.htm,2014-02-27.

截至 2014 年 6 月 30 日,我国有效电子认证证书持有量合计 2.80 张,其中,个人证书 2.54 亿张,机构证书 2374.9 万张,设备证书 199.5 万张[①]。

3. 发展亮点

(1) 数字证书在行业应用日益多元化。2013 年以来,数字证书在银行、税务、公安、计生、环保、药品监管、土地交易等行业得到广泛应用。同时,数字证书在电子支付、电子合同、网络招投标、知识产权保护、供应链管理等领域快速扩展。

(2) 移动互联网促进数字证书规模快速增长。2013 年以来,移动互联网进入快速增长阶段,对电子认证的需求明显增加,由此带动个人证书规模和增速创下历史新高。移动互联网成为数字证书快速增长的重要动力。

(3) 电子认证服务系统公钥密码算法基本完成升级。为保障重要信息系统密码应用安全,国家密码管理局要求:在建和拟建公钥密码基础设施电子认证服务系统和密钥管理系统应使用 SM2 椭圆曲线公钥密码算法,已建公钥密码基础设施电子认证服务系统和密钥管理系统应进行升级改造。截至 2013 年底,全国大部分第三方电子认证服务机构已完成电子认证服务系统公钥密码算法升级改造。

5.5　其他支撑服务

电子认证、电子支付、电子商务物流已经成为最基础、应用最为广泛的电子商务支撑服务,除此之外,还有信用服务、信息安全、标准体系等支撑服务。

案例 5-1　聚石塔: 在线实时协同云平台[②]

2014 年的天猫"双十一"购物狂欢节成交 571 亿元,"双十一"当天产生快递包裹 2.785 亿件,这是全体网民的狂欢,更是全社会协作的结果。在这个协作的圈子里有买家、卖家、物流、仓储、银行、媒体、模特、摄影师、服务商、生产商等多个角色,这个圈子,互相分离又密切协作,构成一个复杂的电子商务生态圈。如同人类社会的生态圈中有水、空气、土地、阳光等基础资源,电商的生态圈也有一些基础资源,那就是"云计算"和"大数据",而阿里巴巴的"聚石塔"就是一个这种资源的容器。

1. 商家需求催生了聚石塔

随着商家经营规模的不断扩大,商家下载订单在本地处理的模式逐渐显现出它的局限性。例如,商家 ERP 软件每小时只能下载 500 个订单,但如果某一天商家的成交量暴涨,每小时产生了 10 000 笔交易,那就根本接收不到这么多的订单。又如,商家的 ERP 软件部署在办公室的服务器上,断网、断电、操作系统崩溃都是会面临的问题。再如商家用的网络运营商,从淘宝的机房到商家要经历电信—网通—移动—联通—铁通……这么

---

① 工业与信息化部. 2014 年 6 月份电子认证服务业动态[EB/OL]. http://www.miit.gov.cn/n11293472/n11295344/n11296947/16104494.html.

② 据公开资料整理。

一路转折下来,数据丢失几百条根本就感觉不到。还有一些商家被黑客盯上,黑客进入他们的系统如入无人之境。

因此,2012年天猫网推出"聚石塔"产品,定位于打造一个能够支撑海量商家、大量第三方服务商(如IT和物流等)和电商平台(即天猫网)之间在线实时协同的云平台。

云平台解决了天猫网商家在IT领域曾经面临的诸多困难:自有IT系统的安全性和扩展性不够,在2011年"双十一"这样的大促销活动中曾暴露出缺乏弹性的窘境;与天猫网的数据交互效率不高,在大促销活动中有时会出现丢单和漏单;商家、服务商使用的各类软件由于不能实现互联互通,数据无法实现快速流动,数据孤岛的现象使业务流程变得非常复杂。针对上述问题,聚石塔向商家及第三方服务商提供了安全稳定、弹性升级、随买随用的阿里云计算资源,如云主机、云存储等,使得商家和服务商的数据与业务流程由此能够实现"云化",从而在快速变化的电商行业中拥有足够的IT可靠性与灵活性。

2. 云计算应用的典型案例

云计算有很多好处,其中最大的好处是安全稳定、弹性扩展。在2013年"双十一"之前,阿里巴巴商家业务部联合阿里云给商家进行了统一的弹性扩容,云主机扩容30%,RDS云数据库扩容80%,带宽扩容40%。在"双十一"前夕,再度查看商家的机器负载,其中二十几个商家的RDS出现问题隐患,阿里巴巴商家业务部发现后对其进行优化,并将优化建议给到ISV,ISV紧急修改后,全部服务顺利度过0点高峰。在11日下午,有两个大型商家订单量超负载,紧急加入了聚石塔。24小时平均来看,聚石塔承受的云计算服务压力是平时的6.5倍。

商家的订单数据量非常大,2013年"双十一"在聚石塔运行的系统内有两个商家超过100万笔订单(是平时订单量的100倍以上),42家超过10万笔订单,商家传统的IT解决方案绝对无法支撑如此大的业务波峰,在聚石塔里的RDS数据库上,淘宝会把订单数据直接"推送"进去,保证订单不丢失。

在安全方面,聚石塔上部署了"云盾"安全软件。曾经有一个商家被黑客DDoS攻击,最高流量达到6.7Gbps,这么大的流量足以冲垮一个知名的商业网站,但在云盾面前,直接被化解掉了,商家都没有感觉到。2013年11月10日下午17:55,一个华南的ISV被人攻击,这家ISV服务了2000多个商家,这里面包含不少超大型的商家,云盾成功挡住了这次攻击。在"双十一"流量上来之后,聚石塔内还陆续发现少许的攻击流量,均被平稳清洗掉。

除此之外,聚石塔还内置了"应用管家",供ISV和商家实时监控应用的状态,另外也成功上线阿里云的OCS(开放缓存服务)和SLB(负载均衡)产品,联合第三方开发者,给商家提供了一整套的IT系统解决方案,在2013年"双十一"当晚,有22家核心后台系统ISV并肩作战,一起给商家提供了坚强的支持,其中一个ISV开发的客户服务工具,当天有15万客服在线使用,服务了2200万的消费者。

3. 在实践中快速发展

在2012年、2013年两次"双十一"活动中聚石塔都发挥了巨大的价值。

在2012年"双十一"大促销期间,聚石塔服务了1.2万商家,处理了约1600万笔订单。作为云平台的聚石塔,在大促销期间给商家的服务极大地提升了效能,凸显了三大优势:一是弹性升级,可以对云计算的需求随时扩容,为商家节省了自己准备服务器等设备的庞大开支;二是稳定性,在"双十一"期间做到了"零故障、零漏单";三是安全性,拦截了26次流量攻击,为商家提供了更好的保护。

2013年的"双十一"期间,聚石塔处理了全网75%的商家订单,处理总订单量是2012年"双十一"的10倍,0漏单,覆盖活跃商家94万,其中订单量过100万单的商家两家。

云计算在2014年"双十一"起到了基础支撑作用。天猫、淘宝、支付宝的大数据处理,都是基于阿里云ODPS(开放数据处理服务)平台完成,阿里云ODPS可在6小时内处理100PB数据,相当于1亿部高清电影,为商品个性化推荐提供了技术支持,攻克了世界级的创新难题——"服务器资源弹性部署"和"数据中心异地双活",自主研发能力大幅提升。阿里云聚石塔处理了96%的"双十一"订单,无一故障、无一漏单,通过"订单全链路"功能,实现订单、配送、签收各个环节实时数据的商家可视化。

案例 5-2　物流大数据帮助数亿消费者提升网络购物体验[①]

"350.19亿元,全新的纪录!"

2013年11月12日零点,在位于杭州的阿里巴巴园区里,几千名工作人员都惊叫起来——11月11日这一天,数亿消费者访问天猫网站(tmall.com),他们购物合计达到350.19亿元,共形成1.52亿个包裹。这相当于德国和法国所有居民在当天每人都订购了一个包裹。

像过去4年一样,在这个被命名为"狂欢购物节"(简称"双十一")的日子里,每年产生的包裹数都创新历史纪录——2012年,这个纪录是8000万个。

几乎每年,消费者、媒体都会问同一个问题:"如此多的包裹,怎么处理?"每年回答这个问题的,是超过100万分散在众多城市的仓库工人、卡车司机和快递员们。在2013年,多了一个新角色,它叫"大数据"。

1.提前预测

11月11日,在"良品铺子旗舰店"的仓库门前,停放着20台卡车,随时装满随时发车。这家销售食品的旗舰店在"狂欢购物节"开始不到3个小时产生了3万个包裹,而2012年同一天所有包裹总共才8000个。不过,因为有数据分析和预测,他们在商品、仓库、快递等环节提前做好了准备。

类似的还有"周黑鸭食品旗舰店",提前与申通、圆通、天天、EMS四家规模领先的快递公司合作,准备了应对方案,快递卡车停靠在仓库前,随时准备出发。

"结合历史数据,根据进入'双十一'的商家名单、备货量等信息进行分析,我们对'双十一'订单量作出预测,精确到每个区域、网点的收发量,信息与快递公司共享,这样快递公司运力布局的调整更加精准。"菜鸟网络副总裁谭飙说。——菜鸟网络通过一个名为

---

① 案例作者:盛振中,阿里研究院(原阿里研究中心)专家。

"物流雷达"的系统,为 2013 年的"狂欢购物节"提供物流数据服务。

各大快递公司基于数据预测,在人员、车辆、仓库、系统等方面提前准备。厦门 EMS 专门新建了一个 7000 多平方米的仓库,顺丰速运则提前准备了三四百人,应对包裹数量猛增带来的人力需求。"2013 年,主要快递公司仅硬件方面的投入都在 10 亿元以上。"中国快递协会常务副会长兼秘书长李惠德介绍说。

菜鸟网络的数据显示,在 11 月 12 日 8 点前,消费者收到的包裹超过 8000 个。此时,绝大部分消费者都还没开始上班。

在大约 5 个小时后,从商家仓库发出的包裹超过 1800 万个。菜鸟网络的"物流雷达"预测:"24 小时内可交货的包裹约 600 万件,地点集中在北京、上海、杭州等城市。"

2. 实时监测

"青海收 4939 个,发 18 个;浙江收 3.5 万个,发 11.8 万个……"11 月 11 日 0:50,在阿里巴巴数据中心的大屏幕上,闪现的数据显示着各地配送点收发包裹的实时情况。

这些信息源自菜鸟网络与各地快递公司之间的数据共享。往年,数据主要监控到物流中转站,2013 年数据能监控到配送点。这意味着,菜鸟网络和快递公司对全国物流网络的运行情况了解得更为准确。

"物流雷达"监测每个配送点收货、发货的最新情况。一旦某个配送点的快递压力明显增大,"物流雷达"会及时预警,快递公司可以及时调配人员和车辆,商家则可以及时选择运力有空余的快递公司,从而最大程度避免因为信息不对称导致的爆仓。

11 月 13 日,"数据雷达"监控到圆通杭州分拨中心的快件状态 24 小时没有变化。指挥部判断该节点负荷度超高,立刻向圆通浙江区域负责人报告。圆通紧急调配资源,及时缓解快递压力洪峰。

"物流的蝴蝶效应明显,这个分拨中心是个关键节点,如果拥堵持续,外面的货进不来,相关地区压力就会骤增。货物堆在快递仓库里压力最大,都发出去才能盘活。"菜鸟网络副总裁谭飙说。

3. 预警应急

"物流监测中首次加入了天气预测维度,我们能够看到某一条路是雨雪还是晴天,基于这样的天气变化,物流公司能以最快速度调拨资源,避免出现因为天气造成包裹拥堵。"菜鸟网络副总裁谭飙说。

菜鸟网络与中国气象局公共气象服务中心合作,在"物流雷达"中引入全国高速公路的天气预报和道路实况,帮助快递公司提前规避天气和道路风险。这项合作发挥了极其重要的作用。

11 月 12 日,台风"海燕"过境,中国南部的广西、广东、海南、湖南等省均受影响,部分地区暴雨成灾,运输条件较为恶劣。东北大部分城市正遭遇雨雪天气,物流发货、运送速度较慢,黑龙江、辽宁、吉林等地发货量受影响。在西北,甘肃部分城市出现入冬以来最强的沙尘天气,沙尘弥漫给干线运输造成压力。

面对这些情况,菜鸟网络在第一时间与快递公司和商家共享了天气预警信息,方便他们及时采取措施。同时,通过短信提醒那些包裹受到天气影响的消费者,为他们提供良好的消费体验,尽可能降低物流原因导致的退货率。

4. 不断提升服务

11月18日,菜鸟网络的数据显示:1.2亿个包裹已完成签收。这意味着,"双十一"当天产生的1.52亿个包裹,在一周内有78.9%已送到消费者手中。尽管包裹数量创历史新高,几乎是前一年的两倍,但全国没有出现大面积的爆仓问题。

"本以为快递肯定会比平时慢一些,可没想到,我买的11单商品中,8单都在4天内送到了,和平时速度差不多。"北京的李女士说。

大约两周后,成都的何先生在天猫网上准备从一家网店购买剃须刀,在网页上他看到这样的提示信息:"付款后预计3天送达"。——这个数据同样来自菜鸟网络,基于对海量历史数据的分析之后计算得到。

在2013年"狂欢购物节"之后,消费者们在购物搜索、快递服务等很多环节中都开始感受到大数据的价值。

在2013年,中国网络零售交易额达到1.8万亿元,成为全球最大的网络零售市场之一。巨大的市场为大数据提供了无限的创新空间,令人期待。

案例5-3 百世汇通: 信息技术驱动快递业务创新[①]

"双十一"购物节一直以来都是对物流快递企业的巨大考验,网络零售额激增,对于电商而言只是虚拟订单量的变化,但对于严重依赖基础设施和工业体系的物流快递企业来说则是另外一回事,一言以蔽之,"电商动动嘴,快递跑断腿"。

据阿里研究院统计,2013年"双十一"当天,有4亿消费者参与,总交易额390亿元,共产生快递包裹1.52亿件,占当年全行业业务总量的1.65%。按涉及实物传递交易占总量约75%计算,平均每192元零售额产生一个包裹。"双十一"当天,全国各大快递企业共处理包裹6000万件,同比增长1.7倍;5日后,有6100万个包裹到达消费者手中,占"双十一"包裹总量的40.1%,约60%的包裹在5日后仍未抵达;此外,约有2200万个包裹在9日后仍未到达消费者手中,这些包裹占总量的14.47%左右,"双十一"物流压力可见一斑。

从以往经验来看,"双十一"快递业务高峰一般会持续一个星期,对快件中转分拣、末端配送都会造成较大压力,其中分拨中心压力将持续4~5天,末端配送压力一直持续7天左右。2014年"双十一"形势比往年更加严峻,因时间正好与APEC会议重叠,快递车辆进京受到限制,而北京是华北地区重要的物流枢纽,北京、内蒙、河北、天津等地区"双十一"快递业务都会受到一定影响。

针对2014年"双十一"电商物流情况,阿里研究院对顺丰、申通、中通、百世汇通等快递企业进行了一系列专题访谈,希望大型快递企业的先进经验和备战策略能够为行业所借鉴,在访谈中,阿里研究院深切感受到,物流快递企业已经把"双十一"当成一种社会责

---

① 案例作者:粟日,阿里研究院物流研究专家。

任与义务。面对挑战，快递企业应对策略大致有常规型和特色型两种，常规型策略即是增加人手、增加运力资源、增加操作场地等。"双十一"业务增量是突发的、短期的，高峰期过后业务量下降容易造成资源闲置，而企业"双十一"期间投入的资源，又构成明年业务基本增量的支撑基础，因此，如何把握投入社会资源与自身资源的比例，是关键问题。另外，除常规策略之外，各家快递企业也开创了一些带有自身特色的创新型策略，这些创新是电商物流行业的智慧结晶，充分体现了互联网经济的活力，为顺利完成"双十一"物流任务起到了积极作用。

百世汇通"双十一"备战概况如图5-6所示。

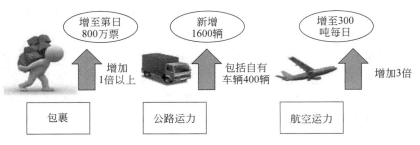

图 5-6   百世汇通"双十一"备战概况

实际上11月份本身就是电商销售旺季，"双十一"购物节起到了叠加效应，让短期快递业务量爆发增长的不确定性更强。今年以来，百世汇通业务量本身就增长迅速，单月业务量同比增长为130%～150%。"双十一"前，百世汇通单日业务量大约在300万件以上，预计"双十一"这一数值将增长1倍以上，达到约800万件。

为应对"双十一"挑战，和其他快递企业一样，百世汇通也进行了常规性质的布局调整和策略安排，主要集中在增加人员、运力和场地资源上。其实百世汇通在今年早些时候就开始加强布局，在快件中转环节，百世汇通年内共新增了33个分拨中心，全国分拨中心面积约90万平方米，并引进了全自动分拣设备，该设备处理速度为4000～5000票/小时，可叠加作业。

在运力资源上，百世汇通全网增加了400余辆干线车辆，并另增1200辆社会物流资源。航空方面，"双十一"期间百世汇通将航空运力增加了3倍，达到300吨左右。铁路方面，百世汇通现自有8条货代合作线路，"双十一"期间计划将运量增加至200吨左右。

在人员配置上，据百世汇通测算，"双十一"期间末端人均派件量将至少增加50%，逼近快递员极限，为此，百世汇通采用校企合作等方式利用社会化人力资源缓解"双十一"压力。除增加临时人员外，也开放了夜间配送，平时18：00基本结束派送业务，"双十一"期间可能延长到23：00，对于直营网点业务员，"双十一"期间原则上派送件量每日不低于75个。

百世汇通"双十一"创新策略如图5-7所示。

除以上常规性质策略外，百世汇通也采取了一些具备自身特色的创新策略，主要包括信息技术创新运用和管理模式创新两方面。对于快递企业而言，"双十一"的核心问题在

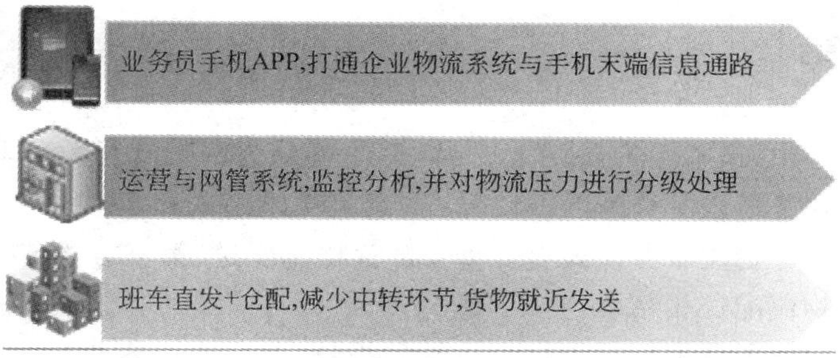

 业务员手机APP,打通企业物流系统与手机末端信息通路

 运营与网管系统,监控分析,并对物流压力进行分级处理

 班车直发+仓配,减少中转环节,货物就近发送

图 5-7　百世汇通"双十一"创新策略

于业务量的不确定性,解决这一问题的关键在于数据预测,对数据分析要求较高。对此,百世汇通除对接天猫外,自行开发创建了一套数据分析,信息预测系统。通过信息系统指导优化路由,分拨管理,可以实现信息提前到达,相对分拨中心提前 6～12 小时,对末端配送提前 24 小时,有助于作业单位提前进行准备和调整。同时,建立运营、网管质量自动控制系统,运营系统主要监控车辆装载和到达;网管系统以网点监控的方式,根据分析准点签收率,找出压力过大的网点,排查延误原因,并通过设置红、蓝、黄 3 个阈值对业务压力进行分级,指导资源调配。

目前快递员年轻化趋势明显,95％以上拥有并熟练操作智能手机,针对这一特点,百世汇通自助开发了一套业务员手机 APP,使手机具备扫描、信息入库、查找网点信息、发布信息等功能,打通了企业物流信息系统与手机末端的信息通路,实现了信息互动,同时也节省了物流成本。

在运营模式上,百世汇通主要采用客户班车直发,仓配和加盟仓的方式提高物流效率。客户直发的目的是让快件尽量减少中转,减轻分拣压力,由于"双十一"促销商家主要是 B 类客户,这类客户大多有自己的仓储设施,百世汇通为这类商家建立了绿色通道,货物不经中转,直接发送。对于没有仓储的商家,百世汇通采用自有电商仓储加配送的模式,将商家货物提前发至百世汇通自建电商仓,尽量使货物贴近消费者,就近发送。除自建电商仓储外,还通过加盟方式组织仓储资源,这样,由自有仓储和加盟仓储,组成云仓体系,核心城市以自建仓为主,二三线城市以加盟仓为主。

在网点布局上,百世汇通大力发展代理合作点,以合作点的灵活性和稳定性,缓解难件派送问题。经验表明,地址为公司的快件配送相对容易,地址为居民楼的快件重复派送多,签收难度大,合作点的代存功能对这类难件有较强的针对性。至今百世汇通在全国共有 5000 个以上的代理合作点,明年预计将增加到 2 万个。百世汇通是直营与加盟混合经营的模式,是混合型组网,其战略是快递分拨转运核心节点、核心城市直营,其他加盟,"双十一"期间管理下沉是主要方向,将增强总部协调资源的能力。在管理上,百世汇通临时成立了"双十一"作战办公室,该机构由运营中心、网管中心、客服中心等职能本部骨干组成,目的是加强全网统一指挥能力。

本章小结

电子商务交易中,最常用的是网上支付,具体可分为网银支付模式和第三方支付模式。第三方支付业务模式又分为两种情况:纯粹网关型模式和虚拟账户型模式。

常见的电子商务物流服务模式有 3 种:自营物流配送、第三方物流配送以及自营物流配送与第三方物流配送相结合。

电子认证采用电子技术检验用户合法性的操作,其主要内容包括 3 个方面:①保证自报姓名的个人和法人的合法性;②在进行电子商务交易时,保证个人或企业间收发信息在通信的途中和到达后不被改变;③数字签名,即在数字信息内添加署名信息。

思考题

1. 电子支付服务未来发展方向有哪些?
2. 常见的电子商务物流服务模式各自的特点有哪些?
3. 如果没有电子认证服务,在哪些方面可能导致问题?

参考文献

[1] 中国人民银行.电子支付指引(第一号),2005.

[2] 艾瑞咨询. 2013 年中国第三方互联网支付市场交易规模达 53 729.8 亿[EB/OL]. http://ec.iresearch.cn/e-payment/20140121/225451.shtml,2014-01-21.

[3] 中国互联网络信息中心. 第 33 次中国互联网络发展状况统计报告[R/OL]. http://www.cnnic.net.cn/hlwfzyj/hlwxzbg/hlwtjbg/201403/t20140305_46240.htm,2014-03-05.

[4] 艾瑞咨询. 2013 年中国第三方移动支付市场交易规模破万亿[EB/OL]. http://ec.iresearch.cn/e-payment/20140121/225415.shtml,2014-01-21.

[5] 中国人民银行. 非金融机构支付业务许可机构名单[EB/OL]. http://www.pbc.gov.cn/publish/zhengwugongkai/3580/index.html,2014-02-26.

[6] 新浪科技. 互联网女皇 2013 年趋势报告[R/OL]. http://tech.sina.com.cn/i/2013-05-30/03428393363.shtml,2013-05-30.

[7] 国家邮政局. 2013 年邮政行业运行情况[EB/OL]. http://www.spb.gov.cn/dtxx_15079/201401/t20140115_274540.html.

[8] 国家邮政局.2014 年上半年邮政行业运行情况[EB/OL]. http://www.spb.gov.cn/dtxx_15079/201407/t20140715_335389.html.

[9] 国家发改委、国家统计局、中国物流与采购联合会.2013 年全国物流运行情况通报[EB/OL]. http://www.stats.gov.cn/tjsj/zxfb/201403/t20140306_520357.html,2014-03-07.

[10] 工业与信息化部.电子认证服务机构设立许可名单[EB/OL]. http://bzxx.miit.gov.cn:8080/datainfo/miit/miit10065.jsp,2014-02-21.

[11] 国家商用密码办公室.电子认证服务使用密码许可单位名录[EB/OL]. http://www.oscca.gov.cn/News/201401/News_1260.htm,2014-02-27.

[12] 工业与信息化部. 2014 年 6 月份电子认证服务业动态[EB/OL]. http://www.miit.gov.cn/n11293472/n11295344/n11296947/16104494.html.

第 6 章 电子商务衍生服务

- 了解并掌握典型的电子商务衍生服务的基本概念；
- 了解不同类型的电子商务衍生服务的发展概况。

任务书或角色扮演

选择 2～3 家不同的电子商务衍生服务商，了解其服务内容及服务模式。

6.1 电子商务运营服务

1. 基本概念

电子商务运营服务又称为电子商务代运营服务、电子商务运营托管服务，主要是指第三方服务商为企业提供网店设计、活动策划、营销推广、订单履行、数据分析等运营相关的服务。

电子商务运营服务可以分为两种基本模式，即整体运营托管和部分运营托管。整体运营托管即企业将电子商务相关的运营工作全部交由服务商完成，企业基本无须建立专门的电子商务团队。部分运营托管是企业将电子商务运营部分环节的工作交由服务商完成，其余工作仍然由自己的团队负责。

2. 发展概况

在 2013 年，我国电子商务运营服务商托管的网店交易额首次超过千亿元，达到 1050亿元。大批品牌企业和制造企业开展电子商务，以及运营服务商创业活跃，是推动电子商务代运营市场快速发展的双重动力。

2009—2013 年运营托管网店交易额如图 6-1 所示。

2013 年运营托管网店交易额行业分布如图 6-2 所示。

从行业分布来看，2013 年，服饰行业运营托管网店交易额占比最高，约占 23％；其次是家电行业，约占 15％；第三是美妆行业，约占 11％。前三大行业合计占 49％。

电子商务运营服务呈现的亮点如下。

（1）运营服务细分与整合。在客户需求多元化、市场竞争激烈、分工深化等因素作用下，运营服务细分与整合成为重要特征。一方面，部分服务商专注于网店运营、营销推广、视觉设计等细分领域，并逐步建立竞争优势和品牌影响。另一方面，部分服务商通过自建、

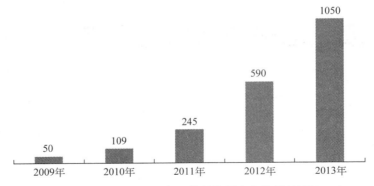

图 6-1　2009—2013 年运营托管网店交易额（亿元）

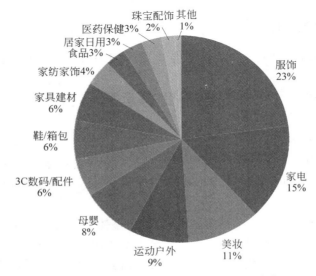

图 6-2　2013 年运营托管网店交易额行业分布

合作等方式整合各个环节的服务，为客户提供一站式整合服务。

（2）国际品牌商需求增长迅速。随着国际品牌商加大进军中国市场的力度，其对运营服务的需求迅速增长，约占总体需求 5％。国际品牌商对运营服务的要求普遍较高，有望催生新的细分市场，为运营服务能力强、竞争优势明显的服务商创造新的商机。例如，瑞金麟专注于为大型品牌商服务，其部分客户主要来自"世界 500 强"企业。

（3）B2B 运营服务崛起。近两年，开展 B2B 的中小企业数量增长加快，面向 B2B 企业的运营服务商随之快速崛起。据估算，2013 年初面向 B2B 企业的运营服务商仅数十家，到年底已增长到约 400 家，主要分布于长三角和珠三角地区。其中，浙江的运营服务商最多，数量约占 1/3，市场份额超过 50％。

（4）移动运营服务方兴未艾。2013 年以来，移动互联网快速扩展，企业开始移动商务的需求猛增，带动移动运营服务商快速发展。在发展初期，移动运营服务的需求主要集中在移动网店建设、营销推广、视觉设计等环节。

6.2　电子商务信息技术服务

1.基本概念

电子商务信息技术服务是服务商依托信息技术为电子商务企业提供信息系统软件或服务。常见的有面向电子商务业务的企业资源规划(ERP)系统、客户关系管理(CRM)系统、进销存管理系统、商务智能系统等。

2.发展概况

在电子商务持续、快速增长下,信息技术服务在帮助企业低成本、高效率处理海量业务方面的价值越发明显。电子商务信息技术服务呈现的亮点如下。

(1)电子商务信息技术服务大规模向云计算平台迁移。在网络零售订单单日峰值接近2亿笔的背景下,云计算平台中帮助电子商务信息技术服务商低成本实现弹性扩展、海量存储、数据同步等方面的价值日益凸显。2013年,超过1200家电子商务信息技术服务商将部分或全部业务迁移到云计算平台。

(2)"平台＋插件"成为移动信息技术服务发展重要模式。随着移动商务服务需求的快速崛起,移动信息技术服务成为服务商发展的战略方向。2013年以来,从千牛等移动电商服务平台的探索来看,"平台＋插件"的模式具有良好的优越性,平台运营商负责提供基础功能和运行环境,应用服务商通过插件形式,将各自的信息技术服务集成到移动电子商务交易平台,双方共享数据。

(3)O2O为电子商务信息技术服务提供巨大创新空间。随着线上线下融合获得消费者和企业的广泛认可,O2O成为众多线下企业(如海尔、鄂尔多斯等)的重点探索方向。在打通线上线下的数据、实现部门融合方面,信息技术服务发挥着基础性作用。电子商务信息技术服务商在O2O业务规划、系统实现、运营维护、培训咨询等方面,其专业能力和整合服务为客户创造巨大价值。也正因为如此,O2O为电子商务信息技术服务商提供巨大创新空间。

6.3　电子商务营销服务

1.基本概念

电子商务营销服务是指服务商围绕电子商务为企业提供的营销策划、营销执行、营销效果监测和分析等一系列服务。常见的方法有搜索引擎营销、网络展示广告、网络视频营销、微博营销、移动营销等。

2.发展概况

电子商务营销服务保持良好的增长势头。各行业在开展电子商务业务时,营销投放有不同程度增长的企业超过60%。电子商务营销服务呈现的亮点如下。

(1)全网营销成为服务商发展重点。随着网民访问网站以及网络消费多元化,电子商务营销开始从电子商务平台扩展到全网。全网日均流量超过50亿,全网营销成为电子商务营销服务商发展重点。

（2）移动营销获得消费者认可。调研显示：86.2%消费者主动点击的无线推广内容，89.5%消费者认为无线推广内容有价值。消费者对移动营销的认可，为电子商务营销服务商提供了良好的基础。

（3）社会化导购进入平台开放时代。2013年9月，淘宝网导购平台"优站"正式向第三方导购网站和开发者开放。同时，将设立规模为5亿美元的基金，投资第三方导购网站等外部合作伙伴，通过资金和数据共同推动社会化导购服务的发展。10月，蘑菇街开放平台正式上线，承载外部合作商家商品内容呈现的功能，囊括了联合登录、商品推送及对应API接口的调用等。

6.4　电子商务外贸综合服务

1. 基本概念

电子商务外贸综合服务为企业提供报关、商检、物流、银行、保险、退税等一站式服务。在传统的外贸流程中，企业办理报关、商检、物流、退税等业务，需分别与不同的机构或企业接洽，成本高、效率低。

电子商务外贸服务平台将繁杂的进出口过程分解成若干环节，建立一套系统对各环节进行标准化处理，同时，以互联网为基础，通过集约化的方式提供外贸服务。从根本上降低外贸交易成本，提供交易效率。

2. 发展概况

（1）外贸综合服务平台发展势头良好。在2013年中国一般贸易出口企业百强榜中，有4家是外贸综合服务平台。其中，主要面向中小企业的外贸综合服务平台一达通排名第五，全年实现进出口总额40亿美元，同比增长117%；客户量达15 000家。

（2）政策支持力度持续加大。2013年7月，"外贸综合服务"首次出现在国家政策中，国务院常务会议公布外贸"国六条"，其中重点强调"支持外贸综合服务企业为中小民营企业出口提供融资、通关、退税等服务"。2014年3月，国家税务总局专门发布公告，明确中小企业出口的免退税申报，可由外贸综合服务平台代为办理。此外，广东、浙江、山东等省分别出台政策，大力支持外贸综合服务企业发展。

6.5　电子商务数据分析服务

1. 基本概念

电子商务数据分析服务是围绕企业开展电子商务，在网店运营、消费者洞察、团队管理、行业分析等方面提供数据分析的服务。随着数据在企业开展电子商务过程中应用日益广泛，这项新兴服务是应运而生。

电子商务数据分析服务正处于快速发展过程，服务内容、形式、分类比较多样，初步成形，可以分为以下五类。

（1）网店分析，主要分析流量、交易、商品等网店数据，支持网店运营工作，这是应用最广泛的服务之一。

（2）客户分析，主要分析网店消费者或采购商的规模、构成、分布、访问或购买行为等，支持客户开拓、客户维系、客户关怀等工作。

（3）业务分析，主要分析网商在采购、营销、仓库、售后服务、人力资源等环节的数据，支持企业管理和业务优化。

（4）财务分析，主要分析企业的财务数据，支持企业经营和财务工作。

（5）市场分析，主要分析行业状况、发展趋势、竞争态势等，支持企业决策。

2. 发展概况

（1）多样化服务满足不同需求。针对共性需求，数据分析服务商通过通用软件的方式满足，比较适合小微网商。针对个性需求，数据分析服务商提供定制软件、解决方案等方式满足，比较适合大中网商。

（2）数据分析服务移动化。随着网商移动工作平台（如千牛）的快速扩散，数据服务商通过插件、APP 等方式提供移动化的数据分析服务。

（3）数据分析与其他众多服务融合。随着数据在电子商务各个环节广泛应用，数据分析与 IT 系统、运营外包、人员培训、客户关怀等电子商务衍生服务融合，既是这些服务的新内容，也是数据服务应用场景的多样化。

6.6　电子商务园区

1. 基本概念

电子商务园区是集聚网商或电子商务服务商，以服务电子商务为特色的园区。

电子商务园区形式多样、类型丰富，按不同的视角有多种分类，如从投资主体来看，可分为政府投资、企业投资、政企联合投资等；从服务对象来看，可分为以网商为主、以服务商为主、网商—服务商综合等；从功能来看，可分为办公为主、物流仓储为主、功能综合等。

随着多样的电子商务服务商入驻和集聚，电子商务园区逐步形成集成化的服务体系，常见的服务大体可以分为以下三类。

（1）商务服务：为网商开展电子商务提供的各类专业服务，如快递、仓储、营销、金融、摄影、培训、运营、信息技术、视觉设计等，主要由园区或园区入驻企业提供。

（2）公共服务：常见的可分为两类：①公共基础服务，如水、电、气、宽带等，主要由园区接入市政基础设施来提供；②公共行政服务，如工商、税务、知识产权、消费者保护、政策咨询等，主要由政府相关部门提供。

（3）生活服务：为入驻企业员工日常生活提供的配套服务，如餐饮、超市、健身房、咖啡吧、酒店、银行等，一般由园区或园区入驻企业提供。

2. 发展概况

（1）电子商务园区数量初具规模。2012 年以来，电子商务园区呈现快速增长势头。截至 2014 年 12 月，据不完全统计，全国以"电子商务"、"网商"等直接命名的园区超过

500家。此外,在众多软件园、高科技园、创意园等聚集了不同数量的网商或电子商务服务商。

（2）大多集中在电子商务相对发达的城市。从地理分布来看,电子商务园区主要集中在上海、杭州、广州、深圳、义乌等城市,这些城市的网商、电子商务服务商在数量、活跃度等方面均在全国处于领先地位。

（3）园区多样形态蓬勃增长。在各地快速涌现的电子商务园区中,网络零售、跨境电商、物流仓储等多种类型的园区都呈现出良好的增长势头,由此形成电子商务园区多样形态蓬勃增长的态势。

6.7　电子商务服务站

1. 基本概念

电子商务服务站是为消费者提供包裹收发、导购代购、生活缴费等综合性电子商务服务的站点。服务站一般靠近居民区、高校、办公区等人口相对密集的区域,有的站点是公司专职负责运营,有的站点是连锁商店、物流网点等兼职提供服务。

电子商务服务站向消费者提供的常见服务有:物流服务,如代收包裹、代寄包裹、预约配送等;导购代购,如商品导购、商品代购、票务预订等;缴费还款,如水电煤缴费、手机充值、有线电视缴费、信用卡还款等。

2. 发展概况

（1）城市大规模推广。在北京、上海、杭州、深圳等城市,出现了天猫服务站、顺丰嘿客、快e点等多个品牌的电子商务服务站。试点范围逐步扩大,以天猫服务站为例,截至2013年10月,在全国64个城市共有超过9700个服务站。

（2）农村小范围探索。在农村地区,电子商务服务站仍处于探索阶段。例如,在浙江省遂昌县,约130个村开通了名为"赶街"的农村电子商务服务站。从2014年10月开始,在浙江省桐庐等县开始出现"农村淘宝"服务网点。村民们通过村里的服务站网购商品、收发包裹等。

6.8　其他衍生服务

电子商务蓬勃发展,催生了一系列全新的服务,如网店摄影、网店模特、网店装修、电子商务客服等。

其中,网店摄影、网店模特是产值较大的电子商务衍生服务。据不完全统计,仅2011年为网购服务的摄影、模特行业的交易额达到17亿元,2012年这一市场规模增加至35亿元。2012年6月1日,淘宝摄影市场正式上线。服务商将服务发布在这个市场上,极大地拓展了服务规模和服务范围。据不完全统计,截至2014年上半年,网店模特从业人数超过4万人。网店模特呈现出分工细化的特征,具体包括眼模、腿模、手模、嘴模、腰模、脚模、胸模、耳模、臀模等十余种类型。网店模特日收入最高者可达5万元。

网店装修服务也是潜力巨大的新领域。在淘宝服务平台装修市场,已有超过 35 万家卖家选择是用新旺铺装修模板,平均每分钟有 4 位新卖家使用。上海一家 3 人组成的店铺装修网店,总用户近 1 万人,年收入 150 万元左右。

电子商务客服外包服务是随着淘宝网店建立子账号体系、卖家逐步将低价值的客服外包而产生。客服外包服务的方式主要包括 3 种:售前售后外包(售后不包括仓储管理)、全部外包以及旺旺坐席外包和电话坐席外包。根据阿里研究中心调研,大约 23.4%的卖家想试水客服外包,其中 17.6%的卖家希望外包全部客服。

案例 6-1　赶街: 农村电商服务平台①

地处浙西南山区的遂昌,经济欠发达,交通相对落后。这里的人民迫切希望和城市接轨,把村里的特色农产品带给外面的世界,也把网上琳琅满目的商品带进村子。于是,2013 年 5 月,"赶街"项目应运而生。这个全称"农村电子商务服务站"的项目由遂昌政府相关部门牵头,与阿里巴巴合作,遂网公司执行建设。

1. 遍及村落的服务网点

"赶街"项目由赶街区域服务中心和各村网点组成,以在农村植入、普及、推广电子商务应用为业务核心,并延伸物流配送、电子金融、帮扶创业、预约预定、惠民资讯等业务,为处于交通不便利、信息相对落后的农村居民在购物、售物、缴费、创业、出行、娱乐、资讯获取等方面提供一站式便利服务。给农村居民提供真正便利、全面、优质、快捷服务,带动农村居民生产、消费和就业能力。

2013 年 5 月,在距离县城 75 公里的王村口镇吴处村建起了第一个"赶街"网点。之后的几个月,"赶街"项目在遂昌的各个村落陆续铺开。截至 2014 年 6 月,赶街网点在遂昌已建成 140 多家村级站,成熟的网点每月代购金额 1 万元以上,网点工作人员通过"淘客"代购模式,平均每月增收 500~1000 元。

这次网购真的进村了!而这不仅体现在村边墙头的淘宝广告,更意味着,人们可以在自己的村口方便地买到货品,还能把自家种的土特产销往全国。每天,网点工作人员上班第一件事,就是对送达网点的快递进行登记,随后通知村民来领取。

2. 网购等服务为村民提供极大便利

在交通并不算太便利的遂昌,以位于海拔高达 1100 多米的小山村——王村口镇石笋头村为例,村民在日常生活用品购买、农特产品销售、快递接收、缴纳手机及其他生活费用、出行车票购买等方面,要赶 20 多里山路,到距离该村最近的王村口镇去完成。

距遂昌县城 75 公里王村口镇吴处村也是如此。2013 年,"赶街"把网络上琳琅满目的商品带进了这些村子,同时也把村里的特色农产品带给外面的世界。

在吴处村村民邓丽梅家小商店墙上,挂着一台 29 英寸的液晶电视,电视的另一头连

---

① 综合阿里研究院调研资料、丽水市政府门户网站、遂昌新闻网资料整理。

接着一台计算机,此时计算机和电视同步播出的并不是电视剧或者新闻,而是近期邓丽梅帮助村民们在淘宝网上购买的记录,2013 年 6 月邓丽梅在遂昌网店协会的帮助下建立起的"赶街"网点,仅 3 个多月就帮助村民网购近 400 笔,大到农耕机、抽水泵等农耕用具,小到剃须刀、衣架和纸巾等日常生活用品,其中最贵的一件物品有近 500 元。

通过"赶街"项目,村民还可以发布农产品的供求信息,让农户方便地寻找到买家,尽量避免农产品的盲目种植和产品滞销。

截至 2014 年 3 月,128 个网点为村民提供物流配送、缴费、代购等服务 4.7 万余次,涉及代购金额 142 万元,与到市场购买同类商品相比,节省购物资金 43 万元。

3. 打通"最后一公里"进村快递

相比网购进县城,进村显然要困难得多,第一个要打通的环节就是物流。遂昌大部分农村走不了快递,除了石练、大柘两镇政府所在地能走申通快递外,全县其他村只有邮政 EMS 且每周只送一次。

2013 年 4 月,一场遂昌"土猪团购"一天就几乎将当地的散养土猪全部卖光,但在配送中,却遭遇了物流难题。虽然通过保鲜措施、中短途运输得以解决,但销售范围仍然比较局限。

没有真正操作,无法想象农村物流的复杂性。为破解这一难题,遂昌有关部门和网店协会经过不懈努力,共同搭建了从遂昌县城到各个村的物流系统。

在收件环节,遂昌县建立专门的"赶街"仓储物流中转中心,并统一所有村"赶街"网点收货地址。

在遂昌县内,"赶街"又寻找到配送本地快递的物流公司合作,并对配送时间、配送价格制定统一标准。每天,物流中转中心对所收到的快递进行分理并登记,再由本地快递物流公司配送到村"赶街"网点,最后村"赶街"网点工作人员通知村民取件。

同样,在发件环节,村民首先把需要快递的物品交至村"赶街"网点,再由工作人员统一每天把物品交给本地快递公司,最后本地快递公司进行物品外发。

4. 示范效应:新农村电子商务服务站

"赶街"项目从最初的七八个人,发展到现在 50 多人,"赶街"团队青春、朝气,他们中 95% 都是"80 后"、"90 后"青年。他们中的大多数经历过打工或创业的迷茫。

正是这批年轻人的拼搏,换来了"赶街"的青春亮眼,引起了省内外的关注。诸暨市市长带队来考察后,指定由"赶街"团队做他们的服务点。目前"赶街"团队正在和淳安、开化、文成等 7 个丽水市以外的县市洽谈合作事宜。

到 2014 年底,全县将建设 200～250 个村"赶街"网点,覆盖九镇十一乡;计划用两年时间,在丽水市 9 个县(市、区)建设"赶街"区域中心,1500～2000 个村级"赶街"网点。

"我们的目标要向全省以及其他省市拓展,并逐步建立健全'赶街'新农村电子商务综合服务体系、畅通高效的农村特色产品和工业消费品流通体系,使'赶街'新农村电子商务服务站能更好地为百姓服务。"网店协会会长潘东明说。

案例 6-2　辛巴达供应链：柔性生产新型服务商[①]

辛巴达是国内一家专门服务于电商的小批量、快速生产的柔性供应链平台。辛巴达一端连接卖家,为年销售额在 500 万以上的中大型卖家提供专业的柔性供应链服务;另一端连接工厂,致力于协助传统工厂进行柔性生产和信息化改造,整合新型柔性工厂资源。

1. 基本介绍

一方面,辛巴达为品牌商提供从产品设计、行业基准价报价、原材料采购组料、小多快柔性生产(小批量、多款式、快速生产)、一体化检品仓储配送到供应链融资一系列服务。通过系统对接,辛巴达帮助卖家随时掌握工厂生产进度、半成品动态库存和产能状况,以最终实现"根据实际销售情况,以 12 小时为单位调整生产计划",从而实现 C2B (Customer to Business)。

另一方面,辛巴达帮助工厂进行信息化改造和单件流改造,提升效率、降低成本,以适应款多量小的生产趋势,全面提升工厂生存能力。传统规模性工厂每款下单量至少 1000件,而辛巴达每款下单量是 20~100 件,可以让品牌商根据小批量"试销"情况选择"畅销款"下单,从而帮助品牌商降低库存积压风险,降低资金压力,提高赢利能力。为适应消费者快速多变的需求,辛巴达协同合作工厂实现 24 小时完成报价,48 小时完成打板,7 天内成品出货,3 天快速补货、追单,大大提升了传统制造工厂的柔性化水平。

在此过程中,辛巴达使需求多变的多个品牌商和分散的柔性生产制造商实现对接,形成高效协同的价值网。

2. 解决电商"小批量订单、快速补单"的需求

为什么说电商及中小企业特别需要"小多快"呢?

第一个原因是资金压力。对于淘宝卖家来说,如果每个月上 100 款新款,用传统的方式每一款要做一千件的话,一个月就要做 10 万件货,假设每一件 30 元,一个月备货需要300 万元资金。但是如果采取小批量生产,同样每个月上 100 款新款,每款如果只生产100 件,总共只有 1 万件货,哪怕每件的单价提升至 32 元,一个月也只需要 32 万元就够了。

第二个原因是库存压力。虽然生产 10 万件货和 1 万件货都会有库存积压率,但相对来讲,积压 3 万件比积压 3000 件要难解决得多。

第三个原因就是资金周转率。因为电商通常用 3~5 天的时间,就可以测试出来 100个新款里面哪个新款卖得好,哪个卖得不好,不好的款式就不追单了,而好的款式要立即补单,所以剩下一直在卖的货基本上就是畅销款,卖得不错的货回款也是很快的,资金周转率相应提高。

因此,不仅仅是电商,线下的服装零售企业也需要"小多快"。目前这种需求非常强烈,逼着供应链去做优化,去做生产方式的改变。

[①]　案例作者:薛艳,阿里巴巴集团参谋部高级分析师。

3. 帮助工厂进行"小多快"的改造

辛巴达整个模式的业态设计,就是要小、要快、质量要好,要求整个服装的供应链和工厂都必须足够灵活并且有保障,传统的服装工厂无法满足这个需求,只能找小工厂想办法。但是,小工厂虽然非常灵活,能够做小订单,却谈不上什么管理,产品质量难以保证。电商客户的需求是及时交货、质量稳定,而及时交货、质量稳定是管理出来的。因此,辛巴达开始对整个供应链进行变革。

第一步:把小工厂模块化。小工厂的老板可能既要做业务员,又要做面辅料采购员;既要做质检员,又要做裁剪、包装等,一个人在承担全部的管理工作,甚至一些具体的工作,也就很难将企业管理好。进入辛巴达体系后,小工厂只需做好一件事情,例如,辛巴达安排做裁剪的工厂,整个工厂就只需要把裁剪工作做好就可以了,其他的工序由其他的工厂来做。在此基础上,围绕辛巴达形成了一个工厂群组。这个工厂群就包含了整个产业链的各个环节。有专门打板的工厂、专门裁剪的工厂、专门缝制的工厂、专门整理的工厂。每个小企业只需要做好一件事情,管理难度大幅度降低了,产品质量得到了保证。

第二步:把小工厂规范化。管理混乱,是小工厂的"顽疾"。但是,凡是进入辛巴达平台的小工厂,辛巴达的管理人员就会进驻工厂,帮助工厂做好管理工作,手把手帮助企业建立内部管理流程和外部对接流程,包括和辛巴达、和上下游的合作流程,使得整个管理运营流程很顺畅。

第三步:把工厂群信息化。辛巴达利用成套系统化软件,把所有的小工厂链接起来,一方面自动化调度管理工厂的产能、排期;另一方面实时监控每个订单的进度,让辛巴达的客户可以随时看到自己的订单到了哪个环节。

辛巴达通过以上三步,顺利解决了电商供应链的难题。简单来讲,第一个就是模块化,第二个就是管理标准化,第三个就是应用信息技术把工厂群组进行进一步的集中和优化管理。

刚刚开始实施时,很多小工厂不愿意合作,认为辛巴达把他们模块化后,他们自己接不了订单。但是,当辛巴达客户不断增长后,这一问题迎刃而解。2014 年以来,辛巴达的客户每月都是以倍数增长,为合作工厂提供了足够的订单,既让工厂群的合作伙伴赚到了稳定的利益,又让电商客户找到了足够灵活而且产品质量有保证的供应商。

目前,辛巴达在广州和杭州已经组建了工厂群组,年产能已经达到万件。未来还将扩大杭州的工厂群组,并新建青岛工厂群组。

案例 6-3　杭州东方电子商务园: 整合资源
创新园区管理模式[①]

杭州东方电子商务园成立于 2009 年,位于杭州东部新城核心区域,占地面积 129.62 亩,建筑面积 17 万平方米,是杭州较早的电子商务园区,曾获得"国家电子商务试点城市

---

① 摘编自《东方电子商务园的 Club 管理模式》,作者陈以军,宋丽娜,来源:浙江在线。

拓展区"、"杭州市首批现代服务业集聚区"等殊荣。

负责东方电子商务园的管理运营东业电商园运营公司,是国内较早的专业园区运营企业之一,集成软件、物流和第三方服务机构。从2013年下半年开始,园区撤开了社区管理模式和商业地产的架构模式,整合产业链资源,形成了以人力资源、第三方服务等为主的Club管理模式,提供全方位服务。

1. 共性需求催生服务平台

东方电子商务园聚集了300多家特色电商企业,园区入驻率达95%。东业电商园运营公司总经理俞江坦言,现在园区还存在着人才、供应链、货源、资源整合等方面的问题。

当前全国各地的电子商务产业园,包括长三角、珠三角和京津地区的电商园区都处于发展的初级阶段。

近两年,传统企业开始转型,狂热的广告投入、清仓、价格战,使企业呈现蓬勃发展。但是多数传统企业还在试探性地尝试,而电子商务各方面的不健全增加了转型难度。虽然传统的加盟、分销等经营方式向电子商务逐渐渗透,唤醒了电商服务、平台建设、物流、仓储、第三方支付等业务,电商园区繁花似锦,但是电商企业仍旧派遣人才四处取经。

近年来,电子商务产业园已经成为当地经济发展的重要支撑,俞江表示,"企业是园区重要的组成部分,服务好企业才能让产业园得到良性的发展。"

就杭州而言,孵化的园区很多,加速发展的不到10个,但这些园区有着鲜明的主题,每个园区根据自己不同的发展阶段,做出不同的主题定位,从入园企业出发,找准服务方向是孵化园区能够迅速成长的因素之一。俞江说,比如浏览器和手游就不属于同类电商业务,虽然在产品上有区别,可是对人才的需求却相差无几,期待的服务需求基本一致,都拥有社交需求的共性,这些都需要园区去落地实行。

有共性的需求就会有共性的交易,东方电子商务园Club管理方式,汇聚了运营、推广、人力资源以及社交网络群体,打造服务平台。

2. 集聚优势降低孵化成本

园区环境分软环境和硬环境,企业对环境的要求让园区不断提升层级,根据入园企业不同的特性,园区配套不同的服务产业链条,包括人才、培训、模特等,这是园区软环境的内容。让产业园的配套建设达到写字楼的级别,这是硬环境。

当下,花钱买服务的理念还没有深入企业,实际上,虽然入驻写字楼比入驻园区更便宜,但是后续的人力资源和其他成本开销比园区要多。"好的办公环境是一种投资。"俞江表示,只有拥有好的配套环境,电子商务的人才或者创业团队才愿意在产业园生活与工作。

定位于孵化功能的东方电子商务园还有一个优势,那就是能够节约企业综合成本,尤其是对中小企业来说,集聚可以降低开发成本和服务成本。俞江强调,园区企业得到了整合,抱团议价的能力提升,在未来合作可以降低成本。

软件服务商入驻园区后,进货、发货及财务ERP系统,只要一个软件就能全部搞定,这节省了企业时间和人力投入,能够专心于经营。"入驻企业越多,软件的维护成本越低。"

孵化的出发点是以服务为主。当下，园区有来自全国各地的大学毕业生，冲着杭州良好的电商氛围，选择入驻创业，还有一些传统企业家的后代到园区企业打工，"偷师"后自主创业。

电子商务创业门槛低，小品牌和中小电商在电商园区成功概率较高。每年都有至少六家企业从东方电子商务园孵化后走出，去入驻后续规划的更专业的下个层级园区。还有些企业从其他企业裂变出来，在园区成立新公司进行孵化。

传统企业是孵化的特殊群体。传统企业作为地区经济发展的主要引擎，奠定了区域产业化和集聚化的特点，生产企业成为电子商务的产品源头。面对网络化，传统企业担心走向没落，但是鉴于传统体量依然庞大，尚未走到不得不转型的地步，这造成当下传统企业转型电商的困境。

3. 园区、服务商和企业三赢

实现三赢，是东方电子商务园未来资源整合的方向，俞江表示，园区要将自己列入到电商行业之中，而不是做园区行政管理者。

在电子商务园发展进程中，物业类服务园区是最早出现的电商园区服务模式，这种模式实现了政策对接、信息传递、银行对接，落地会员服务平台建设。后来，整合赢利模式出现，将服务、企业和园区需求进行整合，加速了园区发展。

俞江介绍，以前园区招商结束，园区管理者的工作就算结束了，而在东方电子商务园，重点不是前期招商，而是在招商之后。他认为在招商之后，园区组织社交圈进行传播，汇聚本地化电商人群4000多人，这样能催生更好的模式。

如今，东方电子商务园的摄影服务、设计服务都是运营方自己做，其他的服务均是与服务商合作，很多服务商考虑到入园的企业质量，都愿意作为合作的服务商进入园区。园区规划了专门的服务商入驻区域，实现落地服务。服务商的云集为园区的招商带来新的活力。

未来，园区规划将面向品牌客单价不高、做体验馆和本地化推广的电商群体发力，朝着专业化及O2O方向发展。

此外，园区还开展联合营销，促成中高端订单成交，目前只在家纺和婚纱两个类目尝试，不过这种联合营销方式在初步运营中，要求参与的企业除了在产业当地有，还需在当地有体验馆。联合营销的另外一种方式，是园区之内的企业可以直接进行资源对接相互合作，而这里所说的资源不是人员之间的相互借用，而是销售渠道的共享，利用自己的渠道销售对方的产品，实现共赢。

案例 6-4　维富友：ERP 管理软件服务商[①]

维富友公司创立于1999年，是零售企业管理软件开发商、供应商及电子商务解决方案提供商，是中国零售ERP管理软件产业的领导厂商之一。维富友最早以服装服饰行业为市场定位目标，在服装行业中高端软件市场中有40%的占有率。维富友与国内众多知

---

① 案例作者：薛艳，阿里巴巴集团参谋部高级分析师。

名服装企业建立战略合作伙伴关系,如 JACK & JONES、ONLY、VERO MODA、爱慕、KAPPA、鄂尔多斯、拉夏贝尔、郎姿、依文、红领、凯撒等。

2009 年,维富友进军电子商务领域,开始做电商 ERP,为更多品类的客户提供线上线下整体解决方案,并于 2010 年、2012 年二次获得"全球十大优秀网商服务商"称号。

1. ERP 系统助品牌创造销售记录

绫致时装公司是 BESTSELLER 时装集团在中国的全资子公司,旗下包括杰克·琼斯(Jack & Jones)、SELECTED、ONLY、VERO MODA 四大品牌,目前在中国 30 个城市均设有分公司,线下 8000 多家店面,年销售额超过 300 亿元。

2011 年"双十一"绫致时装旗下品牌杰克·琼斯当天销售额超过 3000 万元,2012 年"双十一"成为天猫五大销售额过亿元的品牌之一,2013 年更是狂销 1.72 亿元,2014 年荣登男装类目第一的仍然是杰克·琼斯,杰克·琼斯已经连续 3 年荣登榜首。

如此海量的数据,当然离不开一个强劲的系统来支撑,而这个支撑者就是和凌致从 2001 年就开始合作的富友软件。维富友为凌致打造了从订货会、供应链到全国复杂的分销零售体系、结算体系及电子商务系统,2014 年更为凌致公司实现了全渠道 O2O 布局。

2. 支撑大规模定制生产

山东红领集团的量体定制系统得到国家工信部高度重视,是首家服装行业两化融合重点单位。红领集团创立于 1995 年,拥有总资产 12 亿元,服装版块年实现销售收入 10 多亿元,现有超过 5000 名员工。2003 年,维富友公司开始为红领服务,探索支撑大规模定制生产的 IT 系统。

红领西服在做的是什么?用董事长张代理的话说叫做"大数据下的数字化 3D 西服打印机"。实际上,用通俗的话说,就是用工业化的标准流程生产出个性化定制的西服。

定制西服的核心是手工量体和手动打板,一个专业的打板师傅需要漫长的经验积累才能保证西服每一个部件的尺寸和形状都精准无误,没有十几年甚至几十年的经验积累很难出师,优秀的打板师傅在即使是在定制西服产业最为发达的欧美也是稀缺资源。制作周期长,人工成本高也成为定制西服价格居高不下的原因。

然而,在新技术的支持下,红领西服将这一切的游戏规则都打破了。董事长张代理花了 11 年的时间,投资了 2.6 亿人民币研发出了一个个性化定制平台——一个名为"RCMTM"的男士正装定制领域的大型供应商平台(RCMTM 即 RedCollar Made to Measure,红领西服个性化定制)。

目前,红领大系统中包含着 20 多个子系统,全部以数据来驱动运营。每天系统会自动排单、自动裁剪、自动计算、整合板型,一组客户量体数据完成定制、服务全过程,无须人工转换、纸制传递、数据完全打通、实时共享传输。在红领的车间里,所有的员工都实现了面对互联网终端进行工作。

3. 助力传统企业玩转 O2O

在 2013 年中,维富友为海尔日日顺提供 O2O 系统。2013 年"双十一"期间,约 2000 家线下门店参加了 O2O 的互动。顾客在线上定购海尔的产品,一个小时产品就能被送到顾客手中。通过 O2O,天猫日日顺官方旗舰店的转化率高达 7.52%。

2014年"双十一"期间,天猫海尔官方旗舰店"双十一"销售额3.24亿,成交17.6万笔,再次蝉联天猫大家电销售量冠军。"双十一"开场3分钟,天猫海尔官方旗舰店的成就额就突破1000万元。早上8时,销售额突破2亿元,超过2013年"双十一"全天1.8亿元。井喷式的销售额也带动了海尔旗下品类的全网销售。

除了PC端的出色表现,海尔无线端销售额也增长迅速。截至2014年11月11日18时,海尔无线端的销售额已经突破1亿元。

为海尔日日顺、全友家居、杰克·琼斯、鄂尔多斯提供O2O技术服务的维富友总经理李远晖在2013年"双十一"后的交流会上分享了"拥有实体门店的传统品牌做O2O将经历的3个阶段"。

阶段一:线上下单、门店送货。消费者在线上下单,送货服务由线下实体门店完成。这种模式能促进电商渠道销售当季新品,将线上流量和实体门店的货源对接。例如,2013年"双十一"期间,鄂尔多斯的线上订单中就有50%来自于线下商品,其中一个经销商一天完成单个门店的一年销售额。

阶段二:到店顾客、线上下单。到达实体门店的消费者为什么还需要在线上下单?亲,殊不知实体门店存在很高的缺货率。拿服装举例,消费者选中某款衣服,但没有喜欢的颜色或合适的尺码,这种缺货比例有5%~10%。实体店的导购可以通过手机或PAD让消费者在线上下单,通过系统将订单分配给离顾客近的有货门店,完成最后的送货服务,这种场景至少能弥补5%~10%的订单流失!

阶段三:人人导购、店店发货。通过二维码等技术,我们任何一个消费者都可以成为某个品牌的导购啦!通过注册成为公司的虚拟导购,利用手机、PAD、PC等终端分享公司的宝贝,这个宝贝上带有商品二维码和导购的ID号,当购买者通过这个链接完成交易后,分享者就能拿到扣点,而订单将抛给离购买者最近的实体店来提供服务。

O2O运作模式如图6-3所示。

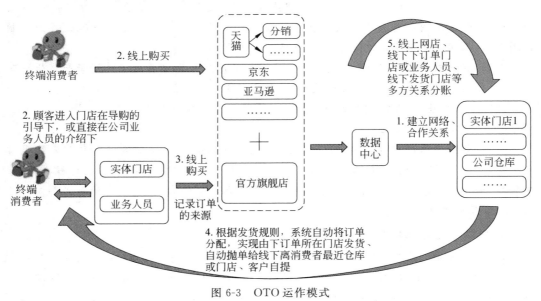

图6-3　OTO运作模式

富友团队中技术开发占比超过 60%，没有电话销售团队，只有多个由技术和顾问组成的项目小组，来全程对接每一个客户。

在富友看来，高端的系统销售，技术顾问就是销售团队。在后期维护上，不是初期简单的培训和软件实施，而是跟着客户，随时了解对方需求，将服务落实到位。

相对于同行更注重客户数量而非客户服务的盲目扩张，服务质量口碑也成为维富友厚积薄发，越走越稳的不二法门。

2009—2014 年间，富友电商部门业务在快速增长，虽然销售额仍然只占维富友总体软件收入的一小部分，不过因为看好今后电子商务发展的市场潜力，维富友在电商上投入人力的占比已经达到整体的 50%，为客户提供更加全面的解决方案不懈努力着。

案例 6-5　达摩盘：打通全域数据　服务商家精准营销[①]

在足量数据的基础上，阿里妈妈正试图改变数据价值低的现状：在分散数据集中化和数据流动的基础上，充分利用阿里平台的全域数据进行连接，支持商家营销链的行动，使卖家准确找到自己的买家，继而管理客户，直接提升营销效果。

1. 融合：分散数据集中化，锁定一个人

作为一个数据交易市场，达摩盘的运作方式是，将阿里系的数据和商家自身的第一方数据收集起来，生成相关标签（如办公室女性、在校学生、吃货等），将这些标签同步到阿里妈妈之前的产品当中（如钻石展位、淘宝直通车、视频、TANX 等），进行相关的定向精准投放，后期会通过开放平台接入具有数据挖掘能力的第三方，协助生产标签、做相关市场报告，以此来服务商家。

在达摩盘（DMP）系统里面，大致包含购物数据、位置数据、社交数据等多维数据，阿里妈妈试图将所有的数据整合起来做一些应用，将外部的数据接入进来，将多元化的阿里系数据进行打通。

不同来源的数据都会被整合，如此设置会打造出以下这样的现象：一个人在不同的平台有不同的 ID，产生不同的数据，而在达摩盘里，来自不同平台的数据，被整合成一个代号，数据还原的人物影像随即变得更加立体。

这种数据整合顺其自然地解决了消费者在不同平台行为多变的监测问题，同时，多渠道或者跨屏投放计划也将会更加清晰。

数据整合解决了数据分散化的问题，营销行为可以更加精准地锁定一个人，在综合数据分析的基础上，达摩盘可以发现一些普通的 DMP 无法发现的营销秘密：营销主的人群分布在哪儿，年纪多大，都买什么东西，这些监测项在不同平台有哪些不同偏好，变化是怎样的，结果就是个性化定向投放更加精准。

当然，将所有数据整合，多平台 DMP 学习操作烦琐的问题也就迎刃而解了。

[①]　案例作者：马晓丹，天下网商，原文标题：达摩盘：阿里妈妈是怎样用阿里数据的？http://i.wshang.com/Post/Default/Index/pid/35360.html.

2. 移动：闭环营销，实现数据流动

阿里妈妈达摩盘并不是一个单向发展的产品，它将延续阿里巴巴循环共生的基因传统。"我们想建立一个商业模式：闭环营销，把数据流动起来，同时我们也想实现数据再生。"须静这样说道。

数据一直在不断变化，整合是为了让个性化营销更加精准，移动则是为了让系统循环再生。把外部数据引入进来，再生出数据，在达摩盘体系之内，保证其能很好渗透和利用这些数据，让商家、数据提供方等各种角色能在达摩盘这个数据交易市场上运转起来，是阿里妈妈做 DMP 的思路。

尽管阿里的数据是直接来自消费者，有着商家最需要的数据资源，但是数据类型是有限且单一，过度使用则会导致数据透支，达摩盘的解决方式是引入全互联网的数据，这成为其能够运转循环的基础。

那么，达摩盘如何吸引外部全网数据？

与其他的 DMP 平台相比，达摩盘的不同之处在于可以通过数据化的广告系统，准确的数据结果，衡量出数据的商业价值。比如说，某个数据进入到应用系统，相关 CTR、媒体 ECPM 的提升值能够被监测出来，这在别的 DMP 系统很难做到，营销效果提升的程度即代表着数据的价值。

数据价值明确了，就可以更明确地与急需资金和服务的第三方做好利益分配，随之会有更多的第三方把数据引入达摩盘体系之内，数据开始流动，循环再生开始运转。

3. 落地：服务商家，提升营销效果

融合也好，移动也好，根本目的还是为了更好地服务商家。

近年来，精准营销的概念火热，商家对于精准的人群需求也越来越旺盛，如何在采买流量的时候把其需要的流量买过来，阿里妈妈的达摩盘试图帮助商家解决这个问题，提高营销效果。

据了解，在 DMP 行业，产品功能和技术架构上都大同小异，各个平台最大的不同是数据的规模和数据源的不同。规模越大，技术门槛就越低，数据价值也越大，应用场景也将足够丰富。如果没有足够丰富的数据，用户的刻画也会不够全面和准确。而数据源决定数据应用领域，阿里平台掌握着大量消费者的行为数据，也是电商商家直接需要的数据。

为了充分利用这些消费者行为数据，不同于阿里妈妈精准投放初期阶段，达摩盘给予商家更多选择的主动性。彼时，产品经理根据多数人的需求挑选数据打包成一个群体包，商家可以选择这个包去投放广告，但这个数据包并不是完全符合商家的需求，而达摩盘现在的做法是利用数据生成底层标签，商家可以根据需求选择标签进行打包，投放效果也就相对更精准。

这种精准性，商家是否能感受到，不仅仅取决于数据的使用，也取决于商家的操作能力。比如说在钻展环境上，不仅要看人群打包，还受到钻展的位置、商品的价格、营销创意等多方面因素的影响，内部数据和外部营销行为的完美配合才能使商家明显感受到效果的提升。

据了解,七格格、美即面膜、伊米妮等一些电商企业已经开始借助达摩盘提升自己的营销效果。

在即将上线的达摩盘 2.0 版本中,DMP 会告诉店铺用户增加减少趋势,在其更擅长的数据领域给出参考,同时 2.0 也会有更多服务其他的新功能,给商家提供更优质的服务。

值得一提的是,达摩盘 2.0 还将会有专门的第三方服务市场,里面将介入不同的APP,一起来共建这个闭环营销的生态圈,满足不同商家的个性化需求。

本章小结

电子商务运营服务可以分为两种基本模式,即整体运营托管和部分运营托管。

电子商务信息技术服务是服务商依托信息技术为电子商务企业提供信息系统软件或服务。

电子商务营销服务是指服务商围绕电子商务为企业提供的营销策划、营销执行、营销效果监测和分析等一系列服务。

其他常见的电子商务衍生服务有网店摄影、网店模特、网店装修、电子商务客服等。

思考题

1. 电子商务运营服务商竞争优势的主要来源有哪些?
2. 常见的电子商务信息技术服务有哪些?
3. 电子商务营销服务的发展趋势有哪些?
4. 哪些环节容易产生电子商务衍生服务?

参考文献

[1] 缔元信. 2013 年中国网络营销白皮书[EB/OL]. http://www.dratio.com/2013/1017/200844.html,2013-10-17.

[2] 阿里巴巴. 阿里妈妈发布 2013 年度电商营销白皮书[EB/OL]. http://info.1688.com/detail/1159607166.html. 2013-12-09.

[3] 阿里研究中心. 2013 中国电子商务服务业研究报告[EB/OL],2013-03-30.

第 7 章　电子商务服务产品和赢利模式

学习目标

- 了解典型的电子商务服务产品；
- 了解并掌握常见的电子商务服务赢利模式；
- 了解电子商务服务的双层经营结构。

任务书或角色扮演

选择 2~3 家不同类型的电子商务服务商，详细介绍其所提供的电子商务服务及其采用的赢利模式。

7.1　典型电子商务服务产品

从 2009 年开始，中国电子商务服务产品进入了多元化创新阶段。从用户群体、模式创新、产品特性等方面来看，目前我国主要有以下类型的电子商务服务产品。

7.1.1　交易型电子商务服务

电子商务(Electronic Commerce)是利用计算机技术、网络技术和远程通信技术，实现整个商务(买卖)过程中的电子化、数字化和网络化。电子商务的发展大大降低了企业的交易成本，为企业提供了更加广阔的市场空间，为消费者提供了更加宽泛的选择范围。因此，电子商务这种现代商务手段不断地深入到企业的经营流程中。当然，从目前来看，电子商务网站的建设需要较多的投资和较高的人力资本，有实力的企业纷纷建立自己的电子商务网站，但是，大量中小企业资本实力薄弱，尽管也认识到了发展电子商务所能带来的好处，却无力独自建立网站。在这种情况下，一些专门为企业提供电子商务服务的网站便应势而起。阿里巴巴诚信通就是旨在为促进买卖双方交易的电子商务服务产品。

案例：阿里巴巴诚信通

诚信通是阿里巴巴为从事中国国内贸易的中小企业推出的会员制网上贸易服务，主要用以解决网络贸易信用问题。企业通过诚信通可直接销售产品，并宣传企业和产品。

诚信通会员可随时查看阿里巴巴网上买家发布的求购信息和联系方式，享有集顶级域、无限空间展示、20GB 企业邮局、企业在线为一体的网站。在阿里巴巴网上交易平台发布的买卖信息排在普通会员之前。获得权威第三方认证机构核实资质，独享诚信标识，并拥有自己的网上信用档案。

诚信通会员有机会报名阿里巴巴每周举办的大买家采购（如宜家、苏宁等）；有机会每年随阿里巴巴免费参加上百场展会；有机会申请阿里巴巴与银行推出的无抵押低利息银行贷款（限已开放地区）。有网络联保贷款和网络信用贷款两种形式。

网商培训仅对诚信通会员开放，针对中小企业的实际需求量身定制全套课程，通过网上网下等各种通道，随时提供培训，轻松掌握网络贸易技巧。黄金展位专为诚信通会员推出的网上品牌推广收费服务，密集曝光，全网推广。阿里巴巴为诚信通会员提供按点击付费的网络推广服务。

诚信通帮卖家开展网络营销的网上商铺，可以发布产品图片和买卖信息，充分利用网络营销产品，并在阿里巴巴大市场享有各项优先权：信息排名靠前，独享买家信息，免费使用在线联系和客户管理工具等。阿里巴巴诚信通网站主页如图7-1所示。

图 7-1　阿里巴巴诚信通网站主页（http://trust.alibaba.com.cn）

7.1.2　服务外包型电子商务服务

电子商务服务外包是一种新的商业服务。电子商务本身是一个复杂的过程，需要技术和市场营销的双重支持，在网络日渐重要的当今社会，中小企业一方面迫切希望能通过网络开展电子商务，另一方面又受到经验少、专业人才缺乏和成本高的限制。因此电子商务外包服务应运而生，企业以合同的方式委托专业电子商务服务商为企业提供部分或全部的信息技术、产品或服务功能，从企业在互联网上的"包装"、"宣传"和"销售"3个要点出发，提供以网站建设、网站推广和网上贸易为重点，相关服务为辅助的一系列服务。

把部分或全部电子商务应用外包给一个可信赖的合作伙伴，可以帮助企业降低成本，获得专业服务，提高工作效率，在预算约束范围内及时地满足所有电子商务需求。所面临的挑战在于,要找到一个能够提供多种多样的电子商务服务的值得信赖的合作伙伴,来满足企业的网络和应用需求,并不是一件简单的事情。这种形式催生了一些专门提供电子商务服务外包的网站,五洲在线就是其中之一。

案例:五洲在线

五洲在线电子商务(北京)有限公司 2000 年 8 月成立于北京,是一家定位于为品牌商家提供电子商务外包服务、协助品牌商家打通全球电子商务销售链条和建设垂直领域电子商务渠道品牌的直复式营销公司。该公司立足中国,定位于专业的直复式营销运营的销售组织,专门提供 B2C 电子商务运营外包,协助品牌企业制订电子商务战略规划,为企业建设电子商务网站及无线互联网网站,实现多渠道营销推广(网络、无线、平面、目录、传真、直投、地面体验店),复合式广告效果评价及数据库营销,通过网站、移动网络、电话中心实现产品销售,电子商务订单管理和处理,面向终端消费者的仓储、物流配送服务,客户服务/呼叫中心等外包服务。五洲在线网站主页如图 7-2 所示。

图 7-2   五洲在线网站主页(http://www.mic.cn/)

7.1.3 技术服务型电子商务服务

电子商务是现代信息技术和传统商务活动相结合的产物,是一个复杂的系统,其建立和维护需要较大的投资和较高的技术支持。对于许多中大型企业来说,由于拥有雄厚的资金实力和人力资源,中大型企业可以建立和开发自己的电子商务系统,并聘用相关人才。但是,对于大量的中小企业来说,实力薄弱,无法像大型企业那样独立自主地实现自身的电子商务技术需求。这就为电子商务技术支持服务商提供了广阔的发展空间。ShopEx 便是这样一家典型的电子商务技术服务提供商。

案例：ShopEx

上海商派网络科技有限公司(ShopEx)始于 2002 年,是国内最早的网店软件提供商之一,是目前国内网店系统持续研发最久的公司,是目前网店软件国内市场占有率最高的软件提供商,是目前网店软件行业内规模较大的公司。ShopEx 旗下的网上商店系统、网上商城系统以及丰富的网商工具,以专业的功能、领先的技术以及快速的价值体现,获得了 45 万用户的肯定。ShopEx 秉承"向客户提供最专业的购物模式,做最好的网络购物软件"之理念,一直走在网络购物模式的前沿,致力于最大限度地降低网络购物系统建设成本,并为让网络购物、让电子商务更加走近普通人的生活而不断努力。

ShopEx 团队的核心成员均具有 10 年以上的互联网、电子商务和商务管理经验,早在 2000 年 ShopEx 就开始为客户提供电子商务解决方案,参与完成了上海联华超市电子商务系统构建。ShopEx 从研发网上网店软件开始,始终引领着国内独立电子商务的发展方向。这些年来,ShopEx 陆续获得了"最具价值电子商务软件"称号、"优秀电子商务服务商奖"、"最佳电子商务技术服务奖①"等荣誉,开创了电子商务社会化、网格化和多元化的新型电子商务概念。ShopEx 以专业技术能力、前瞻的市场意识、追求卓越品质的态度,秉持着"创建商业未来"的企业追求,成就了今天的辉煌,并将创造更加辉煌的明天。

ShopEx 官方网站如图 7-3 所示。

图 7-3　ShopEx 官方网站(http://www.ShopEx.cn/)

---

①　2008 年 4 月 18~19 日,由中国电子商务协会主办的"第十一届中国国际电子商务大会暨中国网上支付 10 周年回顾"在北京国际会议中心隆重举行。ShopEx 应邀作为协办单位,参加了此次中国电子商务大会。在此次大会中,ShopEx 荣获了中国电子商务协会颁发的唯一"最佳电子商务技术服务奖"。2009 年 5 月 26 日上午,在"第十二届中国国际电子商务大会"上,ShopEx 再次获此殊荣。

7.1.4　支付型电子商务服务

中国的消费市场一向缺乏信用消费的概念支持,与此相关的就是货币电子化进程的缓慢。在电子商务发展初期,支付问题是屹立在我国电子商务进一步发展面前的三座大山之一。在信用不足和电子货币支付手段缺失的条件下,信息不对称使得电子商务交易成本居高不下,严重地制约着我国电子商务的进一步发展。也就是在这样的情况下,一些提供支付服务的第三方支付平台的诞生和成长就成为我国电子商务发展的必然。支付宝是众多提供支付类电子商务服务的佼佼者。

案例:支付宝

支付宝是阿里巴巴集团旗下重要的支付类电商产品,于2004年成立并独立运营。支付宝最初作为淘宝网公司为了解决网络交易安全所设的一个功能,该功能为首先使用的"第三方担保交易模式",由买家将货款打到支付宝账户,由支付宝向卖家通知发货,买家收到商品确认后指令支付宝将货款放于卖家,至此完成一笔网络交易。支付宝于2004年12月独立为浙江支付宝网络技术有限公司。之后,支付宝依托庞大的用户规模,打开了外部的广阔市场。从大部分B2C网购平台,到九城、巨人这样的新兴网游巨头,再到航空领域,支付宝的应用范围迅速扩展到了网购、虚拟游戏、航空商旅、教育缴费等众多方面,其用户规模迅速扩大,适用性不断增强。

2008年8月底,支付宝用户数首次达到1亿,2009年7月6日,用户数正式突破2亿大关,2010年3月14日,用户数突破3亿。支付宝从2003年10月首次在淘宝出现到积累1亿用户,期间花去了近5年时间,从1亿用户增长到2亿用户,仅仅花了10个月;而从2亿增长到3亿,只花了9个月。

从目前来看,支付宝提供的电子商务服务主要有收款、付款、担保交易收款、水电煤缴费、信用卡还款、通信费、AA收款、收礼金、捐赠等服务。

支付宝网站主页如图7-4所示。

7.1.5　物流快递型电子商务服务

电子商物的发展离不开现代物流,这是当今人们的共识,也是许多电子商务公司在经过多年的探索之后得出来的结论。早在1994年,一些公司就开始投资电子商务,但它们大都沿袭了期货业务的思路。只设计了网上查询、竞价撮合、银行结算划账的工作程序,几乎没有与之匹配的物流程序,也没有将物流企业作为自己的战略伙伴。6年之后,虽然花费了大量的资金,这些公司都没能成为电子企业家族中的一员,有的已经因资金匮乏、技术相对落后而悄无声息了。除了交易安全、全国统一结算、电子交易法规之外,货物不能及时送达是这些公司至今未能取得成功的主要原因。在电子商务如火如荼的今天,诸多公司仍未解决物流问题,货物送达依然是电子商务发展的瓶颈。在这样的大背景下,一些专门提供物流服务的快递公司便如雨后春笋般地发展起来,其中以"四通一达"(即申通、圆通、中通、百世汇通和韵达快递)和以商业快件为主占据高端市场的顺丰速运等民营企业最为活跃。

图 7-4 支付宝网站主页(https://www.alipay.com)

案例：申通快递

申通快递品牌初创于 1993 年,是一家以经营快递为主的国内合资(民营)企业。进入 21 世纪之后,电子商务的蓬勃发展给第三方物流创造了巨大的发展机遇。申通快递有限公司 2007 年 8 月正式涉足电商物流,当年 8 月在淘宝网日承接 6 万件快递包裹,而到 2011 年 10 月底,这个数字达到日收 250 万件,超过 2007 年 8 月初涉淘宝业务的 40 倍。申通快递 2011 年全年业务量达到 7.5 亿票,年营业额达到 100 亿元。2012 年申通快递公司共有独立网点及分公司 950 余家,服务网点及门店 5000 余家,全网络公司车辆 20 000 余辆,从业人员超过 12 万人。各转运中心和网点公司全部配备监控设备,并在上海、北京、广州等大城市安装了 10 余台大型安检机。

2011 年业务高峰期间,日票件量突破 400 万票;2012 年"双十一"期间,申通快递最高日票件量突破 800 万票;2013 年 11 月 11 日申通全网订单量 1505 万单,揽件量 1100 万单,11 月 12 日订单量 1605 万单,揽件量 1200 万单……;2014 年 11 月 11 日 00:00～24:00,申通快递全网订单量 3050 万,再次刷新历史数据,如图 7-5 所示。

7.1.6 认证型电子商务服务

电子认证是一个为信息技术用户提供第三方信息安全服务的业务,它以 PKI 技术为基础,较好地保障了信息传输的保密性、数据交换的完整性、发送信息的不可否认性、网络主体身份的确定性等要求,是保证网络信息真实、完整和信息发送不可抵赖,建立起完善网上信任体系的重要手段和措施。电子认证服务就是利用数字证书技术为电子商务、电子政府等网络业务提供行为主体的真是身份和控制权限,保证信息资源的真实性和可靠性的第三方服务,是建立网络信任体系的基础和核心。

图 7-5 2014 年"双十一"申通快递全网订单量 3050 万单

到目前为止,电子认证服务业在我国也已经有十多年的历史了。但是,在 2005 年《中华人民共和国电子签名法》正式实施以前,我国的 CA 认证服务业属于长期无统一主管部门、无行业标准、无管理办法的"三无"行业。2005 年 4 月 1 日,《中华人民共和国电子签名法》(简称《电子签名法》)正式实施,给网上数字化的商务活动以法律认同的效力和地位,大大推动了我国网络经济的健康发展。随后,信息产业部和国家密码管理局出台了一系列的配套规章和标准规范,包括《电子认证服务管理办法》、《电子认证服务密码管理办法》、《电子认证业务规则规范(试行)》、《证书认证系统密码及其相关安全技术规范》等。2007 年 2 月 1 日,国家标准化委员会发布《信息安全技术公钥基础设施数字证书格式》、《信息安全技术公钥基础设施特定权限管理中心技术规范》和《信息安全技术公钥基础设施时间戳规范》三项信息安全国家标准,对《电子商务签名法》的实施和我国网络信任体系建设起到了重要的规范作用。

伴随着我国电子商务的发展,我国的电子认证服务也逐步走向规范化,越来越多的电子认证服务机构获得信息产业部颁发的电子认证服务许可证,获得电子认证服务资质。天威诚信就是信息产业部批准的第一家全国性电子认证机构,是国内专注于电子认证服务的运营商代表。

案例:天威诚信

天威诚信全称为北京天威诚信电子商务服务有限公司,成立于 2000 年 9 月,总部位于北京,是信息产业部批准的第一家全国性电子认证机构。作为 VeriSign 在国内的官方首要合作伙伴,天威诚信现全线代理 VeriSign 产品(包括 Geotrust 和 Thawte 产品)。天威诚信数字认证中心是由北京天威诚信电子商务服务有限公司运营管理的全国性 CA 认证中心。早期,天威诚信作为信息产业部批准的商业 PKI/CA 试点单位承担了大量产品和行业的研究课题,为电子认证服务在国内的发展做出了积极的贡献。《中华人民共和国电子签名法》颁布后,天威诚信首批获得了信息产业部颁发的电子认证服务机构从业许可证,电子认证服务领域及规模都得到了扩大。

天威诚信经过多年的发展现已在众多行业积累了大量实践经验,拥有较为完整的产品解决方案和专业可靠的运营管理团队,能够为客户提供完善的电子认证规划咨询,帮助客户构建完整的电子认证体系,通过电子签名、加密技术实现客户信息系统间的协作和集成,有效提升了系统的安全等级,保障了数据的真实性与证据的不可抵赖。

作为电子认证行业的代表企业,天威诚信参与了国家相关部门对电子认证服务业体系的规划,同时在国家质量技术监督局的领导下,参与了《CA 中心建设和运营管理规范》等标准制定工作。在《中华人民共和国电子签名法》的起草过程中,天威诚信作为业界最为规范的认证中心,积极配合相关单位的立法工作,并作为专家参与了《电子认证服务管理办法》的起草工作。此外,天威诚信还在积极参与国家"十一五"现代服务业科技行动和科技支撑计划,为现代服务业共性服务技术与平台的构建提供安全技术保障。

位于北京的天威诚信运营中心作为认证机构的心脏,承担着数字认证系统安全运转工作,确保数字证书的安全签发管理、客户服务与响应等重要工作。整个中心严格遵循ISO/IEC 17799—2000 信息安全管理体系的规定,配备了专业可靠的运营管理团队,可以对外提供中国信任体系(China Trust Network,CTN)、客户私有信任体系等多种信任服务,同时还为跨国机构或大型公司提供国际认可的全球信任体系服务,使用户轻松拥有全球认可的数字虚拟身份。

天威诚信所提供的产品或服务主要包括三类,即信息安全产品、可信身份服务和应用解决方案等,如表7-1所示。其中每一类产品或服务又包括许多具体的产品或服务。

表 7-1　天威诚信产品或服务一览表

产品或服务类别	信息安全产品	可信身份服务	应用解决方案
具体产品或服务	统一信任管理平台 iTrusUTS	权威电子认证服务	电信行业应用系统
	数字证书认证系统 iTrusCA	互联网信任服务	集团企业应用系统
	签名验签服务器 iTrusSVS	信息安全咨询服务	证券、期货行业应用系统
	电子认证注册服务器 iTrusRA	身份宝 iTrus ID/BL	医疗行业应用系统
	全球服务器证书	账号宝 iTrus Pay	ERP 行业应用系统
		证据宝 iTrus Biz	其他行业解决方案应用系统

天威诚信网站主页如图 7-6 所示。

7.1.7　电子金融的服务

1. 电子金融的概念

所谓电子金融(e-finance),又称网络金融或互联网金融,从狭义上讲是指在国际互联网(Internet)上开展的金融业务,包括网络银行、网络证券、网络保险等金融服务及相关内容;从广义上讲,电子金融就是以网络技术为支撑,在全球范围内的所有金融活动的总称,它不仅包括狭义的内容,还包括电子金融安全、电子金融监管等诸多方面。它不同于传统的以物理形态存在的金融活动,是存在于电子空间中的金融活动,其存在形态是虚拟化的,运行方式是网络化的。它是信息技术特别是互联网技术飞速发展的产物,是适应电子

图 7-6　天威诚信网站主页(http://www.itrus.com.cn)

商务(e-commerce)发展需要而产生的网络时代的金融运行模式。我国的电子金融服务工作始于 20 世纪 70 年代末,经历了从微机单机应用到城市综合网络,从分散无组织的自由开发应用到统一领导规划、集中开发应用,从单一业务应用到综合业务系统,从单纯营业系统到业务处理和管理信息系统配套运用的发展过程。

2013 年兴起的以余额宝为代表的互联网金融产品有足够的理由让传统银行业坐立不安了。来自中国央行的数据显示,2014 年 1 月份人民币存款减少 9402 亿元,同比少增 2.05 万亿元。与此形成鲜明对照的是内地互联网金融正风生水起,7 个月,余额宝规模突破 2500 亿元;6 个工作日,理财通规模过百亿元;6 分钟,8.8 亿元规模的支付宝"元宵理财"售罄……据天弘基金披露的信息,截至 2014 年 6 月 30 日,余额宝规模为 5741.6 亿元,而 2014 年一季度规模为 5412.75 亿元,二季度环比增速仅 6%。在市场流动性普遍吃紧的春节前后,互联网金融一次又一次地向人们展现了它强大的吸金能力。

从互联网金融发展的具体形态来看,目前在全球范围内,互联网金融呈现出以下 3 个重要趋势。

一是以第三方支付、移动支付替代传统支付业务。随着移动通信设备的渗透率超过正规金融结构的网店或自助设备,以及移动通信、互联网和金融的结合,全球移动支付交易总金额 2011 年为 1059 亿美元,预计 5 年内将以年均 42% 的速度增长,2016 年将达到 6169 亿美元。例如,在肯尼亚,手机支付系统 M-Pesa 的汇款业务已超过其国内所有金融机构的总和,且已延伸到存贷款等基本金融服务,特别需要关注的是,其并不是由商业银行运营的。而中国第三方支付的发展速度也同样惊人,据互联网研究机构艾瑞咨询"微博"统计,2012 年中国第三方支付市场整体交易规模达 12.9 万亿元,同比增长 54.2%,其中第三方移动支付市场交易规模达 1511.4 亿元。

二是以人人贷替代传统存贷款业务。其实质是一种"自金融"的借贷模式。由于正规金融机构长期以来始终未能有效解决中小企业融资难的问题,而互联网的用户聚合和高速传播的特点大幅降低了信息不对称和交易成本,从而促使资金供需双方都是个人的投融资模式成为可能。例如,截至 2012 年 10 月,2007 年成立的美国最大的 P2P 信贷公司 LendingClub 完成了 8.3 万次交易,涉及金额近 10 亿美元。而紧随其后的是,美国首家 P2P 信贷公司 Prosper 也完成了超过 6.4 万次的互联网金融交易,涉及金额 4.2 亿美元,并且每年的增长超出了 100%,利息的浮动空间为 5.6%~35.8%,违约率为 1.5%~10%。我国 P2P 信贷公司的诞生和发展几乎与世界同步,2007 年 8 月中国第一家 P2P 信贷公司——拍拍贷成立。截至 2012 年 12 月底,全国 P2P 信贷公司总共超过 300 家,行业交易总量高达 200 多亿元,其中排名靠前的 15 家 P2P 类网站交易额占到整个行业的 45%左右,接近 70 亿元交易额。除拍拍贷以外,国内宜信、人人贷等小额网络贷款平台都是提供此类服务的代表性平台。

三是以众筹融资替代传统证券业务。所谓众筹,就是集中大家的资金、能力和渠道,为小企业或个人进行某项活动等提供必要的资金援助,是最近两年国外最热门的创业方向之一。以 Kickstarter 为例,虽然它不是最早以众筹概念出现的网站,但却是最先做成的一家,曾被时代周刊评为最佳发明和最佳网站,进而成为"众筹"模式的代名词。2012 年 4 月,美国通过 JOBS 法案(Jumpstart Our Business Startups Act),允许小企业通过众筹融资获得股权资本,这使得众筹融资替代部分传统证券业务成为可能。根据《福布斯》杂志的数据,截至 2013 年第二季度,全球范围内的众筹融资网站已经达到 1500 多家。我国以 51 资金项目网为例,虽然它不是最早以众筹概念出现的网站,但却是最先以信息匹配为特征搭建成功的一个平台。截至目前,该网站已为 1200 余家中小企业融资成功,融资总额高达 30 亿元。

2. 电子金融工具

(1)电子银行。电子银行是指在银行与客户间,通过网络连线或 Internet 传输金融资讯与交易。主要包括网上银行、电话银行等,借助个人计算机、自动提款机等器具,提供服务,缩短银行与客户间的距离,并同时达到提高效率的目的。

(2)电子资金转账。经由终端机、语音工具、计算机等资讯设备或工具,通知或授权金融机构处理资金往来账户的转移行为。

主要有线上电子交易给付系统、信用卡式给付系统等方式。本质是电子现金和电子支票。

电子现金为一种因应电子交易所需的线上给付系统,主要目的在于由电子付款模式取代消费者在购买过程中对现金的依赖,但仍保有现金应有的货币性质。

电子支票是购买者可持有一定金额的支票形式进行交易,这些支票是通过电子方式传递,处理方式与传统支票有许多相似之处,账号用户会取得一份电子文件,其内容包括付款者姓名、账户号码、付款金融机构名称,接收支票者的姓名及支票的总金额等。

电子支付系统通常指电子信用卡支付系统、电子支票支付系统、网上电子现金产品(如数码现金、电子货币)等。

(3)电子交易。电子交易包括各种金融产品的交易越来越借助电子手段。股票交易、期货交易、外汇交易,都需要一个强大、严密的电子交易平台。

(4) 电子金融服务。电子金融服务包括各种金融机构为客户提供的电子手段服务,如线上市场销售、线上或电话客户服务(如透过网上、电话申请信用卡)、客户遥距操作及结算(如电子信用证)、线上产品资讯服务(如线上查询存款利率)等。基于电子网络系统的电子承兑汇票、电子信用证、电子抵押担保等业务的开发与运营,提高了金融业务的效率与质量,改善对客户的服务,降低经营管理的成本,扩大银行的收益水平。

7.1.8 数据挖掘服务

1. 数据挖掘的定义

1) 技术上的定义及含义

数据挖掘(Data Mining)就是从大量的、不完全的、有噪声的、模糊的、随机的实际应用数据中,提取隐含在其中的、人们事先不知道的、但又是潜在有用的信息和知识的过程。这个定义包括好几层含义:数据源必须是真实的、大量的、含噪声的;发现的是用户感兴趣的知识;发现的知识要可接受、可理解、可运用;并不要求发现放之四海皆准的知识,仅支持特定的发现问题。与数据挖掘相近的同义词有数据融合、人工智能、商务智能、模式识别、机器学习、知识发现、数据分析和决策支持等。

2) 商业角度的定义

数据挖掘是一种新的商业信息处理技术,其主要特点是对商业数据库中的大量业务数据进行抽取、转换、分析和其他模型化处理,从中提取辅助商业决策的关键性数据。简言之,数据挖掘其实是一类深层次的数据分析方法。数据分析本身已经有很多年的历史,只不过在过去数据收集和分析的目的是用于科学研究;另外,由于当时计算能力的限制,对大数据量进行分析的复杂数据分析方法受到很大限制。现在,由于各行业业务自动化的实现,商业领域产生了大量的业务数据,这些数据不再是为了分析的目的而收集的,而是由于纯机会的(Opportunistic)商业运作而产生。分析这些数据也不再是单纯为了研究的需要,更主要是为商业决策提供真正有价值的信息,进而获得利润。但所有企业面临的一个共同问题是:企业数据量非常大,而其中真正有价值的信息却很少,因此从大量的数据中经过深层分析,获得有利于商业运作、提高竞争力的信息,就像从矿石中淘金一样,数据挖掘也因此而得名。

因此,数据挖掘可以描述为:按企业既定业务目标,对大量的企业数据进行探索和分析,揭示隐藏的、未知的或验证已知的规律性,并进一步将其模型化的先进有效的方法。

2. 数据挖掘的功能

数据挖掘通过预测未来趋势及行为,做出基于知识的决策。数据挖掘的目标是从数据库中发现隐含的、有意义的知识,主要有以下五类功能。

(1) 自动预测趋势和行为。数据挖掘自动在大型数据库中寻找预测性信息,以往需要进行大量手工分析的问题如今可以迅速直接由数据本身得出结论。一个典型的例子是市场预测问题,数据挖掘使用过去有关促销的数据来寻找未来投资中回报最大的用户,其他可预测的问题包括预报破产以及认定对指定事件最可能做出反应的群体。

（2）关联分析。数据关联是数据库中存在的一类重要的可被发现的知识。若两个或多个变量的取值之间存在某种规律性，就称为关联。关联可分为简单关联、时序关联、因果关联。关联分析的目的是找出数据库中隐藏的关联网。有时并不知道数据库中数据的关联函数，即使知道也是不确定的，因此关联分析生成的规则带有可信度。

（3）聚类。数据库中的记录可被划分为一系列有意义的子集，即聚类。聚类增强了人们对客观现实的认识，是概念描述和偏差分析的先决条件。聚类技术主要包括传统的模式识别方法和数学分类学。20世纪80年代初，Mchalski提出了概念聚类技术，其要点是，在划分对象时不仅考虑对象之间的距离，还要求划分出的类具有某种内涵描述，从而避免了传统技术的某些片面性。

（4）概念描述。概念描述就是对某类对象的内涵进行描述，并概括这类对象的有关特征。概念描述分为特征性描述和区别性描述，前者描述某类对象的共同特征，后者描述不同类对象之间的区别。生成一个类的特征性描述只涉及该类对象中所有对象的共性。生成区别性描述的方法很多，如决策树方法、遗传算法等。

（5）偏差检测。数据库中的数据常有一些异常记录，从数据库中检测这些偏差很有意义。偏差包括很多潜在的知识，如分类中的反常实例、不满足规则的特例、观测结果与模型预测值的偏差、量值随时间的变化等。偏差检测的基本方法是，寻找观测结果与参照值之间有意义的差别。

3. 数据挖掘的应用

1）数据挖掘解决的典型商业问题

需要强调的是，数据挖掘技术从一开始就是面向应用的。目前，在很多领域，数据挖掘（Data Mining）都是一个很时髦的词，尤其是在银行、电信、保险、交通、零售（如超级市场）等商业领域。数据挖掘所能解决的典型商业问题包括数据库营销（Database Marketing）、客户群体划分（Customer Segmentation & Classification）、背景分析（Profile Analysis）、交叉销售（Cross-selling）等市场分析行为，以及客户流失性分析（Churn Analysis）、客户信用记分（Credit Scoring）、欺诈发现（Fraud Detection）等。

2）数据挖掘在市场营销中的应用

数据挖掘技术在企业市场营销中得到了比较普遍的应用，它是以市场营销学的市场细分原理为基础，其基本假定是"消费者过去的行为是其今后消费倾向的最好说明"。

通过收集、加工和处理涉及消费者消费行为的大量信息，确定特定消费群体或个体的兴趣、消费习惯、消费倾向和消费需求，进而推断出相应消费群体或个体下一步的消费行为，然后以此为基础，对所识别出来的消费群体进行特定内容的定向营销，这与传统的不区分消费者对象特征的大规模营销手段相比，大大节省了营销成本，提高了营销效果，从而为企业带来更多的利润。

商业消费信息来自市场中的各种渠道。例如，每当人们用信用卡消费时，商业企业就可以在信用卡结算过程收集商业消费信息，记录下人们进行消费的时间、地点、感兴趣的商品或服务、愿意接受的价格水平和支付能力等数据；当人们在申办信用卡、办理汽车驾驶执照、填写商品保修单等其他需要填写表格的场合时，人们的个人信息就存入了相应的业务数据库；企业除了自行收集相关业务信息之外，甚至可以从其他公司或机构购买此类信息为自己所用。

这些来自各种渠道的数据信息被组合,应用超级计算机、并行处理、神经元网络、模型化算法和其他信息处理技术手段进行处理,从中得到商家用于向特定消费群体或个体进行定向营销的决策信息。这种数据信息是如何应用的呢？举一个简单的例子,当银行通过对业务数据进行挖掘后,发现一个银行账户持有者突然要求申请双人联合账户时,并且确认该消费者是第一次申请联合账户,银行会推断该用户可能要结婚了,它就会向该用户定向推销用于购买房屋、支付子女学费等长期投资业务,银行甚至可能将该信息卖给专营婚庆商品和服务的公司。

在市场经济比较发达的国家和地区,许多公司都开始在原有信息系统的基础上通过数据挖掘对业务信息进行深加工,以构筑自己的竞争优势,扩大自己的营业额。美国运通公司(American Express)有一个用于记录信用卡业务的数据库,数据量达到 54 亿字符,并仍在随着业务进展不断更新。运通公司通过对这些数据进行挖掘,制定了"关联结算(Relation ship Billing)优惠"的促销策略,即如果一个顾客在一个商店用运通卡购买一套时装,那么在同一个商店再买一双鞋,就可以得到比较大的折扣,这样既可以增加商店的销售量,也可以增加运通卡在该商店的使用率。再如,居住在伦敦的持卡消费者如果最近刚刚乘英国航空公司的航班去过巴黎,那么他可能会得到一个周末前往纽约的机票打折优惠卡。

基于数据挖掘的营销,常常可以向消费者发出与其以前的消费行为相关的推销材料。卡夫(Kraft)食品公司建立了一个拥有 3000 万客户资料的数据库,数据库是通过收集对公司发出的优惠券等其他促销手段做出积极反应的客户和销售记录而建立起来的,卡夫公司通过数据挖掘了解特定客户的兴趣和口味,并以此为基础向他们发送特定产品的优惠券,并为他们推荐符合客户口味和健康状况的卡夫产品食谱。美国的读者文摘(Reader's Digest)出版公司运行着一个积累了 40 年的业务数据库,其中容纳有遍布全球的一亿多个订户的资料,数据库每天 24 小时连续运行,保证数据不断得到实时更新,正是基于对客户资料数据库进行数据挖掘的优势,使读者文摘出版公司能够从通俗杂志扩展到专业杂志、书刊和声像制品的出版和发行业务,极大地扩展了自己的业务。

基于数据挖掘的营销对我国当前的市场竞争中也很具有启发意义,人们经常可以看到繁华商业街上一些厂商对来往行人不分对象地散发大量商品宣传广告,其结果是不需要的人随手丢弃资料,而需要的人并不一定能够得到。如果搞家电维修服务的公司向在商店中刚刚购买家电的消费者邮寄维修服务广告,卖特效药品的厂商向医院特定门诊就医的病人邮寄广告,肯定会比漫无目的的营销效果要好得多。

3) 数据挖掘在企业危机管理中的应用

数据挖掘是一种新的信息处理技术,其主要特点是对企业数据库中的大量业务数据进行抽取、转换、分析和其他模型化处理,从中提取辅助经营决策的关键性数据,它在企业危机管理中得到了比较普遍的应用,具体可以应用到以下几个方面。

(1) 利用 Web 页挖掘搜集外部环境信息。信息是危机管理的关键因素。在危机管理过程中,可以利用 Web 页挖掘技术对企业外部环境信息进行收集、整理和分析,尽可能地收集政治、经济、政策、科技、金融、各种市场、竞争对手、供求信息、消费者等与企业发展有关的信息,集中精力分析处理那些对企业发展有重大或潜在重大影响的外部环境信息,抓住转瞬即逝的市场机遇,获得企业危机的先兆信息,采取有效措施规避危机,促使企业健康、持续地发展。

(2) 利用数据挖掘分析企业经营信息。利用数据挖掘技术、数据仓库技术和联机分析技术,管理者能够充分利用企业数据仓库中的海量数据进行分析,并根据分析结果找出企业经营过程中出现的各种问题和可能引起危机的先兆,如经营不善、观念滞后、产品失败、战略决策失误、财务危机等内部因素引起企业人、财、物、产、供、销的相对和谐平衡体遭到重大破坏,对企业的生存、发展构成严重威胁的信息,及时做出正确的决策,调整经营战略,以适应不断变化的市场需求。

(3) 利用数据挖掘识别、分析和预防危机。危机管理的精髓在于预防。利用数据挖掘技术对企业经营的各方面的风险、威胁和危险进行识别和分析,如产品质量和责任、环境、健康和人身安全、财务、营销、自然灾害、经营欺诈、人员及计算机故障等,对每一种风险进行分类,并决定如何管理各类风险;准确地预测企业所面临的各种风险,并对每一种风险、威胁和危险的大小及发生概率进行评价,建立各类风险管理的优先次序,以有限的资源、时间和资金来管理最严重的一种或某几类风险;制定危机管理的策略和方法,拟定危机应急计划和危机管理队伍,做好危机预防工作。

(4) 利用数据挖掘技术改善客户关系管理。客户满意度历来就是衡量一个企业服务质量好坏的重要尺度,特别是当客户的反馈意见具有广泛效应的时候更是如此。目前很多企业利用营销中心、新闻组、BBS 及呼叫中心等收集客户的投诉和意见,并对这些投诉和意见进行分析,以发现客户关系管理中存在的问题,如果有足够多的客户都在抱怨同一个问题,管理者就有理由对其展开调查,为企业及时捕捉到发生危机的一切可能事件和先兆,从而挽救客户关系,避免经营危机。

(5) 利用数据挖掘进行信用风险分析和欺诈甄别。客户信用风险分析和欺诈行为预测对企业的财务安全是非常重要的,使用企业信息系统中数据库的数据,利用数据挖掘中的变化和偏差分析技术进行客户信用风险分析和欺诈行为预测,分析这些风险为什么会发生? 哪些因素会导致这些风险? 这些风险主要来自于何处? 如何预测到可能发生的风险? 采取何种措施减少风险的发生? 通过评价这些风险的严重性、发生的可能性及控制这些风险的成本,汇总对各种风险的评价结果,进而建立一套信用风险管理的战略和监督体系,设计并完善信用风险管理能力,准确、及时地对各种信用风险进行监视、评价、预警和管理,进而采取有效的规避和监督措施,在信用风险发生之前对其进行预警和控制,趋利避害,做好信用风险的防范工作。

(6) 利用数据挖掘控制危机。危机一旦爆发,来势迅猛,损失严重,因此危机发生以后,要采取有力的措施控制危机,管理者可以利用先进的信息技术如基于 Web 的挖掘技术、各种搜索引擎工具、E-mail 自动处理工具、基于人工智能的信息内容的自动分类、聚类以及基于深层次自然语言理解的知识检索、问答式知识检索系统等快速地获取危机管理所需要的各种信息,以便向客户、社区、新闻界发布有关的危机管理信息,并在各种媒体尤其是公司的网站上公布企业的详细风险防御和危机管理计划,使全体员工能够及时获取危机管理信息及危机最新的进展情况。这样企业的高层管理人员、公关人员、危机管理人员和全体员工就能随时有准备地应付任何复杂情况和危急形势的压力,对出现的危机立即做出反应,使危机的损失降到最低。

7.1.9 电子商务教育培训服务

1. 电子商务教育培训服务的含义

围绕电子商务产业链开展的教育培训服务活动是电子商务教育培训服务。根据教育与培训的区别和联系,可以将电子商务教育培训服务界定为两个方面:一个是与电子商务专业相关的学历教育;另一个是与电子商务相关的各种培训和继续教育,以及电子商务知识的普及和提高等。

2. 电子商务教育培训服务的作用

开展电子商务教育培训的作用主要表现在以下 3 个方面。

首先,培养促进电子商务发展的适用人才。任何产业的发展都离不开丰富的人力资源作为依托。飞速发展的信息技术革命引发了生产力、生产关系和生产方式的变革,从而形成新的商业文明范式。在这一背景下,加快发展电子商务教育培训产业培养适用人才,是促进我国信息技术和电子商务不断升级发展的根本基础。

其次,通过电子商务教育培训可以提升劳动力素质,扩大社会就业。约翰·卡尔文说过,"所有的人被创造出来,并使他们自己忙于劳动"。通过电子商务教育培训,既可以培养信息技术专业人才,又可以培养信息网络使用人才,从而可以提升劳动力素质,扩大社会就业途径。例如,近年来网络购物的兴起,不少人经过相应的电子商务培训学习后通过网上开店的方式成为网商,截至 2010 年 11 月,通过淘宝网实现 167 万人直接就业和约 600 万人间接就业。

最后,电子商务教育培训助推经济发展方式转变。当前,我国正在转变经济发展方式,并将电子信息产业列为新兴战略产业。开展电子商务教育培训与我国要求促进经济增长"由主要依靠增加物质资源消耗向主要依靠科技进步、劳动者素质提高、管理创新转变"是内在统一的。由联合国秘书长潘基文提出的绿色新政(Green New Deal)理念包括两个方面,一是发展环保产业,保护生态;二是创造大量就业。通过电子商务教育培训,可以不断延伸电子商务产业链条,实现低碳发展,同时扩大社会就业空间,助推经济发展方式转变。

3. 电子商务教育培训服务实施主体及主要方式

目前,在我国从事电子商务教育培训的机构主要有三类:一是政府相关部门及高校举办的电子商务教育培训,如全国高等教育自学考试委员会开设的电子商务专业自学考试,教育部组织的远程网络教学试点中包括"电子商务"等;二是各电子商务企业自办的专业培训,如阿里巴巴的阿里学院、淘宝网的淘宝大学、敦煌网的义乌商学院等;三是其他社会培训机构开展的电子商务培训,如中美龙邀国际电子商务培训中心、学易网等。

企业培训又分为四类:一是公开课;二是企业内训;三是企业咨询;四是企业网络培训。所谓公开课,是指讲师和培训机构针对全社会组织的,开放报名的培训课程;企业内训,是指企业邀请培训讲师到企业中来,开展针对性调研,最后进行分阶段的内部培训;企业咨询就是单科目解决问题。这点和内训很像，但是如果企业需要内训的话，企业一般知道自己的问题。如果企业需要咨询的话，就会让高手来帮助企业，找出企业的不足以及需要改进的地方。也就是说，如果一家企业需要通过咨询来完善自己，事实上，它也不清楚自己的问题出在哪里。通常意义上的、有组织的、正规的培训往往要进行培训需求分析，在此基础上制定详细周密的培训计划，然后依照计划开发专业实战的培训课程，组织实施培训，最后进行培训效果评估。我们可以将这类培训称为制度性培训（Systematic Training），它有正式的需求分析和严密的培训计划，有系统的培训内容、培训组织和培训效果评估。相对于制度性培训，非制度性培训（Non-systematic Training）已在许多企业的实践中不知不觉地开展，这类培训的作用也日益凸显并引起人们的关注。

随着互联网的进一步发展，企业培训进入了网络时代，多种形式的互联网企业培训如火如荼地展开。网络企业培训具有不受时间、地域限制，投放资金少，培训效果优质等显著特点，受到越来越多企业的喜爱。

根据电子商务培训对象的不同，主要划分为三大类。一是针对决策层的培训，主要面向公司老板和高层次人员，培训内容主要包括树立电子商务营销理念、把握行业发展趋势、制定电商营销战略等；二是针对管理层的培训，主要面向公司管理层人员，培训内容主要包括掌握电商营运机制、分享电商成功案例、提升基于电商业务的管理绩效等；三是一线操作层的培训，主要面向基层员工，培训内容主要包括学习电商基本技术和工具、运用电商营销手段开展营销策略等。

4.电子商务教育培训服务发展模式

模式一：依托企业电子商务人才岗位要求，鼓励学生在校期间考取执业资格认证证书。

根据国内外电子商务实践的实践经验表明，企业对电子商务人才的需求大致分为四类：电子商务技术型人才、电子商务营销型人才、电子商务管理型人才和电子商务研究型人才，如表7-2所示。

表7-2 电子商务服务人才分类

人才类型	主 要 岗 位	工 作 要 求
技术型人才	网站开发员、网页设计、网站维护、企业 ERP 技术顾问等。这些都是目前人才市场上需求量最大的职位	能设计和开发网站，网页动画设计，进行网络数据库的维护、网站日常维护，熟悉网站推广技术，了解常用的网络营销手段，熟悉 CRM 和 ERP 操作等
营销型人才	网络营销人员、呼叫中心管理员、电子商务文员等，企业对这方面的人才需求也很大	熟练掌握并运用网络等手段进行网络营销，熟悉网络营销的技巧，有较强的沟通能力和文字功底，有网络营销策划能力
管理型人才	一般是企业的领导和管理人员，需要不断积累企业实践	既对计算机、网络和社会经济都有深刻的认识，又具备战略营销及项目管理能力
研究型人才	咨询培训机构咨询师、大学院校专家	从事电子商务理论和实践经验的总结和研究工作

资料来源：荆林波，梁春晓.中国电子商务服务发展报告[M].北京：社会科学出版社，2013.

这就要求学校需要根据企业电子商务人才培养的需求，比较适合在学校教育(大专、本科、高职等)培养的是技术型人才和商务型人才。同时，为确保毕业生就业竞争力，专业定位还应该体现差异化和特色化。针对区域优势，将电子商务与某一个具体的特色行业或领域结合，如旅游电子商务、移动电子商务等。这样有针对性的差异化培养，更容易突出毕业生就业针对性和优势。另外，还需要加强师资队伍建设。优化教师队伍结构，将企业的中高层管理人员、具有实践经历的从业人员纳入教学队伍，聘请企业电子商务管理运作和开发人员作为兼职教师，来指导学生课程设计和毕业设计，推广来自企业生产科研第一线的技术，实现双师型教师队伍建设，补充学校在管理型人才培养方面的不足。

　　职业资格认证某种程度上有效弥补了传统学校教育的专业技能培养不足，鼓励学生参加相关电子商务师职业资格认证考试，并获取相关认证，无疑能够更加有效地达成企业电子商务人才需求与学校办学培养之间的差距，使电子商务毕业生更加符合企业的岗位需求。目前，我国电子商务教育培训服务提供的培训项目主要有两种形式：一种是由国家有关部门推行的职业资格认证项目，如"电子商务师"资格认证。电子商务职业共设四个等级，分别为电子商务员(国家职业资格四级)、助理电子商务师(国家职业资格三级)、电子商务师(国家职业资格二级)、高级电子商务师(国家职业资格一级)。鉴定合格者按照有关规定统一核发《中华人民共和国职业资格证书》，并实行统一编号登记管理和网上查询。另一种是由各类培训机构推出的电子商务实务培训项目。

　　模式二：鼓励校企联合办学，优势互补，合作共赢模式。

　　企业走进学校，学校与企业对接，企业、学校双方合作，建立电子商务实习、实训基地或实训实验室，实现"工学结合"或"商学结合"。校企共同制定专业培养计划和教学大纲，保持教学科研始终与地方经济和行业发展密切相关，形成良性循环。

　　学校与优秀的电子商务企业合作，共同建立实训教学项目，院校师生、企业均可获益，如知名的淘宝公司针对院校推出"淘宝创业实训基地"项目，院校只需很小的投入就可以依托淘宝公司资源，免费提供规范实用的师资培训、教学大纲、授课计划和网络实训平台等资源，建立起电子商务专业实验室。针对优秀学生，淘宝公司还将其推荐给知名电商企业进行实习、就业。

　　可以将建立校外学生实训实习基地作为具体操作模式。校企优势互补、相互协作，实习基地设在企业内部，实习设备及产品由企业投资，实习按照企业模式运行，学生毕业后由企业负责录用。而电子商务理论课教学，设在校内进行，主要由本校教师完成；实训课内容由企业实战人员完成，在企业内实施。教学组织实施理论课与实训课交替进行，例如，一学期设四周理论课、四周实训课，交替进行，这样有利于学生将理论知识与实践更好地结合，有利于对学生进行社会和学校的双重教育。近年来，校外实训实习基地的模式已经在全国部分院校成功实践运作，取得了一定成就，积攒了不少经验，并收到了学生家长和社会的广泛赞同和充分肯定。

　　另外，还可以与多家企业建立紧密的就业对接关系，签订学生实习合作协议，向院校学生提供更多的实习岗位和机会。一方面学校立体化了自身教育方式，向企业连续输送合格的电子商务应届毕业生；另一方面企业通过实习环节，加速应届毕业生的过渡期，使学生满足目标岗位的要求，实现校企双赢。

模式三：尝试推进"创业型大学"，即"学—用"一体化教学模式。

义乌工商职业技术学院创业学院成立于 2008 年 10 月,2010 年 10 月正式成为二级分院,主要管理对象包括电子商务创业班、创业学员班和各分院创业孵化基地。电子商务创业班从 2009 年 9 月开始招生,目前创业学院下设 10 个电子商务创业班,每班有学生 30 人,都配备了一间教室以及一间仓库。学生在教室上课并开展网上创业活动。创业学院每学期初在全院范围内招收创业优秀学生加入创业学员班,创业学院为这些学生开设提升企业家素质以及工商、税务知识普及的课程。创业园内为各个分院提供了创业孵化基地,其中不乏优秀的电子商务创业团队,以及以专业为导向的创业团队,创业学院承担各分院创业孵化基地的管理工作。

义乌工商学院建立了一个以创业业绩为标准的学生考核体系,创业业绩自然成为评优评先的标准。不仅如此,学院还为学生提供各种创业服务,联系厂商,让快递公司在学校设立代理网点。为方便学生网上接单,学校在创业基地的每间教室的每个座位上都拉起了网线,并 24 小时供电。为给学生开网店提供便利,学院还执行了一套特殊制度,其他学院早上 8 点半上课,创业学院的学生到 9 点半才上课。考虑到学生们开办网店的需求,学校外聘教师讲授摄影课,建立配备了专业器材的摄影基地,方便学生们为商品拍照。学校甚至还规定,学生只要有合适的理由,就可以请假不上课。上课时间可以带着笔记本电脑,随时接单。创业学院的课程也是围绕开网店的需求来设置的,淘宝店的等级可以折算成创业学分,除了一些必修课,很多课程可以选择免修,用创业学分来替代。几年的运行,义乌工商学院取得丰硕的成果。

在义乌工商学院创建"创业型大学"的实践过程中,创业学院担负着探索、实践、引领和示范的特殊使命。在为全院创业师生提供平台支持的同时,将努力探索创业教育理论体系的完善和创业课程体系的建设,积极推进和深化教学改革,探索批量生产大学生创业者的有效途径,力争使创业学院成为创业思想的实践基地、创业教育的改革基地和创业者的孵化基地。

模式四：大力发展社会教育培训,打造品牌培养认证机构模式。

企业,尤其是行业内领军知名企业,在发展自身业务的同时,不断地通过确立行业内规范、传递行业发展理念而长期确保其优势地位,人才的培养就是此项战略的重要组成部分。电子商务行业也不例外。行业内的领军企业阿里巴巴早在 2004 年便创立了阿里学院,学院秉承"把电子商务还给商人"的目标,全心致力于电子商务人才培养,立志服务千万网商及高校学子。帮助中小型企业和广大网商真正掌握并成功运用电子商务理念和使用电子商务平台,获得商业上的成功,提高企业的综合竞争力。其愿景是：成为世界电子商务培训第一品牌;要成为第一品牌,在于电子商贸培训。阿里学院一方面帮助社会、院校甚至不发达的西部培养了更多的专业电子商务人才,同时借助这一方式巩固了自身在行业的地位,让更多的年轻人了解认同了阿里巴巴,对阿里巴巴是个很好的口碑宣传。

7.1.10 电子商务园区服务

电子商务产业园以电子商务为发展主线,重点构建以 B2B、B2C 为核心的电子商务交易技术平台,重点引进电子商务、信息软件、设计研发等新兴产业企业,重点依托并持续优化电子商务产业链的专业园区。基于全球竞争与深化合作、国内经济转型升级等原因,电子商务将得到政策上的大力扶持,电子商务产业也将快速增长。电子商务产业园作为互联网与传统商务结合的产物,可以将其看做全新的专业市场模式。电子商务产业园涉及网商、网货,包括品牌、设计、加工、物流、融资、培训等诸多领域,是一种全新的专业市场模式。

电子商务产业园可以分为狭义的电子商务产业园与广义的电子商务产业园。广义的电子商务产业园不仅包括纯粹的电子商务企业,同时,还包括文化创意、教育服务、IT/软件开发、制造类产业。例如,杭州电子商务产业园即为广义的电子商务产业园。狭义的电子商务产业园主要包括电子商务企业及其相关企业。上述企业涵盖电商平台运营、代理运营、平台服务、软件系统开发、数据分析、营销广告、渠道推广、专业咨询、仓储物流、网店摄影、人才培训等电子商务直接或相关环节。

根据电商研究中心对外公布的《中国电子商务产业园区发展研究报告(2012)》,中国电子商务产业园区在各自的摸索发展中,形成了特色鲜明、优势互补、融合发展的新格局,以特色产业基地为支撑,探索专业化园区发展路径已经成为中国电子商务产业园区发展的大势所趋。aFocus 首席电商咨询师费悦明表示,现在全国已经有一些电子园区开始转型,深入到细分领域进行发展,如沈阳的电商园区主要定位于借电子商务促老工业基地转型发展,江苏常熟的电子商务园区主要定位于服装产业,浙江慈溪的电子商务园区定位于小家电行业等。伴随着以特色产业基地为支撑的电子商务产业园区发展的大趋势,各地方政府更加重视电子商务发展中公共服务平台的搭建,利用电子商务推动产业集群升级转型。基本模式是:线上通过地方特色产业集群,入驻电子商务平台;线下建立地方产业集群电子商务的项目中心,提升当地产业集群企业利用电子商务平台开拓国内外市场的能力和水平。同时,各地还充分发挥总部中心的信息、人才等优势,出台了许多相应政策措施,鼓励企业加大电商平台建设和业务转型,抢占新的制高点,为区域经济发展拓展战略空间。

根据产业园区电子商务发展指数模型[①],全国 31 个省市自治区(不包括香港、澳门和台湾地区)的电子商务园区发展能力可划分为 3 个梯队。第一梯队为位于北京、上海、成都、杭州等共 6 个电商产业园区;第二梯队为郑州、南京、沈阳、东莞、常州、嘉兴等共 17 个园区;第三梯队为内蒙古、甘肃、山西、贵州、广西、新疆等共 10 个省市的园区。电子商务产业园区的发展极不平衡,位于首位的园区与位于末位的园区发展指数相差近 100 倍。在中国电子商务产业园区发展指数 50 强排行榜中,北京通州商务园、上海嘉定电子商务

---

① 产业园区电子商务发展指数模型分别从政府电商支持力、企业电商竞争力、电商对产业链增值贡献力和电商支撑体系保障力 4 个层面,对产业园区电子商务发展能力建设工作的进程与成效进行评价。政府电商支持力指标包括办公场地、园区基础设施、共享信息化系统和生活配套的硬环境的同时,也包括总体规划及概念设计、税收政策、补贴政策、融资政策、项目推介、核心引擎项目的软环境,综合体现地方政府对园区电商发展的支持能力和支持程度。企业电商竞争力指标包括电商企业的交易额、赢利水平、用户数量和复购率。电商对产业链增值贡献力是指电商对区域 GDP 的贡献并利用电子商务为产业集群实现升级转型的拉动力,其中包括电商对人均 GDP 增长贡献率、电商对财政一般预算收入增长贡献率、电商固定资产投资新增 GDP。电商支撑体系保障力是指园区在物流、技术、客服、营销、产品、人才方面的保障能力。该评价指标体系由四类共 40 个较具权威性和代表性的指标组成,能够综合地反映产业园区电子商务发展能力建设的进程与成效。

产业园、成都天府新区分列前三名,排名进入前十的其他园区依次为深圳市福田电子商务产业基地、深圳市互联网产业园、杭州东方电子商务产业园、广州云埔电子商务园区、北京市西城区电子商务产业园、河南省郑州电子商务产业园和上海浦东唐镇电子商务产业园,如表7-3所示。

表7-3 中国电子商务产业园区发展能力50强排行榜

园区排行	园 区 名 称	综合得分	政府支持力	企业竞争力	产业链贡献力	支撑体系保障力
1	北京通州商务园	93.1	93.7	93.8	89.5	95.4
2	上海嘉定电子商务产业园	91.1	94.0	94.1	80.2	94.6
3	成都天府新区	89.7	94.5	80.6	89.8	94.4
4	深圳市福田电子商务产业基地	88.8	94.0	80.6	90.2	89.8
5	深圳市互联网产业园	86.6	91.0	75.6	90.3	90.2
6	杭州东方电子商务产业园	85.4	94.5	70.9	85.3	90.4
7	广州云埔电子商务园区	79.7	89.5	75.3	69.8	80.2
8	北京市西城区电子商务产业园	79.6	89.5	70.6	75.2	80.2
9	河南省郑州电子商务产业园	78.6	75.5	80.6	75.3	85.2
10	上海浦东唐镇电子商务产业园	78.5	89.0	60.9	75.3	89.8
11	南京建邺江苏电子商务产业园	77.6	81.0	69.7	80.3	79.8
12	山西侯马经济技术开发区	77.4	75.5	80.6	69.7	85.4
13	东莞松山湖淘宝创业园	76.0	84.5	80.6	54.8	79.6
14	天津宝坻电子商务产业基地	73.5	74.0	70.6	75.2	74.8
15	常州西太湖电子商务产业园	73.0	75.5	70.6	70.3	75.2
16	上海电子商务创业园	72.9	69.0	70.6	80.2	74.8
17	杭州星火电子商务产业园	71.7	79.5	65.3	65.2	75.2
18	西安高新技术产业开发区	71.6	75.5	65.6	70.3	75.2
19	沈阳浑南电子商务产业园	71.4	69.5	75.3	70.3	70.4
20	郑州市郑东新区电子商务基地	71.4	79.0	60.6	70.3	74.8
21	温州市鹿城区电子商务产业园	71.0	69.5	75.3	60.3	80.4
22	贵阳经济技术开发区	70.9	69.0	70.6	75.2	69.8
23	嘉兴市名都电子商务园	70.5	69.0	65.6	75.2	74.8
24	福州海峡电子商务产业基地	70.5	69.5	65.3	74.8	74.6
25	武汉市汉正街都市工业区	70.2	76.0	64.7	60.3	79.8
26	西安软件新城	69.7	70.5	65.6	64.7	80.4

园区排行	园区名称	综合得分	政府支持力	企业竞争力	产业链贡献力	支撑体系保障力
27	潍坊市高新技术产业开发区	69.2	69.5	65.3	64.8	79.6
28	合肥(蜀山)国际电子商务产业园	69.0	84.0	50.6	60.2	79.8
29	深圳市宝安区民治电子商务园	68.0	70.5	65.6	65.3	70.2
30	南宁高新区电子商务示范基地	67.6	69.5	65.3	65.3	70.4
31	徐州沙集镇电子商务产业园	67.3	70.5	60.6	60.3	80.2
32	广州市电子商务(天河)产业园	66.7	69.5	60.3	75.3	60.4
33	乌鲁木齐高新技术产业开发区	66.6	80.5	60.6	49.7	70.4
34	苏州金枫电子商务产业园	66.1	69.0	60.6	65.3	69.8
35	广州岭南电子商务产业园	65.0	71.0	59.7	50.3	79.8
36	青岛天宇电子商务产业园	64.7	69.5	60.3	50.2	80.2
37	金华市区电子商务产业基地	63.3	70.5	50.6	50.3	85.2
38	广州番禺电子商务创意产业园淘商城	63.3	79.5	35.3	55.3	85.4
39	泉州电子商务产业基地	62.8	65.5	60.6	55.3	70.2
40	重庆市网商产业园	61.9	74.5	50.3	50.3	70.4
41	天津滨海高新技术产业开发区电子商务产业园	59.6	69.0	40.6	60.3	69.8
42	银川经济技术开发区宁夏软件园	55.3	69.5	40.3	40.2	70.2
43	西宁(国家级)经济技术开发区	55.1	69.5	40.3	39.8	69.6
44	内蒙古赤峰电子商务产业基地	55.0	69.0	40.3	40.2	69.8
45	无锡惠山(国家)电子商务产业园	53.9	64.0	40.6	50.2	59.8
46	大连高新技术产业园区	53.5	75.5	30.6	34.7	70.4
47	昆明国家高新技术产业开发区	50.7	71.0	29.7	30.3	69.8
48	北京平谷区峪口电子商务创新产业园区	50.0	59.5	40.3	39.8	59.6
49	江苏南通崇川科技园	49.9	59.0	40.3	40.2	59.8
50	长春净月国家高新技术产业开发区	43.5	50.5	30.6	35.3	60.2

资料来源：《中国电子商务产业园区发展研究报告(2012)》。

目前,国内的电子商务产业园区尚处在为交易型电子商务企业服务的初级阶段。电子商务发展到今天已经成为一个高度细化分工的产业。但是,作为一个高度细化分工的产业,当传统企业开始电商化时,这一产业的巨大能量才能爆炸性地释放出来。在一个网商的业务链中,许多环节都需要通过外包的形式完成,从产品摄影、美工设计到业务培训、营销推广,再到仓储、物流等。电商园区必须有足够数量、足够质量的外包服务商存在,才能满足企业的需求,这也是电商园区之所以有集群优势的原因。那些排名靠前的电商园区,正是因为营建了良性发展的电商生态圈,通过把网商、服务商聚集起来,从而提高了电子商务的交易效率,降低了交易成本,才促进电商产业链的快速发展。

7.2　电子商务服务赢利模式

7.2.1　会员费

　　会员费,即企业或个人注册成为电子商务服务商的会员,支付一定费用可以享受相应的服务,这是一种被广泛采纳的赢利模式。通常电子商务服务商针对付费会员和免费会员提供差异化的服务。以阿里巴巴中文站的会员服务为例,企业在阿里巴巴中文站注册后即成为普通会员,如果进一步支付会员费,即成为诚信通(普及版)会员。两种会员所能享受的服务内容有所不同,如表 7-4 所示。

表 7-4　阿里巴巴诚信通(普及版)会员与普通会员服务对比①

服务类别	服务内容	说　明	服　务　对　比	
			诚信通(普及版)会员	普通会员
标准服务	旺铺/企业网站	集无限空间展示、网站推广运营维护于一体的企业网站	免费享有	无权享有
	独享买家信息	随时查看阿里巴巴网上买家发布的求购信息和联系方式	免费享有	无权享有
	100 条信息优先排名权	同等条件下,在阿里巴巴网上交易平台发布的买卖信息排在普通会员之前。抢先获得买家关注	免费享有	排名在诚信通会员之后
信用体系	信用查询	买家可随时随地通过网络或手机短信查询卖家的诚信档案,了解卖家的信用状况,彻底打破买卖双方信任瓶颈	免费享有	无权享有
	诚信保障服务	诚信保障服务是阿里巴巴商业信用体系的核心服务之一,诚信通会员可通过预缴诚信保障金的方式对交易进行保障	免费享有	无权享有
	诚信档案	诚信档案包括资质认证、投诉机制和证书荣誉。 资质认证:获得权威第三方认证机构对企业经营资质或身份(个人会员)的核实,让买家信任; 投诉机制:有效地投诉机制和基于事实的处理流程,让买家的交易后顾无忧; 证书荣誉:将企业的证书、荣誉展示上网,彰显公司实力(该功能仅限企业会员)	免费享有	无权享有

---

　　① 来源:阿里巴巴中文站. http://trust.alibaba.com.cn/service_02.shtml.

服务类别	服务内容	说　　明	服务对比	
			诚信通（普及版）会员	普通会员
会员价值服务	精准营销	更精准锁定高意向客户（免费体验 1 个月，价值 188 元）	有机会免费享有	无权享有
	询盘管理	更科学管理客户询盘（免费体验 1 个月，价值 50 元）	有机会免费享有	无权享有

注：会员价值服务是指诚信通（普及版）会员有机会优先免费体验阿里推出的增值服务；享受优惠折扣购买阿里巴巴推出的增值服务，如精准营销及询盘管理。

7.2.2　网络广告

网络广告是电子商务服务业最为成熟的赢利模式之一，电子商务服务商通过为客户投放不同形式的网络广告获得收入。根据广告形式不同，网络广告可细分为文字链广告、网幅广告（包括 Banner、通栏等形式）、富媒体广告、电子邮件广告、弹出式广告等。

网络广告有多种计费模式，常见的有 CPM、CPC、CPA、CPO、CPS 等。

（1）CPM（Cost-per-Thousand Impressions）：每千次印象费用，即广告每显示 1000 次的费用。CPM 是目前应用最广泛的模式之一。

（2）CPC（Cost-per-click）：每次点击的费用，即根据广告被点击的次数收费，关键词广告一般采用这种模式。

（3）CPA（Cost-per-Action）：每次行动的费用，即根据每个访问者对网络广告所采取的行动收费。用户"行动"包括形成一次交易、获得一个注册用户或者对网络广告的一次点击等。

（4）CPO（Cost-per-Order）：根据每个订单或每次交易来收费。

（5）CPS（Cost-per-Sales）：以实际销售产品数量来换算广告刊登金额。

7.2.3　交易佣金

交易佣金是指电子商务服务商根据交易额向交易者收取一定比例的费用。这种方式比较灵活，交易成功后才收取。eBay、Amazon、敦煌网、淘宝商城等广泛采用这种赢利模式。

eBay 向卖家收取交易佣金，佣金比例因产品分类和成交价不同有所差异。表 7-5 显示了 eBay 对"定价（Fixed Price）"方式刊登物品收取的佣金比例。

7.2.4　搜索竞价排名

搜索竞价排名是企业向电子商务服务商支付一定的费用，购买特定的关键词，使得自己的产品或公司的信息在对应的搜索结果中处于排名靠前的位置，希望获得更多的关注和交易机会。

表 7-5　eBay 收取的佣金比例①

分　类	成交价(无售出,无费用)/美元	费　率
电子产品和计算机类(Electronics and Computers)	0.01~50.00	成交价的 8.0%
	50.01~1000.00	交易额 50.00 美元以下的部分,收取 8.0%
		剩余部分收取 5.0%(50.00~1000 美元的部分)
	1000.01 或以上	交易额 50.00 美元以下的部分,收取 8%
		50.01~1000 美元的部分,收取 5.0%
		1000.01 美元以上的部分,收取 2%
服装、鞋及饰品,汽车部件及配件(Clothing Shoes & Accessories and Parts & Accessories)	0.01~50.00	成交价的 12.0%
	50.01~1000.00	交易额 50.00 美元以下的部分,收取 12%;剩余部分收取 9.00%(50.00~1000 美元的部分)
	1000.01 或以上	交易额 50.00 美元以下的部分,收取 12%;50.01~1000 美元的部分,收取 9.0%
		1000.01 美元以上的部分,收取 2%
媒体类(Media)	0.01~50.00	成交价的 15.0%
	50.01~1000.00	交易额 50.00 美元以下的部分,收取 15%;剩余部分收取 5.00%(50.00~1000 美元的部分)
	1000.01 或以上	交易额 50.00 美元以下的部分,收取 15%;50.01~1000 美元的部分,收取 5.0%
		1000.01 美元以上的部分,收取 2%
所有其他分类(All other categories)	0.01~50.00	成交价的 12.0%
	50.01~1000.00	交易额 50.00 美元以下的部分,收取 12%;剩余部分收取 6.00%(50.00~1000 美元的部分)
	1000.01 或以上	交易额 50.00 美元以下的部分,收取 12%;50.01~1000 美元的部分,收取 6.0%
		1000.01 美元以上的部分,收取 2%

　　搜索竞价排名已经成为搜索服务商最主要的赢利模式,同样,也广泛被众多电子商务服务平台采用,如阿里巴巴、慧聪、生意宝等。

案例:慧聪网滚动排名服务②

　　慧聪网的滚动排名服务是买卖通会员专享的搜索排名服务。买家在慧聪网搜索供应

---

①　来源:http://university.ebay.cn/payment/fees/type35/1353.html.

②　来源:慧聪网.http://b2b.hc360.com/rank/rule.html.

信息时,滚动排名服务帮助卖家将产品信息排在搜索结果的前 8 位,让买家第一时间找到。

滚动排名的规则如下。

(1)"高低"原则。高级会员的排名位置一定在低级会员之前。

(2)"先来先得"原则,即同类型会员购买排名服务,先购买服务的会员排名在前,后购买服务的会员排名在后。

(3)"相异"原则。购买滚动排名服务的客户只能选择一个关键词的一个排名服务。

(4)同一关键词的排名位置一次最多可售出 8 个(火爆词位置不限),滚动排名服务可以对买卖通会员开放,单独销售,服务执行时间必须是在该会员的会员服务时间内。例如,关键词"机械"的排名服务总计有 8 位,购买这个关键词的会员有买卖通银牌会员 4 个、金牌会员 3 个、VIP 会员一个。搜索结果页面排名规则为:一家 VIP 会员将会排在最前面;3 家金牌会员排在 VIP 后,银牌会员之前,同时这 3 家金牌服务仍然遵循先来先得原则;4 家银牌会员排在金牌后面,4 家银牌会员排序规则遵循先来先得原则。

慧聪网会员单独购买关键词滚动排名服务的相关规则如下。

(1)买卖通付费会员(基础会员、银牌会员、金牌会员、VIP 会员)都可以单独购买滚动排名服务,购买排名服务个数、关键词类型不受限制。

(2)滚动排名服务起售时间为 3 个月,此基础上可以按"月"单位增加购买服务时间,但排名服务必须在买卖通会员服务期限内。不能单独购买服务还在生效,会员服务已经到期的状态出现。

(3)滚动排名服务价格,如表 7-6 所示。

表 7-6　慧聪网滚动排名服务价格

产　品	火爆词	热门词	普通词
滚动排名	600 元/月	400 元/月	200 元/月

7.2.5　其他赢利模式

以上介绍的赢利模式较为常见,被广泛采用。此外,电子商务服务商还可以采用其他多种多样的赢利模式,如合作分成、供应链融资等。

7.3　电子商务服务的双层经营结构

电子商务服务的双层经营结构是指电子商务服务商比较普遍地采用了"免费"与"收费"相结合的赢利模式,即免费提供基础服务,而对增值服务采取收费策略,两者相结合。电子商务服务商免费提供基础服务,可以吸引大规模的用户群,在此基础上向用户提供增值服务并收取费用,从而获得规模化的收入。

在《免费：商业的未来》一书的作者安德森看来，免费业务与收费业务实现交叉补贴，前者为后者聚集人气，后者为前者分摊固定成本。中国社科院信息化研究中心秘书长姜奇平提出"互联网统分双层结构"的观点，即基础业务平台与增值业务形成双层结构。

具体来看，电子商务服务商通常会免费向客户提供信息发布、交易管理等基础服务，在此基础上往往还提供丰富多样的增值服务，如提供网站建设、行业资讯、市场研究、企业认证、会展、培训、咨询等服务。通过这些增值服务，电子商务服务商一方面丰富服务内容，另一方面扩大收入来源。

在理解"电子商务服务的双层经营结构"时，有以下两个方面值得注意。

（1）电子商务服务商通过免费提供基础服务，充分利用了"网络效应"的原理，即通过免费提供基础服务，电子商务服务商可以尽可能多地聚集买卖双方用户，进一步，规模化的买方用户和规模化的卖方用户能够相互吸引，为促成电子商务交易积累必要的用户资源和信息资源。用户规模越大，信息资源越丰富，促成电子商务交易完成的机会就越多。因此，规模化的用户群是电子商务服务商实现持续、快速发展最基本的条件之一。

（2）免费提供基础服务并不代表电子商务服务商无法获得收入，收入可以通过增值服务收费获得。对于电子商务服务商而言，"免费"和"收费"相辅相成，缺一不可。"免费"为"收费"提供规模化的用户，"收费"为"免费"提供规模化的收入。

同时，在用户习惯于免费使用互联网服务的情况下，"免费"也成为电子商务服务商常用的竞争策略之一。

本章小结

典型的电子商务服务产品包括交易型、服务外包型、技术服务型、支付型、物流快递型和认证型。

常见的电子商务赢利模式有会员费、网络广告、交易佣金、搜索竞价排名等。

电子商务服务的双层经营结构是指电子商务服务商免费提供基础服务，而对增值服务采取收费策略，两者相结合。

思考题

1. 典型电子商务服务产品有哪些？
2. 常见的电子商务赢利模式有哪些？

参考文献

[1]　盘点 2009 年中国十大电子商务服务［EB/OL］. http://www. pcpop. com/doc/0/485/485617_1. shtml.

[2]　阿里巴巴诚信通简介［EB/OL］. http://trust. alibaba. com. cn/service_02. shtml.

[3]　五洲在线电子商务公司简介［EB/OL］. http://www. mic. cn/About%20Us. shtml.

[4]　关于 ShopEx［EB/OL］. http://www. shopex. cn/about. html.

[5]　关于支付宝［EB/OL］. http://ab. alipay. com/index. htm.

[6]　关于天威诚信［EB/OL］. http://www. itrus. com. cn/About. asp.

[7]　安德森. 免费：商业的未来［M］. 北京：中信出版社，2009.

[8]　互联网金融深度分析［EB/OL］. http://wenku. baidu. com/view/7a9560a5aeaad1f346933f94. html.

第 8 章　电子商务服务管理、评价和优化

8.1　电子商务服务管理

8.1.1　电子商务与服务的关系

互联网的出现预示着消费者主权时代的到来，消费者必将成为商业活动的主宰。电子商务的发展使商业竞争空前激烈，越来越多的企业已经认识到"想着客户"比"只顾竞争"更为重要，"最大限度地为客户提供满意的服务"成了电子商务成功的基本准则。与此同时，互联网的发展为服务提供了前所未有的理想平台，如何利用这个平台为用户提供简单、实用、可靠、个性化的电子化服务已经成为众多企业关注的中心。因此，电子商务的成败取决于服务，电子商务又有助于服务的实现，而电子商务时代的客户对电子商务的服务提出了新的要求。

1. 服务是电子商务的基石

很多企业简单地认为，所谓实现电子商务交易就是建个网站，在网上实现销售。网站建好后一段时间没有生意上门，企业便怀疑电子商务的价值。实际上建网站是实施电子商务的必要组成部分，但仅仅只有网站是远远不够的。最大限度地满足客户的需要是企业得以生存、发展、壮大的基础，没有满意的客户就没有企业满意的利润，也不可能有美好的前途，而满意的客户只有靠优质的客户服务去培育。所以，从本质上说服务是电子商务的基石，没有满意的客户服务就不可能有成功的电子商务，人们可以从以下 5 个方面更好地理解这一点。

（1）电子商务的机遇需要靠优质的服务去把握。电子商务的快速发展对人类经济活动的影响已成为不争的事实。中国的电子商务已经进入一个全新的发展时期，越来越多的企业将会通过电子商务赢得更大的发展空间，而另外数量众多的企业将因为没有把握网络机遇而遭到淘汰。美国的调查结果显示，不良的网上客户服务已经成为妨碍美国企业间（B2B）电子商务发展的绊脚石，也是网上公司建立信誉的主要障碍。有96%的被调查企业为客户提供电子邮件支持服务，但仅有67%的网站在网页上提供免费拨打的电话号码供用户与公司联系，仅有4%的公司网站提供客户与公司间的即时网上信息交流工具。调查还发现，仅有41%的公司在6个小时内对客户的电子邮件查询做出回应，其中仅有一半的回应提供了解决问题所需的信息。由此可见，要充分把握电子商务这一极其难得的历史机遇，必须靠电子商务和出色的客户服务交相辉映、共同取得。在竞争白热化的电子商务时代仅仅依靠产品和技术出奇制胜将会变得越来越困难，要取得成功唯一的选择只能依靠优质的服务。

（2）客户的选择标准将会集中于服务。电子商务所产生的一个重要的影响是为客户带来了几乎无限的选择权，大大增加了他们与商家讨价还价的能力。他们可以通过网络比较、选择世界范围内的商品，有权决定买什么、买多少、什么时候买、要求以什么价格成交等，对一些不能提供满意服务的企业，只需单击鼠标就把它弃置一边了。另外，根据美国市场营销协会的统计，客户还可以通过网络迅速扩散对企业服务的感受，因为在离线世界他往往只能把对某企业不好的评价传播给10多个人，而在网上他只需到一个新闻组发一条消息，就可把自己的抱怨散播到1000个人、一万个人甚至难以计数的人群之中。当然，他也会把自己愉快的感受迅速地传播给众多的网友。因此，在电子商务发展时代"客户是上帝"不再是句空话，他们会恰如其分地对企业的服务做出评价，握在他们手中的鼠标直接决定着众多企业的前途和命运。

（3）电子化交易呼唤人性化服务。很多人简单地认为电子商务就是通过网站实现自动交易。这样的理解是十分错误的，也是极其有害的。实际上，因为缺少人性化的服务，网站交易的成功率至今还很低。国外的研究发现大约有2/3的客户因为没有得到人性化的服务而在网站结账前就把购物小车挑选好的商品清空了。这意味着什么呢？意味着2/3的客户想和卖家做生意，卖家却把他们拒之门外，这是多么可惜的事情！国内不少开展电子商务的企业还没有意识到人性化服务的重要性，很少有企业开设800免费电话，有的虽开设了800免费电话也只是机器应答，而且从事客户服务的工作人员往往缺乏专业知识而敷衍了事，因而很难使客户满意。试想，当一个客户兴致勃勃地到某个网站来购物、洽谈生意，然而当他对商品的价格、规格以及支付方式等产生疑问而希望寻求帮助时，他居然得不到专业的服务，他能放心大胆地把资金划拨到这个网站的账户上来吗？电子商务使得面对面的交流、接触减少，但并没有消除客户对服务的需求，相反，面向客户的人性化服务显得更为重要了。

（4）服务是维护客户忠诚度的基本条件。在网络世界，客户的忠诚度变得十分脆弱，因为他可以轻而易举地在更大范围内选择供应商，当更具吸引力的供应商出现在网上时，他会不知不觉地弃你而去。而据国外的统计，开发一个新客户的成本是保留一个老客户的5倍。所以，无论如何不应让老客户轻易流失，唯一的办法是提高客户服务水平，竭尽全力让客户满意。只有优质的客户服务才能增进与客户的感情，才能赢得客户的信任，才能使脆弱的客户忠诚度得到维护、强化。

（5）服务是增强员工凝聚力的重要因素。对一家服务水平低下的企业来说，不仅客户不愿意与其打交道，而且公司内部的员工也肯定不愿意为其尽心尽力地工作。因为他们的努力得不到承认，他们的付出得不到回报，他们希望早日得到更好的发展机会或另谋出路。对不少实施电子商务的中国企业来说，很多优秀的人才因为企业没有向客户提供优质的服务、赢得客户的信任而另择高枝。这就说明没有过人的客户服务能力就会使员工丧失信心，最终影响公司的凝聚力和战斗力。

2. 适应电子商务发展的服务要求

电子化服务作为在电子商务环境下的新的业务模式，不但加速了企业之间的竞争，也给企业提供的客户服务提出了许多新的要求。促使企业电子化服务成功的关键因素具体表现在以下 7 个方面。

（1）在客户需要时，满足客户的需要。知道用户需要什么类型的信息还不够，还必须快速地把信息提供给客户。Web 是一种即时媒体，延迟提交客户需要的内容将会招致客户的不满。一个好的电子化服务解决方案必须捕捉客户的请求，并且使用这些信息自动改进 Web 站点的内容，使未来的访问者得到更好的服务。

（2）使响应内容和响应机制更容易发现和方便使用。很多 Web 网站设计者没有考虑客户在遇到问题时如何能够引导客户方便地得到帮助或发送请求。很多站点的"联系我们"按钮只是简单地弹出一个预先设置好的电子邮件窗口，而没有信息告诉客户预期的回复需要多长时间或是否有其他的寻找信息的方法。很多站点甚至没有留下一个人可供联系的电话号码，当客户需要立即与相关人员通话时却无法得到满足。因此，电子服务必须使客户易于获得、方便使用。

（3）遵循"80/20"规则。尽管保证 Web 站点的内容尽量全面是一个好的想法，事实上平均所有问题的 80％可由 20％的答案解答。换句话说，只有相对一小部分的内容能够带来大量的生意。因此，如果公司延迟发布网站的原因是为了尽可能地回答客户的所有问题，这种做法就不对。更合理的方法是先发布重要的信息，然后再逐渐根据客户的需要添加其他的内容。

（4）主动出击，快速响应。网商不必依赖于通过客户访问网站来获取他们需要的信息。通过提供各种电子邮件通知选择，网商可以将客户的电子邮件作为 Web 站点的延伸。一个好的方法是询问访问者是否愿意在特定内容区域变化时收到相关的通知，如产品目录或新闻发布内容。这种变化通知"推送"机制允许网商充分利用你的 Web 站点，建造一种与客户的持续的电子关系。

很多公司对在线信息请求的响应速度非常慢，这是电子化服务的大忌。一旦客户或潜在的客户对他们的请求得不到及时的回复而感到失望，他们一般不会重新请求，因而对公司的总体印象会发生改变。因此，即使只是提供简单的电子邮件联系方法，也应该保证会快速响应，最迟不应超过一个工作日。

（5）诚恳的态度，贴心的服务。每一个成功的销售人员都知道，虚心接受客户的"倾听"——直接的或暗示的来自客户的消息对做好营销工作至关重要。网上与客户打交道也是如此，一个有效的 Web 需求机制和执行方法应该保证听到在线客户所发出的直接的或潜在的请求信息。由于很大比例的访问者所遇到的问题会集中在一个较窄的范围内，在请求发生时跟踪对信息的请求非常重要。对请求的一致跟踪可使站点内容的负责人知道他们努力的方向，可以更有效的使用人力资源和基础框架资源。有效的电子服务应用基于历史记录会自动实现这种跟踪，这对更好地服务客户十分有用。

（6）独特的网站设计。适应电子商务的服务还要求企业网站的设计充分体现"以客户为中心"的理念，如充分考虑客户的利益，为客户提供准确有效的信息，不浪费客户的时间，记得客户是谁，让客户更容易完成订购与交易，确保服务能让客户愉快，为客户提供量身定做的产品与服务等。目前我国企业的网站设计与维护方面主要存在以下一些问题。

一是设计定位不准。网站定位是网站设计的前提，也就是说企业必须首先搞清楚所设计的网站主要吸引什么样的访问者，他们需要得到哪些信息服务等，至于企业的总经理是谁、长得怎样对他们来说，并不重要，重要的是他们花了时间、上网费和宝贵的注意力资源，希望从网站得到有用的信息。

二是信息量少，内容缺乏新意。我国企业的大多数网站都只注重宣传企业的产品、组织机构、领导人介绍及产品如何成交、付款等内容。实际上如果一些首次访问网站的客户对公司的情况了解不多的话，很少会直接通过网站实现交易的。所以，国外的很多网站都非常重视在网站上提供与企业产品和服务相关的各种信息，他们希望通过这些客户感兴趣的信息来吸引客户的注意力，培养顾客的忠诚度。例如，高露洁牙膏以"口腔护理"作为网站宣传的重要内容；而宝洁公司则突出了"关爱生活，亲情至上"的主旨，而绝不是只提供产品说明和企业简介的"电子化的宣传册"。我国企业的网站提供的信息内容都不够充实，有的则提供各种杂乱无章的信息让访问者提不起兴趣。

三是缺乏全球化经营的思想。电子商务客观上为企业走向国内外市场创造了条件，但是真正利用网络开拓国际市场的企业现在还非常少，表现在网站设计上就是缺乏全球化经营的思想。我国企业的网站设计中较少考虑到国外用户的信息需求，如对不同国家和民族的语言、文化、风俗习惯等基本没有引起重视，有中英文两个版本的企业网站数量还很少，而且即使有英文版本的，其内容既不够丰富，又缺乏良好的创意，很难吸引国外的客户。至于其他语言的版本则少得可怜，这对企业开拓国际市场极为不利。

美国亚马逊公司的客户遍及世界各地，它的网站主要有以下 4 个特色。

① 网站所展示的品种异常丰富，客户选择的余地非常大。

② 网站设计便于访问者浏览，节省他们的时间。

③ 为每一位访问者提供量身定做的个人书库。

④ 为客户提供全方位、多角度的书评。

由此可见，对开展电子服务的企业来说一定要在网站设计上多下工夫，只有这样，才能达到事半功倍的效果。

（7）一流的客户服务提供者。毫无疑问，一流的服务必然来自于一流的服务提供者。每一个成功的企业都有一大批训练有素、业务娴熟、对客户充满爱心的、高水平的客户服务提供者。无论是在网上还是在网下，电子商务的动作都离不开优秀的客户服务人员。适合电子商务需要的客户服务人员应满足以下一些条件。

① 热爱服务,视客户为亲人,发自内心地尊重客户。

② 经过系统培训,懂得计算机应用,具有丰富扎实的专业知识。

③ 有良好的交流沟通能力,懂礼貌,对待客户亲切友善。

④ 经过授权,具有一定处理客户问题的权限。

⑤ 有良好的团队合作精神。

⑥ 具有不断向客户学习的能力。

除上述所列要求外,电子商务服务的要求还有很多。例如,允许客户自由退货;系统能自动识别访问者,让访问者倍感亲切;为客户设置各种优惠服务;配备专人负责特定客户的业务,提供人性化的服务等。客户服务的需求会在实践中不断产生,需要企业管理人员认真地去发现,真诚地去满足。

实际上,这些看似简单的服务要求和原则在某种意义上决定着企业电子化服务的成败。正像很多公司在过去几年所证明的那样,在线客户服务的成功不只影响客户对企业的认知,还会影响投资者、合作伙伴和其他相关的重要企业对公司的认知,每一个有志于开展卓越的电子化服务的企业都不应掉以轻心。

8.1.2 电子商务时代的组织结构

1. 传统组织结构与电子商务时代组织结构的区别

传统科层式组织是建立在亚当·斯密分工理论基础之上的,其部门之间分工明确,形成了金字塔形组织结构。这种建立在专业化分工基础上的金字塔型组织结构在工业革命时期的专业化、标准化生产或重复性工作中发挥了巨大的作用。但这一结构的弊端也是显而易见的,如各职能部门之间缺乏快速统一的沟通协调机制;森严的等级制度极大地压抑了员工的主创精神;信息沟通渠道过长,容易造成信息失真以及由不相容目标所导致的代理成本增加,决策者也无法做出快速反应。科层式组织导致了官僚主义,企业服务把顾客抛在一边,这些都严重制约了企业进一步发展。而电子商务环境下,企业的经营管理具有全球性、平等性、共享性、知识性、虚拟性、创造性、自主性等特征,企业间的竞争已进入无边界的竞争时代。在这种环境下,企业竞争的焦点都集中于创新能力、反应速度、定制化产品、客户化服务等方面,组织的管理"速度"成为关键砝码,这就需要能适应快速变化环境的组织结构。

2. 电子商务时代组织结构设计的内容

传统的刚性组织结构模式与电子商务环境下的企业发展间的矛盾不可调和,传统的科层式组织是在稳定的、可预测的环境下,以及在收益递减法则作用下建立起来的。在电子商务环境下,面对激烈的市场竞争和多变的顾客要求,传统科层式组织结构不能适应急剧变化的环境,将面临巨大的挑战。而信息技术的发展却提供了有利的软硬环境,新的组织结构模式将在这种背景下孕育而生。信息技术推动着组织结构创新的进行,而组织又不断进行着自身的改造与创新,在这种良性的双向互动中企业的发展被推向新的高度。

电子商务时代组织设计的内容可分为组织结构设计(组织结构本身的设计,称为静态设计)和组织运行制度的设计(称为动态设计)两个方面。

1) 组织结构设计

组织结构设计包括职能设计、框架设计和协调方式设计3个方面。

（1）职能设计。这是一项最基本的工作。正确规定组织应具备的经营职能，以及保证经营顺利进行的管理职能。

（2）框架设计。这是组织设计的主要内容。框架设计可分为企业管理层次的设计和部门的设计，以形成组织管理的框架。

（3）协调方式设计。框架设计的实质是研究分工，即整个管理系统如何分工，而有分工必然有协作，这就是协调方式的设计。管理系统是一个整体，要实现整个管理系统的功能，需要横向联系和协调，否则就是一盘散沙。

2) 组织运行制度的设计

通过有关的制度和条件来保证设计出来的组织结构能够正常运行，主要包括以下3方面内容。

（1）管理规范设计。管理工作的进行，要有规章、制度来规范。

（2）人员设计。确定组织结构正常运行所必需人员的质量和数量。

（3）激励制度设计。用以调动人们工作的积极性，包括正激励和负激励，如工资制度、奖惩制度、考评制度等。

3. 基于电子商务的组织结构发展趋势

（1）组织结构扁平化。电子商务时代，经济全球化进程加快、市场竞争加剧，迫使企业经营者必须在管理上进行持续的创新。反映在组织结构设计上，越来越多的企业正努力扩大管理幅度，拓宽到10～12个下属，同时对下属的要求也不断提高。因此受过良好训练、经验丰富的下属管理者，可以在更宽的管理幅度下开展工作。在现代企业管理中，注重采用扁平结构已成为一种趋势。

（2）组织结构柔性化、虚拟化。柔性化组织是指企业以一些临时性的、以任务为导向的团队结构来取代固定正式的组织结构，通常表现为临时团队、工作团队和项目小组等形式。团队结构可作为典型的官僚结构的补充，既可以获得官僚结构标准化的好处，提高运行效率，又能因团队的存在而增强灵活性。在柔性化组织中，集权和分权相结合，稳定性与变化性相统一，灵活性和多样性相协调，可以发挥团结合作优势，缩短产品研制与生产出货的时间，对消费者的需求能迅速做出反应，从而保证企业充分利用资源，为企业提供了应变内外部环境变化的能力，提高组织竞争力。

组织的虚拟化是伴随新技术的发展而产生的，通常企业只保留规模较小但具有核心竞争力的部分，而依靠其他组织以合同为基础进行制造、分销、市场营销等业务经营活动，具体形式可采取诸如业务外包、企业共生、战略联盟、网络营销等。这种组织结构以其合作方式的灵活性、合作内容的技术性和合作范围的广泛性以及对外部环境的高度适应性被许多跨国公司所采用。

（3）组织运行电子化。当今成功的组织正在有效地利用电子化技术，实现电子商务。管理者认识到电子技术在为组织获得和保持竞争优势中起到举足轻重的作用。沃尔玛率先使用计算机网络进行电子商务活动，解决了供应链中时间和成本难以控制的问题，从而使其成为世界上最大的零售商。一些专家预计，21世纪员工们通过电子方式相互联系，他们被分配到不断变更的团队中,能使组织中的独特资源、能力和核心竞争力得到充分利用。一些组织运用电子技术将各个独立的企业联结到网络型组织中,或将遥远的全球事业部联结起来,实现更广泛范围的、更快速的合作。

(4)组织边界模糊化。电子商务中,出现了"无疆界世界"的概念,认为公司在全球战略方面不应受国界约束,总部不一定要设在母国,生产、营销、科研等也可以战略性地分布在全球各地,管理人员应以"全世界"作为经营范围,而非特定国家或地区。

为了更好地使组织内部适应外部环境的多变性,迅速地从外部获得信息,学习型组织应运而生。学习型组织概念的提出使组织的边界被重新界定。学习型组织是建立在组织要素与外部环境互动关系的基础上的,超越了传统的职能或部门划分的法定边界,使组织从等级权力控制型转变为激发员工内心创造力型,其组织结构的扁平化保持了组织纵向和横向信息沟通的有效性,它的弹性组织结构使组织具有柔性且具有对外部环境的适应性。如20世纪90年代通用电器公司进行了企业无边界化改革:从纵向上减少层次,以减轻官僚主义和等级制度对管理造成的危害;创立听证会制度,使信息沟通渠道更加畅通;主张流动性,希望通过学习和思想的自由传播来消除人们意识中的边界。

(5)组织管理知识化。知识管理的兴起主要有以下3个推动力量。

一是信息技术的迅速发展。20世纪80年代以来,随着信息技术的迅速发展及其在企业经营中的普遍应用,企业经营管理的信息化趋势不断加强。

二是随着组织的经济基础从自然资源转变为智力资本,组织必须对知识资源拥有状况进行评价,并设法最有效地利用这些资源。

三是创建学习型组织的需要。学习型组织中,管理者要设法创造一种文化与制度,以便促进新知识的创造以及知识的收集、传递和转化。

当今发达国家中出现了一批新式的高级经理,他们被冠以"知识主管"、"智力资本主管"等头衔,其职责是获取、创造、使用、保存和转让知识。这些大公司,如美国的可口可乐、通用电器等,在实行了知识管理后获得了强大的竞争优势、创新能力和良好的经济效益。目前,对知识管理的全面研究正在世界范围内展开。

8.1.3　电子化服务

电子商务的发展一方面提升了服务的地位,另一方面也为服务的实现提供了更为有利的条件。近年来,"电子化服务"的概念已颇为流行,相应的软、硬件产品已成为不少IT厂商开发的重点。电子化服务就是基于互联网的客户服务,也就是说,利用互联网完成客户服务的一部分职能。随着电子商务的发展,电子化服务已成为许多企业客户服务与客户支持战略的一个重要的组成部分。

1. 电子化服务的优势

电子化服务作为一种新的服务方式具有较为明显优势,主要表现在以下3个方面。

(1)方便客户享受服务。互联网是一个每周7天、每天24小时面向全球用户开放的信息载体,利用其提供客户服务可以方便客户随时随地取用各种服务信息,得到满意的服务。互联网特有的交互性特点用在客户服务中更能发挥出方便客户的优势。这种交互式的服务可以借助代理程序处理所有与客户服务相关的事务,允许客户通过与企业服务系统的交互获得企业所提供的完善的服务。某种程度上可以说,这种交互式的电子化服务所提供的服务可以与企业的客户服务代表向客户所提供的服务相媲美。而且,电子化服务系统还可与企业传统的服务系统以及电话客户服务系统进行有机集成,形成更强的服务能力。

(2)降低服务成本。利用电子化服务可以节省传统服务方式的成本,如可以减少客户服务人员,降低电话服务的业务量,从而降低客户服务的成本。美国联邦快递公司在采用电子化服务方式提供客户问询之前采用的是 800 免费电话方式,每一次问询的费用(包括人工、通信等)平均达到数美元,而且由于人工查询需要花较多的时间而常常导致客户的不满,后改用互联网提供电子化服务后,公司直接把包裹的走向在第一时间发布在网上,客户只要凭一个包裹编号就可直接在网站查询到最新的包裹投递状态,对联邦快递公司来说,这样每次接待客户问询的成本降低为 0.10 美元。因此,正确使用电子化服务策略对降低企业的服务成本大有好处。

(3)提高客户服务水平。电子化服务可以充分利用客户数据库,可以对客户访问网站状况、购物情况、对产品和服务需求等各种信息进行记录、分析、整理,发现不同客户的现实和潜在需求,并针对客户的需求提供个性化的服务,让客户更加满意,从而提高企业客户服务的水平。

2. 电子化服务的实现方式

从技术上实现电子化服务有两种方式,一种是自建,另一种是外包。

1)自建方式

这种方式是由企业通过招募人才、购置设备、建立网站、构造电子化服务系统、吸引客户访问公司主页、直接为客户提供电子化服务等组成的。对企业而言,这种方式所耗费的人力、物力、财力比较多,而且还必须通过各种形式的广告扩大网站的知名度。同时,企业必须对网站的样式进行精心的设计,企业无须依赖过多的外部力量,具有较强的自主性、独立性,并且在企业网站打开知名度后可以利用网络品牌效应迅速扩展新业务,提供新的电子化服务,创造更多的商业机会。

对客户而言,这种方式显得不够方便,因为公司网站的独立性强,与其他网站的联系不够紧密,虽可通过链接进行网站信息交换,但效果不甚理想。特别是不利于为潜在客户、新客户提供服务,因为他们对公司的情况不甚了解,而且也不易发现公司服务的价值。

对于知名度较高、资金实力雄厚、现实客户数量较多的企业来说,可以考虑采用这种实现方式。

2)外包方式

这种方式要求企业将所提供的服务或产品以标准化的形式放在网站上,其他工作如联系客户、吸引客户等则外包给第三方来完成。对企业来说,采用这种方式所耗的人力、物力资源要比自建方式小得多。虽然企业仍需建立网站,但对网站的宣传、维护工作可以降到最低点,而且企业也没有必要自购服务器存放网站,选择一个比较可靠的虚拟主机或进行服务器托管就可以了。因为由第三方提供的网上搜寻服务的模块将会全天候地与企业的网站自动链接,并与企业网站提供服务的模块自动交换信息,核对企业所提供的产品或服务是否满足要求,一旦条件满足即可促成交易。这样,企业可以只专注于产品或服务的生产开发,而不需要考虑如何吸引客户、联系客户,从而有利于产品或服务质量的提高。但是,采用这种方式不能直接打开网站的知名度,而且网站对外部资源的依赖也比较多,独立性不强,企业的发展会受到一定影响。

对客户而言这种解决方案则非常方便。客户只需打开一个入口网站,输入所需产品或服务的信息,一次单击就可通过自动搜寻模块和电子化服务模块获得所需的产品或服务信息。在客户看来,所有提供相同产品或服务的企业构成了一个整体。显然,在满足客户要求的前提下,产品或服务质量更好、响应速度更快的企业将会赢得大量的商业机会。

对于大量的中小企业来说,由于受到资金、技术、人才的局限,采用外包方式无疑是一种明智的做法。

3. 电子化服务策略

提高电子化服务的水平必须考虑以下一些基本策略。

1)提高网站的有效性

网站是实施电子化服务的载体,网站设计的有效性直接影响电子化服务的水平。一个优秀的网站最主要的特征是"访问者能方便快速地找到所需信息并完成要做的操作"。而要达到这一点是有一定难度的,因为访问者的情况各不相同,既有公司长期的老客户,也有首次光顾的新客户,还有只是"溜达溜达"的上网者,对公司的业务毫无关系;上网者的水平也各不相同,有的是久经沙场的老手,而有的则是刚刚出道的"菜鸟"。所以,网站设计者应充分考虑到不同访问者的需求,尽可能让不同类型的访问者满意。

以下一些问题有助于网站设计有效性的判断。

(1) 客户能迅速地找到常见问题的答案吗?

(2) 能否迅速回复客户的服务请求,疑难问题能在 24 小时内回复吗?

(3) 网站内容能随着客户的反馈而不断更新吗?

(4) 是否提供电子邮件服务,把站点的最新更新信息传递给访问者?

(5) 最有用或最常用的信息是否首先展示给访问者?

(6) 知道经常光顾网站的是谁,他们对哪些信息感兴趣?

(7) 是否建立了一些方法来分析访问者对产品和服务的需求?

(8) 是否能经常听到客户对站点的正面或反面的评价?

(9) 是否能及时地捕捉到本公司员工的想法,并把他们的想法在网站公布出来?

(10) 网站是否为客户和员工提供了网上讨论的功能,并定期进行收集整理?

2)为访问者提供及时、个性化的信息服务

对每一个提交电子邮件问询的访问者来说,他们都希望能迅速得到准确的答复,切忌拖延或答非所问。同时,公司还应对访问者的注册信息认真分析,根据每个人的工作性质、学习背景、收入水平、兴趣爱好等定制出个性化的信息服务,及时地通过电子邮件提交给客户。访问者的电子邮箱应成为企业站点的延伸,以便更好地为客户提供更深层次的服务。网站应注意保护客户的隐私权和网上交易的安全性,绝不要轻易转让客户的各种信息。当然,对客户的信息需求不能无限地满足,也不可能无限地满足,因为要考虑到成本的因素。

3）合理运用"80/20"法则

"80/20"在很多场合都能适用,在网络上也同样如此,也就是说,网上 20%的信息被 80%的访问者所关注。所以应特别注意 20%重点信息的质量和更新速度。如果公司为了尽可能地回答客户的所有问题而影响网站信息发布的时间,这种做法是不可取的,经常更新 20%的重要信息能使访问者体会到耳目一新的感觉,收到比较好的效果。

4）及时跟踪

很多访问者的请求会集中在一个比较窄的范围内,在请求发生时,及时跟踪这些请求的处理过程很有必要,这样可以让网站管理人员知道对这类问询的处理办法,以便更加有效地对这些集中问询做出反应。同时还应对客户接收到公司提供的答复后所产生的反应进行跟踪,了解客户是否对公司的回复满意,哪些不符合要求,哪些需要加强,再把这些信息及时反馈给企业的相关部门,形成一个完整的信息回路,提高电子化服务的实际效果。

5）合理使用自动化技术

处理大量的电子邮件必然会耗费大量的人力和物力,特别是当网站的访问量达到一定程度时会使网络服务人员难以招架。在这种情况下,有必要应用自动化技术以满足公司业务迅速增长的需要。另外,应用相关的软件还可以进行站点的自动维护,自动进行信息收集和客户分析,对一些陈旧的内容进行及时的调整等。但是,对一个尊重客户,把"以客户为中心"作为自己经营理念的企业来说不应过分迷信自动化技术,因为如果客户看到的回复来自于机器,必然会怀疑信息的真实性,并对公司的诚意缺乏信心,不少人会理所当然地打消与公司进一步接触的念头,从而给公司带来不必要的损失。

8.2 电子商务服务评价

自从 20 世纪 90 年代中期以来,互联网在全球快速发展,以数字化和网络化为基础的电子商务因其具有超越时空的界限、双向信息沟通、交易手段灵活和交货方式快速等特点,突破了传统的贸易形态,为经济发展提供新的原动力,从而成为各国国民经济发展的一个重要的增长点。因此,许多国家都将大力发展电子商务作为新世纪的一项重要国策。在过去十年间,我国的电子商务在经过 2000 年前后的短暂震荡之后快速成长,电子商务交易额于 2009 年超过了 4 万亿元[①]。但是,不可否认的是,电子商务信用体系的不健全极大地制约着我国电子商务的进一步快速发展。构建符合我国国情的电子商务信用体系无疑是促进我国电子商务健康发展的基石。电子商务服务业作为现代服务业的重要组成部分,对我国电子商务的发展起到了关键作用,提出并设计一套科学的电子商务服务评价指标体系对于促进我国电子商务,尤其是促进我国电子商务服务业的更快发展具有重要

---

① 截至 2009 年底,中国网民人数达到 4.04 亿;互联网普及率达到 28.9%,超过世界平均水平;使用手机上网的网民达到 2.33 亿人;我国网站总数达 323 万个;使用宽带上网的网民达到 3.46 亿人;共完成互联网基础设施建设投资 4.3 万亿元,建成光缆网络线路总长度达 826.7 万公里;我国 99.1%的乡镇和 92%的行政村接通了互联网,95.6%的乡镇接通了宽带;在过去 16 年,我国的信息产业年均增速超过 26.6%,占国内生产总值的比重由不足 1%增加到 10%左右;2009 年我国电子商务交易总额突破 4 万亿元。互联网已经成为我国经济发展的火车头,推动整个国民经济迈上了一个新台阶。

的意义。

以华北计算机系统工程研究所的龚炳铮为代表的电子商务领域专家在回顾有关文献资料的基础上提出了一套电子商务服务水平评估的评价指标体系(3 个一级指标,21 个二级指标,40 个三级指标)和评价方法,为各级政府及行业主管部门提供指导和考评本地区、行业电子商务平台、服务商服务水平的依据和手段,为电子商务服务企业提供一个规划建设与实施、有效管理服务水平与效益、持续改进的依据与工具,为广大电子商务应用企业提供一个评价电子商务服务水平和选择服务的依据。

8.2.1 电子商务服务质量管理

1. 电子商务服务质量的范围

全面观察电子商务服务系统对于识别电子商务服务质量指标是十分必要的。一般应从内容、过程、结构、结果和影响 5 个方面来考察电子商务服务质量。

(1) 内容。从内容方面考察电子商务服务质量是指电子商务服务是否遵循了标准程序。对日常服务而言,标准作业流程已经制定,希望服务人员能够遵守这些既定程序。

(2) 过程。从电子商务服务过程考察电子商务服务质量是指电子商务服务中的事件顺序是否恰当。客户和服务人员之间的交互过程应得到监控,也包括服务人员之间的交互作用和沟通。其基本的原理是要保持活动的逻辑顺序和对服务资源的协调利用,对于急救服务,如火警,可以通过实战演习来检测团队的工作,通过这些活动来发现行动顺序上存在的问题,并得以及时纠正。

(3) 结构。从电子商务服务的结构考察电子商务服务质量是指有形设施和组织设计是否完备。对电子商务服务而言,有形设施和辅助设备只是结构的一部分,人员资格和组织设计也是其重要的质量因素。通过与设定的质量标准相比较,就可以确定有形设施是否完备。反映组织控制质量效果的一个指标是采用主动的自我评估程序,如人员雇用、晋升资格等所要达到的标准。

(4) 结果。要观察电子商务服务会导致哪些状况改变,电子商务服务质量的最终测量要反映最终结果。通过跟踪一些指标,如客户投诉数量,就可以监视电子商务服务结果质量的变化。例如,可以采用每千名患者手术感染率来评定医院。当然,还可以采用一些技巧来测量电子商务服务质量,如可以通过垃圾车清扫完街道后的照片来评定城市清扫的质量。

(5) 影响。要考察电子商务服务对客户的长期影响。电子商务服务的影响包括电子商务服务的适应性、可获性、易接近性等方面。可以通过民意测验的结果来衡量电子商务服务工作的影响。

2. 电子商务服务质量的因素

感知电子商务服务质量的好坏主要由电子商务服务产品的性质所体现。由于电子商务服务产品的无形性、差异性等特点,使得电子商务服务产品的感知质量很难用固定标准来测量,不像有形产品的质量那样容易测定。一般来讲,感知服务质量的决定因素有 10 个,分别为有形性、可靠性、响应性、能力、可接近性、礼貌、沟通、可信度、安全性、了解客户。在进一步的研究中,他们把这 10 个因素归纳为 5 个,即有形性、可靠性、响应性、保证性、移情性。这 5 个因素是客户对感知服务质量进行评价时的最基本依据。客户从这 5 个方面将预期的服务和接受到的服务相比较,最终形成对感知服务质量的判断。如图 8-1 所示,服务期望受到口碑、个人需要和以往经历的影响。

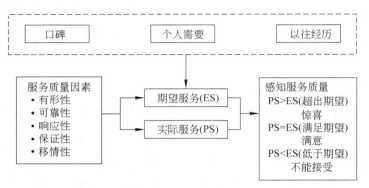

图 8-1　电子商务服务质量的因素

（1）可靠性。可靠性被认为是服务质量最基本的因素,可靠性是指企业准确地履行服务承诺的能力,实际上是要求企业在服务过程中避免差错。可靠性是客户对服务承诺做出反应并确认服务组织当初的承诺是否会兑现,是客户对所接受的服务的好坏及可靠程度的反应。例如,一个旅馆当初向客户承诺,除每日的住房费用外,客户可免费使用旅馆内任何设施,如果最后这一承诺不能百分之百地兑现,客户就会认为这个旅馆的可靠性不高。

（2）响应性。响应性是指企业随时准备为客户提供快捷、有效的服务。这是指服务人员对客户需求的感受程度、热情态度和反应能力等。让客户等待,特别是无原因的等待,会对质量感知造成不必要的消极影响。出现服务失败时,迅速解决问题会给质量感知带来积极的影响。对于那些困难的客户或者需要超出一般标准的服务的客户来说,快速响应显得尤为重要,服务人员应乐意并随时提供服务,如即刻办理邮购、迅速回复客户打来的电话、提供恰当的服务等。

（3）保证性。保证性是指服务人员所具有的友好态度与胜任工作的能力,它能增强客户对服务企业质量的信任感。保证性包括 4 个方面的特征:胜任能力,对客户的友好态度,与客户有效的沟通,将客户最关心的事放在心上的态度。

服务保证描述的是客户接受服务时对服务人员的信任情况、服务人员的自信以及他们提供服务时的礼貌和能力。如果客户对保证性评价较高,意味着客户对服务人员能够理解,且对满足他们的需要表示满意;反之,如果客户对其服务企业保证性评价较低,客户就会对此企业的服务情况产生较多顾虑。例如,当客户和一位友好、学识渊博的服务人员打交道时,他会认为自己找对了公司,从而获得自信与安全感;若服务人员态度不友善,且专业知识懂得太少,就会使客户失望。

（4）移情性。移情性是指企业要设身处地地为客户着想,了解他们实际需要并予以满足。对客户给予特别的关注。关心客户和提供个人关注,这能让服务人员易于接近并接触客户,用他们的服务和努力来了解客户所需。移情性具有 3 个特征:接近客户的能力,敏感性以及有效地理解客户需求的能力。

(5)有形性。有形性是指服务产品的有形部分。在大多数服务组织里,有形因素包括物理环境、设施设备、服务人员的仪表等,客户往往在真正接受服务之前会通过有形因素对服务质量进行预先评价。服务的有形性从两个方面影响客户对质量的认识,一方面它们提供了服务质量本身的有形线索;另一方面它们又直接影响到客户对质量的感知。例如,一名消费者到饭店用餐,往往先根据卫生条件、旅馆地点、周围环境、服务人员的衣着礼仪、大厅的装饰等情况对饭店服务质量做预先的猜测和评价。

以上 5 个方面表明,服务组织在检验自身服务质量时需要进行细致的分析。体现在以下两个方面。

第一,在以上 5 个方面中,响应、服务人员的投入和保证是对客户和服务人员之间的接触情况的最直接体现。客户对服务的意见主要依赖于为客户直接提供服务的人员的态度和服务绩效;当然,有些也部分地依赖于服务人员的衣着、精神风貌和个人卫生等。

第二,服务的提供方式与服务效果和性质同样重要,客户在评价服务质量时,不但要根据服务最终效果,而且要根据服务流程进行评价。客户的满意度不但依据服务的效果而定,也依据他们的消费过程而定。

8.2.2 Kano 模型

受行为科学家赫兹伯格的双因素理论的启发,东京理工大学教授狩野纪昭(Noriaki Kano)和他的同事 Fumio Takahashi 于 1979 年 10 月发表了《质量的保健因素和激励因素》(Motivator and Hygiene Factor in Quality)一文,第一次将满意与不满意标准引入质量管理领域,并于 1982 年日本质量管理大会第 12 届年会上宣读了《魅力质量与必备质量》(Attractive Quality and Must-be Quality)的研究报告。该论文于 1984 年 1 月 18 日正式发表在日本质量管理学会(JSQC)的杂志《质量》总第 14 期上,标志着狩野模式(Kano mode1)的确立和魅力质量理论的成熟。

KANO 模型定义了 3 个层次的顾客需求:基本型需求、期望型需求和兴奋型需求。这 3 种需求根据绩效指标分类就是基本因素、绩效因素和激励因素(见图 8-2)。

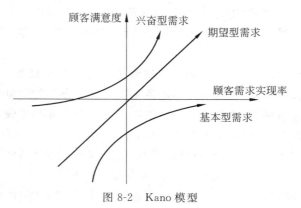

图 8-2 Kano 模型

基本型需求是顾客认为产品"必须有"的属性或功能。当其特性不充足(不满足顾客需求)时,顾客很不满意;当其特性充足(满足顾客需求)时,无所谓满意不满意,顾客充其量是满意。

期望型需求要求提供的产品或服务比较优秀,但并不是"必须"的产品属性或服务行为。有些期望型需求连顾客都不太清楚,但是是他们希望得到的。在市场调查中,顾客谈论的通常是期望型需求,期望型需求在产品中实现的越多,顾客就越满意;当没有满意这些需求时,顾客就不满意。

兴奋型需求要求提供给顾客一些完全出乎意料的产品属性或服务行为,使顾客产生惊喜。当其特性不充足时,并且是无关紧要的特性,则顾客无所谓;当产品提供了这类需求中的服务时,顾客就会对产品非常满意,从而提高顾客的忠诚度。

严格地说,该模型不是一个测量顾客满意度的模型,而是对顾客需求或者说对绩效指标的分类,通常在满意度评价工作前期作为辅助研究模型,KANO 模型的目的是通过对顾客的不同需求进行区分处理,帮助企业找出提高企业顾客满意度的切入点。KANO 模型是一个典型的定性分析模型,一般不直接用来测量顾客的满意度,它常用于对绩效指标进行分类,帮助企业了解不同层次的顾客需求,找出顾客和企业的接触点,识别使顾客满意的至关重要的因素。

8.2.3 服务质量差距模型

服务质量差距模型(5GAP)是 20 世纪 80 年代中期到 90 年代初,美国营销学家帕拉休拉曼(A. Parasuraman)、赞瑟姆(Valarie A. Zeithamal)和贝利(Leonard L. Berry)等人提出的,5GAP 模型是专门用来分析质量问题的根源。顾客差距(差距 5)即顾客期望与顾客感知的服务之间的差距——这是差距模型的核心。要弥合这一差距,就要对以下 4 个差距进行弥合:差距 1——不了解顾客的期望;差距 2——未选择正确的服务设计和标准;差距 3——未按标准提供服务;差距 4——服务传递与对外承诺不相匹配(见图 8-3)。

首先,模型说明了服务质量是如何形成的。模型的上半部涉及与顾客有关的现象。期望的服务是顾客的实际经历、个人需求以及口碑沟通的函数。另外,也受到企业营销沟通活动的影响。

实际经历的服务,在模型中称为感知的服务,它是一系列内部决策和内部活动的结果。在服务交易发生时,管理者对顾客期望的认识,对确定组织所遵循的服务质量标准起到指导作用。

当然,顾客亲身经历的服务交易和生产过程是作为一个与服务生产过程有关的质量因素,生产过程实施的技术措施是一个与服务生产的产出有关的质量因素。

分析和设计服务质量时,这个基本框架说明了必须考虑哪些步骤,然后查出问题的根源。要素之间有 5 种差异,也就是所谓的质量差距。质量差距是由质量管理前后不一致造成的。最主要的差距是期望服务和服务感知(实际经历)差距(差距 5)。

5 个差距以及它们造成的结果和产生的原因分述如下。

(1)管理者认识差距(差距 1)。这个差距指管理者对期望质量的感觉不明确,产生的原因有以下几种。

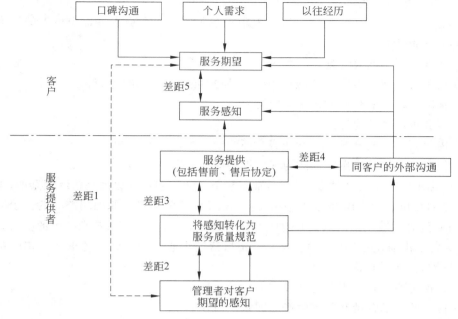

图 8-3　服务质量差距模型(5GAP)

① 对市场研究和需求分析的信息不准确。

② 对期望的解释信息不准确。

③ 没有需求分析。

④ 从企业与顾客联系的层次向管理者传递的信息失真或丧失。

⑤ 臃肿的组织层次阻碍或改变了在顾客联系中所产生的信息。

解决措施各不相同。如果问题是由管理引起,显然不是改变管理,就是改变对服务竞争特点的认识。不过后者一般更合适一些。因为正常情况下没有竞争也就不会产生什么问题,但管理者一旦缺乏对服务竞争本质和需求的理解,则会导致严重的后果。

(2) 质量标准差距(差距 2)。这一差距指服务质量标准与管理者对质量期望的认识不一致,原因如下。

① 计划失误或计划过程不够充分。

② 计划管理混乱。

③ 组织无明确目标。

④ 服务质量的计划得不到最高管理层的支持。

第一个差距的大小决定计划的成功与否。但是,即使在顾客期望的信息充分和正确的情况下,质量标准的实施计划也会失败。出现这种情况的原因是,最高管理层没有保证服务质量的实施。质量没有被赋予最高优先权。解决的措施自然是改变优先权的排列。今天,在服务竞争中,顾客感知的服务质量是成功的关键因素,因此在管理清单上把质量排在前列是非常必要的。

总之,服务生产者和管理者对服务质量达成共识,缩小质量标准差距,远要比任何严格的目标和计划过程重要得多。

（3）服务交易差距（差距3）。这一差距指在服务生产和交易过程中员工的行为不符合质量标准，原因如下。

① 标准太复杂或太苛刻。

② 员工对标准有不同意见，如一流服务质量可以有不同的行为。

③ 标准与现有的企业文化发生冲突。

④ 服务生产管理混乱。

⑤ 内部营销不充分或根本不开展内部营销。

⑥ 技术和系统没有按照标准为工作提供便利。

可能出现的问题是多种多样的，通常引起服务交易差距的原因是错综复杂的，很少只有一个原因在单独起作用，因此解决措施不是那么简单。差距原因粗略分为三类：管理和监督；职员对标准规则的认识和对顾客需要的认识；缺少生产系统和技术的支持。

（4）营销沟通差距（差距4）。这一差距指营销沟通行为所做出的承诺与实际提供的服务不一致，产生的原因如下。

① 营销沟通计划与服务生产没统一。

② 传统的市场营销和服务生产之间缺乏协作。

③ 营销沟通活动提出一些标准，但组织不能按照这些标准完成工作。

④ 有故意夸大其词，承诺太多的倾向。

引起这一差距的原因可分为两类：一是外部营销沟通的计划与执行没有和服务生产统一起来；二是在广告等营销沟通过程中往往存在承诺过多的倾向。

在第一种情况下，解决措施是建立一种使外部营销沟通活动的计划和执行与服务生产统一起来的制度。例如，至少每个重大活动应该与服务生产行为协调起来，达到以下两个目标。

第一，市场沟通中的承诺要更加准确和符合实际。

第二，外部营销活动中做出的承诺能够做到言出必行，避免夸夸其谈所产生的副作用。

在第二种情况下，由于营销沟通存在滥用"最高级的毛病"，所以只能通过完善营销沟通的计划加以解决。解决措施可能是更加完善的计划程序，不过管理上严密监督也很有帮助。

（5）感知服务质量差距（差距5）。这一差距指感知或经历的服务与期望的服务不一样，它会导致以下后果。

① 消极的质量评价（劣质）和质量问题。

② 口碑不佳。

③ 对公司形象的消极影响。

④ 丧失业务。

第五个差距也有可能产生积极的结果，它可能导致相符的质量或过高的质量。感知服务质量差距产生的原因可能是本部分讨论的众多原因中的一个或者是它们的组合。当然，也有可能是其他未被提到的因素。

差距分析模型指导管理者发现引发质量问题的根源，并寻找适当的消除差距的措施。

差距分析是一种直接有效的工具,它可以发现服务提供者与顾客对服务观念存在的差异。明确这些差距是制定战略、战术以及保证期望质量和现实质量一致的理论基础。这会使顾客给予质量积极评价,提高顾客满意度。

8.2.4 SERVQUAL 模型

1. SERVQUAL 量表

1988 年,PZB 在《SERVQUAL:测量客户感知质量的多项量表》一文中提出了 SERVQUAL 量表,如表 8-1 所示。该表包含评价电子商务服务质量的 5 个基本要素(按重要程度排列为有形性、可靠性、响应性、保证性和移情性)及 22 个衡量项目,客户从这 5 个方面将期望的电子商务服务和感知的电子商务服务相比较,最终形成自己对电子商务服务质量的判断。SERVQUAL 评价法通过对客户的电子商务服务期望和电子商务服务感知分别评价,然后计算两者的差值,从而得到最后的对服务质量的评价,即:

SERVQUAL 分数 = 实际感知的分数 - 期望的分数

表 8-1 SERVQUAL 量表

基 本 要 素	衡 量 项 目
有形性	(1) 有现代化的服务设施 (2) 视觉上吸引人的设备 (3) 员工仪表整洁、专业 (4) 视觉上吸引人的服务相关材料
可靠性	(5) 提供承诺的服务 (6) 可靠地解决客户在服务中遇到的困难 (7) 第一次就能履行服务 (8) 在承诺的时间提供服务 (9) 保持无错误的记录
响应性	(10) 使客户了解何时能够提供服务 (11) 向客户提示服务 (12) 愿意帮助客户 (13) 准备好相应客户的需求
保证性	(14) 员工是值得信赖的 (15) 在从事交易时客户会感到安全放心 (16) 员工是有礼貌的 (17) 员工可从公司得到恰当的支持,以提供更好的服务
移情性	(18) 公司会针对不同客户提供个别服务 (19) 员工以关怀的方式与客户互动 (20) 员工了解客户需求 (21) 公司优先考虑客户利益 (22) 方便的服务时间

资料来源:转引自刘北林(2008)、布鲁恩和乔治(2009).

评估整个企业电子商务服务质量水平实际就是计算平均 SERVQUAL 分数,假定有

n 个客户参与问卷调查,根据公式,单个客户的 SERVQUAL 分数就是所有问题的 SERVQUAL 分数加总,再除以问题数目;然后,把 n 个客户的 SERVQUAL 分数加在一起除以 n,就是企业平均的 SERVQUAL 分数。

在实际应用中,客户的期望是根据标记从"完全不必要"到"绝对必要"的 7 分制来度量的;同样,客户的感受也是根据另一个标记分别为"完全同意"到"完全不同意"的 7 分制来度量的。将客户对被评价公司的感受与客户对特定服务行业中优秀公司的期望进行比较,就可以得到五维度中每一个"差距分值"。差距越大,即服务质量的评价越低;差距越小,即服务质量的评价就越高。

2. SERVQUAL 量表的应用

(1) 使用 SERVQUAL 量表可以更好地理解客户的期望和感知。SERVQUAL 量表是一个简要的多项目评价方法,具有很好的可靠性和有效性。使用 SERVQUAL 量表可以更好地理解客户的期望和感知,从而提高服务质量。通过它的期望/感知问卷形式提供了一个基本的框架,该问卷包括了 5 个基本要素和 22 个主要测量项目。

(2) 使用 SERVQUAL 量表可以较为准确地预测服务质量发展趋势。定期使用 SERVQUAL 量表,并与其他方法相结合,可以很准确地预测服务质量发展趋势。例如,对于一个零售商来说,利用 SERVQUAL 量表,同时配合服务人员对服务质量的看法以及调研客户对服务质量的评价,就可以有效地改进服务质量。

(3) SERVQUAL 量表可以对服务质量进行全面的衡量。按照 5 个因素,通过对组成每一方面条款的不同分数进行平均来评价某一公司的服务质量;还能以所有 5 个因素平均分的形式,提供一个对服务质量的全面衡量。因为要想使感知问卷的条款回答有意义,就必须要求回复者与被调查公司有一定的认识和经历。因此,SERVQUAL 问卷仅限于在公司现有的或过去的客户中调查。

(4) SERVQUAL 量表可以把客户划分为若干不同的可感知部分。把一个公司的客户,以他们的单独 SERVQUAL 分数为基础,划分为若干不同的可感知质量的部分,如高的、中的和低的。评分高的客户,且接受过本企业的服务,那这类客户成为企业忠诚客户的可能性就比其他类型的客户要高;大量选择中等的感知质量的 SERVQUAL 的回复者是该公司的主要客户。利用这些数据,公司的管理者就会更好地理解哪些是他们的忠实客户,哪些是他们的主要客户,如何能改进客户眼中的企业形象。

(5) SERVQUAL 分数可作为拥有多个零售单位的公司奖罚因素之一。SERVQUAL 量表可以对拥有多个零售单位的公司进行跟踪以确定各零售店所提供的服务水平。通过询问回复者,指出他们最熟悉的某个连锁商店,同时提供对那个商店的感知分数,然后,有关人员可把每个商店的 SERVQUAL 分数与其他商店的分数进行比较。此外,对于单独的商店,根据 SERVQUAL 分数对商店进行更细致的检验,可以解释哪些因素有利于商店提高服务质量,哪些因素会妨碍服务质量的提高。

(6) 对于同一行业中不同企业的服务水平做出比较。零售商可使用 SERVQUAL 量表来识别在它的目标市场中最显著的服务质量方面,将这些具体的方面在优势和弱势上与它的竞争对手进行比较,使得企业对自身存在的优势和问题有清楚的认识。例如,一个商场在一个总体市场调查中有两个主要竞争对手,调查人员可要求回复者提供与之有过购买经历的竞争者的感知分数,据此分数与它的竞争对手在优势和弱势上进行比较。

由于 SERVQUAL 度量法简单易行而且具有普遍性,因此在许多不同行业中都得到了应用。但尽管如此,这种方法仍然存在一些问题。除了非常具体的统计方面的问题以外,这种方法在概念上只是在一定程度上描述了质量维度的形式或标准,而不是特征本身。例如,根据批评意见,并不应把质量维度模型中的"可靠性"解释为一种质量维度,因为其中包括了好几个维度。这种想法形成了这样一种观点:服务质量围绕着各个维度的不同水平分成各个层次。于是,就形成了服务质量维度的层次方法,如图 8-4 所示。

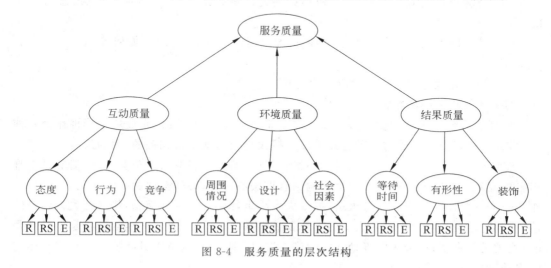

图 8-4　服务质量的层次结构

在第一个层次中,区分出了互动质量、环境质量和结果质量 3 个维度。在第二个层次中,这些维度又被细分成有助于进行服务质量管理的三类具体要素,应用 SERVQUAL 模型中的可靠性、响应性和移情性来详细说明主要的维度,在每一个维度中,都存在可靠性、响应性和移情性这 3 个属性。如果对这种方法进行评价,可以得出这样的结论:在这种方法中,互动质量、环境质量和结果质量是服务质量的决定因素,而不是具体的维度。不过,这种方法揭示出服务质量具体的构成,为服务质量管理提供了重要的指引。

尽管 SERVQUAL 模型受到了批判,但最广泛接受的服务质量测量方法仍然是 SERVQUAL 方法。随着研究与实践的深入发展,已经对最初的 SERVQUAL 工具进行了修正和精炼,但其长度、结构和内容等方面依然与最初的时候保持一致。其中,对于问卷中的问题项,回答者需要同时回答感知的状况与期望的状况,评价的尺度从"完全相关"到"完全不相关"。

8.3　电子商务服务优化

8.3.1　改进电子商务服务的措施

服务是决定电子商务成败的关键因素,企业管理者应予以高度重视。从大的方面看可以采取以下一些措施来改进电子商务服务,提高客户满意水平。

1. 加强员工培训，重视向员工授权

客户服务水平很大程度上取决于为客户提供服务的员工的素质，而高素质的员工必须依靠系统、全面的培训，并通过必要的授权才能慢慢培养起来。

对适合从事客户服务的员工进行有计划、有步骤的培训是众多国外企业提高服务水平的主要手段。培训的内容包括多个方面，最主要有以下5个方面。

（1）有关本企业产品和服务的基本知识。

（2）与客户打交道的各种技巧，包括如何处理粗鲁无礼的、难以应付的、愤怒的客户的各种方法和态度。

（3）处理网上问询的各种方法，如何正确快速地回复电子邮件，如何处理客户的商业信息。

（4）如何处理客户投诉及倾听客户意见。

（5）如何培养团队精神等。

培训的内容应不断调整、完善，以适应企业业务发展的需要。企业应把培训作为一种制度，成为提高员工素质的一种有效手段。授权是与培训紧密相关的，因为没有适当的授权，培训就无法产生应有的效果。授权对提高员工的客户服务水平至关重要，但又是较难正确把握的一项工作。因为授权会影响到管理层的权力，必然会遇到一定的阻力。但是，作为一个直接面对客户的服务人员，如果大事小事都必须跟领导请示，势必会失去客户的信任，同时也会影响客户服务人员的工作积极性和责任感。所以，正确的授权是十分必要的，关键是要在坚持"最大限度地让客户满意"的原则下，规定员工具体的工作权限和相应的责任，保证权力的正确运用。

2. 想方设法留住老客户

老客户对企业的作用十分重要，因为老客户的重复购买可以缩短购买周期，减少企业的各种不确定因素，降低营销费用，扩大宣传面，为企业提供真实的产品信息等。研究表明，老客户的再次购买率提高5%，利润就可增加25%以上。如微软公司所获得的利润有80%来自老客户购买的各种产品的升级换代、维修、咨询等服务。相反，如果老客户因为这样或那样的原因弃你而去，据美国市场营销学会的统计，他至少会向10个人诉说对你的不满，对你开发新客户带来极大的负面影响。所以，维系老客户是客户服务的重要内容。在电子商务条件下，维系老客户并不是一件容易的事。因为每一个消费者都可轻而易举地把你和你的竞争者做充分的比较，从你这里"跳槽"到你的竞争者那里只是动动鼠标而已。但越是难维系，就越是有必要。根据有关调查表明老客户背离的主要原因，45%是因为缺少帮助，25%是寻找更好的产品，20%是因为缺乏个人关注，10%是找到了更便宜的产品。因此，更好地维系老客户也是有章可循的。

（1）不断提高产品和服务质量。这是电子商务和传统商务活动都必须坚持的根本原则。提高产品和服务质量，一方面必须通过持续不断的创新，保证产品和服务具有较强的市场竞争力；另一方面，应利用电子商务形成的有利条件，让客户参与产品的开发和设计，充分尊重客户的意愿，让客户体会到自己的利益得到了足够的关注。

（2）提供价格优惠。价格优惠是维系老客户的惯用手段，也是被亚马逊公司实践证明了的、行之有效的措施。在老客户的每一次购买之前,企业都必须让其明确相应的优惠标准,保证其随着购买次数和数量的上升,优惠的幅度不断提高,使其"舍不得"放弃现有的"购买业绩"去投奔你的竞争者。当然价格优惠还包括提供灵活的付款方式等。

(3) 适当的感情投资。这是一种"投资少、见效快"的维系老客户的方式,却往往被许多企业所忽视。感情投资可采用答谢、祝贺和参与等形式。如定期向一些购买次数和数量较多的客户寄送礼品予以答谢;对客户的重要日子如生日、结婚纪念日、厂庆日等要予以特别关注,最常用的是采用电子贺卡的形式予以祝贺;定期走访客户,了解客户在产品使用过程中出现的各种问题、新的需求等。

(4) 提供人性化的服务。因为普通老百姓对通过电子商务购买的商品的质量、售后服务以及物流配送等问题往往心存疑虑,这将影响电子商务的发展。作为一个致力于利用电子商务开展业务的企业,必须想客户之所想,通过自己扎扎实实的服务赢得客户长期的信任。

3. 正确对待客户的投诉

在向客户提供服务过程中难免会产生让客户不满的情况,但只有极少数的客户会向企业投诉,其他绝大多数客户要么马上离开,要么忍气吞声,要么等待合适的时机离开。正确对待少数客户的投诉对企业发现服务中存在的问题、防止客户流失具有重要意义。

正确对待客户的投诉应注意以下 5 个问题。

(1) 应把客户的投诉看做是争取留住更多客户的机会,因为投诉者代表着很多客户的利益,如处理不当会导致大量客户的流失。

(2) 虚心倾听客户的抱怨,发现问题的症结所在,及时给出满意的处理方法。

(3) 在处理投诉的过程中应真诚地向客户道歉,请求客户的谅解,及时化解客户的抱怨可使其成为更为真诚的客户。

(4) 牢记"客户不一定是正确的,但你最好认为他们是正确的",对客户的错误不应横加指责,而应坚持"有则改之,无则加勉"的原则,改正自己的不足之处,保留自己正确的做法。

(5) 不要随意责怪员工,要分析造成投诉的原因,帮助员工改进、提高。

正确地处理投诉的结果应该是让不满的顾客成为忠诚的顾客;让存在不足的员工及时发现不足之处并加以改进;让那些准备离开公司的顾客打消离开的念头;让公司的客户服务水平上升到一个新台阶。

4. 营建客户服务文化

服务文化是企业文化的重要组成部分,它反映了公司对待客户的基本理念以及公司员工共同遵循的价值观和信念。它根植于员工的心中,并通过自身的言行表现出来,反映了一个公司对待客户的精神风貌和基本态度。

健康、有益的客户服务文化应树立起这样一些思想。

(1) 满意的客户是企业生命力的源泉,竭尽全力地为客户提供满意的服务是公司努力的目标。

(2) 满意的利润来自于满意的客户,如果客户不满意,那么再高的利润也是短视行为。

（3）要真心诚意成为客户的朋友，了解他们的深层次需求，明确他们的真实想法。

（4）员工是公司的内部客户，公司如何对待自己的员工，员工就会如何对待公司的客户，员工需要尊重、激励和学习。

（5）要培养员工的团队精神，提倡相互信任、相互合作，互帮、互助、互学。

（6）不要过分地去关注竞争，关注客户更为重要。

（7）电子商务的成功更需要服务，要与顾客分享成本降低、速度提高带来的好处，要与客户"双赢"。

企业成功的关键并不是销售商品，而是通过出色的服务赢得客户的信赖，建立起牢固的感情。

8.3.2　电子商务网站优化

1. 电子商务网站优化的概念

电子商务网站优化是指包括网站标题、图片大小等网站内容和关键字，网站代码、网站性能等网站内部优化及外部优化。根据新竞争力网络营销管理顾问的研究，网站优化就是通过对网站功能、网站结构、网页布局、网站内容等要素的合理设计，使得网站内容和功能表现形式达到对用户友好并易于宣传推广的最佳效果，充分发挥网站的网络营销价值。

2. 电子商务网站优化的主要内容

（1）网站结构优化。现在的企业网站结构都是首页、公司简介、案例、新闻信息、联系信息等风格，这些结构基本就把网站当成一个简单的宣传册，没有发挥网络的互动性，而且企业还没有专门的人员来负责网站。

网站结构优化是通过技术对网站整合，使网站有利于用户和搜索引擎识别，可以分为两种类型，界面结构优化和搜索引擎优化。界面结构优化是为了让用户快速方便地浏览网站资源，搜索引擎优化是为了方便搜索引擎识别并收录到相关的关键词。界面结构优化的目的是让用户了解网站上介绍的是什么，搜索引擎优化的目的是为了让搜索引擎明白网站上说的是什么。网站结构优化就是为了让网站同搜索引擎和人更好地"沟通"。

网站结构做好有利于网站在 SERP（搜索引擎结果页面）中的排名，一个网站有好的排名也在另一个角度上说明这个网站的结构适合搜索引擎的读取。

（2）网站关键词优化。网站优化公司接到 SEO 单后只需要将关键词优化上搜索引擎首页就可以收工，因为关键词上了搜索引擎的首页才能让搜索关键词的访客看到浏览者的网站，从而得出一个结论，关键词上了首页，就有了流量，有了流量才能转化为销量，当然有了流量也不是说就能转化为销量，流量只是网络营销的第一步。

关键词优化是通过标签、链接的锚文本、正文出现关键词、内部链接等几个方面来进行。网站做好了外部链接，再加上关键词的优化，这样就为搜索引擎的排名做好一个支撑点。

（3）外部链接优化。众所周知，高质量的网站外部链接是网站提高排名的关键，但是笔者要说网站外部链接的稳定性和广泛度是保持关键词排名稳定的重要因素。外部链接稳定性就是指网站的外部链接更新速度和更新频率,在相对的时间段之内稳定地增加,保持一个均匀的增长状态。外部链接的广泛度也是非常容易理解的,主要表现在不要用同一个或者始终是一些固定的平台做链接,有些人喜欢用论坛,有些人喜欢用分类信息,笔者建议将这些都结合起来。因为外部链接的广泛度和外部链接的稳定性结合起来才能铸造健康的网站外部链接,也是网站获得稳定排名的重要原因之一。

(4) 内部链接优化。人们知道网站的权威和排名需要靠外部链接来提高的,所以外部链接很重要,但有的人认为外部链接就是 SEO 的全部,这种想法是错误的,往往这种情况在现实中就有很多案例,在做网站优化的时候外部链接确实能优化关键词,但这种做法只是将外部链接带来的权重固定在首页,而没分化到栏目页和内页,导致 PR 值不能传递、快照更新慢、长尾词优化不了。

(5) 网站内容优化。信息资讯网络优化就是内容优化,一般的信息资讯网站优化的工作在信息资讯网站建设的前期基本是完成 90％ 左右,一般的信息资讯网站找 SEO 的人员主要的工作就是对信息资讯网站的做一些数据的监测、信息资讯网站的一些小的更改等。

SEO 优化的工作本来就是一个比较单一的,效果也不会那么的明显。

但是有一点是大家都认可的,那么就是信息资讯网站优化的最终的结果就是内容的优化,在建信息资讯网站的优化朋友们都有这样的认识,高质量的信息资讯网站的内容可以提高用户的转化率。

随着搜索引擎的算法在不断的完善,信息资讯网站的竞争应该会趋向于信息资讯网站的内容,信息资讯网站的内容越好,那么信息资讯网站的跳出率就不会高,信息资讯网站的排名也会比较的靠前,而工作人员要做的就是提高信息资讯网站的内容质量,想办法获取高质量的信息资讯网站的来源。

对于信息资讯网站的内容不是直接地把别人的内容拿来,而是要把内容进行包装,包装成浏览者自己信息资讯网站的。这样便于搜索引擎的收录和吸引用户的访问。

对信息资讯网站的内容进行优化,这就要求信息资讯网站的编辑人员要有专业的信息资讯网站优化的知识,让每一个页面都有潜在的客户产生,搜索引擎对于高质量的内容主要是利用数据库里面的信息进行对比,如果浏览者的文章里面都是一些和别人文章相同的特征词,那么搜索引擎就会判断该信息资讯网站的内容是重复的信息,这样对于该信息资讯网站的收录也是不利的。

3. 网站优化流程

第一步:提出申请。需要 SEO 服务的客户,通过向 SEO 服务商提出 SEO 服务申请,一般需要向 SEO 服务商提供将要优化的网站的网址、需要优化的关键词、您心目中的理想价格等。

第二步:网站关键词分析给出报价。SEO 服务商接到客户的需求后,会根据客户的网站及拟选的关键词等因素,经过测试及分析,给出合理报价。一般客户都希望自己的网站能够进入搜索引擎首页,提高点击量,网络公司会给出一个优化 1～3 个月的时间期限,如果网页等级质量高,时间就短,反之时间就长。

第三步：签订合同交付一定比率的服务预付款。行业一般均收取 30% 左右的预付费。

第四步：网站诊断。SEO 服务商根据 100 多项的 SEO 优化技术指标，对网站进行整体的系统诊断，找出网站问题所在，进而确定具体的 SEO 实施方案。

第五步：网站优化。根据制定出的 SEO 实施方案，对网站进行整体 SEO 优化维护。

第六步：网站登录。向国内外各大搜索引擎、商务网站、地址目录提交网站。

第七步：优化反向链接。为网站导入大量优质的外部链接。

第八步：搜索排名优化。采取专业的 SEO 优化策略对网站进行优化，逐步提高网站在目标搜索引擎上的权重。

第九步：网站优化排名验收。经过一定周期的 SEO 实施，当目标关键词到达目标搜索引擎约定位置后，根据双方签订的 SEO 服务协议，由客户验收关键词的搜索引擎排名达标情况，并支付服务尾款。

第十步：排名维护。跟踪目标搜索引擎排名算法的不断变化，对网站 SEO 实施方案适时做出相应调整，以达到维护住现有排名的目的。

4. 网站优化设计

网站优化解决方案是以用户优化为基本出发点和根本目的的指导思想，从用户优化、搜索引擎优化、网站运营维护优化 3 个方面对网站进行专业性分析并提出改进建议。网站优化设计的含义具体表现在 3 个方面：对用户优化、对网络环境（搜索引擎等）优化及对网站运营维护的优化。

（1）对用户优化。经过网站的优化设计，用户可以方便地浏览网站的信息、使用网站的服务。具体表现是：以用户需求为导向，网站导航方便，网页下载速度尽可能快，网页布局合理并且适合保存、打印、转发，网站信息丰富、有效，有助于用户产生信任。

（2）对网络环境（搜索引擎等）优化。以通过搜索引擎推广网站的角度来说，经过优化设计的网站使得搜索引擎顺利抓取网站的基本信息，当用户通过搜索引擎检索时，企业期望的网站摘要信息出现在理想的位置，用户能够发现有关信息并引起兴趣，从而单击搜索结果并达到网站获取进一步信息，直至成为真正的顾客。对网络环境优化的表现形式是：适合搜索引擎检索（搜索引擎优化），便于积累网络营销网站资源（如互换链接、互换广告等）。

（3）对网站运营维护的优化。网站运营人员方便进行网站管理维护（日常信息更新、维护、改版升级），有利于各种网络营销方法的应用，并且可以积累有价值的网络营销资源（获得和管理注册用户资源等）。

5. 实施网站优化的理想阶段

网站优化已经成为网络营销经营策略的必然要求。如果在网站建设中没有体现网站优化和搜索引擎优化的基本思想，在网络营销水平普遍提高的网络营销环境中是很难获得竞争优势的。

在网站建设和运营的哪个阶段实施网站优化比较理想？

新竞争力网络营销管理顾问建议，如果正在或者将要建设一个新的网站，最理想的情况是在网站策划阶段就将网站优化的基本思想融入到网站建设方案中,并在网站建设过程中贯彻实施。这样可以让新发布的网站直接从高起点开始运营,可以大大提高网站运营的效果,也节省了网站优化改造的费用。现实情况是,现在对网站优化方案需求最多的仍然是那些大量正在运营中的网站,这些网站对优化及网站推广更为迫切。考虑到运营中的网站所面对的实际问题,对这些网站的优化方案则需要尽可能减少对原有栏目结构和信息发布流程等做过多的改变,这样难免会在某些方面降低网站优化的标准。

显然,网站建成之后的优化要比建设过程中直接吸收优化思想的网站建设更加复杂,尤其对大量现有的网站内容进行更新,是一项非常大的工作量,不仅涉及网站栏目结构、模板、后台发布程序(如果有这样需要的话)的修改,还需要对已经发布的网页内容按照网站优化的原则重新发布。这已经成为阻碍一些网站进行优化改造的主要原因之一。

例如,新竞争力网络营销管理顾问在一项有关"企业网站实施搜索引擎优化的限制因素调查"的文章中,引用了美国知名的搜索引擎营销服务商 iProspect 和市场研究公司 JupiterResearch 在 2005 年 8 月进行了一次关于企业委托搜索引擎营销公司实施搜索引擎优化的联合调查,调查发现企业之所以没有采纳和实施搜索引擎优化服务商提出的优化建议方案的主要原因依次为:缺乏相关的专业人员执行搜索引擎优化建议 33.6%;没有实施搜索引擎优化的预算;对网站或文件更新要花太多时间;上层领导不执行这些方案等。其中对网站更新费时问题居于第三位,可见事后的网站优化将面临更多的麻烦。

网站优化方面出现问题不及时解决,将对网站推广运营带来更大的麻烦,直接影响到网络营销的效果。因此,应尽可能早地实施网站优化策略,以免造成无法弥补的损失。如果不能比竞争者领先一步,至少也不应该落后太多。

8.3.3　B2C电子商务物流服务优化

从 B2C 电子商务来看,物流优化可以为其提供更为完善的物流服务、减少物流成本、减少顾客投诉等,能够为电商企业的发展提供有力的支持,直接推动 B2C 电子商务的发展。所以无论对于电子商务产业本身或者具体电商企业来说,物流优化都对其发展具有重要的促进意义。

从物流产业来看,B2C 电子商务物流是物流产业发展的一个重要组成部分,这个部分的物流优化可以部分提升物流产业的发展水平,一定程度上改善目前国内物流产业发展滞后的状况,对整个产业的升级和发展都有积极的带动意义。B2C 电子商务物流牵涉物流产业和电子商务企业两个主体的利益,所以对于这个物流的优化也要结合两个方面进行。

1. 明确物流联盟的各种法律关系

物流联盟是目前 B2C 电子商务物流的基本方式,这个方式符合了电商层次水平不一致的现状。从长远来看,电商发展水平不一致的情况将长期存在,所以对于 B2C 电子商务来说,物流联盟将是一个长期存在的物流方式,并且这种方式也将继续扩大化。需要注意的是,由于市场竞争的加剧,电商运营的不确定性也在逐渐增加,所以对于联盟伙伴的选择及联盟深入合作的方式要在法律意义上进行进一步的明确,联盟责任分明、资源共享的特点将有利于电子商务物流的顺畅进行,并推进电子商务物流的进一步优化。

2. 发展自营物流

对于 B2C 电子商务来说,能够拥有自营物流将为电子商务的顺利开展奠定坚实的基础,这也是电商企业激烈竞争中的优势项目之一。虽然自营物流对于大多数电商企业来说,在资金和管理方面都是很大的困难,但是对于有条件的电商企业来说,发展自营物流可以解决当前物流水平对于电子商务的制约,有助于增加企业本身的竞争优势,同时电商发展自营物流对于第三方物流也是一个促进。自营物流的发展将是电子商务物流优化的一个重要模式。

3. 关注云物流的推广

云物流是借鉴云计算、云制造所推出的概念。云物流模式,顾名思义就是指充分利用分散、不均的物流资源,通过某种体系、标准和平台进行整合,为我所用、节约资源,这种模式希望用订单聚合的能力推动物流体系的发展。从目前尝试运营的经验来看,这种模式提供了一个信息交换的平台,主要偏重于供给能力的调配,对于行业配送能力的整合问题、服务质量问题、物流成本及物流效率的控制问题并没有太多的帮助。但是作为新形势下物流优化的有益探索,云物流也是值得肯定的物流优化模式,需要进一步关注。

4. 减少逆向物流

B2C 电子商务相对于线下实体店,由于顾客对产品的期望落差及冲动消费、产品本身问题、物流破损等原因,退换货的情况更为突出。这样的现象不仅增加了电商企业的业务量,同时返货造成物流成本大量增加。与销售发货产生的正向物流成本相反,这种因返货产生的物流成本称为逆向物流成本。逆向物流成本是电子商务物流成本中的重要组成部分。对于电商企业来说,要减少这种物流成本,就要对货品的质量予以严格保证,同时加强与客户沟通的力度,减少返货;同时对于物流方面来说,尽量保证货品的完好无损,按时到达也可以减少返货的比例。减少逆向物流也是电子商务物流优化的一个重要方向。

5. 多种物流方式结合

对于 B2C 电子商务企业来说,货品发送的地区遍布全国各地,各地区的物流状况差异很大:一、二线城市交通便利,虽然物流服务商集中,但是成本较高;一些偏远地区客户较少,自建物流可能入不敷出;同时处于这二者之间的城市物流服务比较便利,客户需求相对稍多。综合物流成本和区域物流分布情况及客户需求情况,对于部分有实力的电商来说,可以采取自营物流、第三方物流及其他物流方式相结合的情况进行,多种物流方式同步进行有助于降低物流成本,更适应目前 B2C 电子商务企业的发展水平。

6. 使用先进的物流信息服务系统

从现阶段物流发展的状况看,很少有物流企业使用先进的物流信息系统,这样的结果造成了物流过程不透明、物流效率较低等结果。对于 B2C 电商企业来说,由于对物流过程不清楚,在和客户的沟通过程中及采取相应措施方面都处于相对被动的地位。所以无论是自营物流或者第三方物流及其他物流方式,采取先进的物流信息服务系统是各种物流模式优化的一个重要方向。

7. 物流优化的注意事项

新形势下的物流优化措施有多种,方向也很多,但是对于电商来说,最根本的是要把握物流优化的目的,这个目的包括解决目前物流成本过高、物流服务水平低、物流服务不可控等方面的问题,同时也要从电商企业的未来发展需求出发,通过物流优化增加企业的竞争优势,为顾客提供优质服务。只有理解了优化的根本目的,物流优化才能做到有的放矢,真正解决物流制约电商企业发展的问题。另外,在物流优化中也有一些事项需要特别注意。

(1)物流优化要有整体概念,要从物流现状和电子商务发展的现状出发,思路上可以大胆创新,但是在执行中要逐步进行优化,只有这样,才能使物流优化工作开展得更彻底。

(2)从电商企业的经营目的和产业的关联性出发,电商企业不需要对自营物流或者合作物流持完全的排斥态度。物流产业具有极大的发展潜力,适当关注物流可以成为电子商务企业多样化发展的新的利润点。

(3)法律问题对于依靠契约合作的第三方物流来说有重要意义,对于物流联盟等法律关系较为复杂的物流活动来说同样具有重要的作用,新形势下优化电子商务物流,法制建设是不可或缺的重要部分。

(4)对于电商企业来说,物流问题是普遍的问题,有实力的电商可以自建物流增加自身的竞争力,但是对于大多数电商来说,根据企业发展的状况,酌情选择物流方式才更为科学合理,要避免盲目自建物流,致使企业资金、管理、业务方向等方面出现问题。

8.3.4　B2C电子商务运营优化

1. 提供丰富准确的产品信息

顾客在网站上寻找产品信息,就是出于对网络浏览信息快和信息丰富的考虑,B2C电子商务运营中要尽可能提供丰富的产品信息,便于顾客方便地针对商品性能、价格等进行参照比对,使顾客获得性价比最佳的商品。同时,产品的多元化也能更好地满足顾客的不同需求,店铺的产品定期有新品推出,推陈出新的同时保持店铺的风格不变。尤其是服装行业不仅要跟上潮流的风格又要符合店铺自身的风格定位,提供给顾客更多的选择,提升顾客用户体验的满意度。在化妆品类,自主研发可以彰显出企业的研发实力,增强顾客对品牌价值和品质的信心。

同时扩大产品的目标顾客群体,提升顾客的满意度。另外,B2C电子商务运营中所提供的产品信息描述要清楚准确,由于顾客对运营的产品了解只能通过图片和文字描述来完成,因此产品的描述语言不能模棱两可,可以建立顾客社区和网上聊天室及 BBS 等来讨论和推荐相关产品,鼓励顾客对产品发表建议和评论,以帮助消费者做出购买决策。B2C电子商务模式是目前电子商务模式里顾客满意度最高的,不仅是因为这种模式从规则的制定上就很好地保证了产品的品质和服务的信誉,更多的是这种模式的运营更加精准,将其种类繁多的产品有针对性地销售给需求顾客,其产品的多元化使得运营所面对的目标顾客群体更加广泛,顾客可以在同一个店铺选购到多款需求产品,使得购物更加方便快捷,用户体验满意度较高。

2. 优化推广手段

(1)推广手段的差异化。推广手段的差异化主要表现在活动策划、营销工具应用和广告投放 3 个方面。B2C 电子商务运营的推广手段,主要利用的是网络的宣传,其活动的策划多数是利用淘宝定期给出的市场推广活动进行的,其营销的工具一般是淘宝客、直通车、试用中心和淘金币等促销工具来实现的。其广告的投放也是根据运营过程中不断地对前期运营效果的总结分析而调整修改达到的一种精准化营销,针对目标客户直接进行广告投放和宣传。在线下的销售渠道中,活动的策划一般都是以主题活动为主要方式,如圣诞节、情人节等特殊节日的主题活动。营销工具通常是媒体广告,广告的投放不如线上那么精准,旨在进行大众传播,以高频率的曝光率来吸引消费者注意,强化消费者的印象。

针对线下线上两种销售渠道在推广手段上的差异,在活动的策划上,两个渠道同时进行主题活动的推广,但是可以用不同的主题来吸引不同类型不同需求的消费者,线上和线下优惠活动的产品不同,线下的主题活动针对线下热销产品推出折扣活动,线上主题活动则销售线上的爆款,两个销售渠道同时都进行主题活动推广,推广的产品不相同,可以使得线下购买者会留意线上活动的产品,线上购物的消费者也会留意线下活动促销的产品是否有购买需求。这样可以带动两个销售渠道间相互的良性影响,全面提升销售额。两个渠道不同的营销工具应用相互间也有一定的帮衬作用,通过线下渠道的大众传播,消费者会印象深刻,在线上销售渠道中面对消费者的就不会是一个完全陌生的商品品牌,也会在一定程度上提升消费者下单决心。

(2)搜索引擎的优化。B2C 电子商务运营方案的品牌推广中搜索引擎的优化也是不容忽视的内容,不同访问来源的网购用户,在电子商务网站的购物行为不尽相同,所带来的订单量及转化率也有差别。准确计量各访问来源所带来的订单量和转化率,能为 B2C 电子商务运营的推广策略提供重要信息,搜索引擎的优化分析显得十分重要。

据分析,我国主流电子商务网站访问来源中来自直接访问的订单量占比最高,其次为导航网站,再次为搜索引擎,各访问来源的转化率高低次序与此类似,本文所选的若水生花店铺的案例访问来源的订单量及转化率排序与此相同。这说明 B2C 电子商务运营推广和网络投放应该综合考虑各访问来源的订单量和转化效率,以及结合推广成本来制定最适合品牌发展且性价比最高的运营推广方案。在运营方案的优化中,也需要考虑这两者对整体运营方案的作用和影响。占比最高的直接访问多为店铺常客,其网购频次相对较高,相应的订单量的比例也是最大的,在店铺推广中这部分顾客将是广告投放最需要关注的部分,这部分顾客订单量的波动将会直接导致短期内总订单量发生变化。

在访问频次一定的情况下,较高的购买频次必然导致较高的转化率,由于直接访问的访客多是老顾客,购买频次高,故此直接访问的转化率也就较高。搜索引擎作为当前最重要的店铺流量来源,分为站外 SEO 和站内 SEO 两种,站内 SEO 优化包括网站结构的设计、网站代码优化和内部链接优化、网站内容的优化、网站用户体验优化等。站外 SEO 优化包括网站外部链接优化、网站的链接建设、网站的外部数据分析等。搜索引擎的优化是新增顾客的主要途径,虽然新增顾客不如老顾客的转化率高,但是在 B2C 电子商务运营方案中应该重点关注能带来较高转化率的流量,结合市场推广成本等因素的考虑,进行搜索引擎的优化,以增加特定关键字的曝光率和能见度,进而制订最优的运营方案,增加销售的机会。

3. 销售渠道的平衡发展

电子商务的出现打破了传统销售渠道在时间和空间上的限制,极大地方便了人们的生活,但是在 B2C 电子商务模式发展至今,这种由交易对象为标准而划分的模式又进一步细分为垂直型 B2C 电子商务模式、平台式 B2C 电子商务模式和综合型 B2C 电子商务模式这三类,它们在运营中所展现出来的特征各不相同,各有优势。但是无论如何发展,都是为了争取占领更大的消费者市场,这种竞争不仅体现在网络购物上,也波及到线下的销售渠道。B2C 电子商务发展面临了一个新的挑战,即为线上和线下销售渠道的相互融合平衡发展。如何平衡两种渠道间的发展成为 B2C 电子商务模式运营的一个重要内容,也是运营方案优化的首要部分。在经历了很多企业品牌入驻电子商务的成功和失败经验以后,得出的大体结论是 B2C 电子商务要实现线上和线下的完美结合,差异化战略是必经之路,主要体现在品牌策略上的差异化。

在 B2C 电子商务运营中,品牌策略包括有市场分析、产品分析和客户分析三大块的内容。要优化销售渠道,运营方案要首先从品牌策略上进行优化,使得线下和线上渠道达到一个平衡发展的状态。针对市场分析,要区别线下线上两个市场的定位,线下市场相对较为成熟,市场定位从已有的稳定顾客群中挖掘出品牌的核心竞争力和顾客的主要购买意愿。从而有针对性地推出相应的活动和宣传广告,以稳固现有的市场份额。通常受到网络购物操作能力的影响和对网络购物信赖程度的不同,线上和线下两个市场各有特征,同时顾客需求会有一些不同,这需要在运营中深入挖掘顾客需求,线上和线下准确定位,就能平衡好两种渠道间的发展。线上的爆款还会推动线下产品的销售,线下的产品热销也会拉动线上产品的销售。

在产品分析上,针对产品的属性、结构、价格进行分析,结合市场的需求分析。可以将产品分为线上爆款和线下爆款,两个渠道分别进行不同的宣传销售。将适合线下销售的产品和适合线上销售的产品分开两个渠道进行销售,例如,有些不适宜运输或者不方便保存的商品,线下销售反而比线上销售的成本更低,交易更加便捷。同时,由于使用网络购物的年龄阶层比较偏向年轻化,在产品的风格上,线上产品的定位要更潮流一些,线下产品的风格定位会偏重于成熟稳重型。这种风格不同的定位方式,也能很好地解决销售渠道的冲突问题。在定价上,由于线上的运营模式中少了很多交易环节,价格自然会比线下销售便宜。线上的价格优势势必会挤压一部分线下市场,那么可以通过时间差来解决这个问题,将新品先在线下销售,隔段时间后再进行线上的销售,这种做法类似于传统商店的新品过季打折的方式。这也可以很好地解决线上和线下在价格上的冲突,平衡两个销售渠道的利益。

在顾客分析上,由于线下销售受到地域的限制,在 B2C 电子商务运营中,分析的访客地区和需求就会产生很大的不同。例如,服装的销售,南北方由于气候的原因,顾客针对羽绒服的需求也是不同的。线上线下销售的方案就会完全不一样,在线下销售时就要分地区进行配货,而线上的销售则只需要区分开厚款和薄款即可。另外,根据顾客的需求和年龄的不同,也要区别对待。针对线上和线下顾客年龄阶层的不同,喜好就会有差异,需求自然不同。在运营中,对顾客的需求进行细分,有助于解决线上和线下两种不同顾客需求的定位,平衡两个销售渠道的利益。

4.用户体验的优化

B2C电子商务模式运营在用户体验上有不同于传统销售模式的特有优势,但是在目前的运营中,这些优势并没有被完全地挖掘利用,B2C电子商务模式的运营方案在用户体验方面还有很大的优化提升空间。

(1)提供特色服务。B2C电子商务模式的店铺运营中,通常会给出一定的特色服务,诸如赠送小礼品或者使用会员制度,但是在目前的运营中B2C电子商务模式的特色服务并没有被充分挖掘,店铺通过一些数据软件可以很方便地了解顾客的需求和购买习惯,在特色服务上可以有很多定制式服务。尤其是在会员管理方面,有很多可以升级的服务内容,以提高顾客的复购率。会员的等级设置是进阶式的,而且要针对不同等级提供等级式服务。将挖掘整理出的黄金会员,进一步了解其购买意愿、喜好和年龄等信息,在会员赠送礼品时挑选其满意度比较高的礼物进行赠送,提升会员的专享感受。在设置会员专享特惠产品时,每个会员等级能够购买到的特惠产品各不相同,级别越高的会员挑选特惠产品的种类越多折扣价格更大,同时将店铺热销的爆款产品排序依次设置为高级别会员享有优惠购买权力,进一步突显会员级别的差异。店铺产品有折扣活动时,以电话、短信、邮件等形式通知会员,让其清楚地了解到店铺活动情况。另外,不仅对购买产品的顾客给予会员积分,还对产品使用后发表详细评论和分享产品的会员给积分,不断地引导顾客对产品进行评论和推广,让顾客之间形成口碑相传的品牌形象,扩大品牌知名度,也能更好地维系店铺的会员黏性。

(2)提供顾客个性化需求。电子商务发展至今,在颠覆传统销售模式的同时也改变着人们的消费观念和消费心理。伴随着这个不断被更替的变化,人们的需求也发生了改变。消费者在电子商务环境下不单是购买商品的顾客,而是转变为了一个细分市场,消费者的购买决策首先是取决于消费心理认同,对于消费者而言就是其个性化需求的增力口。由此,对B2C电子商务运营提出的首要要求就是充分了解顾客需求,并以此为依据为其提供量身定制的商品或者服务。

顾客购物需求的多样化源于其性别、年龄、社会层次、地域和喜好等方面的不尽相同,电子商务的顾客需求细分,也就是要对顾客这些层面的不同进行递进式细分。首先区别顾客性别,再分出不同年龄阶层,在不同的年龄阶层中又有不同地域不同社会层次的顾客,他们的喜好和意愿又可以再一次进行细分,B2C电子商务模式运营中对顾客进行到二次细分的时候就基本可以清楚地了解到目标顾客群的共性需求,对于个性需求属于定制服务类,可以适当地对高级会员提供。针对不同顾客的需求将目标顾客群体进行细分,有助于运营的精细化,提升运营的效果。

顾客需求的细分也是B2C电子商务运营的一个特色,能更好地指导运营广告的准确投放,节省成本。在运营方案的优化过程中,顾客需求细分是将已经细分过的市场,再次细分,寻求细分市场中进一步细化的目标群体,专注专业的开展运营。例如,护肤行业,首先选定的是女性18~35年龄段的目标市场,根据品牌的定价确定细分顾客为中下阶层,由此在细分到基础护肤类,针对问题肌肤的目标群体。经过几轮细分后,目标市场确定为性别为女性,年龄为18~35岁,社会阶层为中下层,购物意愿为基础护肤类,护肤需求为改善肌肤问题。针对这个顾客细分的目标群体,运营的优化方案,就是要进一步细分问题肌肤的种类,将每一种肌肤问题和多个同时存在的肌肤问题进行组合分析,将目标顾客群的肌肤类型进行再一次细分,提供给顾客的销售引导将是最贴合顾客需求的。这对于提升顾客购买的欲望和打消购物疑虑都是有很大帮助的。

(3)提供沟通渠道。良好的沟通是维系顾客的纽带,因而这种沟通应该贯穿于电子商务运营的全过程。建立完善的沟通机制,及时、准确地为顾客提供个性化的服务是 B2C 电子商务运营在用户体验上加分的重要方面。

① 建立了良好的沟通渠道,才能将自身的产品和服务信息便捷地传递给顾客,并利用这个沟通渠道将顾客的感受和意见信息进行及时有效的反馈,与顾客之间建立顺畅的沟通通道,使得顾客对品牌树立起认同感和信任度,进而产生归属感甚至荣誉感,最终形成购买行为。

② 良好的沟通渠道还有助于 B2C 电子商务运营过程中及时有效地解决顾客购买过程中的问题,电子商务这种新型的销售模式对于顾客来说是陌生的,有顾虑的,在购买行为过程中有便捷方便的沟通渠道,使得顾客在发生问题的时候可以随时找到解决问题的途径,对于打消顾客购买的疑虑有不可或缺的作用。

③ 完善的售后服务体系是沟通渠道过程中的重要因素之一。售后服务的质量直接影响着顾客网上购物的用户体验质量,提供完善且高质量的售后服务是 B2C 电子商务运营中良好沟通机制建立的一个重要方面。完善的沟通机制不只是在购物过程中的良好沟通,也包括购物后的售后过程,良好的售后服务会使得顾客建立对品牌的忠诚度,产生归属感和认同感,对于品牌美誉度的提升有着重要的作用,同时也是店铺信誉度提升的重要途径。

5. 优化物流配送体系

物流配送是 B2C 电子商务运营的一个重要环节,也是对顾客满意度影响较大的一个环节。B2C 配送的目的是为电子商务的顾客服务,根据电子商务的特点,加强第三方物流的合作,使得物流服务在思想上和 B2C 电子商务企业达成一致,协调整体配送环节。提升物流配送的专业化水平,在物流网点布局上进行统一规划和合理的设置,加强各配送中心之间的横向联系,将物流配送的覆盖范围扩大,使得 B2C 电子商务运营真正地达到打破时空限制,展现出 B2C 电子商务运营模式在购物体验中及时、准确、安全且不受地域限制的优势,提升电子商务模式下物流配送的高效率服务体验,以及成本低廉的优势,打破电子商务运营的物流瓶颈限制,进一步促进 B2C 电子商务运营模式的发展。

8.3.5 电子商务服务链优化

快速准确的信息是服务链管理优化的基础。利用电子信息技术,通过网络平台能更好地优化服务链管理,使服务链的各节点、各功能实现最佳配合与完美协调,保证实现服务链管理的目标。

1. 倡导合作,实现服务链节点企业共赢

电子商务环境下的服务链管理目标是寻求提高用户服务水平和降低总的物流成本之间的平衡,最大限度地发挥服务链的整体力量,实现参与企业整体收益最大化,同时也为

客户创造更大的剩余价值。以信息技术为支撑的电子商务,有助于企业以网络方式将顾客、销售商、供应商和认证机构、电子银行最大化地联系在一起,重新整合价值服务链,进而使供需双方在最适当的时机得到最适合的市场信息,使企业乃至客户达到共赢。

2. 转变服务链管理模式,实现服务链管理"横向一体化"

利用现代信息技术改造并集成业务流程,是目前企业朝"横向一体化"的服务链管理模式转变的主要途径。通过协调服务链中的信息流、资金流、物流,实现与供应商和客户建立互动的业务伙伴关系。

3. 努力实现服务链管理信息网络化

信息时代,企业管理战略的一个重要内容就是建立适用于服务链运作的信息交易平台,通过信息技术改进服务链信息精度及速度。

4. 完善电子金融业在电子商务中的服务

在线电子支付是电子商务得以顺利发展的关键环节和基础条件,随着电子商务在电子交易环节上的突破,网上银行、银行卡支付网络、银行电子支付系统,以及电子支票、电子现金等服务,将传统的金融业带入一个全新的领域。

8.3.6 电子商务发展中的服务创新

服务是电子商务的基石,与电子商务的发展密不可分。随着电子商务的进一步发展,服务本身也将随之发生新的变化,服务创新是一个永恒的主题。对长期忽视服务作用的大多数中国企业来说,在电子商务的发展过程中注重服务创新显得尤为必要。电子商务发展中的服务创新主要包括以下 3 个方面。

1. 服务观念创新

要提高客户服务水平首先必须树立正确的服务观念,提高对服务重要性的认识,特别是应对电子商务发展中服务的地位、作用和意义有一个清新的认识,以便把"服务是电子商务的基石"的思想贯穿到每一个员工当中,把"不断提高客户服务水平"作为员工努力的方向和前进的目标。服务观念创新必须树立以下几点新的服务理念。

(1)牢固树立"客户至上"的思想。"客户至上"的思想可谓人所皆知,许多企业的领导也常常把这一口号挂在嘴边,但很少有企业真正地把这一精神贯穿到实际行动中。产生这种情况的原因一方面是因为企业缺乏竞争的压力,另一方面是企业没有相应的鼓励措施促进客户服务水平的提高。面对"入世"以后的市场环境和电子商务发展的大趋势,树立"客户至上"的观念不再是说说而已,必须要有实实在在的行动,否则企业将会丧失在市场中立足的空间。

(2)牢固树立"用心服务"的思想。要提高客户服务满意水平,仅有服务热情是不够的,必须坚持高标准的服务质量,用我们的真心换取客户的真情,不断提升客户对企业的忠诚度,要急客户所急、想客户所想,主动了解客户的需求,了解服务工作中存在的各种问题,以增强与客户的亲和力。衡量客户服务满意水平的常用指标有以下 3 个方面。

① 时间的迅速性。时间的迅速性是指企业对客户的反应的灵敏度与动作的迅速性。

② 技术的准确性。技术的准确性是指客户服务活动的技术、方法、措施能否比较准

确地符合客户所提出的服务要求,节省客户的费用和时间。

③ 承诺的可靠性。承诺的可靠性是指企业对确定的服务内容是否严格执行。

在电子商务的发展过程中,企业应充分利用先进的网络技术,从这 3 个方面着手,切切实实地提高客户对服务的满意程度。

(3) 牢固树立"全员服务"的思想。服务是一项系统工程,它不仅仅是某个岗位或某个部门的事情,而是需要公司上至领导下至员工的共同参与,需要生产、技术、管理、营销、信息等多个部门共同配合、密切合作,只有一体化的优质服务才能真正体现高水准的客户服务。公司的全体员工必须充分认识到服务工作的长期性、艰巨性和复杂性,并为之齐心协力、共同奋斗。

(4) 牢固树立"服务就是效益"的观念。提高服务质量、树立良好的服务形象对企业面向市场、开拓市场、赢得客户,在市场竞争中争取更大的主动权,从而提高企业的竞争力都将起到至关重要的作用。服务不佳、客户不满必然会导致客户背离,使企业失去市场,失去发展的主动权。所以,"服务出效益"不仅仅是一句口号,而是关系到每一个员工切身利益的大事,切不可等闲视之。

2. 服务机制创新

服务机制不健全是导致服务水平低下的重要原因,如服务程序不完整、服务流程不清晰、服务体系不完善或服务任务不明确等都会导致服务质量的低劣。因此,服务机制创新是服务创新的重要内容,它包括以下 3 个方面。

(1) 服务运作机制创新。很多企业存在较为混乱的服务运作方式,服务效率因为相互扯皮而下降,技术和管理部门、前台和后台的关系没有理顺,各自的服务职责不清的现象随处可见。服务运作机制创新要求建立起"技术为业务服务,后台为前台服务"的全方位服务支撑体系,理顺各个部门的关系,明确各自的职责,建立起规范化的服务业务处理流程,提高服务效率和水平。

(2) 服务监督机制创新。要不断完善服务监督机制,逐步采用定量化的服务质量评价方法,加强考核。对经过培训后仍不适应服务工作的员工要予以调整,把真正热爱服务、精于服务的员工充实到服务队伍中,不断提高服务人员的素质。

(3) 服务激励机制的创新。高效的服务激励机制对调动服务人员的积极性和创造性具有重要的意义,企业必须突破传统观念,加大服务激励力度,鼓励员工不断提高服务水准,为企业的客户服务工作尽心尽力。

3. 服务特色化创新

服务已成为增强企业竞争力的重要手段,在电子商务的发展过程中,各种特色化的服务将会层出不穷,需要每一个企业勤于探索、勇于实践。判断一项特色化的服务是否可行可参照 3 个标准:是否有利于维护客户的利益;是否有利于企业的发展;是否有利于员工服务水平的提高。如果符合其中一条或数条,在条件允许的情况下就要大胆地尝试。当然,为了提高特色化服务的成功率,可考虑由专门的人员或机构负责市场调研、走访消费者,多角度地了解竞争对手,通过对各类反馈信息进行分类、分析、研究,提出有针对性和创造性的特色化服务策略。但需要指出的是特色化服务必须考虑企业的时机,不要追求轰动效应,不要因为短期利益而出卖未来。

案例 8-1 韩都衣舍: 互联网下的组织变革[①]

1. 小组制 1.0:从买手到买手小组

2007 年之前,彼时的中国网络市场上,有成千上万的韩风女装在销售,要么是代购,要么是抄款,每个店铺也就几十款,大家做的都一般。

赵迎光折腾了好几年电商,也开了门店,但对未来要干什么仍然很迷茫,他不知道如何才能跟大家建立差异化?

2007 年中旬,赵迎光接触到韩国最大的快时尚公司,一般的公司是给生产商三四款衣服,每款都生产上万件,而这家公司是直接给生产商 700 款衣服,具体生产哪些款式,由生产商决定。虽然款式多,但是单款订单量却少,少则数百件,多则上千件,卖得好再返单。

赵迎光恍然大悟,终于摸索到了自己梦想的未来,于是立刻尝试这种多款少量的模式。

但公司资源有限,怎么办? 聚焦在做代购环节! 他把重心放到培养买手上,招揽一批学生,将韩语专业和服装设计专业的搭配在一起,从韩国 3000 个服装品牌中挑选出 1000 个,分给 40 个人,每人每天从 25 个品牌的官方网站上挑出 8 件新品,这意味着每天有 300 多款新品。

当时,淘宝搜索是按上架时间排序,原本赵迎光只是想使产品充足、新鲜,却没想到赢得了流量。

这让韩都衣舍很快跟网上千千万万个韩装店铺区别开来,竞争力一下增强。

但代购有几大硬伤,如等待时间过长,无法退换货,经常断货、断色、断码,性价比不高等。在培养买手一年之后,赵迎光决定从“代购商品”转为“代购款式”,“买手小组”初现雏形。他们像从前一样选出款式,进行样衣采购,然后打样,选料,在国内找工厂量产。

后来,赵迎光索性不再要求每个人盯着 25 个品牌,而是全部打乱,买手小组开始竞争。这也是为了培养买手的独立经营意识。

但是,问题又出现了,每个买手都希望上更多的产品,却不注意库存问题,只选图片上传,买手们对供应链并无太多考虑。

这就面临着整个服装行业的根性问题:库存谁来背?

传统的企业是选款师与店长分开的,但网络上,他们是可以合二为一的,所以赵迎光决定库存深度由设计师(选款师)来决定,一般来说设计师搞设计的,你让他们去搞运营是不行的,但实践证明,配上辅助人员后,让设计师团队小组具备了运营意识,库存周转快了起来。

有责任,就要有权力匹配。2009 年 4 月,经过一年的买手培养,赵迎光抱着试试看的心理,给了买手两万元,让她自己决定生产件数、颜色、尺码,一旦赢利,公司和买手分成。

[①] 案例作者:冯华魁,本文借鉴亿邦动力、《环球企业家》、《卖家刊》等多家媒体资料。

几个月后,这种分成制度的优势开始显现了,买手积极性上来了,他们不仅可以找到韩国最新的时尚款式,还能通过代工厂生产,降低成本,把控质量。

后来,他在内部做了个试验,成立了两套班子,一套是按照传统服装公司设置 3 个部门:设计师部、商品页面团队以及对接生产、管理订单的部门;另一套系统是把 3 个部门的人打散,每个部门抽出一个人,3 个人成立一个小组,总共 10 个小组。两套班子同时开工,3 个月后,传统班子被停掉,公司开始试用效率更高、产品更好的小组制生产模式。

就这样,小组制模式成形了,从原来的单个选款买手,配合视觉人员和运营人员之后,就成了买手小组。这一阶段的小组制最主要的目的是为了款数上量,减少选款风险,提高积极性。

2. 小组制 2.0:内部资源市场化,大家都是二老板

2011 年,韩都衣舍有 70 个小组,小组一多,原来可以调配的资源没法调了,如公司内部的推广资源如何调配? 店铺的首页,放哪个小组的产品?

赵迎光索性给每个小组更高自治权,款式选择、定价、生产量、促销全都由小组自己决定,小组提成根据毛利率或者资金周转率来计算,因此毛利和库存是每个小组都最关注的两个指标。在韩都衣舍的淘宝店里,很少有统一的打折促销,而是每个小组根据自己商品的情况做出促销决策,以保证毛利率和资金周转率。

对于首页资源,他们有一个内部资源市场化的机制,成立 6 个月以上的小组,可以竞拍位置;成立 6 个月以内的小组,首页拿出专门的位置,让大家抢,谁手快谁抢到。

当然在最重要的财权完全放开,每个小组的资金额度自由支配,而这个额度又与小组的销量直接挂钩,卖得越多,额度越大。在韩都衣舍,本月的资金额度是上个月销售额的 70%。例如,上个月有个小组卖了 500 万元,500 万元的 70% 是 350 万元,那么这个月该小组可以用 350 万元再去下新的订单。

同时,该模式下,每个小组都必须有很强的危机意识。假设一个小组是 5 万元"起家",小组一定不会把这 5 万元都用去下订单。因为如果卖不出去,就再没有使用额度,小组必须开始卖库存。如果库存永远卖不出去,这个小组就永远没有额度,甚至会死掉。

死掉怎么办? 死掉就"破产""重组"呗。

他们会对各个品类的小组进行竞争排名,排名前三位的会得到奖励,后三名的会被打散重组。

买手小组制度详解如图 8-5 所示。

这样,每个小组都是一个竞争因子,也几乎就是一个小公司。这种把公司做小的理念稻盛和夫和张瑞敏都在尝试,而韩都衣舍依托互联网的基因轻装上阵,走得更远。

这一阶段的使命是解决内部资源分配问题,也是韩都衣舍整个公司架构全面小组化的阶段。产品小组若是觉得之前对应的摄影小组不够好,那就换一个;若是觉得生产部某小组协调得力,就会分配更多任务,生产部就会有更多收入,也会更有动力。整个组织架构就像标准配件一样,可以自由对接,也确保大多数人员的收入能够跟市场挂钩。

3. 小组制 3.0:为了变态的售罄率

在 2012—2013 年,韩都衣舍有 200 多个小组,7 个品牌,每年将近两万款产品,这个

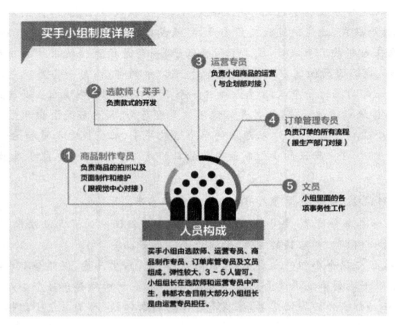

图 8-5　买手小组制度详解

阶段最头疼的是什么？

供应链！

产品质量参差不齐，库存把控不够准确。几万款产品，跟生产环节对接的工作量太大了。已经不是凭借小组就可以跟几十家工厂很好对接的了，这就需要全局规划和单品精确管理。

所以，小组制又进化了，他们创建了单品全流程运营体系，并成立企划中心，用售罄率倒逼各个链条做到单款生命周期管理。

所谓单品运营，就是以单款来考虑的，这一款衣服从设计到销售，全部有数据把控。单款产品的运营模式，把每款产品赋予生命周期，都有专人精心维护，平均下来，每个月每个小组管理七八款衣服，每款给什么位置，做什么搭配，冲击爆款能到什么程度？库存水平到什么状态需要打折，长期练下来，自然得心应手。

企划中心则根据历史数据，在年初的时候，再参考年度的波峰波谷节奏，制定目标，然后分解到各个小组，每个小组，在月度、季度、年度，都有细分的考核指标。企划部相当于韩都衣舍的发改委和数据中心，并且协调各小组之间的竞争。

企划中心的节奏控制对于韩都衣舍的供应链至关重要，能够让生产部及其工厂提前预测下一步的进度，方便备料，数万款产品下单，没有节奏控制，纯粹找死。

现在韩都衣舍的售罄率能够做到95%，这在服装行业是很变态的，尤其是能够每年两万款的情况下，而据韩都衣舍分销部负责人刘景岗透露，完成这个指标压力不大。

韩都衣舍为了做到这一点，将产品分为爆旺平滞、爆款和旺款可以返单、平款和滞款必须立即打折促销，而且要在旺销时间，稍一打折就会售出，等到了季末，需要清仓的恶性库存就很少。这样一来，整个供应链反应更灵敏，品质也更易控制。当然这个过程是一点点摸索和改进的,没有历史数据的积累,也做不到预测。

总结说来,小组制可以做到大的共性与小的个性结合,把所有非标准化的环节全部由小组来做,产品的选款、页面制作、打折促销都是非标准化的环节,标准化的环节是指客服、市场推广、物流、市场、摄影等,通称为公务部门,再加上人资部门、财务部门、行政部门等,就完成了韩都衣舍的组织架构的三级管理。

这就是整个韩都衣舍小组制的进化史,每一步都是面临着一个核心问题,为了解决一个个问题,而一步步被逼出来,最终让整个公司组织完成了彻底的改造。

如果你看过《失控》的话,会发现,韩都衣舍的小组制正是暗合了互联网的分布式协作特征,也是蜂式思维的体现,通过小组带动大盘。

而比《失控》更早实践这种管理思想的是稻盛和夫的阿米巴模式,在 20 世纪六七十年代,稻盛和夫就用阿米巴挽救了京瓷和 KDDI。

所以,小组制是一项博大精深的管理哲学,你不能把小组制简单地看做企业为了内部激励而采取的组织变革,他既是市场需求由大众化到小众化的改变,也是竞争从多元化到跨界元之后的管理应对。

这不是一个个别现象,而是整个企业界管理变革的序曲。

案例 8-2 海尔物流: 规模化与平台化的结合[①]

海尔集团作为中国家电制造业的领导者,其物流系统最重要的特征是"一流三网","一流"是指订单信息流;"三网"分别是全球供应链资源网络、全球用户资源网络和计算机信息网络。其中订单信息流是核心,全球供应链资源网络、全球用户资源网络和计算机信息网络为订单信息流提供物质支持。但之所以能够做到以订单信息流为中心,海尔还必须拥有一套能使订单信息流迅速、准确流动的组织结构,才能使传统工业时代的"推式"生产模式转变为现代新兴的"拉式"生产模式。流程改造前的管理机构包括基层、底层和中层,每个层级的反馈信息需要层层上报,然后由顶端下达指令。

海尔物流在流程改造前的组织机构如图 8-6 所示。

这种组织架构适用于工业时代大规模生产,因为在这种组织架构下,能够把生产线中产品的单位成本压缩得最低。但在这样的组织下,不同层级的和同层之间内部均存在协同问题,表现为信息不能快速地得到响应,这样的组织结构明显不利于订单信息流的迅速、准确的流动。

海尔集团从 2005 年开始探索人单合一双赢的管理模式。具体来说,海尔把所有员工分成 2000 个自主经营体,组织结构由正三角变为倒三角,一线员工直接面对用户,并拥有决策权、分配权和用人权。自主经营体存在的生命线是订单,如果能利用集团提供的资源通过竞争拿到客户的订单,那么自主经营体就能持续存在下去,反之就会消失。这一做法在宏观层面上为整个组织注入了活力。可以看出,海尔是将各业务部门进行分散整合,分

① 案例作者:王昕天,汪向东.中国社会科学院信息化研究中心,原标题:海尔、京东和阿里巴巴的物流实践,原文载于《阿里商业评论》。

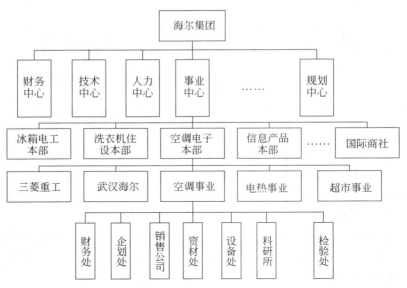

图 8-6　海尔物流在流程改造前的组织机构（事业中心）

散的是等级制组织结构，赋予每一个自主经营体响应市场和做出决策的权力；整合的是整个集团的生产支持能力，为各个自主经营体提供生产及其他支持服务。事实上，海尔集团首先是通过发挥每一个自主经营体的主观能动性，使整个组织可以像一个有机体那样去适应市场变化；其次是利用企业资源，为这些自主经营体提供平台化的支持服务。

　　海尔集团在这样的管理模式下做到了以订单信息流为中心。集团与各个自主经营体的关系实际上就是支持平台与参与者的关系，它们之间的联系就是订单信息流。物流服务是平台给予参与者的支持服务之一，流程重组后的海尔物流组织，如图 8-7 所示。

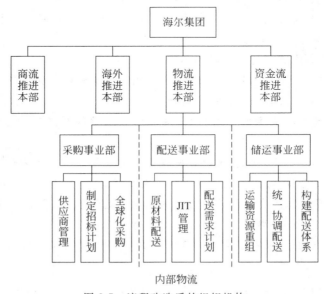

图 8-7　流程改造后的组织机构

这种统一的平台式物流服务至少为海尔带来了"3 个 JIT",分别是 JIT 采购、JIT 送料和 JIT 配送。

　　采购事业部将整个集团的采购业务进行集中,实现规模化和全球化的运营,使得采购价格大幅下降,加之 BBP 系统提供的订单信息流精确引导,使得整个采购活动能够实现 JIT。原材料采购完成后,物流配送部门实施"五定送料"的 JIT 物料配送模式。"五定"就是"定单"、"定点"、"定时"、"定量"和"定人"。而在这一环节,订单信息流仍然是物流中心决策的基础,海尔集团每天根据 ERP 系统中的生产订单要求以及工位库存的实际消耗情况,通过计算机系统自动产生向工作单位的材料配送申请清单,并在 4 小时内完成配料。

　　BBP 系统即 B2B Procurement 系统,该系统能够实现网上招标、投标、供应商自我维护、订单跟踪等业务流程,是海尔 B2B 采购电子商务平台采用 SAP 基于 Internet 的电子商务应用平台 My SAP.com 建设而成。它的成功建设使得海尔电子商务扩展至包含客户和供应商在内的整个供应链管理,有效提高了采购效率,大幅降低了采购成本。

　　"五定"的具体含义是:"定单"是指按单拉料和配送,消灭无订单送料;"定点"是指准确的配送地点、配送路径和配送工具存放点;"定量"指配送数量均以订单要求为准,不存在多余物料;"定时"是指按照规定的送料频次,保证 4 小时内到位;"定人"是指明确的送料人和接料人。

　　海尔通过整合配送网络的方式来实现针对客户的 JIT 配送。海尔集团的物流网随着产品销售网络的扩大而不断延伸,经过多年的发展,海尔集团已拥有全国网络化的配送体系,海尔的物流配送中心已覆盖全国所有区域,拥有 300 多万平方米的仓储资源,与 300 多家运输公司建立了紧密的合作关系;青岛总部物流中心自有运输车辆 800 余辆,全国可调配车辆达 1.6 万辆。海尔物流拥有完善的成品分拨物流体系、返回物流体系和备件配送体系,可以做到物流中心城市 6~8 小时配送到位,区域配送 24 小时到位,全国主干线分拨配送平均 3.5 天,形成了全国最大的企业分拨物流体系。此外,海尔青岛物流中心还可代理铁路运输、航空运输、远洋运输等业务,具备综合物流服务能力,大规模、全方位的服务可使海尔物流的成本远远低于市场运输价格。特别是铁路运输方面,海尔物流与铁路部门有长期合作的良好关系,拥有优先发货权。

　　海尔物流的"3 个 JIT"离不开背后的组织管理模式,这种扁平化、平台化的组织管理模式是海尔能够迅速对市场做出反应的前提,海尔的"以订单信息流为中心"也正是以这种组织管理模式为基础的。同时,在集团范围内的订单流整合,使得海尔的原材料采购、在制品配料以及产品配送实现了规模化经营,物流成本在整体上大大降低。这种规模化和平台化相结合的特征,是海尔集团作为一家传统制造企业在信息时代面临千变万化的市场信息所做的主动调整,在宏观层面上恰好反映了工业企业在工业时代和信息时代交织下所做出的现实选择。

案例 8-3　顺丰：物流下沉　关注服务[①]

过去很长一段时间里,顺丰速运的形象给予外界的更多是神秘低调、行业领先的服务标准。但随着电子商务的下沉,作为产业链上的标配环节,顺丰也开始了服务的下沉。

在电商产业链中,物流是产业链条中必不可少的环节,紧随着电商爆炸式发展,民营快递公司逐渐成为电商物流配送的主力。随着电商化进程的不断演进,过去消费者对电商价格的关注度,正进一步提升到电商服务的关注度上。作为影响电商消费体验的环节,由于物流服务的提升几乎等同于成本的上涨,在选择要服务还是守成本的问题上,电商企业往往陷入一个较为纠结的境地。

1. 服务产品细分趋势明显

2013 年"双十一"期间,顺丰速运首推的电商特惠系列,被外界视作其试图锚定电商用户的信号。这种猜测到了 2014 年 5 月 15 日,基本被证实是正确的。顺丰在 2012 年电商特惠系列的基础上,更新升级了"商盟惠"、"顺丰小盒"、"绿色通道"等不同形式的产品,细分趋势十分明显。

顺丰速运电商物流事业部副总裁龚涛告诉《天下网商》,在面对复杂的电商客户时,只靠一种服务产品,是无法满足所有电商客户需求的。

以"顺丰小盒"为例,它本身是一个细节产品,小于 200g,体积小于 1200cm³ 的小件,同城 8 元,跨省 12 元,时效与标准快递一样,这是一个价格上的亮点,吸引一些品类贵、要求速度快的小件商品电商用户。

针对一些定量稳定又讲究实效的大客户,顺丰推出了"绿色通道",与商家约定一个作业标准,省去一定后续环节,把成本返还给商家,"这对规模较大的电商来说是很有意义的。"龚涛告诉记者,类似的思路发散开,设计出的"商盟惠"则可能更适合一些对服务比较敏感,又相对零散的电商客户。

"商盟惠"的产品设计的宗旨是让这些规模小的客户就近"抱团",形成"千单"的量级就可享受电商特惠。

与大客户的稳定性不同,龚涛认为这些注重服务体验的商家有很大的成长空间,在追求品质和快捷中两者一拍即合。

在产业链的另一端,"四通一达"为代表的老牌民营快递公司以中低端电商客户为目前电商配送的主流企业。而以顺丰速运为代表的快递企业,则以"有别于传统服务水平"的标准化服务,占据着中高端的配送市场。但这种市场的分割方法可能正在经历变化。

2. 降价还是降服务

打通双方配送模式的细节,根据不同电商的需求细分市场,去配合客户类型,寻求双方利益契合点,保证服务质量的同时,通过中间环节共同来降低成本,是顺丰基于电商市场设计配送服务时的出发点。在实际操作过程中,用户对于"降价约等于降服务"的习惯

---

① 案例作者:天下网商,原文标题为"物流下沉 顺丰的另一面"。

性思维，仍然很难突破。

对比顺丰标准快递，2013 版的电商特惠寄件改走汽车，降低运输成本，让利电商的同时，却延长了运输时间，服务质量一度被质疑，顺丰之前积累的市场定位更是被恶意猜测——占据物流行业 20％市场份额的顺丰是否企图通过价格来抢占"四通一达"的中低端客户群。龚涛坦率地表示，"价格从来就不是我们的优势。"

这次顺丰的发力点寻求到位，用结构更加完整的升级版"电商惠"深入电商市场，弥补了之前在运输时间上的短板，更在细节上满足了不同商家对于物流服务的要求，既让商家在享受服务的同时又能节省运输成本。"让多步烦琐的流程与商家配合完成，压缩时间差，把服务做到双赢。"龚涛透露，电商特惠推出至今，商家改变运营体系需要时间，对于顺丰来说，目前仍是一个学习和观望的时期。

"物流行业的淡旺分季，直接和电商的销售量挂钩。选择在这个时间段密集地推出这些产品，一方面是前期铺垫已经到位，另一方面则是目前恰好是淡旺季的交叉阶段，可以让商家有一个适应和磨合的时间。"龚涛如是说。

本章小结

本章首先简要介绍了传统企业的一般组织结构，在此基础上分析了电子商务服务企业与传统企业组织相比具有的一般特征；其次，本章介绍了电子商务服务的一般营销策略、改进管理的措施、服务质量的测度和改进；最后，本章提出了一些优化电子商务服务的措施和方法。

思考题

1. 电子商务环境下的企业组织结构具有什么样的特点？
2. 影响电子商务服务质量的因素有哪些？
3. 电子商务服务质量的评价模型有哪些？
4. 电子商务服务优化的措施有哪些？
5. 如何进行电子商务服务创新？

参考文献

[1] 徐飞，黄丹. 企业战略管理[M]. 北京：北京大学出版社，2008.
[2] 陈继祥. 战略管理. 2 版[M]. 上海：格致出版社，上海人民出版社，2008.
[3] 姚国章. 电子商务与企业管理. 2 版[M]. 北京：北京大学出版社，2009.
[4] 刘爱珍. 现代服务学概论[M]. 上海：上海财经大学出版社，2008.
[5] 蔺雷，吴贵生. 服务创新[M]. 北京：清华大学出版社，2007.
[6] 蔺雷，吴贵生. 服务管理[M]. 北京：清华大学出版社，2008.
[7] 龚炳铮. 电子商务服务水平评价指标与方法探讨[J]. 第二届网上及电子商务生态学术研讨会论文集，2009(9)，221-226.

[8]　（瑞士）曼弗雷德·布鲁恩,多米尼克·乔治.服务营销——服务价值链的卓越管理[M].北京:化学工业出版社,2009.

[9]　李琪.现代服务学导论[M].北京:机械工业出版社,2008.

[10]　刘北林.现代服务学概论[M].北京:中国物资出版社,2008.

[11]　韦福祥.服务营销学[M].北京:对外经济贸易大学出版社,2009.

[12]　周明.服务营销[M].北京:北京大学出版社,2009.

[13]　企业网站优化策略研究报告.http://www.wm23.com/wiki/12336.htm.

[14]　韩朝胜.新形势下 B2C 电子商务物流优化研究[J].物流技术,2013(32):3,117-120.

[15]　绕绍伦.电子商务物流体系优化研究[J].物流技术,2014(33):1,175-177.

[16]　陈静.电子商务服务链的分工研究及优化[J].价值工程,2012(12):8-9.

[17]　萧潇.B2C 电子商务运营模式优化研究——以"like fresh 旗舰店"为例[D].华中师范大学,2012(3).

第9章 电子商务服务公共治理

9.1 电子商务工商管理

9.1.1 电子商务工商管理概述

根据我国法律，工商行政管理机关是国家主管市场监督管理和有关行政执法的职能部门，它的主要职责如下。

（1）依法对各类企业和从事经营活动的单位、个人进行注册并实施监督管理。

（2）依法组织监管个体工商户、个人合伙和私营企业的经营行为。

（3）依法对各类市场经营秩序实施规范管理和监督。

（4）依法组织监督市场竞争行为、市场交易行为，组织监督流通领域商品质量，组织查处各种违法行为，保护经营者、消费者合法权益。

（5）负责对商标注册和监督保护商标专用权。

（6）依法对经纪机构、合同、动产抵押物登记、拍卖行为、广告实施监督管理等。

从国家赋予工商行政管理部门的职责可以看出：

（1）工商行政管理部门监管的是"各类"企业，既包括内资企业、个体与私营企业，也包括外资企业。

（2）对"从事经营的"都在监管范围之内，不管是单位还是个人，也不管是自然人还是法人。

（3）监管的范围也是各类市场，即不论是商品市场还是生产资料、生产要素市场，不论是传统的有形市场，还是新兴的、虚拟的无形市场，都在监管范围之内。

（4）还包括对市场竞争行为、交易行为都要监督管理，对违法行为进行查处。

电子商务的特点导致工商行政管理部门对电子商务的监管与传统模式下的行政监管有很大不同，主要可以概括为以下几个方面。

（1）对网络经营主体的准入监管。传统模式下，工商部门按照相关法律法规对经营主体的资格进行审核，核发纸质营业执照。但在电子商务中，则包括对经营主体和网站以及相关的第三方交易平台三方面的监管。为此，在传统模式下办理过工商登记的经营（服务）者，则需要在从事经营活动的网站网页上公示营业执照登载的信息或加贴电子执照标识，以供工商局进行监管。而针对自然人经营者而言，则需要向提供网络交易平台服务的经营者提出申请，提交其姓名和地址等真实身份信息即可。

（2）对电子合同的监督管理。电子商务与传统模式很大的一个不同就在于电子商务以电子数据方式呈现，由此导致工商行政监管部门对合同的监管也有了一些不同，对此我国颁布的《电子签名法》、《网络交易管理办法》等电子商务法律成为我国工商行政部门监管的新依据。在格式合同管理方面，网络商品经营者、有关服务经营者不得以合同格式条款等方式作出排除或者限制消费者权利，减轻或者免除经营者责任，加重消费者责任等对消费者不公平、不合理的规定，不得利用合同格式条款并借助技术手段强制交易，进一步规范格式合同的管理。

（3）明确跨区域违法交易管辖权。因为网络的跨地域性，网络商品交易及有关服务违法行为的管辖设定与线下存在差异，属地监管的原则已不再适用，使得异地之间需要进行协作，属地管辖与指定管辖相结合，避免出现管辖争议、提高执法效能。

9.1.2　电子商务工商管理相关立法进程

为充分有效地行使行政执法权，保障电子商务的顺利进行。相关国家部门、地方政府颁布了一系列的法律、法规和规章，有些地方形成了一些有地方特色的治理模式。

2004年8月28日，《电子签名法》经第十届全国人民代表大会常务委员会第十一次会议通过，并自2005年4月1日起施行，成为我国第一部严格意义上的电子商务立法。2005年1月8日国务院办公厅正式发布了《关于加快电子商务发展的若干意见》。同时，工商总局于2014年2月14日颁布《网络交易管理办法》，明确了网络商品经营者和有关服务经营者的义务及相关工商部门的监管责任。此外，《侵权责任法》、《互联网信息服务管理办法》、《消费者权益保护法》等也是我国网络环境下的行政监管方面的重要法律。

另外,传统法律,包括《民法通则》、《公司法》、《合伙企业法》、《公司登记管理条例》、《企业法人登记管理条例》等也构成了我国网络环境下行政监管的重要依据。

在地方,广东、北京、上海、浙江、深圳等分别通过地方立法促进电子商务的发展。2002 年 12 月《广东省电子交易条例》出台,2007 年 9 月 14 日《北京市信息化促进条例》出台,2008 年 12 月 26 日《上海市促进电子商务发展规定》颁布,2013 年 7 月 5 日《北京市人民政府关于促进电子商务健康发展的意见》发布。

其中《北京市信息化促进条例》对有关电子商务交易主体的工商行政管理做出了明确的规定。此外,《广东省电子交易条例》(已废止)、《天津市信息化促进条例》、《上海市营业执照副本网络版管理试行办法》、《浙江省网上商品交易市场管理暂行办法》、《重庆市关于切实发挥职能作用支持服务我市电子商务发展的意见》、《上海市促进电子商务发展规定》等都是各主要地区政府颁布的电子商务工商管理的重要规章制度。

关于电子商务经营主体的监管,我国目前针对电子商务经营主体的全国的工商登记注册管理还没有明确的规定,但各城市已经建立了相应的电子商务监管服务平台,建立电子商务经营主体数据库,如信用档案、工商认证体系等,同时进行网上巡查,有效规范电子商务经营主体行为。

随着电子商务的发展,国家和地方相继进行了电子商务网站和其他网络经营主体工商管理方面的探索,可以概括如下。

(1) 以北京市工商局为代表的对网络经营主体监管的探索实践开展较早,但持续性没有得到国家工商局层面的有力支持。

北京市工商局早在 2000 年就制定了《经营性网站备案登记管理办法》及其实施细则,搭建了专门的经营性网站备案登记管理平台,并实现在全国性的新华网、新浪网等大网站上粘贴工商红盾标识。此项工作在一定程度上明确了网站经营主体的真实信息,提高了网络经济的信用水平,作为网络经济发展初期的探索性监管措施。

随后几年,全国一些地方仿效北京工商局的做法,积极介入对网络经济主体的监管。但是由于各级领导缺乏足够的认识和国家工商总局没有统一的要求和操作办法,此项工作取得的总体成效滞后于网络经济的发展。虽然直到现在还有很多网站挂这个标识,但已很不规范,其现行可信度已大打折扣。

2008 年 7 月 2 日,北京市工商局通过了《关于贯彻落实〈北京市信息化促进条例〉加强电子商务监督管理的意见》(下简称《意见》),要求电子商务经营者(包括 C2C)须在 8 月 1 日前办理营业执照、年底前提供信息公示链接。此外,只要经营主体在北京,淘宝、易趣、拍拍等注册地点在北京外的交易平台的卖家,也应当办理营业执照。该规定颁布后,在社会上,尤其是网民中引发了不小的质疑,其中的不少个人网商,表示了对该规定实施后的担忧,各方的质疑和反对都直接导致了该规定渐渐沦为形式。

(2) 以上海市工商局为代表的对网络经营行为监管的探索也取得不少进步,但效果并不明显。

上海工商局在网络经济发展初期就颁布相关规定对网络非法经营行为主要包括各种利用互联网进行虚假广告宣传、商标侵权、以低于成本价销售商品、传销和诈骗、销售假冒伪劣商品等不正当竞争行为进行查处。

在 2008 年 12 月颁布,2009 年 3 月 1 日实施的《上海市促进电子商务发展规定》中,关于电子商务工商管理的内容包括:

"第十四条　从事电子商务的企业应当根据国家有关规定取得相关证照,并在其经营网页上公开以下信息:

(一)营业执照、组织机构代码以及其他与经营资质相关的资料。

(二)互联网信息服务许可登记或者备案登记的电子验证标识。

(三)所经营产品依法应当取得的许可、认证证书以及产品名称、生产者等产品信息。

(四)经营地址、邮政编码、电话号码、电子信箱等联系信息。"

(3)以浙江工商局为代表的针对电子商务综合监管、鼓励发展为主的思路。

《浙江省网上商品交易市场管理暂行办法》于 2008 年 3 月 28 日颁布,对网上市场举报者的义务责任等进行了明确的规定,虽然这些规定在网店的准入和管理规范上与其他省市有所不同,但内容都非常丰富、具体,具备很强的操作性。

该办法从网店主体、经营规范、消费者保护、纠纷解决、信息安全等不同层面提出具体的要求和指引,而这些要求既考虑到了目前我国网络交易的实际状况,又兼顾了电子商务的长远发展和逐步规范,充分体现了政府部门在规范电子商务方面"政府推动、企业主导、市场运作、依法规范"的原则。

(4)深圳工商管理部门"服务第一"的理念和措施。

2010 年 4 月 24 日,深圳市市场监督管理局颁布《深圳市市场监督管理局关于服务我市电子商务市场健康快速发展的若干措施》,在该文件中阐释了深圳市市场监督管理局电子商务服务监管工作"服务第一"的理念和"发展中规范、规范中保障发展"的基本原则,并提出了市场准入服务、信息信用服务、标准化服务、维权服务四大理念的具体工作思路。

此后,该局升级为深圳市市场和质量监督管理委员会,近年来先后制定了 6 个电子商务方面的规范性文件;创设了电子商务秘书公司制度;制定了电子商务可信交易环境建设若干规定;对网络经营者信用信息管理和电子合同管理都进行了有益的探索。其主要经验包括:一是降低准入,鼓励创新,如设立秘书公司制度,设有住所也可注册公司,符合电子商务发展的实际;二是探索诚信体系建设,发放电子标识,在电子商务企业实行实名制,建立市场基础设施。

深圳主要电子商务法规及文件一览

地方规章:《深圳市互联网软件知识产权保护若干规定》

规范性文件:

• 《关于加快建设国家创新型城市的若干意见》
• 《关于加快我市高端服务业发展的若干意见》
• 《关于促进高技术服务业发展的若干意见》
• 《深圳互联网产业振兴发展政策》
• 《关于服务电子商务市场促进健康快速发展的若干措施》及其《实施通知》
• 《深圳市电子商务可信交易环境建设促进若干规定》及其《实施通知》

- 《网络经营者交易信用信息管理办法》
- 《深圳市网络交易合同规则》

（5）在国家工商总局层面，针对电子商务的工商管理思路逐步明确。

早在 2002 年，国家工商总局在当时给北京工商局的回函中（《国家工商总局关于电子商务网站登记问题的答复》），明确了以下内容：网站登记的主管部门应为信息产业部和省级电信管理机构，工商行政管理部门登记的对象则是市场经营的主体，即网站的经营者，而非对网站本身的登记。同时，网站只是企业从事商务活动的工具和手段，不具备分支机构的条件，将网站本身作为企业分支机构登记不符合现行企业登记管理的规定。

2009 年，国家工商总局领导在出席有关会议时透露了对网店管理工作的最新思路，首次明确指出不能以传统手段管理网店，应逐步通过各种措施达到"以网治网"的目的。为此，工商总局内部确立了三条原则确保网购行业继续得到快速发展，并为此制定了四项工作。"三条原则"是：一要确保能促进网上商品交易的健康、快速发展；二要规范网购市场秩序，建立起网购的诚信体系，让网上交易更加平等与安全；三要加大维权力度，保护好网上经营者的合法权益，维护好消费者的正当权益。在上述"三条原则"的前提下，工商总局还提出了建立"四位一体"监管体系的思路。"四位"分别是指政府监管（立法定规，以行政手段监管）、行业自律、社会监督与群众参与；"一体"则是指多个部门协同一体管理。

2010 年 7 月 1 日，《网络商品交易及有关服务行为管理暂行办法》实施。国家工商总局发布实施指导意见表示，网络交易的监管重点锁定网络交易平台，将对网络经营主体开展一次全面普查，核查网店真实身份。实行"网店实名制"，明确了自然人从事网络商品和服务销售活动，不具备工商登记注册条件的，不强制要求办照；具备登记注册条件的，依法办理工商登记注册；已办理工商登记注册的网络商品（服务）经营者需要在从事经营活动的网站网页上公示营业执照登载的信息或加贴电子执照标识等。主体资格的真实身份信息确认制度较好地解决了虚拟空间条件下网络商品（服务）经营者主体资格真实性的识别问题，可以保障网络"虚拟主体"还原为真实的主体，为消费者有效识别查证网络商品交易主体真实身份，维护自身合法权益提供了基础性制度保障。

2014 年 2 月 13 日，国家工商行政管理总局在实施了将近 4 年的《网络商品交易及有关服务行为管理暂行办法》的基础上公布了《网络交易管理办法》，对网络市场主体准入的规定与《网络商品交易及相关服务行为管理暂行办法》中基本保持一致，略作修改，使其更为清晰明确。从事网络商品交易及有关服务的经营者应当依法办理工商登记，并明确限定自然人必须通过第三方交易平台开展经营活动。不过，考虑到网络市场发展现状和促进创业就业的需要，现阶段对从事网络商品交易的自然人，也就是个人网店卖家放宽准入条件，并未强制要求注册办照，但要求个人卖家必须通过第三方交易平台开展经营，并且必须提交姓名、地址、有效身份证明、有效联系方式等真实身份信息。同时，要求第三方交易平台经营者要对在平台上的经营者，包括"尚不具备工商登记注册条件"的自然人，进行审查登记，建立登记档案并定期核实更新，核发证明个人身份信息真实合法的标记，以保障网络交易安全、维护网络消费者权益。

虽然《网络交易管理办法》对个人卖家不强制办照，但对第三方交易平台做出了明确规定，第三方交易平台经营者应当是经工商行政管理部门登记注册并领取营业执照的企业法人。这是因为第三方交易平台承载着数量庞大的经营者、消费者和商业数据,在网络商品交易活动中的地位举足轻重。平台运行情况直接关系网络市场秩序和社会公共利益,经营者须具备一定的规模和技术实力才能保证平台运行安全。

工商总局解读《网络交易管理办法》①

国家工商行政管理总局发布《网络交易管理办法》(以下简称《办法》),引起社会普遍关注。据了解,《办法》是为配合新《消费者权益保护法》颁布的 3 个配套行政规章之一,于 2014 年 3 月 15 日起与新《消费者权益保护法》(以下简称《消法》)同步施行。

与现行《网络商品交易及有关服务行为管理暂行办法》(以下简称《暂行办法》)相比,新的管理办法有哪些新亮点? 国家工商总局市场司具体负责网络市场监管工作的副司长杨洪丰就《办法》相关规定进行了详细解读。

个人开网店坚持"实名制"原则

杨洪丰介绍说,《办法》对网络市场主体准入的规定与《暂行办法》中基本保持一致,只略作修改,使其更为清晰明确。

《办法》第七条明确规定,从事网络商品交易及有关服务的经营者应当依法办理工商登记,并明确限定自然人必须通过第三方交易平台开展经营活动。不过,对从事网络商品交易的自然人,也就是个人网店卖家,并未强制要求注册办照,但要求个人卖家必须通过第三方交易平台开展经营,并且必须提交姓名、地址、有效身份证明、有效联系方式等真实身份信息。同时,要求第三方交易平台经营者要对在平台上的经营者,包括"尚不具备工商登记注册条件"的自然人,进行审查登记,建立登记档案并定期核实更新,核发证明个人身份信息真实合法的标记。

杨洪丰说,按照现行登记注册法律法规的规定,从事网络商品交易及有关服务的经营者应当依法办理工商登记。考虑到网络市场发展现状和促进创业就业的需要,现阶段仅对尚不具备登记注册条件的自然人放宽准入条件,允许其暂不办理工商登记,但规定必须通过第三方交易平台开展经营并向平台进行实名登记,以保障网络交易安全、维护网络消费者权益。

记者了解到,虽然《办法》对个人卖家不强制办照,但对第三方交易平台做出了明确规定。其中第二十二条规定,第三方交易平台经营者应当是经工商行政管理部门登记注册并领取营业执照的企业法人。

杨洪丰表示,第三方交易平台承载着数量庞大的经营者、消费者和商业数据,在网络商品交易活动中的地位举足轻重。平台运行情况直接关系网络市场秩序和社会公共利益,经营者须具备一定的规模和技术实力才能保证平台运行安全。因此,《办法》明确规定第三方交易平台经营者应限定为企业法人。

加大第三方交易平台责任义务

据了解,相对于《暂行办法》,《办法》第二章第二节"第三方交易平台经营者的特别规定"中对第三方交易平台经营者应当履行的责任义务新增了 5 项内容。

---

① 《中国消费者报》,2014 年 2 月 18 日,记者田珍祥。

例如，其中第八条规定，第三方交易平台在对申请进入平台的法人、其他经济组织或者个体工商户的经营主体身份进行审查和登记后，在其从事经营活动的网页醒目位置公开营业执照登载的信息或者其营业执照的电子链接标识。

"目前第三方交易平台上的网店一般没有自主添加标识的技术权限，都是由平台来统一加贴营业执照标识。另外，由平台加贴营业执照标识与加贴证明个人身份信息真实合法的标记一样，是平台履行了经营主体身份审查义务的标志。"杨洪丰分析说。

又如其中第二十九条规定，开展自营业务的第三方交易平台经营者必须以显著方式对平台自营部分和其他经营者经营部分予以区分和标注。

杨洪丰进一步解释说，在第三方交易平台上，存在自营和其他经营者经营两种经营方式，经营者所处的法律地位和应承担的责任义务区别很大，消费者对于这两种经营业态的信任度也有明显差别。为明确经营模式中经营者的责任义务、维护消费者的知情权和选择权，所以对此进行了明确规定。

此外，新增的第三方交易平台经营者应当履行的责任义务还包括：第三方交易平台经营者修改其与平台内经营者的协议、交易规则应当遵循公开、连续、合理的原则，并至少提前7日予以公示；拟终止提供服务的第三方交易平台经营者应提前公示并通知相关经营者和消费者，以切实保障相关经营者和消费者的合法权益；鼓励第三方交易平台经营者通过设立消费者权益保证金来提升服务质量，更好地保护消费者合法权益。

适应新《消法》细化消保措施

2013年10月，全国人大常委会对《消费者权益保护法》进行了修正。

"为适应新《消法》，《办法》细化了对消费者合法权益的各项保护措施。"杨洪丰说，这主要体现在网购售后服务、个人信息保护、格式合同管理等方面。

在售后服务方面，《办法》规定，消费者有权自收到商品之日起7日内退货，且无须说明理由，网络商品经营者应当自收到退回商品之日起7日内返还消费者支付的商品价款，但消费者定做的、鲜活易腐的、在线下载或消费者拆封的数字化商品、报纸和期刊等除外，消费者退货的商品应当完好，并承担退回商品的运费。

在个人信息保护方面，《办法》规定，网络商品经营者、有关服务经营者及其工作人员对收集的消费者个人信息必须严格保密，不得泄露、出售或非法向他人提供；应采取技术措施和其他必要措施，确保信息安全，防止信息泄露、丢失；在发生或者可能发生信息泄露、丢失的情况时，应立即采取补救措施。

在格式合同管理方面，《办法》规定，网络商品经营者、有关服务经营者不得以合同格式条款等方式作出排除或者限制消费者权利、减轻或者免除经营者责任、加重消费者责任等对消费者不公平、不合理的规定，不得利用合同格式条款并借助技术手段强制交易。

明确跨区域违法交易管辖权

近年来，跨区域的网络商品交易违法行为日益增多，关于网络交易的管辖争议一直以来困扰不断。"针对这一新形势，《办法》对违法行为管辖权的规定做了一些修改、完善，使之更为科学合理。"杨洪丰说。

《办法》规定，网络商品交易及有关服务违法行为由发生违法行为的经营者住所所在地县级以上工商行政管理部门管辖。对于其中通过第三方交易平台开展经营活动的经营者,其违法行为由第三方交易平台经营者住所所在地县级以上工商行政管理部门管辖。第三方交易平台经营者住所所在地县级以上工商行政管理部门管辖异地违法行为人有困难的,可以将违法行为人的违法情况移交违法行为人所在地县级以上工商行政管理部门处理。

"这一规定与现行《暂行办法》中确立的管辖原则保持一致,既符合行政处罚法的相关规定,又有效地避免了'一事二罚'的出现。"杨洪丰说。

同时,《办法》新增了对指定管辖的规定:两个以上工商部门因网络商品交易及有关服务违法行为的管辖权发生争议的,应当报请共同上一级工商部门指定管辖。对于全国范围内有重大影响、严重侵害消费者权益、引发群体投诉或者案情复杂的网络商品交易及有关服务违法行为,由国家工商总局负责查处或者指定省级工商局负责查处。

杨洪丰指出,这是由于网络商品交易及有关服务违法行为的管辖设定与线下存在差异,新增上述规定可避免出现管辖争议、提高执法效能。此外,《办法》还新增了对网络消费者投诉管辖的规定,即网络商品交易及有关服务活动中的消费者向工商部门投诉的,依照《工商行政管理部门处理消费者投诉办法》处理。

9.1.3 电子商务工商管理与平台自治

从近5年工商及商务部门的政策方向来看,电商平台参与电商管理,已经成为一种常态,而且其重要性愈发突出,某种程度上来说,它在电商监管中的作用不仅仅是行政监管的补充,反而是电商监管实践的主导角色。现有的制度正在不断强化电子商务平台的监管责任,而电商平台也发出了明确地位、赋予权力、请求协助的呼声。行政机构与电商平台共为电商治理体系中的主体。以往的经验已经证明,电商平台是电商治理体系中不可或缺的主体,除此之外,电商治理体系包括行政机构、电商行业组织、专业的第三方机构、网民群体等。电商平台在治理中的重要性,源于其在电商发展中的不可或缺的角色和地位。

我国电商从早期的粗放式到现在的精细化,电商平台的职能和地位逐渐朝着电商基础设施的方向发展,它已经具备了相对完善的网络基础、系统化的管理制度、完善的规则体系、专业的治理团队等,电商平台已经逐渐脱离交易本身,而成长为具有支撑功能的电商服务体系,这个角色转变正在不断明朗化。而关于电商平台的地位和责任同样是个值得深入探讨的话题。但是无论如何,电商平台与行政管理机构一起作为电商治理体系中的一部分是毋庸置疑的。

现有的电商监管机制具有明显的行政主导色彩,但难以发挥监管的效力,而近5~10年电商的发展和监管实践则表明,电商企业、电商平台的治理却发挥着越来越重要的作用。当然,自治离不开行政管理的支撑,离不开行政和司法强制力的保障。自治主导、行政支撑的共治模式,并非削弱行政监管地位,而是在充分借助自治的效率性和协调机制的灵活性,再辅以行政强制性。这样三合一的共治模式,具有效率、弹性和强制性的综合作用,相对于传统的行政主导模式,将更适应互联网环境,更适应电子商务的发展趋势。

9.2 电子商务税收

9.2.1 电子商务税收概述

税收是指国家为实现其公共职能而凭借其政权力量,依照法律规定,强制、无偿地向纳税人征收货币或实物的活动。其目的是保障国家利益和纳税人的合法权益,维护正常的税收秩序,保证国家的财政收入。税收的特点如下。

(1) 税收的强制性。税收的强制性是指税收是以国家法律的形式规定的,税收法律作为国家法律的组成部分,对不同的所有者都是普遍适用的,任何单位和个人都必须遵守,不依法纳税者要受到法律的制裁。

(2) 税收的无偿性。税收的无偿性表现为国家征税后税款即为国家所有,并不存在对纳税人的偿还问题。

(3) 税收的固定性。税收的固定性是指课税对象及每一单位课税对象的征收比例或征收数额是相对固定的,而且是以法律形式事先规定的,只能按预定标准征收,不能无限度地征收。

税收按照不同的分类标准可以做不同的划分。与电子商务密切相关的一种分类方法是按课税对象的不同征税。按课税对象的不同,可分为流转税、所得税、财产税、资源税和行为目的税五类。

电子商务税收是电子商务发展中的一个重要环节,电子商务税收包括两方面的内容:一个是国际电子商务税收;另一个是国内电子商务税收。国际电子商务税收问题的实质,是国家(地区)之间的税收管辖权的划分和税收利益的分配。国内电子商务税收问题的实质,一是如何在利用优惠政策鼓励电子商务发展的同时兼顾税收的公平原则,二是如何针对虚拟经济建立一整套良性的税收监管和稽核体系。

在所有的电子商务公共服务中,电子商务的税收是一个全球性的难点问题。主要有以下7个。

(1) 是否对电子商务开征新税?

(2) 如果对电子商务进行税收优惠,又如何防止电子商务成为税收"漏斗"?

(3) 电子商务的关税问题如何解决? 如何平衡电子商务输出国与输入国的利益?

(4) 电子商务征税中的常设机构如何确定? 网站服务器能否作为常设机构?

(5) 电子商务交易中数字化产品和服务所得的税收种类和纳税地点如何确定?

(6) 电子商务的建立在电子数据上的纳税依据如何准确认定?

(7) 在我国,比较独特的,还存在新的电子商务纳税主体的问题,即个人网商如何认定的问题,这个问题与个人网商的登记注册密切关联。

经过近十年的探索和协商,国际社会就电子商务税收目前达成的共识主要概括如下。

(1) 任何赋税的提议应确保中立和合理税收的分配,避免造成双重课税、歧视性征税和过多的执行费用,避免对电子商务产生扭曲。

(2) 税务问题不应该成为电子商务发展的阻碍,可通过税收优惠鼓励电子商务的发展,但同时电子商务也不应该破坏税务制度,电子商务的税收政策要与现行税制相协调。

（3）不对电子商务开征新消费税或增值税,应尽可能避免"比特税"。

（4）各国运用国际税收原则相一致。适用于电子商务的税务原则可概括为中立、高效、明确、简便、有效、公平和灵活。

（5）此外,WTO及OECD等国际组织都通过协议确立了"免收关税"的政策。

9.2.2　我国电子商务税收政策

我国一直致力于采取多种措施促进电子商务发展。在国际社会上,我国积极参与税收法律制度的研究和建立。2003年12月,"联合国国际税收合作特设专家小组第十一次会议"上,中国代表就两个提议向会议做了介绍,并提请讨论。一是为了维护发展中国家的利益,对电子商务所得不适用常设机构原则,代之以源泉扣除以及来源国和居民国分享征税权的制度,即对电子商务涉及的所得设定一个起征点,支付额高于起征点时,在支付国实行源泉扣除,对支付总额征收预提税,但税率应该适中,因为居民国仍然对该项所得享有征税权。另外,该提议还建议,不对服务所得、特许权所得和货物销售所得等作区分,统一按起征点原则实行源泉扣除。

在我国国内具体的税收制度建立方面,我国的基本政策可以概括为：我国对电子商务税收的政策主要包括税收优惠和尝试性的电子商务税收征管。目前我国对于电子商务的税收优惠政策主要存在于《关于加快电子商务发展的若干意见》、《电子商务"十一五"规划》、《关于加快电子商务发展工作任务分工的通知》等文件中,但由于这些文件虽然提及电子商务的税收优惠问题,却没有相应的落实政策的可操作文件,因此还没有得到贯彻落实。除此之外,目前我国电子商务的税收主要适用现有关于企业和个人税收的相关法律规定。

2006年原国务院信息化办公室颁布了《关于加快电子商务发展工作任务分工的通知》,规定："关于'制定电子商务税费优惠政策,加强电子商务税费管理'的工作,由财政部、税务总局负责,抓紧有关的研究工作和政策制定工作。"2007年国家发展与改革委员会和原国务院信息化办公室联合制订了《电子商务"十一五"规划》,要求"完善财税支持政策：加大对电子商务基础理论、关键技术和重大政策研究的财政支持,形成持续稳定的经费渠道。加强政府对共性技术开发、重大装备研制、重点应用示范的引导性投入,支持电子商务领域信息资源的公益性开发和利用。对开展信用信息、电子认证等公共服务的企业和从事电子商务交易服务、技术外包服务等高技术服务的企业,允许享受与现行高新技术企业同等优惠的财税政策。"

目前我国电子商务税收征管方面并无新的立法和政策出台,主要适用现有关于企业税收的相关法律规定,如《税收征收管理办法》、《增值税暂行条例》及实施细则、《营业税暂行条例》及实施细则、《企业所得税法》及实施细则、《外商投资企业和外国企业所得税法》。

此外,值得注意的发展态势是,2008年9月28日,国家税务总局在给北京地税的一个复函中称,个人通过网络收购网络游戏玩家的虚拟货币,加价后向他人出售取得的收入,应按照"财产转让所得"项目计算缴纳个人所得税。北京地税称,这部分收入将按照20％的税率计算。随后,2008年11月11日,北京市地税局公布虚拟货币交易税征收细则,对能够提供交易凭证的,以一次转让财产收入额减去财产原值和合理费用后的余额为应纳税所得额,适用20%的税率计算缴纳个人所得税;若纳税人未能保存合法、有效支出凭证,将采用核定征税方法,即参照古玩字画拍卖等财产转让所得,以真实交易全额乘以核定征收率计算,目前暂定为3%。2009年,国家税务总局在批复全国"两会"有关电子商务征税的提案时表示,正会同有关部门共同调研电子商务的税收征管问题。

9.3 个人隐私及商业数据保护

9.3.1 个人隐私与商业数据保护概述

计算机网络的高度开放性,使得依托于网络的电子商务打破了传统市场的地域限制。跨地域网上贸易额逐年增加。在网络环境下,交易双方或者服务者和服务接受者彼此之间并不进行面对面的交流,而为了增加和稳定客户,电子商务企业需要对个人数据进行深度挖掘。通过客户的背景信息及交易数据总结出客户的购物习惯、经济状况以及网上采购经历。同时,点击流数据还会揭示客户经常访问的 Web 站点地址、访问时间等私人信息。电子商务企业通过对这些信息的挖掘和使用为客户提供服务,但另一方面,泄露用户个人数据等侵犯用户权利的情况时有发生。如何在企业和用户之间协调、平衡双方的利益,兼顾双方需求以达到共赢,在电子商务环境下有着非常重要的现实意义。

西方国家从20世纪六七十年代开始隐私权的立法,20世纪90年代中后期又开始了数据保护的立法。其中使用隐私权这个概念较多的是美国、英国、加拿大等国家,而更强调个人数据这个概念的则是欧盟。我国台湾是少数使用个人资料这个概念的地区。

个人信息、个人数据、个人资料、个人隐私、网络隐私、商业数据这些概念交织在一起,是容易相互混淆的,它们大多听起来很像但又不完全一样,在内涵上又有着交叉。简单地说:

(1)个人信息是非常广泛的一个概念,所有与个人有关的信息都是个人信息。

(2)个人数据应是个人信息项下的一个概念,偏于个人在计算机或网络中的信息。

(3)个人资料可以看做是个人信息的一个别称,但使用不普遍。

(4)个人隐私是和个人信息接近但属不同范畴的一个概念,不能简单地讲谁包含谁,但肯定有在内涵上重合的地方,个人不愿披露或认为披露会给其带来不良影响的信息都可以算作隐私,其范围可大可小,没有绝对的标准;并且隐私不仅仅指信息,还指行为的保密、私人空间的私密、个人生活不被骚扰等广泛的内容。

(5)网络隐私比较明确了,是指在网络上的隐私,也包含信息、空间和行为中的隐私权;某种程度上是与个人数据相对应的。

(6)商业数据不是一个普遍使用的概念。但随着互联网信息社会的发展,信息服务业的壮大和在国民经济中的比例提高,提出这样一个概念还是非常必要的。

简单地说,一是商业数据中其实80%以上都是个人数据,或者是被商家利用着的个人数据,商家的权利大多是依附在个人数据的权利上;而真正完全属于商家自己的权利,除商标、作品、数据库、商业秘密外,就是还没有得到法律承认的信息财产权了。对商业数据中商家所拥有的信息财产权的探讨是非常前沿的一个法学领域。在实践中,我们更多的是探讨个人数据的保护和利用问题,某种程度上,个人数据的保护和利用问题解决了,商业数据的问题也就解决了80%。

对于个人数据,2009年我国《刑法》的第七修正案明确了我国法律中个人信息的概念,但《刑法》没有对个人信息的具体内容做出规定,在这之前,我国只是在《宪法》中有通信自由和通信秘密的概念,在《民法通则》中有人格权等这样一些类隐私权的概念,在法律中一直没有隐私权和个人信息、个人数据的概念。对于个人数据,我国尚未有明确的法律定义。

2012年年底,全国人民大会常务委员会通过了《全国人民代表大会常务委员会关于加强网络信息保护的决定》(以下简称《大决定》),首次以法律的形式明确规定保护公民个人及法人信息安全,建立网络身份管理制度,明确相关各方的权利、义务和责任,赋予政府主管部门必要的监管手段,对进一步促进我国互联网健康、有序发展具有重要意义。

2013年7月,工业和信息化部出台了《电信和互联网用户个人信息保护规定》(工业和信息化部令第24号),并于2013年9月1日起施行。该规定进一步明确了电信业务经营者、互联网信息服务提供者收集、使用用户个人信息的规定和信息安全保障措施等,是落实《人大决定》规定的制度和措施、切实保护用户合法权益的具体体现。

个人数据依照不同的标准可以划分为不同的种类,如图9-1所示。这些种类的划分某些情况下存在一定的交叉,但这些分类对于众多的个人数据是否都进行法律保护,是否进行同一程度的法律保护等问题有一定的借鉴参考价值。

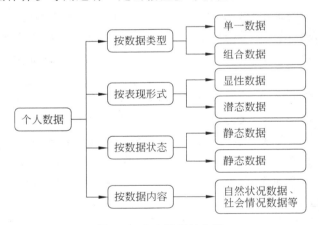

图9-1　个人数据的分类

此外,数据从生成到使用的主要过程也是很多国家制定数据保护法的一个重要参考因素。数据从生成到使用一般包括如下几个过程。

(1)收集、生成、录入、存储。这个阶段涉及的主要法律问题是用户的知情权,即收集了用户的哪些信息,以什么方式收集的,打算如何使用和保护,会不会披露以及会在什么情况下披露和转移,转移至何处,保存多久,有什么安全保障措施等,还包括如何使用Cookie的问题。

（2）整理、汇编、加工、加标记、挖掘。这是数据利用中的主要方式，也是产生衍生权利的主要途径。

（3）使用、传输、转移（出口跨境）、披露。数据的使用、传输和转移、披露涉及数据在不同主体之间的转移问题，在电子商务中数据在企业内部各部门间、企业与企业、企业与个人之间转移，此外不同国家之间的企业之间或企业与个人之间的数据转移也是电子商务商业数据使用中常见的方式。

（4）维护、管理、保存及修改。商业数据的存储、管理等也是数据利用中的一个重要环节。对数据信息的安全、及时、有效地存储和管理是数据使用的前提，而国家对不同行业、不同性质的信息的存储、管理等都有相应的规定，此外对信息数据所有人的修改、删除权利也有相应的规定。还会涉及不同数据的保存期的问题、数据保存的安全措施的问题、确保数据完整性的问题等。

（5）销毁。数据的销毁是数据利用的最后环节，对于某些符合国家法律规定的需要做出销毁处理的数据，相关主体应该依照法律规定做出处理。数据被销毁以后，其所承载的相应的权利义务都归于消灭。

9.3.2 我国关于个人隐私和商业数据保护的法律规定

我国法律对互联网络信息安全及合法性做出了规定，并赋予互联网服务提供者对信息的监管义务，在具体的商业数据相关主体权益方面，《民法通则》及最高法院的相关司法解释等对保护公民隐私权做出了规定，《合同法》《反不正当竞争法》法律规范对企业的商业秘密保护做出了规定。此外，随着我国电子商务的发展，国家及地方制定了一系列有关电子商务商业数据保护的政策法律规定，如《关于网上交易的指导意见》（暂行）、《网络交易管理办法》、《北京市信息化促进条例》、《上海市促进电子商务发展规定》、《浙江省网上商品交易市场管理暂行办法》、《全国人民代表大会常务委员会关于加强网络信息保护的决定》、《电信和互联网用户个人信息保护规定》等。

电子商务在各地的发展状况不同，但都或多或少地面临相同的问题，因此在规定上可能有些许不同，但在基本方针政策上大致相同，主要包括有：电子商务经营者须对数据进行存储和备份，以备国家相关机关的查询，北京等地方法律还规定了最低保存期限；要求经营者对商业数据的收集、使用应符合法律规范，不得侵犯消费者的隐私权，不得用于扩大的目的，非经权利人许可不得向第三方披露该信息，并不得侵犯他人的商业秘密。

针对电子商务环境中的特殊问题，我国也相继出台一些特殊法律法规处理这些特殊领域的数据使用问题，如有专门针对电子金融①而出台的一系列法律法规：《电子支付指引（第一号）》、《网上证券委托暂行管理办法》、《中国人民银行个人信用信息基础数据库管

---

① 电子金融领域的数据保护主要涉及金融隐私权。所谓金融隐私权，是指信息持有人对其与信用或交易相关的信息所享有的控制支配权。与通常的隐私权相比，金融隐私权指向的是具有财产利益的信息，以信用信息为核心，包括信息所有人经济与财产交易状况方面的信息，如信息持有者财产状况及其财产流向的信息。

理暂行办法》、《中国人民银行关于进一步加强银行业金融机构信息安全保障工作的指导意见》、《电子银行业务管理办法》、《金融机构计算机信息系统安全保护工作暂行规定》、《网络发票管理办法》等。

专门处理征信①中数据使用的法律规定有：上海市 2003 年颁布的《上海市个人信用征信管理试行办法》，深圳市 2001 年颁布的《深圳市个人信用征信及信用评级管理办法》，北京 2002 年 10 月 1 日实施的《北京市行政机关归集和公布企业信用信息管理办法》等。

2009 年 10 月和 2011 年 7 月，国务院法制办先后两次向社会公众公开征求意见。2013 年 1 月 21 日温家宝总理签署中华人民共和国国务院第 631 号令公布《征信业管理条例》，并于 2013 年 3 月 15 日起施行。解决了征信的 8 个问题。

第一个问题是解决了《征信业管理条例》适用范围，包括《征信业管理条例》适用的业务领域、业务类型等。

第二个问题是解决了征信的监管体制，《征信业管理条例》明确了中国人民银行的征信业的主管部门，同时明确了包括中国人民银行及其派出机构的监管职责，国务院有关部门和县级以上地方政府的相应职责。

第三个问题是解决了对征信机构的界定，包括征信机构的定义、类别、设立条件、审批程序等，以及对外商投资设立的征信机构、境外征信机构在境内经营征信业务的专门规定。

第四个问题是解决了征信业务的规则，包括个人征信业务规则、企业征信业务规则，以及加强征信信息管理的相关规定、技术措施等。

第五个问题是解决了征信信息主体的权益，包括信息主体对自身信用报告的知情权、异议申诉权等。

第六个问题是解决了金融信用信息基础数据库的定位问题，包括数据库信用信息的采集、报送、查询、使用等相关规定。

第七个问题是解决了征信业监督管理的职责，包括国务院征信业监督管理部门及其派出机构的监督管理职责、监督检查措施、相关工作人员的保密要求等。

第八个问题是解决了征信业违法的法律责任问题，包括违规从事征信经营活动、采集禁止采集的个人信息或未经本人同意采集个人信息、对外提供或者出售信息等违法行为的法律责任。

---

① 征信中一个重要概念就是信用。人们按照现代社会信用运作的主体来划分，大致把信用类型分为政府信用、企业信用、个人信用 3 种形式。政府信用是指政府作为市场管理者或者市场主体的身份参与市场经济活动时的行为和表现。企业信用（又称商业信用）是指企业在资本运营、资金筹集及商品生产流通中所进行的信用活动。个人信用是指个人通过信用方式，向银行等金融机构获得自己当前所不具备的预期资本或消费支付能力的经济行为，它使得个人不再是仅仅依靠个人资本积累才能进行生产投资或消费支出，而是可以通过信用方式向银行等金融机构获得预期资金或消费支付能力。个人信用的内容包括个人基本信息（如身份、居住、职业、收入等）、个人信用交易信息（如贷款余额、信用卡透支、信用担保等）、社会公共信息（如社保、纳税、通信费缴纳等）、特别记录（如有无逃避银行债务、偷税漏税、逃汇骗汇等）。

《互联网企业个人信息保护测评标准》

（中国科学技术法学会 北京大学互联网法律中心）

正式版 v.1.0

一、宗旨

本标准的制定是为了贯彻《全国人民代表大会常务委员会关于加强网络信息保护的决定》、《消费者权益保护法》、《电信和互联网用户个人信息保护规定》、《网络交易管理办法》等与个人信息保护相关的规范性法律文件，维护用户合法权益并规范互联网企业的个人信息处理行为，以实现产业良性发展中个人信息保护与利用的平衡。

测评标准通过对互联网企业义务的具体规定，致力于在现有规范性法律文件的基础上，建立有效的用户个人信息保护实践机制，一方面推动互联网企业构建合规的个人信息保护机制，另一方面实现用户在个人信息方面合法权益的保障。

二、依据

本标准依据《全国人民代表大会常务委员会关于加强网络信息保护的决定》、《消费者权益保护法》、《电信和互联网用户个人信息保护规定》、《网络交易管理办法》，参照 OECD《关于保护隐私和个人数据跨国流通的指导原则》、APEC《隐私保护纲领》、《公共及商用系统个人信息保护指南》等国内外个人信息保护领域相关文件，结合我国互联网产业发展现状制定。

三、定义

标准所涉及的术语定义如下。

1. 互联网企业

互联网企业是指利用信息网络向用户提供技术服务或内容服务的过程中处理个人信息的组织实体。"信息网络"包括以计算机、电视机、固定电话机、移动电话机等电子设备为终端的计算机互联网、广播电视网、固定通信网、移动通信网等信息网络，以及向公众开放的局域网络。

2. 初始方、关联方、第三方

初始方是指在提供技术服务或内容服务过程中直接向用户收集个人信息的互联网企业。

关联方是指与特定初始方有控制关系，且其个人信息保护政策与初始方不存在实质性差异的互联网企业。"控制"是指有权以股权或协议决定一个互联网企业的财务和经营政策，并能据以从该互联网企业的经营活动中获取利益。

第三方是指未直接向用户收集个人信息，但从初始方或关联方处获取个人信息的组织实体或自然人。

3. 用户

用户是指使用互联网企业提供的服务并可通过个人信息识别的自然人。本标准中所称的"未成年人"是指未满18周岁的限制民事能力人或无民事行为能力人。

4. 个人信息

个人信息是指能够切实可行地单独或通过与其他信息结合识别特定用户身份的信息

或信息集合,如姓名、出生日期、身份证件号码、住址、电话号码、账号、密码等。

本标准不适用于经不可逆的匿名化或去身份化处理,使信息或信息集合无法合理识别特定用户身份的信息。

5. 处理

处理是指互联网企业对用户个人信息的收集、加工、使用、转移行为,其中:

收集是指获取并保存个人信息的行为。

加工是指将收集的个人信息进行自动化系统操作以满足使用、转移需要的行为。

使用是指利用个人信息提供技术服务或信息服务,依据个人信息作出决策,以及向公众公开或向特定群体披露个人信息的行为。

转移是指将个人信息传输给关联方或第三方的行为。

6. 同意、明示同意、默示同意

同意是指用户以其积极、肯定的意思表示,或以其自愿使用服务的行为,表达对互联网企业处理其个人信息的认可。其中:

明示同意是指用户以其积极、肯定的意思表示认可互联网企业处理其个人信息。

默示同意是指用户以其自愿使用服务的行为认可互联网企业处理其个人信息。

除经特别说明,本标准中的同意指默示同意。

7. 实质性修改

实质性修改是指互联网企业对其在个人信息保护政策中承诺的、与个人信息处理有关的用户权利或互联网企业义务的减少。

四、基本原则

1. 知情同意原则

除法律规定的情形外,互联网企业应充分告知用户有关个人信息处理的重要事项,并在告知的基础上获得用户的明示同意或默示同意。

2. 合法必要原则

互联网企业处理个人信息的方式应符合法律规定,并仅处理为实现正当商业目的和提供网络服务所必需的个人信息。

3. 目的明确原则

互联网企业处理个人信息应具有合法、正当、明确的目的,不得超出目的范围处理个人信息。

4. 个人控制原则

用户有权查询个人信息,有权对其个人信息进行修改、完善、补充。

5. 信息质量原则

互联网企业应为用户查询、更正其个人信息提供必要渠道,以保障个人信息的准确、完整、及时。

6. 安全责任原则

互联网企业应采取必要的管理措施和技术手段,保护个人信息安全,防止未经授权检索、公开、丢失、泄露、损毁和篡改个人信息。

五、指标体系

1. 知情同意

（1）互联网企业在收集个人信息前应以个人信息保护政策如实告知用户个人信息处理相关事项，包括但不限于：

① 收集个人信息的目的、方式、范围；

② 加工、使用、转移个人信息的目的、方式、范围；

③ 互联网企业的名称、地址、联系方式和用户投诉机制；

④ 用户查询、修改个人信息的渠道；

⑤ 用户拒绝提供个人信息可能出现的后果；

⑥ 企业个人信息安全管理制度和个人信息安全保护措施。

（2）互联网企业应在网站、软件或服务的适当位置公开其个人信息保护政策，并以适当方式提醒用户注意相关政策并告知不同意个人信息保护政策的可能后果。

在互联网企业履行其告知义务后，用户开始或持续使用技术服务或内容服务的行为视为同意互联网企业处理其个人信息。

2. 收集

（1）互联网企业收集个人信息应有合法、正当、明确的目的，不得超出目的范围收集个人信息。

（2）互联网企业应明确告知收集个人信息的手段，并确保相关手段合法、正当。

（3）互联网企业应明确告知收集个人信息的种类，并仅收集为实现正当商业目的和提供网络服务所必需的个人信息。

（4）除有以下特殊情况，互联网企业收集个人信息的行为超出告知的目的、方式、范围，应以合理形式告知用户并获得用户的明示同意：

① 法律法规特别规定，如维护公共安全、紧急避险等；

② 基于学术研究或社会公共利益目的；

③ 行政机关依据法律做出的强制行为；

④ 司法机关依据法律做出的决定、裁定或判决。

3. 加工

（1）互联网企业应在收集前告知的目的和范围内加工个人信息，并采取必要的措施和手段保障个人信息在加工过程中的安全。

（2）除有以下特殊情况，互联网企业超出收集时所告知的目的和范围加工个人信息，应以合理形式告知用户并获得用户的明示同意：

① 法律法规特别规定，如维护公共安全、紧急避险等；

② 基于学术研究或社会公共利益目的；

③ 行政机关依据法律做出的强制行为；

④ 司法机关依据法律做出的决定、裁定或判决。

4. 使用

（1）互联网企业应在收集前告知的目的和范围内使用个人信息，并采取必要的措施和手段保障个人信息在使用过程中的安全。

（2）除有以下特殊情况，互联网企业超出收集时所明确告知的目的和范围使用个人信息，应以合理形式告知用户并获得用户的明示同意：

① 法律法规特别规定，如维护公共安全、紧急避险等；

② 基于学术研究或社会公共利益目的；

③ 行政机关依据法律做出的强制行为；

④ 司法机关依据法律做出的决定、裁定或判决。

5．转移

（1）互联网企业向关联方转移个人信息，应告知用户关联方处理个人信息的情况。

（2）除有以下特殊情况，互联网企业向第三方转移个人信息，应告知用户并征得用户的明示同意：

① 法律法规特别规定，如维护公共安全、紧急避险等；

② 基于学术研究或社会公共利益目的；

③ 行政机关依据法律做出的强制行为；

④ 司法机关依据法律做出的决定、裁定或判决。

6．个人控制

（1）互联网企业应为用户提供独立操作机制，实现用户对个人信息的控制。

（2）互联网企业应为用户提供个人信息查询、修改的渠道。

（3）互联网企业应为用户提供注销账号或号码的渠道。

7．政策修改

（1）互联网企业应根据规范性法律文件和企业实践及时更新其个人信息保护政策。

（2）互联网企业实质性修改其个人信息保护政策，应以显著方式告知用户修改的内容，并告知用户不接受的后果及相应的解决机制。

（3）互联网企业非实质性修改其个人信息保护政策，应以适当方式告知用户修改的内容。

8．安全责任

（1）互联网企业应建立个人信息管理责任制度，落实个人信息管理责任，加强个人信息安全管理，规范个人信息处理活动。

（2）互联网企业应采取必要的技术措施和手段保护个人信息安全，包括但不限于：

① 建立完善的内部合规管理部门，设立并任命首席隐私官或相关管理人员；

② 采用法律强制或业界通行的技术手段对用户个人信息进行加密；

③ 采取法律强制或业界通行的技术手段对用户个人信息进行匿名化或去身份化处理，并使处理后的信息不可逆及不能用于识别个人身份；

④ 在提供服务过程中，以技术手段保证用户对他人未经授权实施的个人信息侵害行为采取防御行为。

9．特殊领域的个人信息

（1）互联网企业应规定未成年人个人信息处理的特殊措施，如仅在征得其监护人的明示同意前提下处理其个人信息，或一旦明知其为未成年人，在未征得监护人明示同意时停止处理其个人信息。

（2）互联网企业处理用户精确地理位置信息，应以合理方式告知用户，并为用户提供终止处理其精准地理位置信息的选择机制。

精确地理位置信息是指通过用户所使用的设备获取的，用于及时识别或描述用户在某一特定时间点误差小于1公里的实际物理位置的信息。

六、实现机制

1. 机构测评

本测评标准的发布机构将组建测评机构，测评机构由相关领域的政产学研各界人士组成。

测评机构将以标准为依据主动对本标准适用范围内的互联网企业进行测评，测评对象为互联网企业设置的个人信息保护政策以及与个人信息保护相关的实践做法，包括服务或软件设置、典型步骤等。测评机构将以定期或不定期报告的方式发布测评结果。

测评机构将适时发布标准标识使用标准，符合标准的互联网企业可以在网站或服务的适当位置显示相关标识。

2. 企业参与

互联网企业可以以本标准为依据对其个人保护政策及实践做法进行比照，及时调整政策文本及实践做法。除主动调整外，互联网企业可委托测评机构对政策文本及实践做法进行测评，根据测评结果及时调整政策文本及实践做法。

3. 用户监督

互联网用户可以以本标准为依据对互联网企业的个人信息保护政策及实践做法进行测评。用户可通过测评机构适时推出的网站反馈测评结果。

七、附件

本测评标准基本规定的释义和制定依据将在附件中做出进一步解释和说明。

本标准以国家数字版权研究基地发布的版权自助协议（Self-Help Copyright License Agreement，SCLA）发布，许可条件为：

【仅保留署名权】 许可人仅保留表明作者身份、在作品上署名的权利。被许可人依照本协议规定取得演绎权许可的，必须在演绎作品上标明原作品的作者。许可人放弃对其作品享有的所有财产性权利。

9.3.3 电子商务中商业数据的主要特点

1. 形式多样

随着计算机、多媒体技术的发展和在电子商务领域的广泛利用，电子商务中商业数据的形式多种多样，不仅仅是传统的数字、符号等，而是包括了数字、文字、图形、声音、视频等多种形式在内的数据。数据形式多样，一方面更有利于产业的发展，使得电子商务经营者有更多的方式充分展示自己的产品和服务，也无疑更便于消费者了解和认识互联网上的产品，相应地这些不同形式的数据所反映出来的信息及其价值将大大增加；但另一方面，形式繁多的数据信息属于各种不同的主体，对应了不同的权利，在信息数据权利的保护方面带来了不小的麻烦。

2. 内容海量

电子商务中商业数据包含了各种类型的数据,互联网让全世界联系起来,各国、各地区甚至全球各地的不同主体在互联网上从事电子商务行为所产生的数据是海量的,随着时间的积累,这些数据累计起来将达到惊人的数量。对于如此海量的数据信息,对其充分的挖掘、分析和有效利用将产生惊人的价值,但另一方面,海量的信息中所涉及的用户隐私、商业秘密等信息数据所反映出的问题,又成为全球各国所共同面临的一个难题。

3. 更新快速

计算机和互联网的发展日新月异,计算机的计算能力已经超出人的想象,海量的信息在计算机的作用下可以快速得到计算结果,而互联网的全球化发展使得信息数据的更新速度较之以往更加快速。电子商务中近年发展迅速,网商、网货不断拓展,数据的快速更新既是适应电子商务发展的条件,也将反过来催生更多的数据的产生,如此反复,对这些数据的及时有效分析利用和全面充分的保护将面临着一个如何实现快速高效的难题。

4. 关系复杂

电子商务中商业数据形式多样、内容海量、更新快速,而各种数据又涉及各种主体的权利义务关系,尤其是其中某些特殊行业的规定,特殊主体的权利义务关系复杂,而数据的商业利用与传统个人隐私权保护的平衡问题、数据的集中化利用——云计算的出现所带来的数据安全等问题、互联网经济全球化与地区信息数据保护政策差异问题等正成为信息社会中各类复杂关系里的新问题。

5. 价值无限

信息社会以信息为主要单元。信息的集中会带来巨大的价值。信息社会里用户个性化需求,经营者的精准营销,社会信用的全方位构建,国家及社会信息安全的保障,都离不开对信息数据的有效利用。信息的商业价值在电子商务中得到更直接的彰显,分析用户行为、明确用户爱好、对用户进行个性化服务,分析主体信用状况,确保用户交易安全,金融创新,利用云计算服务为电子商务中的主体提供信息咨询服务等都离不开对数据信息的挖掘和利用。正如业内人士所言,未来信息社会里,谁掌握了信息就掌握了主动权。

6. 制度缺乏

人类处于工业社会向信息社会的转型时期,信息社会下新的制度尚未形成,以工业文明为基础的法律制度在新形势下显得捉襟见肘。信息数据的利用与保护制度,无论是在国家政府的法律构建层面,还是在企业的运用层面,都还没有一个统一、可行的制度体系。信息数据的利用与保护无法得到平衡,不少现有的政策法律往往不是落后于现实就是阻碍了经济发展,从权利的保护方面来讲,现有制度的主要问题一是对数据信息权利主体的保护力度不够,二是保护的方式不利于信息的充分利用。制度缺乏和不适应是信息社会下信息数据保护与利用面临的主要问题。

7. 权属不明

权属不明主要体现在数据库的法律地位不明,个人信息的财产权属性不明,单纯属于企业的商业信息的权利属性不明。

9.4　网络知识产权

9.4.1　网络环境下的版权法律保护

关于版权的叫法,目前各国尚不一致,有的国家称版权,有的国家称著作权。在我国,版权就是著作权,它是文学、艺术和科学作品的创作者依法处分其作品的权利,包括人身权和财产权两部分。版权包括发表权、署名权、修改权、保护作品完整权、复印权、发行权、展览权和表演权等权利。

版权制度本身就是高新技术催生的产物。而高新技术的每一次发展,都给版权制度带来了机遇与挑战。版权制度正是在适应与回应高新技术进步的过程中不断得以发展和完善的。20世纪90年代,以网络与数字技术为核心的高新技术给现有版权制度带来了新的发展机遇。由于网络使作品的传播摆脱了对有形物质载体的依赖,公众可以以更低的成本,更为灵活的方式阅读或欣赏作品。但另一方面,网络也对现有的版权制度造成了前所未有的巨大冲击。作品可以被普通人以极低的速度和极高的质量,轻而易举地通过网络在全世界范围内加以传播。[①] 而利用网络服务商提供的网络平台进行版权侵权更是常见的方式,由此网络服务提供商应承担怎样的义务和责任也就进入了法律视野。

对于网络环境下网络服务提供商的版权保护,我国《信息网络传播权保护条例》采用了"安全港原则",规定如果网络服务提供商不知道或者没有合理理由知道第三人上传的存储或链接内容侵权,除非其在收到权利人合法的书面通知后拒绝移除或者断开侵权内容的链接,则其无须承担共同责任。如果网络服务提供商履行了"通知和移除"规则,则可以援用"安全港原则",免除责任。

版权作品的网络传输在快速、方便地向公众传播信息的同时,也增加了版权保护的难度,因为他人可以对网上作品进行简单而快速的非法复制与再传递。因此,版权人仅享有网络传输权还不足以完全维护自己的权利,还须借助一定的技术措施来维护其权利。然而,随着技术的发展,一些人出于各种目的,设计甚至提供破解他人技术措施的设施或服务。这样,为了能够落实对版权人的著作权保护,法律就必须对版权人设置的技术措施加以保护。[②]

技术措施是指版权人或相关权利人为防止他人未经授权接触或使用其作品或录音录像制品而采取的技术上的手段和方法。对于技术措施的法律保护,我国《著作权法》第四十七条第六项规定,未经著作权人或者与著作权有关的权利人许可,故意避开或者破坏权利人为其作品、录音录像制品等采取的保护著作权或者与著作权有关的权利的技术措施的,为著作权侵权行为。目前我国对技术措施主要是采用版权保护模式,但关于技术措施的法律保护范围、标准、例外规定等都还有所欠缺,需要在以后的立法中加以弥补。

---

① 王迁.网络环境中版权制度的发展.网络法律评论.北京:北京大学出版社,2008.
② 李双元,王海浪.电子商务法若干问题研究.北京:北京大学出版社,2003.

9.4.2　网络环境下的数据库法律保护

企业在从事网上经营活动过程中根据活动的具体内容不同会产生不同的数据群,如用户在网上注册产生的用户信息,用户在网上进行交易的交易信息、企业工作人员在工作过程中收集整理的数据信息等。为更规范化或更有效地使用这些数据,企业往往会根据一定的标准对这些信息进行分类管理,而这些信息的整合就构成了电子数据库。在现代社会中,尤其是在互联网环境下,无论是信息的开发、积累和利用,都离不开数据库。

电子数据库是指为了满足某一个部门中多个用户应用的需要,按照一定的数据模型在计算机系统中组织、储蓄和使用的相互联系的数据集合。[①]　目前对于数据库并未有法律上的概念界定,不过根据学界探讨,认为只有符合下列条件的数据组合才能认定为数据库:首先构成数据库的元素是广泛的,可以是文学艺术作品,如文字作品、音乐作品等,也可以是作品之外的其他信息材料,如文本、声音、数字、数据等。其次,数据库必须是一个有序的集合体,即按照一定的顺序将其组成材料有序地加以安排,以便用户访问。[②]　再次,数据库中的每一个信息元素都可以通过电子手段或其他手段单独进行访问。[③]　最后,数据库具有检索方便性的特点。

关于电子数据库的法律保护问题,目前学术界主要有三派观点:一是将其放入版权法中予以保护,在认定标准上,存在“辛勤劳动”原则和“独创性”原则两种认定标准。前者认为数据库权利人对数据库付出了人力、物力、财力,应给予法律保护。后者认为数据库只有在表现形式上满足独创性要求才能赋予版权保护。二是将其作为一项独立的权利保护,相比较版权保护模式,这种理论认为只要数据库具有商业价值就应该给予保护。三是将版权法保护和独立权利保护相结合的双轨制保护模式,这种理论维持并强化版权法中对数据库的保护,另一方面则对数据库以特别规范,提供版权以外的保护即特殊权利保护,以弥补版权保护的不足。

实务中,我国一般将数据库根据其使用范围的不同而做不同的对待。对于专用数据库,由于其是根据企业的专门需要开发的,往往是企业经营活动中所需的重要数据,仅供专门人员使用。[④]　这一类数据涉及企业的经营秘密,由企业采取了一定的措施予以保护,因此在商业领域多将这类未经公布的信息作为商业秘密通过反不正当竞争法保护。

而对于通用数据库,其是向社会开放,所包含的内容是社会上公开存在的信息,一般没有保密的问题。但其在开发过程中需要投入大量的人力、物力、财力,且会带来价值的增值,因此将其纳入到版权法中的“汇编作品”中予以法律保护。

9.4.3　网络环境下的域名保护

1. 域名系统的管理

在域名的发源地美国,域名的管理权一开始直接掌握在政府手中。20 世纪 60 年代

---

①　陈昌柏. 知识产权战略. 北京:科学出版社,1999.

②　李扬. 网络知识产权法. 长沙:湖南大学出版社,2002.

③　鲍永正. 电子商务知识产权法律制度研究. 北京:知识产权出版社,2003.

④　李敏. 数据库与知识产权保护. 现代图书情报技术,1998(5):32.

至 80 年代，域名系统的主要发明者波斯特尔博士作为美国国防部高级研究计划署的雇员管理着当时的国际互联网数码分配当局（Internet Assigned Numbers Authority，IANA），但这种由单个人说了算的行政管理体制天生存在的不稳定性逐渐被人们所诟病。1992 年 12 月 31 日，美国国家科学基金会（NSF，属于美国政府）与网络方案公司（Network Solutions Inc.，NSI）达成协议，确立了由 NSI 负责国际互联网域名协调和维护的机制。随着网络的不断发展，各国对 NSI 通过合同关系与 NSF 签订协议来管理域名系统的方式仍十分忌惮（这种方式在本质上仍然是美国政府管理域名系统，只不过是通过合同授权给 NSI 而已），害怕美国借此操纵互联网，因而建立"正式而稳固的管理结构"成为许多"把自己的未来紧系于互联网"的利益集团共同的呼声①。

经过数年的探索，在美国、欧盟等政府以及世界知识产权组织等国际组织的共同努力下，一个独立于政府的、民间的国际顶级域名管理机构在 1998 年 11 月建立，这就是国际互联网名址分配公司（ICANN）。ICANN 是一个非营利性的组织，由一个纯粹民间性质的委员会管理，各国政府和政府间国际组织只能作为互联网用户和没有投票权的建议者存在②。ICANN 与 NSI 不同，它只负责域名根服务器的管理，不直接进行域名注册服务（这可以保证它的非营利性和独立性），域名注册服务则由 ICANN 授权给 NSI 等几家商业机构完成。

我国目前的域名系统管理体制采用的是工业和信息化部和"域名注册管理机构"双重管理的模式：一方面"信息产业部负责中国互联网络域名的管理工作"③；另一方面"域名注册管理机构和各级域名持有者根据本办法及相关规定的要求，负责其下一级域名的注册管理及服务。"④我国目前的"域名注册管理机构"是"中国互联网信息中心（CNNIC）"。

尽管法律中没有明确界定 CNNIC 的民间组织性质，但从字里行间可以看出：立法者实际上是将中国的"域名注册管理机构"定位为民间组织。首先，立法规定的信息产业部职责中，有这样的规定："管理在中华人民共和国境内设置并运行域名根服务器的域名根服务器运行机构。"这说明"域名注册管理机构"只是行政相对人。其次，如上段所述，把"域名注册管理机构"和域名持有者放在一起表述，也体现了其非政府性。

《中国互联网络域名管理办法》不但事实上承认了"域名注册管理机构"的非政府性，而且依照国际惯例将域名注册的职能从"域名注册管理机构"划分出去，由商业机构运作。"域名注册管理机构"的职责则仅限于 4 个方面：①运行、维护和管理相应顶级域名服务器和数据库，保证域名系统安全可靠地运行；②根据本办法制定域名注册相关规定；③按照非歧视性原则选择域名注册服务机构；④对域名注册服务机构的域名注册服务进行监督管理。⑤ 遗憾的是，正是由于法律规则的不清晰，导致 CNNIC 在实际运行过程中尚未完全超脱于商业服务之外，它仍然直接接受中文域名、".cn"域名和"通用网址"的注册申请。

---

① See：Management of Internet Names and Address，63 Fed. Reg. 31,741,31,742(1998).
② See：Management of Internet Names and Address，63 Fed. Reg. Supra note 34，at 31,750(1998).
③ 《中国互联网络域名管理办法》第五条。
④ 《中国互联网络域名管理办法》第八条。
⑤ 《中国互联网络域名管理办法》第九条。

2. 域名权及其特征

迄今为止,学界对域名权究竟是不是一种独立的权利,域名权的性质如何等问题,尚无统一意见。归纳起来,主要有权利否认说、民事利益说和知识产权说等几种。

持权利否认说的学者认为:没有必要赋予域名本身任何独立的知识产权权利,域名只是一种在网络环境下发挥技术功能的字符型符号,不可能也没有必要给予它任何独立的知识产权权利。[①]

持民事利益说的学者认为:"尽管域名尚未被 WIPO 作为一种知识产权来保护,但不一定就要否认其至少是一种民事权益,否则域名就会处于毫无被保护可能的尴尬被动的地位"。[②]

很多学者认为域名权属于知识产权的范畴,但他们间的分歧也是十分大的[③]。

我们认为:域名权是一种与商标权、企业名称权、版权等传统知识产权相区别的,独立的新型知识产权类别。所谓域名权,从技术上讲就是域名持有人通过其掌握的域名密码,自由解析域名的权限,从法律意义上说,是合法的域名持有人所享有的,排他性的控制域名解析和分配的权利。

理解域名权,应注意以下几个方面的特征。

(1)域名权是域名持有人所享有的一种民事权利。所谓域名持有人,就是通过域名申请程序,善意地在域名管理机构注册了特定域名的人。注册成功之后,域名持有人可以自由决定将域名指向某一特定的计算机(IP 地址),也可以决定不将域名指向任何地址。

(2)域名权是一种排他性的对世权和支配权。域名权不是对域名注册商或域名管理机构的请求权,而是一种对域名本身的绝对权利,它可以对抗所有无权解析域名或者非法获得域名解析密码的人。作为一种支配性的权利,域名持有人可以自由处置自己的域名权,如转让、许可使用等。

(3)要区分域名权与域名持有人对组成域名的符号的其他权利。域名持有人对域名的支配权,限于将"域名符号"作为"域名"使用时,排除他人妨碍的权利——所谓"将域名符号作为域名使用",是指将组成域名的字符用于网址定位这一目的,除此之外的行为,不属于域名权的主张范围。例如,某甲拥有 abcd.com 域名的域名权,那只意味着某甲有权禁止他人盗用其密码,违背其意志将 abcd.com 解析到网络上的某个 IP 地址的权利,至于别人使用"abcd"或"abcd.com"字符串,或者这些字符串组成的图形申请商标,则某甲是无权加以干涉的。当然,如果某甲按照商标法的规定,合法取得了"abcd.com"文字商标的商标专用权,那么他是可以根据商标法,以商标权人的地位向侵害其商标权的人主张权利的。总之,域名权人注册域名的行为,是不能获得域名权以外的其他知识产权及其他民事权利的。

---

① 唐广良."Internet 域名纠纷及其解决".郑成思主编.《知识产权文丛》第四卷.北京:中国政法大学出版社,2000.

② 蒋志培."中国域名纠纷案件的司法实践与理论探索".《知识产权审判指导与参考·第 3 卷》.北京:法律出版社,2001.

③ 董皓."域名权及相关权利研究".张平主编.《网络法律评论》第四卷.北京:法律出版社,2004.

（4）域名系统的技术特征使侵害域名权的行为模式具有唯一性。由于域名系统是一个全球统一的系统，每个域名在整个互联网中都是唯一的，因此没有人可能通过注册相同的域名的方法来侵害他人的域名权（注意 abcd. com、abcd. cn、abcd. com. cn、abcd. gov 分别是不同的域名，它们各自之上可以有独立的域名权）。要侵犯域名持有人（即域名申请人）的域名权，只可能采取获得解析权限密码的手段来控制特定的域名。在掌握解析密码的前提下，侵权人可以对域名进行重新解析，也可以更改密码以阻碍域名持有人对域名的解析。

（5）"网域霸占者"（Cybersquatter）不是域名权的侵权人，而是商标权的侵权人。一些预测到互联网广阔前途的人，抢在大企业之前，将这些企业拥有的驰名商标中的字符注册为自己的域名，包括"麦当劳"（Macdonalds.com）、"可口可乐"（Cocacola.com）在内的许多著名商标都曾经遭到抢注，而这些在网络上恶意抢注他人的驰名商标的人，便被称为"网域霸占者"。

有学者认为"网域霸占者"就是"在网络虚拟空间中，将原本应当属于他人合法所有的虚拟不动产——域名，恶意占为己有"的人。[①] 这种观点错误地理解了该词汇所涉及的法律关系。所谓网域霸占，是指行为人把知名商标抢先注册为域名，且行为人注册域名的根本目的不在于将这些域名使用到自己的网站上，而在于将这些域名以高价销售给原商标所有人。行为人往往并不将他们所注册的域名指向互联网上的 IP 地址，或者只是将域名解析到一个十分简单的页面上。另一些抢注者虽然没有向驰名商标所有人提出出售或出租域名的要约，并且也建立了有实质内容的网站，但由于驰名商标的号召力是通过其所有人的长期投入而形成的，因此这些人实际也是在无偿占有本应属于驰名商标所有人的利益。[②]

"网域霸占者"是依照"先申请、先注册"规则而抢先获得与驰名商标相同或相近的域名的人，由于法律对驰名商标的特殊保护，一旦系争域名被证明的确侵犯了驰名商标专用权，那就意味着"网域霸占者"与域名注册服务商间缔结的合同属无效合同。[③] 换句话说，"网域霸占者"侵犯的是驰名商标所有人的商标权[④]——域名权和商标权在这种特定情况下产生了冲突，域名权让位于驰名商标专用权。所以，"网域霸占者"不是域名权的侵权人，而恰恰是域名权在形式上的合法拥有人，只是由于驰名商标制度对一切标志都产生影响，才使这种形式上对域名的合法拥有仍不能对抗在先的驰名商标权。[⑤]

---

① 邓炯．"美国《反域名抢注消费者保护法》评论"，载 CNNIC 网站 http://www.cnnic.net，2002 年 7 月访问。

② 有的学者将这种行为称为"盗用"域名，以与纯粹只"注"不"用"的行为区分。参见薛虹：《网络时代的知识产权法》，法律出版社，2000：348。

③ 根据《中华人民共和国合同法》第五十二条，恶意串通，损害国家、集体或者第三人利益的合同无效。

④ 淡化理论源于美国，美国在 1995 年通过了《联邦反淡化法》（The Federal Trademark Dilution Act of 1995，15 U. S. C. 1125（c）（Supp. III 1998））。关于淡化理论，参见 Greiwe：*Antidilution Statutes：A New Attack on Comparative Advertising*，72 TMR 178，186（1982）。关于美国淡化理论在网域霸占中的演进，参见 Amy Y. Wu：*The Evolution of Anti-squatting Efforts in The United States*，载我国台湾《中原财经法学》第五期。

⑤ 中国互联网络信息中心（CNNIC）作为中国.cn 域名及中文域名的注册管理机构，建立了一个"域名预留保护机制"。企业需要提供证明材料，比如系本企业的商标或企业名称，经审核属实后，相关域名就被进入预留保护体系，第三人无法实现注册和使用。我们认为，这个机制尽管在一定程度上可以起到防止域名滥用的作用，但这一机制本身其实混淆了商标与域名，把两种不同属性的事物弄到一起，不利于规则体系的完整化与周延性。

9.5　网络消费者权益保护

9.5.1　网络消费者权益保护概述

1. 网络消费者的特点

与传统的消费者相比,网络消费者在年龄结构、文化程度、所属行业等方面具有以下特点。

首先,网络消费者以年轻人为主。年轻人对新生事物充满好奇并且勇于尝试,他们上网比较频繁,无论对各类新闻、股票报价、娱乐活动还是电子商务,都表现出浓厚的兴趣,对于近年来兴起的网络消费也保持积极的接纳态度。

其次,网络消费者的文化程度较高。由于具有较高的文化水平,因此他们比较容易接受新生事物,而且普遍能够利用互联网获取各自所需的相关信息。

再次,网络消费者所属行业的平均收入比较高。网络消费是一种新型的消费模式,除了必须支付所购商品的价款之外,还必须按照上网时间交纳一定的服务费用。

2. 网络环境下的消费者保护

网上交易的兴起开拓了新的市场领域,给消费者提供了便捷的消费方式,但是也不可避免加大了消费者受损害的可能性,给消费者保护增添了新的障碍。

一方面,网络交易中损害消费者的行为往往难以识别。网络的虚拟性可以很好地掩饰不法分子的欺诈行为,网络这种新型技术也容易被利用来创造出新的欺骗方式,与此同时,网络的匿名性却导致准确查明违法行为人以使其承担法律责任的难度大大增加。因而,一些缺乏自律意识和诚信观念的人便敢于冒险,肆无忌惮地从事不法行为。

另一方面,网络的超地域性也加大了市场交易管理的难度。一些在传统的市场交易中不太常见的问题,在电子商务环境下日益突显出来,其中最难以解决的便是消费者保护的国际管辖问题。首先,经营者在线经营时,可能受到各国法律的管辖。经营者一旦在线经营,对于谁能够获知其广告和销售信息就无从控制。而各国对销售对象、折扣、产品安全和要求的披露程度差别极大,即使在一国之内也会有这种情况,而且常常变动,更何况一些网上交易本来就具有很大的不可预见性。其次,消费者在线消费时,可能丧失本国消费者保护法的保护。消费者熟悉保护其权益的国内法及其适用情况,不熟悉其他国家的法律,如果进行网上跨国消费,从遥远的他国购买商品,往往对销售方所在国的法律一无所知。由于旅途费用、时间跨度、不熟悉当地法律及其救济方式,就很可能得不到任何救济。这种消费者的网上跨国消费行为需要国际间的合作与协调来予以解决。

9.5.2　网络购物中侵犯消费者权益的主要类型

1. 侵犯消费者知情权

侵犯消费者知情权包括虚假主体信息或资质、信用记录;价格信息不透明或不完整、不准确;虚假广告与宣传、夸大宣传、产品或服务信息与实际情况不符;交易规则、交易流程披露不准确、不充分或存在误导;相关信息披露不准确、不充分或存在误导等情形。

2. 侵犯消费者安全权

侵犯消费者安全权包括账户、密码及资金安全保护缺陷；产品质量问题或存在缺陷；假冒伪劣产品、非正规销售渠道产品、三无产品等；第三方服务中的问题，如支付、配送、第三方交易平台、网络接入服务、即时通信、搜索引擎、电信增值服务等；欺诈消费者，消费者付款后收不到货物等情形。

3. 侵犯消费者选择权

侵犯消费者选择权包括骚扰消费者，妨碍消费者的选择权，在消费者进行信用评价时骚扰消费者等情形。

4. 侵犯消费者公平交易权

侵犯消费者公平交易权包括客户服务不及时、不准确，误导消费者；格式合同中存在霸王条款；交货迟延，发错货；不开具发票；要求消费者先付款、后验货；三包服务不到位等情形。

5. 侵犯消费者后悔权、退换货的权利

侵犯消费者后悔权、退换货的权利包括退换货困难、退换货费用纠纷、拒绝退换货或退换货的结果消费者仍不满意；退货后拒绝退现金或延迟退现金等情形。

6. 侵犯消费者个人信息权利及其他人身权利

侵犯消费者个人信息权利及其他人身权利包括消费者个人信息及隐私泄露或被滥用；售后服务质量差，态度蛮横、不尊重甚至辱骂、侮辱消费者等情形。

7. 侵犯消费者获得救济与赔偿权

侵犯消费者获得救济与赔偿权包括出现纠纷往往得不到有效的解决，拖延或态度差；卖方与配送者或相关方相互推脱责任；拒绝赔偿消费者损失或赔偿、补偿方案消费者不满意等情形。

《五类易遭侵权的网购行为》

新华网 北京 3 月 15 日（张晓松、钱成）

近年来，国内网络购物市场十分火爆，但与此相关的消费侵权事件也屡见不鲜。网购哪些产品容易被侵权？消费者应注意什么？记者目前采访了工商总局市场司。

网购家电：当心被"二次消费"

网购家电的最大优势就是省钱。但要注意的是，对于家电这样的大件商品，运费往往不低，售后安装调试也很重要，消费者一不留神可能会被"二次消费"，总体算下来并不划算。

消费者在购买家电前，一定要留意网站对该商品配送方式和运费的规定，是由消费者自己承担，还是提供免费配送服务以及免费配送的区域；还要向客服问清楚网站标示的价格包括哪些配件和服务，如空调软管、电视挂架以及安装费用等。

所有这些都问清楚了,仔细算一笔账,然后再决定是否购买。

网购手机:索要发票才能享受售后服务

手机不同于一般商品,退换、维修等售后服务是其不可分割的一部分。而按照国家相关规定,享受售后服务的凭证就是购物发票。

消费者在网购手机时,一定要让网站出具正规发票,并了解确认售后服务的相关情况。如果是向异地商家购买手机,消费者还应确认该产品是否提供全国联保售后服务,在本地的客服能否得到保修。

收到手机后,消费者应当认真核对随机附带的产品说明书、发票等,对手机的各项功能、指标进行逐一检查。

网购化妆品:不要轻易试用

网购化妆品最怕遇到假货,在买到手上时不要轻易试用。首先,应辨别其真伪,在使用前还先阅读包装上的使用明书、保质期,最好先在手臂内侧或耳朵根部涂少量产品试用,确信不会出现红肿、发痒等过敏现象后方可使用。

当然,买到真货是根本。可靠的商品应有相对合理的价格,对于化妆品来说,其价格一般在专柜价的5~8折,太便宜的商品要注意辨别真劣和是否过期。

此外,最好点开卖家的信誉记录,注意观察近3个月的销售记录和评价。要多看几页,买家写的购物心得越多就说明其记录越真实。

网购童装:直接接触皮肤的产品要慎购

面对网络上琳琅满目的童装,父母们最关心的还是如何为自己的宝宝选购一款环保安全的服装。毕竟,网购不能亲身接触,难免会遇到质量问题。

国家根据安全技术要求指标从高到低将纺织品分A级、B级和C级。其中,A级主要包括两岁以内婴幼儿使用的纺织品;B级主要包括其他直接接触皮肤的纺织品,如内衣、内裤等;C级主要包括非直接接触皮肤的产品,如外衣、床单等。

网购A级、B级产品时消费者要三思而行、谨慎购买,除了选择信誉度好的店家,多看看评论内容,以免上当,收货时还要注意查看服装的面料标识等,以确保产品是否货真质优,卖家承诺是否与实物相符。

网购理财产品:风险意识更要强

金品投资、保险团购、基金销售……网络理财方式与我们越来越近。但是,网购理财产品除了要承担传统理财方式的风险外,还要注意一些特有的风险。

在购买传统理财产品时,理财师会对客户进行风险评估和风险提示,而网上销售理财产品普遍偏重宣传产品的安全性、收益性,淡化风险提示,对此,投资者自身要加强风险意识。此外,第三方支付平台的安全性要较银行账户低,被盗的风险相对要大,投资者也要谨防被"钓鱼"。

如何降低风险?一是尽量选择短期产品,每次投资金额不宜过大,同时注意选择合理的贷款利率。二是在选择贷款平台时,应尽量考虑有大金融机构背景的网络平台,最好有第三方金融渠道进行监管。

9.5.3　我国网上购物的消费者权益保护

我国的网上购物已经进入平稳发展时期,各方面规定都在逐步完善,2014 年 2 月 13 日国家工商总局针对网络购物消费纠纷等制定了《网络交易管理办法》,同时,在 2014 年 5 月 28 日颁布了《网络交易平台经营者履行社会责任指引》,进一步规范网络交易市场秩序,对网络经营行为做出规定。

2013 年 10 月 25 日,第十二届全国人民代表大会常务委员会第五次会议《关于修改〈中华人民共和国消费者权益保护法〉的决定》第二次修正,新消费者权益保护法的实施必将彻底扭转此前消费者维权不力的局面,降低消费者维权难度,改变消费者过于弱势的现状,对网络消费者给予与传统消费者同等水平的保护。

1. 消费者的安全权

安全权是消费者的首要权利,我国《消费者权益保护法》第二章"消费者的权利"中第一条款即明确规定了消费者的安全权:消费者在购买、使用商品和接受服务时享有人身、财产安全不受损害的权利。消费者有权要求经营者提供的商品和服务,符合保障人身、财产安全的要求。同时,新的《消费者权益保护法》第十四条进行了修改,消费者享有个人信息依法得到保护的权利,同时 12315 也将首次单独划分出对应的投诉统计类别。

《产品质量法》第三十六条规定:产品质量应当符合下列要求。

(1) 不存在危及人身、财产安全的不合理的危险,有保障人体健康和人身、财产安全的国家标准、行业标准的,应当符合该标准。

(2) 具备产品应当具备的使用性能,但是,对产品存在使用性能的瑕疵做出说明的除外。

(3) 符合在产品或者其包装上注明采用的产品标准,符合以产品说明、实物样品等方式表明的质量状况。这些规定旨在保护消费者的人身安全与财产安全不受侵害,同样应当适用于网络消费者。

此外,网络交易中,消费者的安全权还面临另外两种威胁。其一,信息产品或网络服务的安全问题。消费者使用信息产品或接受网络服务,如安装软件、上网搜索资料等,常常容易感染病毒,不仅使得产品或服务本身无法提供应有的价值,而且还会给消费者带来其他更严重的财产损失,例如破坏计算机设备或者造成某种资料的丢失,对此,经营者应当承担与传统产品相同的质量责任。其二,消费者的隐私安全问题。消费者进行各种网络消费时,往往需要提供一些个人信息,包括家庭状况、兴趣爱好、职业情况,甚至银行账户等。网络经营者或其他网上销售商搜集消费者个人资料的目的在于对这些个人数据进行二次开发和利用,以制定相应的营销策略从而获取更多利润。但是这往往会对消费者的个人隐私产生威胁,例如个人信息的意外泄露、未经请求的垃圾邮件。

与此相适应,在继新《消费者权益保护法》加大对个人信息保护的基础上,《网络交易管理办法》也明确了对网络消费者个人信息的保护。其第十八条规定,网络商品经营者、有关服务经营者及其工作人员对收集的消费者个人信息或者经营者商业秘密的数据信息必须严格保密,不得泄露、出售或者非法向他人提供。网络商品经营者、有关服务经营者在发生或者可能发生信息泄露、丢失的情况时,应当立即采取补救措施。此外还规定,未经消费者同意或者请求,或者消费者明确表示拒绝的,不得向其发送商业性电子信息。法则的制定,将对消费者个人信息的保护起到积极的保障作用。

2. 消费者的知情权

我国《消费者权益保护法》第八条明确规定:消费者享有知悉其购买、使用的商品或者接受的服务的真实情况的权利。消费者有权根据商品或者服务的不同情况,要求经营者提供商品的价格、产地、生产者、用途、性能、规格、等级、主要成分、生产日期、有效期限、检验合格证明、使用方法说明书、售后服务,或者服务的内容、规格、费用等有关情况。并且依据《产品质量法》第二十七条,产品或者其包装上的标识必须真实,并符合下列要求:①有产品质量检验合格证明;②有中文标明的产品名称、生产厂的厂名和厂址;③根据产品的特点和使用要求,需要标明产品规格、等级、所含主要成分的名称和含量的,用中文相应予以标明;需要事先让消费者知晓的,应当在外包装上标明,或者预先向消费者提供有关资料;④限制使用的产品,应当在显著位置清晰地标明生产日期和安全使用期或者失效日期;⑤使用不当,容易造成产品本身损坏或者可能危及人身、财产安全的产品,应当有警示标志或者中文警示说明。

在传统交易方式中,消费者可以现场看货验货并咨询相关信息的情况下,这些规定可以有效地保证消费者在确切了解商品的条件下做出购买决定。但是,网上交易中,消费者无法实际查验商品,也无法直接询问卖主,其购买决定完全依赖于经营者的单方信息披露。然而,我国现有法律对经营者的告知义务却规定甚少,上述《产品质量法》只涉及了商品信息的披露,至于生产经营者信息以及消费交易信息,现行法律没有对经营者做出强制性要求。因此消费者的知情权往往很难实现。

3. 消费者的选择权

依据《消费者权益保护法》第九条,消费者有自主选择商品或者服务的权利。消费者有权自主选择提供商品或者服务的经营者,自主选择商品品种或者服务方式,自主决定购买或者不购买任何一种商品,接受或不接受任何一项服务。网上交易拓展了交易渠道,对于消费者而言应当具有更加广阔的选择范围。

然而,在实际生活中不仅传统交易方式中的经营者强买强卖行为仍然频繁见诸于网络消费方式中,而且还出现了电子商务环境下特有的侵犯消费者选择权的新情况,主要包括以下两种:一种是强制链接、浏览。经营者为了开展业务,往往与多个网站建立友好链接,这原本为消费者提供了极大的便利。但是一些不法经营者却将这种友好链接变为强制链接,消费者只要登录了一个网站,就必须登录其他相关网站浏览,否则难以退出。甚至于个别网站经营者还强制修改消费者的计算机浏览器,将自己的网站首页设为消费者计算机主页,每次上网必须先浏览其网站内容。另一种是强制接受付款方式。在传统交易方式下,消费者可以任意选择付款方式,而电子商务中,经营者往往强制要求消费者采用电子支付方式,这也是对消费者自由选择权的一种侵犯。

4. 消费者的退货权

我国旧有的《消费者权益保护法》第二十三条规定:经营者提供商品或者服务,按照国家规定或者与消费者的约定,承担包修、包换、包退或者其他责任的,应当按照国家规定或者约定履行,不得故意拖延或者无理拒绝。该项规定对消费者的保护明显弱于犹豫期内的解除权的保护力度。犹豫期内,消费者可以无条件解除合同或退货,而依据该条规定,消费者的"后悔权"只有存在国家规定或合同约定的前提下,消费者才可行使相应权利,并且行使权利也未必即能解除合同,而可能仅得要求经营者修理或更换不合格的商品。但是,在网上交易中,消费者无法切实接触货物,从而其做出错误购买决定的可能性便大大增加,而该项规定无疑加重了消费者因经营者不如实履行信息披露义务而导致的错买的责任,对消费者十分不利。

此外,该项规定无法解决电子商务环境下的一个特有问题:数字化商品交易中的退货问题。较之有形商品,数字化商品,如 CD、软件、电子书籍等,具有两个重要特征。首先,数字化商品的交易一般采取的是在线传递的方式,并且在消费者购买之前,经营者往往会给予其浏览内容或使用试用版本的机会;其次,数字化商品容易复制,而且复制成本低廉,也不会影响质量,因此消费者购买之后,经常会在计算机中形成一个数字化商品的复制件。在这种情形下,如果一味地强调消费者的退货权,将会造成对经营者不公平的结果发生。鉴于此,参考欧盟《远程保护指令》第六条中"视听产品或计算机软件已被消费者拆封即不得解除合同或退货"的除外规定,我们可以对现行法律中的退货权予以补充规定,即对于数字化商品,除非信息不完全或有严重错误或含有病毒等破坏性程序,一般情况下,消费者不应再要求退货。

针对以上问题,《网络交易管理办法》、新《消费者权益保护法》把非现场购物的"7日内无理由退货"也写进规定中;另外,对作为网购平台的第三方交易平台经营者进行了特别的规定,其中,平台经营者拟终止提供服务的,应至少提前 3 个月向社会公示,并采取必要措施保障消费者权益。解决了退货无门无规,商家"自己说了算"的问题,更大限度地保护消费者合法权益。

5. 消费者的索赔权

依据《消费者权益保护法》,消费者在购买、使用商品时,其合法权益受到损害的,可以向销售者要求赔偿。销售者赔偿后,属于生产者的责任或者属于向销售者提供商品的其他销售者的责任的,销售者有权向生产者或者其他销售者追偿。消费者或者其他受害人因商品缺陷造成人身、财产损害的,可以向销售者要求赔偿,也可以向生产者要求赔偿。属于生产者责任的,销售者赔偿后,有权向生产者追偿。属于销售者责任的,生产者赔偿后,有权向销售者追偿。消费者在接受服务时,其合法权益受到损害的,可以向服务者要求赔偿。

《消费者权益保护法》中规定:经营者提供商品或服务有欺诈行为的,应当按照消费者的要求增加赔偿其受到的损失,增加赔偿金额为消费者购买商品的价款或接受服务费用的 3 倍。增加赔偿的金额不足 500 元的,为 500 元。法律另有规定的,依照其规定。《产品质量法》也规定,产品有下列情形之一并造成损失的,消费者可以要求销售者赔偿损失:①不具备产品应当具备的使用性能而事先未作说明的;②不符合在产品或者其包装上注明采用的产品标准的;③不符合以产品说明、实物样品等方式表明的质量状况的。因产品存在缺陷造成人身、缺陷产品以外的其他财产(以下简称"他人财产")损害的,消费者可以要求生产者承担赔偿责任。这些规定同样适用于网上交易。此外,针对网络经营者不如实履行信息披露义务甚至做出虚假宣传,欺诈、诱骗消费者的情况,可以适用《消费者权益保护法》第四十九条"经营者提供商品或者服务有欺诈行为的,应当按照消费者的要求增加赔偿其受到的损失,增加赔偿的金额为消费者购买商品的价款或者接受服务的费用的三倍。"消费者有权要求经营者承担赔偿责任。

另一方面,网络的开放性使网上交易容易遭到第三方(黑客等)的攻击而造成损害。对此,有学者主张,一般情况下,应由交易或服务的提供者承担责任,因为这些应属于其必须承担的商业风险的一部分。就像在现实生活中,银行被抢不能要求储户与其分担损失一样。也就是说,消费者进行网上交易时由于第三方的破坏而导致的损害,也有权要求经营者予以相应的赔偿。

此外,依据现有法律规定,网络消费者还应享有公平交易权、结社权、获取知识权、受尊重权、监督权等传统交易方式下消费者的权利。但是应当注意的是,消费者维护自己合法权益时,必须采取合法、妥当的方式,不能侵害他人的正当权利。

9.6　电子商务中的反欺诈

9.6.1　网络欺诈的概念与类型

1.网络欺诈的概念

欺诈是指当事人一方通过编造真实情况、隐瞒事实引诱对方陷入某种错误,并基于这种错误做出违背自己真实意思表示的行为,使得欺诈人从中获得利益。根据欺诈的危害程度和损害程度不同,欺诈行为人可能负民事责任或刑事责任。在民法上,受欺诈的民事行为是受欺诈人因欺诈而做出的不自由的意思表示。根据《合同法》规定,受欺诈所为的民事行为是可变更、可撤销的行为。

网络欺诈通常是指涉及使用网络进行的任何形式的欺诈,如聊天室、电子邮件、留言板或网络站点,对预期的受害者呈现欺诈性诱惑,引导欺诈性交易或对金融机构进行诈骗,以及其他相关的方法。

2.网络欺诈的主要类型

按照网络欺诈的内容来分,网络欺诈包括以下几种类型:

(1) 利用网上拍卖实施的欺诈。在美国联邦贸易委员会公布的《扫荡网络诈骗》报告中,调查数千宗网络投诉案件中,其中网上拍卖名列榜首,占总数的78%之多。受害人大多在付款后收不到商品或收到的商品不如卖主所承诺的那样值钱,或者干脆一文不值。

(2) 利用调制解调器拨叫国际长途的欺诈行为人诱使上网者下载一个"浏览工具"或者"拨号器",以便免费登录成人网站。而所谓"拨号器",就会悄悄切断调制解调器的当前连接,转而通过拨通一个国际长途号码连接上互联网。这样,用户会在不知不觉中损失一大笔电话费。

(3) 利用互联网骗取信用卡的欺诈。有的网站允许访问者免费在线浏览成人图片,不过访问者必须提供信用卡号码以证明自己已经满18岁。《环球时报》2001年3月20日报道了美国新月出版社集团利用旗下的网站,以免费浏览做幌子,骗去网民1.88亿美元。而主要用的行为就是骗取网民的信用卡号进行诈骗。

（4）利用互联网提供特许权的欺诈。欺诈行为人在向投资者提供经营特许权时，有意隐瞒相关情况进行欺诈，通常以其中商业机会和特许产品展览做诱饵。譬如说，有的提出低价出售数以百万计的电子邮件地址名单，而有的则提供收信人的代理服务器号码，但实际上，提供代理服务器的号码是违反网络规定的，而所谓的电子邮件地址不是失效的就是错误的。

（5）利用互联网进行多层次销售和传销的欺诈。欺诈花样更是五花八门，有的利用网络电话销售一些非法或欺骗性的投资产品；有的在网络上刊登启事要求应征者花大笔的钱买回某种生产资料，生产出商品后，公司负责回收，却又以"质量不达标"等这样那样的理由拒绝回收，从而使许多投资者损失惨重。而所谓的多层次销售，一般宣称"你可以通过自己以及你所发展的下线销售产品和提供服务来赚钱"，其实商品或服务不过卖给了和你一样的销售者。

（6）利用互联网提供的旅游休假以及医疗保健商品及服务的欺诈。欺诈行为人宣称"你可以参加一次豪华旅游，并提供许多打折的附加服务"。实际上这全是谎言，就算是真的，你也得因为那些"附加服务"损失不少钱。而所谓"一般药店没有的东西，可以包治百病"的医疗保健商品，对于那些身患绝症，生命垂危的人就不一样，他们可能会相信的，哪怕一点点希望。

除以上几种网络欺诈外，还有用互联网进行的中大奖的欺诈，以及利用互联网提供商业机会，投资的欺诈活动。

按照网络欺诈行为实施的方式来分，主要包括利用互联网开展的商业欺诈、网络钓鱼、电子邮件与短信欺诈等几个形式。其中网络钓鱼是目前最为常见的一种网络欺诈形式，可以利用网页、电子邮件、短信等多种形式进行。网络钓鱼的主要对象是金融网站和电子商务网站。其目的是为了骗取用户金钱。随着家庭数字化、网络宽带化的普及，加上各种电子商务、银行在线支付、网上结算等新型消费方式的出现，钓鱼式攻击事件频繁发生，已成为新形势下互联网面临的最严峻的现实安全威胁。

9.6.2 网络欺诈的特点

网络欺诈行为和其他类型的欺诈骗取的财物的方式不同，一般的诈骗活动，行为人与一定自然人之间有一定的意思沟通，即"人—人对话"，而网络欺诈则不然，行为人更多通过"人—机对话"的方式，达到初步目的。正是由于人—机对话的技术特点，决定了网络欺诈具有一些独特的特点。

（1）欺诈方法简单，容易进行。网络用于欺诈行为使行为人虚构的事实更加逼近事实，或者能够更加隐瞒地掩盖事实真相，从而使被害人易于上当受骗，给出钱物。

（2）欺诈行为成本低，传播迅速，传播范围广。欺诈行为人利用计算机网络技术和多媒体技术制作形式极为精美的电子信息，诈骗他人的财物，并不需要投入很大的资金、人力和物力，着手实施违法犯罪行为的物质条件容易达到。

（3）渗透性强，网络化形式复杂，不定性强。网络发展形成一个虚拟的计算机空间，即消除了国境线，也打破了社会和空间的界限，使得行为人在进行欺诈他人财物时有极高的渗透性。网络欺诈的网络化形式发展,使得受害人从理论上而言是所有上网的人。

9.6.3　网络欺诈的法律应对

我国法律目前对网络欺诈行为直接进行调整的规范还不完善,不够细化,不能有力地打击网络欺诈行为。主要集中在以下3个方面。

(1) 适用我国刑法诈骗罪的规定。《刑法》第二百六十六条规定,"诈骗公私财物,数额较大的,处3年以下有期徒刑、拘役或者管制,并处或者单处罚金;数额巨大或者有其他严重情节的,处3年以上10年以下有期徒刑,并处罚金;数额特别巨大或者有其他特别严重情节的,处10年以上有期徒刑或者无期徒刑,并处罚金或者没收财产。"同时第二百八十七条规定,"利用计算机实施金融诈骗、盗窃、贪污、挪用公款、窃取国家秘密或者其他犯罪的,依照本法有关规定定罪处罚。"这一规定对于社会危害性大,构成犯罪的网络欺诈行为适用,以诈骗罪来定罪量刑。

(2) 适用《互联网电子邮件服务管理办法》第十三条来对欺诈者发送伪造的垃圾邮件行为进行处罚。

(3) 适用《计算机信息系统安全保护条例》、《计算机信息网络国际联网安全保护管理办法》等有关行政法规规章的规定。

9.7　电子商务中的不正当竞争

9.7.1　电子商务中不正当竞争的表现形式

1. 垄断经营

利用优势地位排挤竞争对手,进行垄断经营是商业活动中常见的现象,网络环境下也不例外。在域名注册市场,少数独占机构利用控制服务器与数据中心的地位,阻碍其他竞争者进入的不正当竞争现象一度非常严重。从国际上看,美国一开始就拥有了域名注册的垄断权,NSI 公司(Network Solutions INC)下设的国际互联网络顶级域名管理机构 InterNIC 是统一注册、分配因特网域名资源的唯一机构,垄断产生了域名注册的巨额利润。在美国的域名注册垄断经营体系被互联网名称和地址分配公司(ICANN)打破后,我国国内的.cn 顶级域名注册权却一直为 CNNIC 独占,导致其收费标准、纠纷处理规则、注册权责等都由其自行决定,在某种情况下脱离了法律的监督。

我国《反不正当竞争法》涉及独占事业不正当竞争行为的法律条款主要是第二条的原则性规定和第六条的具体规定,虽然条文比较笼统,但鲜明地体现了打击公用企业等独占经营者(包括政府及其所属部门)排挤其他经营者公平竞争行为的立法宗旨。根据民法通则与反不正当竞争法的精神,鉴于我国域名注册市场的实际情况,建议制定法律明确域名注册管理机构的地位、注册工作中的权利义务关系、监督管理制度、司法救济机制等,结束域名注册管理机构自己制定规则排除其在域名注册侵权违约行为中承担任何义务的现状,调整和平衡域名注册管理机构与注册用户在域名注册和网址分配工作中的关系和利益。

此外,电信市场以及网络服务商(ISP)的垄断经营行为在适用《反不正当竞争法》的同时,宜制定规范力度更强的《反垄断法》进行调整。

2.侵犯商标权及商业混同行为

假冒他人的注册商标、伪造或者冒用有标志、擅自使用他人的企业名称或者姓名以及知名商品特有或与之近似的名称、包装、装潢,造成混淆、误认、引人误解的虚假表示,属于《反不正当竞争法》明文禁止的不正当竞争行为。2000年发生的我国首例因电子商务引发的不正当竞争——北京金洪恩电脑有限公司诉北京惠斯特科技开发中心不正当竞争案将假冒他人软件产品注册商标的行为扩展到了网络环境中,同样受到了《反不正当竞争法》的规制。

商业混同行为是经营者在市场经济活动中较常采用的一种不正当竞争手段,通过这种非法行为,侵权人无偿地利用其他经营者的市场优势提高自己的竞争能力并谋取利益,同时也给被混同的企业造成巨大的经济损失。网络环境下侵犯商标权及商业混同行为主要表现在将他人的注册商标尤其是驰名商标注册为域名,利用他人商标的知名度进行不正当竞争。除适用《商标法》与《反不正当竞争法》外,1996年1月美国通过了《联邦商标淡化法案》(*Federal Trademark Dilution Act of* 1995),加强了商标保护的力度,防止商标滥用,以平衡商标所有权人与域名所有人之间的利益。根据该法案,商标淡化行为是"减少、削弱驰名商标对其商品或服务的识别性和显著性能力的行为,或者存在混淆和误解或欺骗的可能性。"而不管商标所有人与他人之间是否存在竞争关系。

此外,采用图像链接时为增加其醒目性和识别性,设链者有时会使用他人的文字或图形商标作为链接标识,这种情况下极有可能导致商标侵权,尤其是在使用了他人驰名商标的情况下,因为法律对驰名商标的保护力度更大,是严禁跨类使用的。而视框链接的"加框"技术也有可能导致商标侵权的争议。设链者可以在框中任意添加他人的文字和图案商标,以扩大自己网站的影响,提高自己网络服务的知名度或可识别性,这就涉及"商标淡化"问题。虽然我国商标法中没有反淡化的条款规定,但可以适用《反不正当竞争法》有关规制引人误解、市场混淆行为的条款来调整。

3.域名纠纷

网络域名争议纯粹是伴随着国际互联网、万维网等信息技术的高速发展而出现的,其中与不正当竞争行为联系最密切的领域当属域名抢注。受商业利益的驱动和域名注册管理制度薄弱环节的影响,一些单位和个人将他人的商标、厂商名称、国际组织名称、网站名称、名人姓名等注册为自己的域名,再高价出售给商标、厂商名称所有者牟利或利用他人知名商标、名称的良好商誉达到混淆、引诱、误导消费者访问以攫取不正当商业利益的目的。这些欺诈性网站的不正当竞争行为受到权利人的反对,诸如国际奥林匹克委员会、国际足联的网上打假活动都得到了WIPO的支持。另外,对他人已注册并已取得一定影响的域名或网站名称"搭便车",进行不正当竞争的行为在我国亦已出现,如2000年8月上海东方网股份有限公司(www.eastday.com)诉济南开发区梦幻多媒体网络技术开发中心 eastdays.com 域名纠纷案。

域名纠纷往往与其他权利纠纷发生竞合,应适用不同的法律如《商标法》、《反不正当竞争法》等分别予以处理。《反不正当竞争法》对于恶意的域名抢注行为以及其他纠纷是可以施加救济的,只要行为人违反了公平竞争、诚实信用的基本原则,其域名与他人的在先权利冲突,并通过损害他人经济利益来谋取利益,就可以认定该行为构成不正当竞争。与《商标法》相比,用《反不正当竞争法》来调整恶意域名抢注行为其标准比较客观,保护的对象更加全面,同时法律适用上更为灵活、开放。但《反不正当竞争法》不能调整善意的域名冲突,只是保护公平有序的市场秩序,而不保护某项具体权利,对经营者之外的侵权者无法适用,这也是《反不正当竞争法》调整域名抢注的缺陷。

4. 侵犯他人商业秘密

根据我国《反不正当竞争法》第十条的规定,商业秘密是指不为公众所知悉、能为权利人带来经济利益、具有实用性并经权利人采取保密措施的技术信息和经营信息。在现实世界中,商业秘密的法律保护已经引起了国际社会的广泛关注,面对互联网的挑战,商业秘密的保护更加成为一个突出的问题,通过网络侵害商业秘密的后果往往更为严重。根据《反不正当竞争法》第十条,经营者利用互联网通过不正当手段获取、披露、使用或者允许他人使用权利人的商业秘密也可以构成不正当竞争行为,应受到该法的调整和规范。

5. 利用网络广告等手段进行虚假宣传

虽然各国反不正当竞争法严厉禁止经营者利用广告或者其他方法对商品作引人误解的虚假宣传,但近年来,涉及商标、标志假冒、不实广告、比较广告、虚假宣传而导致的国内外网络不正当竞争纠纷明显增多,如北京市鹤鸣日新市场拓展服务有限责任公司诉北京讯合科技有限责任公司不正当竞争纠纷案,被告因使用"最权威、第一家"等用语受到提供同类在线服务的原告的起诉。而通过强制性的网络不实广告进行不正当竞争的行为则不仅损害了同业经营者的利益,也给消费者造成直接或间接的经济损失。

网络世界中的虚假宣传行为与传统方式虽有区别,但所要达到的目的是一样的,即通过贬低别人、抬高自己来引诱消费者购买其产品或服务。电子商务经营者同样应遵守自愿、平等、公平、诚实信用的基本原则,欺诈、不实广告、虚假宣传等网络不正当行为违背了这一基本原则,不但损害了其他经营者的合法权益,还妨害了正常的市场竞争秩序,应受到《广告法》、《反不正当竞争法》、《消费者权益保护法》等法律的禁止和制裁。北京市工商局 2000 年 5 月 15 日发布的《关于对利用电子邮件发送商业信息的行为进行规范的通告》规定,利用电子邮件发送商业信息应本着诚实、信用的原则,不得违反有关法律法规,不得侵害消费者和其他经营者的合法权益。未经收件人同意不得擅自发送,也不得利用电子邮件进行虚假宣传或发送违反《广告法》规定的商业广告。

6. 利用网络技术措施实施不正当竞争行为

网络技术是互联网发展的基础和支撑,新型的网络技术也会被不法分子利用进行不正当竞争,其中链接就是被经常使用的一种技术手段。例如,利用深度链接方式绕过他人网站发布广告的页面(一般是主页),而直接进入次一级页面访问,导致被链网站的用户访问量和广告点击率下降,广告访问量及广告收入大为减少,还可以引诱用户阅读设链者主页上的广告,从而通过这种不正当竞争手段损害被链接网站的经济利益和竞争能力。甚至还可以利用视框链接将他人的网页内容作为自己页面的一部分,同时用户浏览器显示的仍是设链者的网站地址,导致用户极可能认为阅读信息是当前页面所提供,其搭便车以及不劳而获的企图更加明显。

我国处理不当链接纠纷的实践经验还不太丰富,借鉴国外的司法案例,建议通过法律赋予合法网站正当实施链接技术的权利,以实现资源和信息最大范围的共享,但应禁止链接权利的滥用,设链者应遵守诚实信用原则,不损害他人和社会公众的合法利益,尊重被链接网站不同意链接的声明或通知,双方也可通过合同方式进行授权许可。

网络中还有一类特殊的"不当埋设"行为,行为人以谋求不正当利益或贬损竞争对手的商业信誉为目的,将他人的商标、企业名称等埋设为自己网页的关键词,当用户利用搜索引擎工具进行搜索时,便会被导引至与搜索内容不相关的网页,给正当权利人带来不容忽视的负面影响,构成对权利人商誉的侵犯以及商标的淡化,是一种典型的不正当竞争行为。

北京一中院:互联网领域不正当竞争十大典型案例[①]

案例一:杜邦公司诉北京国网信息有限责任公司侵犯商标权及不正当竞争纠纷案——我国首个认定未经许可恶意将他人驰名商标注册为域名构成不正当竞争的生效判决(2000年)。

原告是椭圆字体"DU PONT"商标的专用权人,被告注册了域名"dupont.com.cn",但未实际使用。原告认为被告未经许可擅自将其驰名商标注册为域名的行为构成商标侵权及不正当竞争。我院认为:原告商标为我国相关公众所熟知,构成驰名商标。涉案域名如果投入使用,会导致公众的混淆误认;同时,被告无正当理由注册该域名后并不使用,阻止了原告在互联网上使用自己的商标进行商业活动,故被告的行为已构成不正当竞争。据此,我院支持了原告提出的撤销涉案域名注册并赔偿原告合理支出2700元的诉讼请求。该案的审理原则被最高人民法院后续的司法解释予以采纳。

案例二:百度在线网络技术(北京)有限公司等诉北京三七二一科技有限公司不正当竞争纠纷案——针对同类产品不恰当的软件冲突提示和警告构成不正当竞争(2005年)。

被告的"3721网络实名"软件与原告的"百度IE搜索伴侣"软件均是搜索服务软件。原告认为被告"3721网络实名"软件在用户安装"百度IE搜索伴侣"软件时会不断弹出软件冲突提示和警告,该行为影响和干扰了百度软件的下载、安装与运行,构成不正当竞争。我院认为:被告不恰当地在"3721网络实名"软件中设置软件冲突的警告提示语言,确实使用户容易产生错误的理解,从而放弃对"百度IE搜索伴侣"软件选择,构成不正当竞争。因此,我院支持了原告停止侵权、赔偿合理支出的诉讼请求。

案例三:北京百度网讯科技有限公司诉北京珠穆朗玛网络技术有限公司等不正当竞争纠纷案——未经许可强行修改他人搜索页面构成不正当竞争(2005年)。

被告拥有并经营www.8848.com和www.8848.net网站。原告认为,被告在百度网站上提供搜索助手软件mysearch,安装该软件后会在百度搜索结果的页面上方强行嵌入搜索条,不仅挤占其原有的广告位,而且用户继续调出网页时会导致搜索系统自动关闭,

---

① 中国法院网.2014-6-19.

构成不正当竞争。我院认为,mysearch 软件极易导致用户误认为被修改过的页面即是原告提供的页面。被告通过 mysearch 软件,未经他人许可在他人的网站页面上强行实现自己的意志和操作指令,破坏了原告的商业运作模式,减少了原告网站的访问流量,增加了对被告及被告所链接网站的访问量,直接损害了原告网站的经济效益。法院认定被告的行为构成不正当竞争,并判决其停止侵权、公开致歉、赔偿原告经济损失 50 万元。

案例四:北京枫叶之都旅游文化交流有限公司诉百度在线网络技术(北京)有限公司、北京百度网讯科技有限公司不正当竞争纠纷案——我市首例搜索引擎排名案,认定网站自行设定自然排名算法规则不具有违法性(2007 年)。

百度网讯公司与百度在线公司是百度中文搜索引擎网站的共同经营者。原告诉称,为了迫使其继续参与竞价排名服务,两被告人为大幅降低原告自然排序位置并实施恶意锁定,经多次交涉后恢复了正常排序。两被告的行为构成侵权及不正当竞争,请求判令两被告赔礼道歉、赔偿损失 10 万元。两被告辩称原告自然排序降低是其违反已公示的搜索引擎算法规则被处罚所致,后排序恢复是被告实施了"回捞"机制。我院认为:网站的自然排名顺序是搜索引擎系统根据排名算法规则自然形成的,被告有权自行设定排名算法规则及"回捞"机制,且原告未证明两被告具有恶意,因此判决驳回原告的诉讼请求。

案例五:腾讯科技(深圳)有限公司诉北京搜狗科技发展有限公司等不正当竞争纠纷案——设置进程阻碍用户使用他人同类产品构成不正当竞争(2010 年)。

原告诉称,被告通过在搜狗拼音输入法中设置相应进程阻止用户使用 QQ 拼音输入法,构成不正当竞争。被告辩称搜狗拼音输入法中的设置并未损害原告利益,且是针对 QQ 拼音输入法不正当竞争的"正当防卫"。我院经审理认为:被告在其输入法软件中进行上述设置阻碍了用户使用 QQ 拼音输入法,易对相关公众产生误导,违反了市场交易中应当遵循的自愿、平等、公平、诚实信用的原则,构成不正当竞争。即使原告在其经营活动中实施了不正当竞争行为,被告也应当通过合法的救济途径维护自身权益,而不是采用其他不正当竞争手段进行回应。因此,我院认定被告构成不正当竞争,并判决被告停止侵权、消除影响、赔偿原告经济损失及合理支出 24 万元。

案例六:上海汉涛信息咨询有限公司诉爱帮聚信(北京)科技有限公司等不正当竞争纠纷案——关于垂直搜索是构成不正当竞争行为的认定(2011 年)。

汉涛公司、爱帮科技公司分别为"大众点评网"、"爱帮网"的经营者。汉涛公司诉称爱帮科技公司通过"爱帮网"长期大量复制"大众点评网"内容获取不当的浏览量和竞争优势。爱帮科技公司辩称其提供的是垂直搜索服务,符合搜索服务行业的通用展示模式。我院认为,使用垂直搜索技术对特定行业网站信息的利用应控制在合理的范围内。"爱帮网"对"大众点评网"的点评内容使用,已达到网络用户无须进入大众点评网即可获得足够信息的程度,造成"爱帮网"向网络用户提供的涉案点评内容对"大众点评网"相应内容的市场替代。我院认定爱帮科技公司不正当竞争行为成立,并判令赔偿 50 万元。

案例七:北京金山安全软件有限公司诉北京奇虎科技有限公司不正当竞争纠纷案——关于商业诋毁行为区分于基本事实描述的认定(2013 年)。

金山公司是金山毒霸 2012 等软件的著作权人,奇虎公司是网站 www.360.com 的经营单位,二者均为互联网经营企业。金山公司因认为 360 安全中心网站"360 安全提示"

界面发表的《360：金山为挽回市场颓势抹黑360》一文等行为对其构成商业诋毁，诉至法院。我院认为，诋毁、贬低竞争对手的商业信誉行为认定，应以是否存在捏造、散布虚伪事实为前提。涉案文章是奇虎公司针对"金山召开发布会"特定事件做出的应激反应，虽然该文中部分用词带有较强的感情色彩并具有负面评价效果，但并无证据证明奇虎公司存在不正当竞争的主观故意意图，其行为尚未严重到损害金山公司在内的"金山"系列企业的商业信誉的程度，故不构成商业诋毁行为，故驳回了原告的诉讼请求。

案例八：北京奇虎科技有限公司诉北京金山安全软件有限公司、贝壳网际（北京）安全技术有限公司等不正当竞争纠纷案——关于散布未经证实的消息构成商业诋毁的认定（2013年）。

奇虎公司、金山公司与贝壳公司均从事网络安全、杀毒领域业务，金山公司、贝壳公司是金山电池医生软件（IOS版）的著作权人。奇虎公司诉称，金山电池医生软件弹出对话框（"安全预警360旗下全线产品被苹果APP Store封杀，据媒体报道是360涉嫌偷窃用户隐私所致"）等行为构成商业诋毁行为。我院认为，金山公司与贝壳公司作为网络安全领域的专业公司，需在核实相关媒体报道的基础上发布科学、客观的信息。金山公司与贝壳公司直接通过弹窗的形式向用户散布未经证实的消息的行为，显然会影响用户在使用软件时的选择，对奇虎公司造成不良影响。我院认定被告商业诋毁不正当竞争行为成立，并判令赔偿30万元。

案例九：北京百度网讯科技有限公司等诉北京奇虎科技有限公司等不正当竞争纠纷案——恶意插标及劫持流量行为构成不正当竞争（2014年）。

原告认为，被告不仅对百度搜索页面进行了插标，还逐步引导用户单击安装360安全浏览器，通过百度搜索引擎服务对其浏览器产品进行推广。并且被告改变了百度网站在其搜索框上向用户提供的下拉提示词，引导用户访问本不在相关关键字搜索结果中的被告经营的影视、游戏等页面，获得更多的用户访问量，构成不正当竞争。我院认为：被告的插标和引导安装360安全浏览器的行为是通过利用原告搜索引擎服务对其浏览器产品进行了推广，其网址导航站劫持流量的行为也违反了《反不正当竞争法》第二条规定的诚实信用原则。故我院认定被告行为构成不正当竞争，并判决其停止侵权、消除影响、赔偿原告经济损失及合理支出45万元。

案例十：北京奇虎科技有限公司诉北京百度网讯科技有限公司不正当竞争纠纷案——我院在现行《民事诉讼法》实施后首次发出诉讼行为禁令（2014年）。

原告是互联网安全产品及服务提供商，被告也提供相关产品及服务。原告诉称，被告在网络用户使用百度搜索引擎搜索原告产品、服务或公司名称时，擅自插入提示框，在相关链接中大量刊载虚假内容，并向网络用户提供卸载原告产品的快捷方式。另外，被告在其官方微博中发布相关微话题，诋毁原告商誉。为避免损害扩大，原告请求人民法院责令被告立即停止相关不正当竞争行为。我院认为：原、被告存在竞争关系。原告提交的证据可以初步证明被告实施了所诉行为，而这种行为存在构成不正当竞争的可能，且如果被告继续实施上述行为则可能导致原告的损失进一步扩大。因此，我院做出裁定，责令被告立即停止相关行为。

9.7.2　网络经济中反不正当竞争行为的立法完善

1993年,《反不正当竞争法》制定之初,市场的竞争还不充分,人们对应建立一个什么样的公平竞争法律制度认识还不成熟,立法不可能不反映这一客观现实。目前,经历了10年的建立市场经济体制的实践,特别是入世无疑大大促进和丰富了这一实践。在这种情况下,借鉴国际惯例,并紧密结合我国的实际尤其是10年来的执法经验,完善公平竞争立法已成当务之急。

现在,《反不正当竞争法》的修订工作正在进行之中。修订的要点包括以下几个方面。

(1)修订法律第二条第二款关于不正当竞争的规定,使其所具有的概括性更加合理,符合多年执法实践的总结及今后执法的实际需要。

(2)丰富狭义不正当竞争行为的规定,既包括行为种类的规定,也包括对行为规定的细化,对不正当竞争行为做进一步的具体规定,有利于对市场竞争起警示作用,也便于执法和执法人员大胆、准确地适用法律,查处违法行为。地方立法和国家工商总局的规章以及多年来的执法经验为此提供了条件。

(3)加大现行法中关于禁止滥用市场支配地位的力度。在这方面,除继续禁止公用企业或者其他依法具有独占地位的经营者滥用市场支配地位限定他人购买其指定的经营者的商品外,还要对国内外具有市场支配地位的经营者的同类行为予以制止。防止外国跨国公司滥用市场支配地位,对促进和维护我国的市场公平竞争、保证市场良性发展同样具有重要意义。

(4)健全禁止以各种协议形式限制市场竞争行为的规定。在目前法律关于串通投标规定的基础上,规定除法律允许之外,禁止一切反竞争的联合行为。如联合抵制、打击竞争对手、联合划分市场、联合限制产品量、联合制定垄断价格等。无论行为人是明示还是默示,联合行为均在禁止之列;行为可以是发生在单个的企业和企业之间,也可以发生在由企业产生的企业或行业协会身上。

(5)完善法律责任和执法手段的规定。通过更为健全、合理的处罚规定,以及必要、适当的强制措施的规定,使反不正当竞争执法真正落到实处,具有更强的可操作性。

9.8　第三方平台法律责任

9.8.1　第三方平台法律责任概述

电子商务交易便捷,货物物美价廉、种类繁多等这些特点使得越来越多的网民选择网上购物,也使得电子商务法律问题越发突出。电子商务与传统模式相比,具有如下特点。

(1)网络的根本特点在于跨时空的互联性。使网络的各个终端(用户)分布于世界各地。这种呈多方向的网状结构,使传统的管辖边界不再适用。

(2)网络社会的虚拟特征使电子商务中交易者的身份、交易场所、交易权限、交易流程均呈虚拟化、数字化状态,这为建立在物化形态上的法律与管理带来很大的难度。

(3)电子商务的非政府管理特点。电子商务的管理在很大程度上依赖于网络服务商

（包括 ISP 和 ICP），因此，网络上的交易活动受政府监管变为相对的间接化。

（4）网络的实时交互性又使监管难以落实。全球电子商务的持续发展将取决于新的法律框架的制定，只有制定出地方、国家和国际法律所认可的电子商务活动规则，只有参与电子交易的个人、企业和政府的权利义务得以明确，他们的利益变得可以预期，电子商务才会健康有序地发展。

网络的特殊性使得电子商务具有了与传统模式与众不同的特点，从而也使得第三方平台的重要性得到了前所未有的关注。第三方平台在电子商务中意义重大，规范、健康、有序和信用良好的第三方平台对于素未谋面甚至相隔遥远的交易主体双方或多方之间的交流和合作起着关键作用，是降低风险促进电子商务的顺利进行不可或缺的因素。

第三方平台是一个宽泛的概念，目前法律实务界经常面临的法律主体主要包括有第三方交易平台和第三方电子支付平台两大类。

《商务部关于网上交易的指导意见（暂行）》规定，网上交易服务提供者，根据其服务内容可以分为以下几个方面。

（1）网上交易平台服务提供者，从事网上交易平台运营并为买卖双方提供交易服务。网上交易平台是平台服务提供者为开展网上交易提供的计算机信息系统，该系统包括互联网、计算机、相关硬件和软件等。

（2）网上交易辅助服务提供者，为优化网上交易环境和促进网上交易，为买卖双方提供身份认证、信用评估、网络广告发布、网络营销、网上支付、物流配送、交易保险等辅助服务。

生产企业自主开发网上交易平台，开展采购和销售活动，也可视为网上交易服务提供者。网上交易平台服务提供者可以同时提供网上交易辅助服务。

第三方电子支付平台是指与银行（通常是多家银行）签约，并具备一定实力和信誉保障的第三方独立机构提供的交易支持平台，如支付宝、财付通、快钱、PayPal 等。目前，也有公司同时承担着第三方交易平台和第三方电子支付平台两大功能。在公司同时承担两种角色时，其权利义务是这两种角色权利义务的综合。第三方平台的义务如表 9-1 所示。

表 9-1　第三方平台的义务

第三方平台	概　念	典　型	义　务
第三方电子商务交易平台	为各类电子商务交易（包括 B2B、B2C 和 C2C 交易）提供服务的网站或者网络系统	淘宝网、京东、苏宁易购、聚美优品	保障平台正常运行的义务，如实告知的义务，审核用户信息的义务，审核内容的义务，妥善保管用户信息的义务，采取措施制止侵权的义务，先行赔付的义务，协助查处违法经营的义务
第三方电子支付平台	银行以外的提供支付清算的非金融机构	支付宝、财付通、快钱、PayPal	保障平台正常运行的义务，如实告知的义务，审核用户信息的义务，妥善保管用户信息的义务，采取措施制止侵权的义务

9.8.2　第三方电子商务交易服务平台法律责任

第三方电子商务交易服务平台是指在网络商品交易活动中为交易双方或多方提供网页空间、虚拟经营场所、交易规则、交易撮合、信息发布等服务，供交易双方或者多方独立开展交易活动的信息网络系统。

第三方电子商务交易服务平台有着如下几个方面的特征。

（1）交易平台总体上是电子网络服务公司提供的一种服务，它在电子网络条件下为用户搭起虚拟的空间平台作为交易市场。平台服务的提供者具有专业从事电子网络服务的商人资格，但他不是经纪人，只提供在线平台作为交易市场，不做代客交易。他借助于电子网络构架出与真实的物理空间不同，而又成为商家和用户能够在其上进行交易的虚拟的市场空间。

（2）平台的表现形式是在这样的虚拟市场上通过计算机系统自动撮合或者电子撮合加买卖方的最后确认来达成商品的买卖交易。在这种在线交易过程中，电子网络服务公司不是买方或卖方的受托人、代理人或经纪人，不是一般财产租赁或柜台出租的出租人，也不像普通居间人那样，单纯地由居间人向委托人提供一次性或随机性的服务，促成交易后向委托人收取报酬。平台服务提供者与客户（一般讲委托人是销售方）有着长期的合同关系，它存在于用户注册、建立专卖店、发布供求信息和传递交易信息等一系列过程之中。这种平台，经过注册、认证给用户提供一种虚拟空间的交易平台市场，让用户在平台上进行商品交易。而且，交易平台是包含在网络服务的组成部分之中的，它所提供的服务远远多于一般的居间甚至经纪服务。

（3）交易平台有着虚拟环境下造市的效果。在交易平台上，交易双方不是一对一的对接，而是由众多潜在的交易人集中在一个电子虚拟空间的平台市场上，借助于便捷的计算机网络检索、查询和浏览功能，使用户自己相互匹配、磋商和交易。有时，就能够形成某种造市效果。正因为有着网络环境虚拟性，在这样的交易平台上，交易相对人无法面对面地判断对方真实身份、资信状况等，往往只能是依靠平台上发布的信息和店铺招牌来加以判断。这样，交易平台上主体真实性、信息正确性以及交易安全性等方面，非同于一般居间或柜台出租那样，对于交易方来讲就更为重要。

（4）交易商品的交割完成在交易平台以外实现。在线买卖交易形成了用户与用户间在线商品的买卖合同关系。然而，这种买卖交易的实现，商品实物的交付需要交易双方下网来进行交割。也就是说，不管是买方付款还是卖方交货，大多需要双方在线下完成交易的履行。

正是由于第三方交易平台的这些特征，使得其在电子商务中承担的义务既与传统模式（如市场运营者）有些许相同，也有很多的不同。在这些义务中，有些与传统市场的运营者义务相同，对此我国法律已经有了较为全面的法律规定，因此不做过多的阐述，而有些义务是网络环境下第三方交易平台所特有的义务，或者是传统模式下的义务在电子商务中的新变化，这些值得电子商务从业者注意。第三方交易平台的新义务或义务新变化主要包括以下几个方面。

（1）保障平台正常运行的义务。如何确保网上交易的安全是目前电子商务发展中的一大难点。交易的安全涉及主体安全和技术安全两方面的问题。主体安全的实现需要交易双方真诚合作。由于交易双方一般都是通过第三方交易平台提供的技术服务从事交易活动,因此技术安全问题虽然也涉及交易双方诸如保密等义务,但最主要的仍在于第三方交易平台提供安全可靠的技术措施和制度。

关于平台的这项义务,事实上我国已经出台的很多规章、制度都有涉及,国家工商总局于 2014 年 2 月 13 日颁布的《网络交易管理办法》明确交易平台经营者应采取必要的技术手段和管理措施以保障交易平台的正常运行,提供安全可靠的交易环境和交易服务,维护良好的交易秩序。

(2)如实告知义务。第三方交易平台与用户之间由于用户的注册从而在第三方交易平台和用户之间建立起合同关系。在用户注册时,由于第三方交易平台并不与用户进行直接的协商,其合同也主要是以格式合同的方式出现,因此第三方交易平台应采用合理的方式向用户公布相关信息,便于用户根据这些协议准确及时地做出决定。此外,如实告知合同相对方自身信息也是我国《合同法》明确规定的。我国商务部《关于网上交易的指导意见》就规定服务提供者应履行涉及用户合法权益的重要信息披露义务。国家工商总局《网上交易管理办法》明确提供网络交易平台服务的经营者"应当采取必要措施保护涉及经营者商业秘密或者消费者个人信息的数据资料信息的安全"。并于此相适应,制定了惩罚措施,罚则的制定将对消费者个人信息的保护起到积极的保障作用。

(3)合理审查义务。网络的非面对面,使得如何保障网络交易的安全成为电子商务健康发展面临的一大难题。目前在网上从事经营活动的经营主体受制于经济、技术等多方面条件的限制,很多都是利用第三方交易平台提供的平台服务从事经营活动。传统市场中市场管理者会对在其商场从事经营活动的经营者身份进行必要的审核,在网络环境下,第三方交易平台同样需承担该审核义务。

(4)如实合法发送网络广告的义务。尽管大多数情况下,第三方交易平台只是充当一个服务平台的角色,服务平台上的网络广告主要是由经营者发布的,但对于服务平台上的特殊区域,主要由第三方交易平台控制,因此也不乏一些经营者委托第三方交易平台在特定区域发布广告,如在网站首页以醒目的方式发布经营者经营商品信息等。在这种情况下,第三方交易平台的角色发生了变化,随之其义务也应有相应的改变。

目前,我国《广告法》、《合同法》、《民法通则》、《网络交易管理办法》等法律中都有涉及广告相关内容,尤其是《广告法》,更是从多方面对广告发布做出法律规定。这些法律对于第三方交易平台发布广告同样具有规范作用。根据《广告法》规定,第三方交易平台为广告主发布广告时,负有审核广告内容真实性的义务。如果广告发布者明知或应知广告虚假仍然发布,则需要与广告主承担连带责任。如果广告发布者不能提供虚假广告的广告主真实名称、地址,则其需要承担全部民事责任。第三方交易平台为广告主发布广告时需要慎重审核广告内容和相关证明材料,否则出现虚假广告,第三方交易平台就需要承担上述法律责任。

同时,针对近两年日益兴盛的 APP 微信公众账号、微博等做出了相应的规定,网络交易中,通过博客、微博等网络社交载体提供宣传推广服务、评论商品或者服务并因此取得酬劳的,应当如实披露其性质,避免消费者产生误解。同时在宣传推广服务应当符合相关法律、法规、规章的规定。

地方性法规对网络广告的内容和广告发布者的审核义务做出了一定的规定,如《北京市网络广告管理暂行办法》就规定,包括烟草、性生活用品以及法律、法规有特别规定的商品或业务,互联网信息业务提供者不能发布广告,因此第三方交易平台也不得在平台上发布上述产品或业务的广告。但需要说明的是,《北京市网络广告管理暂行办法》只是地方政府规章,其效力只局限于北京地区。此外,部门规章中对通过邮件方式发送商业信息做出了规定。根据规定,广告发布者发送广告须履行必要的告知义务,包括广告发布者信息、产品信息、发送地址等。

(5)妥善保管义务。第三方交易平台通过用户注册、交易等多种途径了解到用户个人隐私方面的信息。通过信息的收集,第三方交易平台能够对用户进行必要的审核,确保交易安全,同时也能够更有针对性地为其用户服务。但如果第三方交易平台不当使用用户个人信息,则是对用户个人隐私的侵害。现实生活中,也确实常出现该类问题。用户隐私泄露已成为网络安全问题的突出点之一。网络用户担忧个人信息在网络中的安全保护,而用户对网上交易缺乏信心是网上交易发展的主要障碍。

(6)采取措施制止侵权的义务。关于第三方交易平台采取措施制止侵权的义务,我国目前主要规定在《信息网络传播权保护条例》中。根据该条例的规定,如果主机服务提供者知道或者有合理的理由应当知道服务对象提供的内容侵权而不采取措施制止,那么其将承担共同责任。如果搜索服务或者链接服务提供者知道或应当知道被链接对象侵权而不采取措施制止,则其应当承担共同责任。如果主机服务提供商或者搜索链接服务提供商不知道或者没有合理理由知道第三人上传的存储或者链接内容侵权,除非其在收到权利人合法的书面通知后拒绝移除或者断开侵权内容的链接,则其无须承担共同责任。该条例采取用"安全港原则"对网络服务提供者的义务做出了一定的免责。

此外,根据商务部《关于网上交易的指导意见(暂行)》的规定,服务提供者应当采取合理措施保护用户的注册信息、隐私和商业秘密,如果发生网络侵权行为或网络违法行为,由于服务提供者通过用户注册信息填写等多种途径掌握了用户的一定信息,服务提供者应提供必要的协助义务。

《网络交易管理办法》明确了第三方交易平台责任义务,即第三方交易平台经营者应当积极协助工商行政管理部门查处网上违法经营行为,提供在其平台内涉嫌违法经营的经营者的登记信息、交易数据等资料,不得隐瞒真实情况;为网络商品交易提供网络接入、支付结算、物流、快递等服务的有关服务经营者,应当积极协助工商行政管理部门查处网络商品交易相关违法行为,提供涉嫌违法经营的网络商品经营者的登记信息、联系方式、地址等相关数据资料,不得隐瞒其真实情况。

国家工商总局《网络交易管理办法》明确的

第三方交易平台的十二项主要义务

1. 实名亮照义务

第二十三条　第三方交易平台经营者应当对申请进入平台销售商品或者提供服务的法人、其他经济组织或者个体工商户的经营主体身份进行审查和登记,建立登记档案并定期核实更新,在其从事经营活动的主页面醒目位置公开营业执照登载的信息或者其营业执照的电子链接标识。

第三方交易平台经营者应当对尚不具备工商登记注册条件、申请进入平台销售商品或者提供服务的自然人的真实身份信息进行审查和登记,建立登记档案并定期核实更新,核发证明个人身份信息真实合法的标记,加载在其从事经营活动的主页面醒目位置。

第三方交易平台经营者在审查和登记时,应当使对方知悉并同意登记协议,提请对方注意义务和责任条款。

2. 签订协议义务

第二十四条 第三方交易平台经营者应当与申请进入平台销售商品或者提供服务的经营者订立协议,明确双方在平台进入和退出、商品和服务质量安全保障、消费者权益保护等方面的权利、义务和责任。

第三方交易平台经营者修改其与平台内经营者的协议、交易规则,应当遵循公开、连续、合理的原则,修改内容应当至少提前七日予以公示并通知相关经营者。平台内经营者不接受协议或者规则修改内容、申请退出平台的,第三方交易平台经营者应当允许其退出,并根据原协议或者交易规则承担相关责任。

3. 订立规则义务

第二十五条 第三方交易平台经营者应当建立平台内交易规则、交易安全保障、消费者权益保护、不良信息处理等管理制度。各项管理制度应当在其网站显示,并从技术上保证用户能够便利、完整地阅览和保存。

第三方交易平台经营者应当采取必要的技术手段和管理措施保证平台的正常运行,提供必要、可靠的交易环境和交易服务,维护网络交易秩序。

4. 信息监控义务

第二十六条 第三方交易平台经营者应当对通过平台销售商品或者提供服务的经营者及其发布的商品和服务信息建立检查监控制度,发现有违反工商行政管理法律、法规、规章的行为的,应当向平台经营者所在地工商行政管理部门报告,并及时采取措施制止,必要时可以停止对其提供第三方交易平台服务。

工商行政管理部门发现平台内有违反工商行政管理法律、法规、规章的行为,依法要求第三方交易平台经营者采取措施制止的,第三方交易平台经营者应当予以配合。

5. 制止侵权义务

第二十七条 第三方交易平台经营者应当采取必要手段保护注册商标专用权、企业名称权等权利,对权利人有证据证明平台内的经营者实施侵犯其注册商标专用权、企业名称权等权利的行为或者实施损害其合法权益的其他不正当竞争行为的,应当依照《侵权责任法》采取必要措施。

6. 消费维权义务

第二十八条 第三方交易平台经营者应当建立消费纠纷和解和消费维权自律制度。消费者在平台内购买商品或者接受服务,发生消费纠纷或者其合法权益受到损害时,消费者要求平台调解的,平台应当调解;消费者通过其他渠道维权的,平台应当向消费者提供经营者的真实的网站登记信息,积极协助消费者维护自身合法权益。

7. 分业经营义务

第二十九条　第三方交易平台经营者在平台上开展商品或者服务自营业务的,应当以显著方式对自营部分和平台内其他经营者经营部分进行区分和标记,避免消费者产生误解。

8. 信息存留义务

第三十条　第三方交易平台经营者应当审查、记录、保存在其平台上发布的商品和服务信息内容及其发布时间。平台内经营者的营业执照或者个人真实身份信息记录保存时间从经营者在平台的登记注销之日起不少于两年,交易记录等其他信息记录备份保存时间从交易完成之日起不少于两年。

第三方交易平台经营者应当采取电子签名、数据备份、故障恢复等技术手段确保网络交易数据和资料的完整性和安全性,并应当保证原始数据的真实性。

9. 妥善处置义务

第三十一条　第三方交易平台经营者拟终止提供第三方交易平台服务的,应当至少提前三个月在其网站主页面醒目位置予以公示并通知相关经营者和消费者,采取必要措施保障相关经营者和消费者的合法权益。

10. 鼓励信用评价

第三十二条　鼓励第三方交易平台经营者为交易当事人提供公平、公正的信用评价服务,对经营者的信用情况客观、公正地进行采集与记录,建立信用评价体系、信用披露制度以警示交易风险。

11. 鼓励建立保证金

第三十三条　鼓励第三方交易平台经营者设立消费者权益保证金。消费者权益保证金应当用于对消费者权益的保障,不得挪作他用,使用情况应当定期公开。

第三方交易平台经营者与平台内的经营者协议设立消费者权益保证金的,双方应当就消费者权益保证金提取数额、管理、使用和退还办法等作出明确约定。

12. 协助执法义务

第三十四条　第三方交易平台经营者应当积极协助工商行政管理部门查处网上违法经营行为,提供在其平台内涉嫌违法经营的经营者的登记信息、交易数据等资料,不得隐瞒真实情况。

9.8.3　第三方网上支付服务平台法律责任

第三方支付服务平台是指银行以外的提供支付清算的非金融机构。初期活跃在网上支付市场的第三方网上支付服务平台主要有支付宝、贝宝、首信易支付、财付通、环迅、网银在线、云网、上海快钱、Yeepay 和汇付天下等数十家。[①]

考察各支付平台所提供的网上支付服务,大体上分为支付通道服务模式和支付平台账户服务模式。在支付通道服务模式中,支付平台只作为支付通道将客户发出的支付指

---

① 孙广志,娄不夜.网上非银行金融机构行为研究.企业技术,2006(10):25.

令传递给银行,银行完成转账后再将信息传递给支付平台,支付平台将此信息通知商户并与商户进行账户结算,如首信易支付 B2C 支付服务。在支付通道模式下,网上消费者的付款直接进入支付平台的银行账户,然后由支付平台与商户的银行账户进行结算,中间没有经过虚拟账户,而是由银行完成转账。

另一种是支付平台账户模式,在支付平台账户服务模式下,用户须在支付平台开立一个以电子邮件为名称的虚拟账户,并可以对账户进行充值,使用该账户进行收付款,这与活期存款账户的功能十分类似。用户可以通过支付网关在银行账户转账结算完成收付款,也可以仅在支付平台的虚拟账户之间转账结算完成收付款。支付平台也可能参与到交易中,通过提高交易付款的安全度来促成交易。不论是转账结算还是参与交易,支付平台都以用户的虚拟账户为中间点,支付过程必须经过虚拟账户。

根据以上对两种服务模式的分析总结,第三方网上支付平台主要提供三种服务,一是根据客户指令完成收付款;二是向交易双方提供增强交易可信赖度的中介服务;三是向客户提供可储值的虚拟账户。第一种服务中,支付平台是结算服务者;第二种服务中,支付平台则是暂时保管货款的第三人;第三种服务中,支付平台提供了类似活期存款账户的服务。因此,三种服务的法律关系是不同的,支付平台承担的义务和责任也不同。

2010 年上半年,由于中国人民银行《非金融支付服务管理办法》的颁布,第三方支付又一次成为公众关注的焦点。

可能正是由于第三方支付这种介于金融服务和 IT 服务之间模式创新的新兴产业自诞生以来的近十年间一直缺乏明确的法律规范的缘故,对第三方支付服务机构法律责任的认定也是一个比较模糊的领域,往往比照金融服务或 IT 服务机构的法律责任予以认定。而由于第三方支付应用范围极广,一旦与色情网站、网络赌博、洗钱、套现和网络诈骗沾边,如果没有明确的责任认定的原则,则很容易陷入泥潭,出于善意的考虑,有的人可能会说,是第三方支付服务机构一时大意,被违法犯罪分子利用了;出于非善意的考虑,有的人则会说,他们本来就是一伙的! 所以,明确第三方支付服务机构法律责任认定的原则,不仅是澄清第三方支付在公众心目中形象的必须,更是这个新兴产业继续得以快速发展的根本。

1. 民事责任方面

我国的《侵权责任法》于 2010 年 7 月 1 日实施,其中的第三十六条被称为"网络专条",第三方支付也属于"网络服务提供者"的范畴,所以在法律责任认定上,该"网络专条"的规定对于第三方支付机构同样适用:"网络服务提供者知道网络用户利用其网络服务侵害他人民事权益,未采取必要措施的,与该网络用户承担连带责任"。也就是说,作为一类网络服务提供者,其网络用户利用其网络服务实施侵权行为的,第三方支付服务机构只在"知道"的情况下承担连带责任。这种责任认定原则是符合我国民事责任认定的过错责任原则的。

不过,《侵权责任法》还只是我国民法领域的基本法,涉及的只是民事主体的民事权利,那么,在涉及刑事犯罪的刑法领域,第三方支付服务机构的法律责任又该如何认定呢?

2. 刑事责任方面

最高人民法院、最高人民检察院在 2010 年 2 月 3 日联合发布《关于办理利用互联网、移动通信终端、声讯台制作、复制、出版、贩卖、传播淫秽电子信息刑事案件具体应用法律若干问题的解释(二)》中明确:"电信业务经营者、互联网信息服务提供者明知是淫秽网站,为其提供互联网接入、服务器托管、网络存储空间、通信传输通道、代收费等服务,并收取服务费,具有下列情形之一的,对直接负责的主管人员和其他直接责任人员,依照刑法第三百六十三条第一款的规定,以传播淫秽物品牟利罪定罪处罚:(三)为淫秽网站提供代收费服务,收取服务费数额在五万元以上的"。

也就是说,在刑事责任方面,网络服务提供者承担责任的前提进一步由"知道"变为"明知"。至于什么是"明知",该司法解释进一步明确:"具有下列情形之一的,应当认定行为人'明知',但是有证据证明确实不知道的除外:(一)行政主管机关书面告知后仍然实施上述行为的;(二)接到举报后不履行法定管理职责的;(三)为淫秽网站提供互联网接入、服务器托管、网络存储空间、通信传输通道、代收费、费用结算等服务,收取服务费明显高于市场价格的;(四)向淫秽网站投放广告,广告点击率明显异常的;(五)其他能够认定行为人明知的情形。"

当然,这些规定也只是针对的是淫秽色情信息的接入和服务方面,至于为网络赌博提供网络服务方面,在最高人民法院刚刚颁布的司法解释中进一步明确:"明知是赌博网站,而为其提供下列服务或帮助的,依《刑法》第三百零三条第二款,以开设赌场罪的共同犯罪处罚:(二)为赌博网站提供资金支付结算服务,收取服务费数额在 1 万元以上或帮助收取赌资 20 万元以上的。""数量或数额达到规定标准 5 倍以上的,认定为'情节严重'"。

至于对"明知"的认定,和上一个司法解释基本相同,该司法解释规定:"具有下列情形之一的,应当认定行为人"明知",但是有证据证明确实不知道的除外:(一)收到行政主管机关书面、电子邮件、电话等方式的告知后,仍然实施上述行为的;(二)为赌博网提供资金支付结算等服务收取服务费明显异常的;(三)在执法人员调查时,故意通过销毁、修改数据、账本等方式规避调查或向犯罪嫌疑人通风报信的;(四)其他有证据证明行为人明知的。"

3. 行政责任方面

分析完第三方支付在民事、刑事方面的法律责任,在行政责任方面,中国人民银行于 2010 年 9 月 1 日实施的《非金融机构支付服务管理办法》的第三十一条明确:"支付机构应当按规定核对客户的有效身份证件或其他有效身份证明文件,并登记客户身份基本信息。支付机构明知或应知客户利用其支付业务实施违法犯罪活动的,应当停止为其办理支付业务。"

也就是说,根据中国人民银行的规定,非金融支付机构,即第三方支付服务机构因为违法犯罪人提供支付服务而承担责任的前提是"明知或应知"。

通过以上的一系列分析,就可以很明确地知道,第三方支付服务机构法律责任认定的原则在我国已经得到了法律、司法解释和部门规章的明确,整体上已不再存在法律适用的空白和盲点。

简单地说,第三方支付服务机构承担连带的民事责任的前提是"知道",承担刑事责任的前提是"明知",承担行政责任的前提是"明知或应知"。或者概括为一句话,第三方支付承担法律责任的前提是主观上存在的过错,不能简单地认为其客观上帮助了违法犯罪和侵权就想当然地认为其必然要承担相应的责任。

这里面涉及 3 个非常关键的词,就是"知道"、"明知"和"应知",对于其具体内涵和概念间的相互关系,我们理解为:"应知"是一个最为宽泛的概念,具有很强的主观性,不以责任人自己的主观意识状态为标准,应有明确的应知标准予以圈定。也就是说,需要更具体的实施细则解释"应知"的判定标准,否则难以执行;"明知"是一个比较准确的概念,需要举出责任人明知的证据,否则就是不"明知"。而我国的这两个司法解释也确切列举了认定"明知"的标准,所以"明知"是一个严谨的概念范畴;而"知道"是一个介于"应知"和"明知"之间的概念,更偏向于"明知",是一个比"明知"稍微含糊一点的概念,也是以责任人的主观意识状态为判断标准的,只是这个判断标准还找不到明确的法律依据。

由于我国法律法规规定第三方支付服务机构的行政责任以"明知加应知"为判断标准,因此其行政法律责任的范围是最宽的,民事责任的范围次之,刑事责任的范围最窄也最明确,其他两个领域的责任范围还需要进一步予以明确。而这种从行政责任到刑事责任由宽到窄的制度设计也符合我国法律责任制度的基本原则。

中国人民银行《非金融机构支付服务管理办法》
规定的第三方支付的十一项主要义务

1. 合规经营义务

第十七条　支付机构应当按照《支付业务许可证》核准的业务范围从事经营活动,不得从事核准范围之外的业务,不得将业务外包。

支付机构不得转让、出租、出借《支付业务许可证》。

2. 建立规则义务

第十八条　支付机构应当按照审慎经营的要求,制订支付业务办法及客户权益保障措施,建立健全风险管理和内部控制制度,并报所在地中国人民银行分支机构备案。

3. 明确收费标准义务

第十九条　支付机构应当确定支付业务的收费项目和收费标准,并报所在地中国人民银行分支机构备案。

支付机构应当公开披露其支付业务的收费项目和收费标准。

4. 报送数据义务

第二十条　支付机构应当按规定向所在地中国人民银行分支机构报送支付业务统计报表和财务会计报告等资料。

5. 签订协议义务

第二十一条　支付机构应当制定支付服务协议,明确其与客户的权利和义务、纠纷处理原则、违约责任等事项。

支付机构应当公开披露支付服务协议的格式条款,并报所在地中国人民银行分支机构备案。

6. 妥善保管备付金义务

第二十四条 支付机构接受的客户备付金不属于支付机构的自有财产。

支付机构只能根据客户发起的支付指令转移备付金。禁止支付机构以任何形式挪用客户备付金。

第二十七条 支付机构的分公司不得以自己的名义开立备付金专用存款账户,只能将接受的备付金存放在支付机构开立的备付金专用存款账户。

第二十八条 支付机构调整不同备付金专用存款账户头寸的,由备付金存管银行的法人机构对支付机构拟调整的备付金专用存款账户的余额情况进行复核,并将复核意见告知支付机构及有关备付金存管银行。

支付机构应当持备付金存管银行的法人机构出具的复核意见办理有关备付金专用存款账户的头寸调拨。

第二十九条 备付金存管银行应当对存放在本机构的客户备付金的使用情况进行监督,并按规定向备付金存管银行所在地中国人民银行分支机构及备付金存管银行的法人机构报送客户备付金的存管或使用情况等信息资料。

对支付机构违反第二十五条至第二十八条相关规定使用客户备付金的申请或指令,备付金存管银行应当予以拒绝;发现客户备付金被违法使用或有其他异常情况的,应当立即向备付金存管银行所在地中国人民银行分支机构及备付金存管银行的法人机构报告。

第三十条 支付机构的实缴货币资本与客户备付金日均余额的比例,不得低于 10%。

本办法所称客户备付金日均余额,是指备付金存管银行的法人机构根据最近 90 日内支付机构每日日终的客户备付金总量计算的平均值。

7. 实名审核义务

第三十一条 支付机构应当按规定核对客户的有效身份证件或其他有效身份证明文件,并登记客户身份基本信息。

支付机构明知或应知客户利用其支付业务实施违法犯罪活动的,应当停止为其办理支付业务。

8. 支付安全保障义务

第三十二条 支付机构应当具备必要的技术手段,确保支付指令的完整性、一致性和不可抵赖性,支付业务处理的及时性、准确性和支付业务的安全性;具备灾难恢复处理能力和应急处理能力,确保支付业务的连续性。

9. 保密义务

第三十三条 支付机构应当依法保守客户的商业秘密,不得对外泄露。法律法规另有规定的除外。

10. 妥善保管义务

第三十四条　支付机构应当按规定妥善保管客户身份基本信息、支付业务信息、会计档案等资料。

11. 协助调查义务

第三十五条　支付机构应当接受中国人民银行及其分支机构定期或不定期的现场检查和非现场检查，如实提供有关资料，不得拒绝、阻挠、逃避检查，不得谎报、隐匿、销毁相关证据材料。

9.9　参考阅读

国家工商总局《网络交易管理办法》

（2014 年 3 月 15 日起实施）（部分内容）

第二章　网络商品经营者和有关服务经营者的义务

第一节　一般性规定

第七条　从事网络商品交易及有关服务的经营者，应当依法办理工商登记。

从事网络商品交易的自然人，应当通过第三方交易平台开展经营活动，并向第三方交易平台提交其姓名、地址、有效身份证明、有效联系方式等真实身份信息。具备登记注册条件的，依法办理工商登记。

从事网络商品交易及有关服务的经营者销售的商品或者提供的服务属于法律、行政法规或者国务院决定规定应当取得行政许可的，应当依法取得有关许可。

第八条　已经工商行政管理部门登记注册并领取营业执照的法人、其他经济组织或者个体工商户，从事网络商品交易及有关服务的，应当在其网站首页或者从事经营活动的主页面醒目位置公开营业执照登载的信息或者其营业执照的电子链接标识。

第九条　网上交易的商品或者服务应当符合法律、法规、规章的规定。法律、法规禁止交易的商品或者服务，经营者不得在网上进行交易。

第十条　网络商品经营者向消费者销售商品或者提供服务，应当遵守《消费者权益保护法》和《产品质量法》等法律、法规、规章的规定，不得损害消费者合法权益。

第十一条　网络商品经营者向消费者销售商品或者提供服务，应当向消费者提供经营地址、联系方式、商品或者服务的数量和质量、价款或者费用、履行期限和方式、支付形式、退换货方式、安全注意事项和风险警示、售后服务、民事责任等信息，采取安全保障措施确保交易安全可靠，并按照承诺提供商品或者服务。

第十二条　网络商品经营者销售商品或者提供服务，应当保证商品或者服务的完整性，不得将商品或者服务不合理拆分出售，不得确定最低消费标准或者另行收取不合理的费用。

第十三条　网络商品经营者销售商品或者提供服务，应当按照国家有关规定或者商业惯例向消费者出具发票等购货凭证或者服务单据；征得消费者同意的，可以以电子化形式出具。电子化的购货凭证或者服务单据,可以作为处理消费投诉的依据。

消费者索要发票等购货凭证或者服务单据的,网络商品经营者必须出具。

第十四条　网络商品经营者、有关服务经营者提供的商品或者服务信息应当真实准确,不得作虚假宣传和虚假表示。

第十五条　网络商品经营者、有关服务经营者销售商品或者提供服务,应当遵守《商标法》、《企业名称登记管理规定》等法律、法规、规章的规定,不得侵犯他人的注册商标专用权、企业名称权等权利。

第十六条　网络商品经营者销售商品,消费者有权自收到商品之日起七日内退货,且无需说明理由,但下列商品除外:

(一)消费者定作的;

(二)鲜活易腐的;

(三)在线下载或者消费者拆封的音像制品、计算机软件等数字化商品;

(四)交付的报纸、期刊。

除前款所列商品外,其他根据商品性质并经消费者在购买时确认不宜退货的商品,不适用无理由退货。

消费者退货的商品应当完好。网络商品经营者应当自收到退回商品之日起七日内返还消费者支付的商品价款。退回商品的运费由消费者承担;网络商品经营者和消费者另有约定的,按照约定。

第十七条　网络商品经营者、有关服务经营者在经营活动中使用合同格式条款的,应当符合法律、法规、规章的规定,按照公平原则确定交易双方的权利与义务,采用显著的方式提请消费者注意与消费者有重大利害关系的条款,并按照消费者的要求予以说明。

网络商品经营者、有关服务经营者不得以合同格式条款等方式做出排除或者限制消费者权利、减轻或者免除经营者责任、加重消费者责任等对消费者不公平、不合理的规定,不得利用合同格式条款并借助技术手段强制交易。

第十八条　网络商品经营者、有关服务经营者在经营活动中收集、使用消费者或者经营者信息,应当遵循合法、正当、必要的原则,明示收集、使用信息的目的、方式和范围,并经被收集者同意。网络商品经营者、有关服务经营者收集、使用消费者或者经营者信息,应当公开其收集、使用规则,不得违反法律、法规的规定和双方的约定收集、使用信息。

网络商品经营者、有关服务经营者及其工作人员对收集的消费者个人信息或者经营者商业秘密的数据信息必须严格保密,不得泄露、出售或者非法向他人提供。网络商品经营者、有关服务经营者应当采取技术措施和其他必要措施,确保信息安全,防止信息泄露、丢失。在发生或者可能发生信息泄露、丢失的情况时,应当立即采取补救措施。

网络商品经营者、有关服务经营者未经消费者同意或者请求,或者消费者明确表示拒绝的,不得向其发送商业性电子信息。

第十九条　网络商品经营者、有关服务经营者销售商品或者服务,应当遵守《反不正当竞争法》等法律的规定,不得以不正当竞争方式损害其他经营者的合法权益、扰乱社会

经济秩序。同时,不得利用网络技术手段或者载体等方式,从事下列不正当竞争行为:

(一)擅自使用知名网站特有的域名、名称、标识或者使用与知名网站近似的域名、名称、标识,与他人知名网站相混淆,造成消费者误认;

(二)擅自使用、伪造政府部门或者社会团体电子标识,进行引人误解的虚假宣传;

(三)以虚拟物品为奖品进行抽奖式的有奖销售,虚拟物品在网络市场约定金额超过法律法规允许的限额;

(四)以虚构交易、删除不利评价等形式,为自己或他人提升商业信誉;

(五)以交易达成后违背事实的恶意评价损害竞争对手的商业信誉;

(六)法律、法规规定的其他不正当竞争行为。

第二十条 网络商品经营者、有关服务经营者不得对竞争对手的网站或者网页进行非法技术攻击,造成竞争对手无法正常经营。

第二十一条 网络商品经营者、有关服务经营者应当按照国家工商行政管理总局的规定向所在地工商行政管理部门报送经营统计资料。

案例 9-1 杭州瑞冠环保科技公司环保设备网络虚假宣传案[①]

2013 年 5 月 30 日,执法人员在互联网巡查时发现,杭州瑞冠环保科技有限公司在其网站(www.hzruiguan.com.cn)上宣称杭州瑞冠环保科技有限公司是台湾瑞旗集团在我国大陆地区的分公司、"管理体系认证:ISO 9001 ISO14001"、"研发部门人数:11~20人"、"厂房面积:30000.00 平方米"等。经查实,该公司非台资企业,没有宣传的厂房和生产资质,更没有通过 ISO 9001 或 ISO 14001 管理体系认证,其他内容也与事实严重不符。工商机关认为,该公司在网络上虚构企业信息和产品销售情况,属于作引人误解的虚假宣传,依法给予该公司罚款 1.5 万元的行政处罚,并责令停止违法行为。

案例 9-2 深圳商标侵权案首次冻结被告支付宝账号[②]

深圳市罗湖区人民法院近日在审理一宗侵害商标权纠纷案件中,根据当事人的申请,依据相关法律规定,创新财产保全措施,冻结了被告名下的支付宝账号,更好地保障了当事人的权益。

该案中,原告某通信科技有限公司诉称其拥有的手机商标被国家工商行政管理总局批准认定为"中国驰名商标",而被告刘某利用淘宝网店大量销售假冒原告注册商标的手机,给原告造成巨大经济损失,遂向法院提起诉讼,请求查封、冻结被告名下财产,金额以

---

① 中国工商报. 2013 年网络虚假宣传十大典型法律案例. http://www.cicn.com.cn/index.html.

② 人民日报. 深圳商标侵权案首次冻结被告支付宝账号. http://finance.people.com.cn/n/2014/0320/c1004-24683279.html.

人民币 10 万元为限,并提供了被告支付宝账号作为财产线索。法院经审查裁定后,向支付宝(中国)网络技术有限公司发出《协助执行通知书》,要求冻结被告在其公司支付宝账号内的资金人民币 10 万元,冻结期限为 6 个月。支付宝(中国)网络技术有限公司积极配合,将涉案支付宝账号内现有的资金人民币 25000 余元予以冻结,自冻结之日起该支付宝账号不能用于支付、提现。

罗湖法院此次冻结涉案当事人支付宝账户,有利于实现对被申请人财产的全方位监控,更好地保障申请人的利益,为今后对网络资金账户的查封冻结提供了一定的经验。

案例 9-3　网络著作权犯罪案[①]

2014 年 5 月 15 日思路网侵权案在海淀法院审结。周志全因侵犯著作权罪被判处有期徒刑 5 年,并处罚金 100 万元。同案 6 人分别被判处 1 年到 3 年不等的有期徒刑。

周志全于 2008 年 8 月注册成立北京心田一品科技有限公司,经营思路网站,并将 HDstar 论坛作为网站内站。2009 年 1 月至 2013 年 4 月间,周志全雇佣苏立源、曹军、贾晶洋、李赋然等人,未经著作权人许可,以会员制方式,将他人享有著作权的大量影视、音乐等作品以种子形式上传至 HDstar 论坛,供注册会员下载,同时通过投放广告,销售网站注册邀请码和 VIP 会员资格赢利。

同时,周志全的同伙寇宇杰于 2012 年 5 月至 2013 年 4 月间,雇佣崔兵等人,未经著作权人许可,复制他人享有著作权的电影至 4000 余份硬盘中,并通过淘宝网店予以销售。

海淀法院经审理后认定,被告人周志全雇佣被告人苏立源、曹军、李赋然、贾晶洋以赢利为目的,未经著作权人许可,通过信息网络传播他人作品,情节特别严重;被告人寇宇杰雇佣崔兵以赢利为目的,未经著作权人许可,复制发行他人作品,情节特别严重;上述被告人的行为均已构成侵犯著作权罪,应予惩处。被告人苏立源、寇宇杰、曹军、贾晶洋、李赋然、崔兵到案后及庭审中能如实供述自己的罪行,认罪态度较好,法院对其 6 人均依法从轻处罚。主犯周志全因拒不认罪被从重处罚。

最终,法院判决周志全犯侵犯著作权罪,判处有期徒刑 5 年,罚金人民币 100 万元。被告人寇宇杰、苏立源等主犯分别被判处有期徒刑 1 年至 3 年。

案例 9-4　去哪儿网维权胜诉　去哪网被判赔 25 万元[②]

2005 年 5 月,庄某超注册了"qunar.com"域名并创建了"去哪儿"网。北京趣拿信息技术有限公司(以下简称"北京趣拿公司")于 2006 年 3 月经工商登记成立后,"qunar.com"域名由该公司法定代表人庄某超转让给公司。经过多年使用,"去哪儿"、"去哪儿网"、"qunar.com"等服务标识成为知名服务的特有名称。

---

①　来源:《京华时报》.记者:王晟,张淑玲《国内首例网络著作权犯罪宣判》. http://www.techweb.com.cn/internet/2014-05-16/2037007.shtml.

②　羊城晚报.去哪儿网维权胜诉 去哪网被判赔 25 万元. http://www.ebrun.com/20140425/97530.shtml.

广州去哪信息技术有限公司(以下简称"广州去哪公司")前身为广州市龙游仙踪旅行社有限公司,成立于2003年12月,经营范围与北京趣拿公司相近。2003年6月,"quna.com"域名登记注册。经多次转让,苑某恩(广州去哪公司法定代表人)于2009年5月受让取得该域名。2009年5月,广州去哪公司经核准变更为现名,"quna.com"域名也随即转让给公司。公司随后注册了"123quna.com"、"mquna.com"域名,并使用"去哪"、"去哪儿"、"去哪网"、"quna.com"名义对外宣传和经营。

2011年4月,北京趣拿公司以广州去哪公司使用"去哪"、"去哪儿"、"去哪网"、"quna.com"构成不正当竞争为由,向广州中级人民法院起诉,请求判令停止不正当竞争行为并赔偿经济损失人民币300万元等。

广州中院认为,广州去哪公司使用"去哪"、"去哪儿"、"去哪网"、"quna.com"商业标记的行为构成对北京趣拿公司知名服务特有的名称的侵害,广州去哪公司在其企业字号中使用"去哪"字样的行为构成不正当竞争,使用"quna.com"、"123quna.com"、"mquna.com"域名的行为构成对北京趣拿公司域名权益的侵害。据此判决广州去哪公司停止使用"去哪"作为其企业字号,停止使用"去哪"、"去哪儿"、"去哪网"、"quna.com"作为其服务标记,停止使用"quna.com"、"123quna.com"、"mquna.com"域名,并限期将上述域名移转给北京趣拿公司。同时,广州去哪公司赔偿北京趣拿公司经济损失人民币35万元。

广州去哪公司不服判决,上诉至广东省高级人民法院,二审法院维持了一审判决中关于广州去哪公司停止使用"去哪"企业字号以及使用"去哪"等标识的判项,撤销了"广州去哪公司停止使用'quna.com'、'123quna.com'、'mquna.com'域名,并限期将上述域名移转给北京趣拿公司"的判项,并把赔偿额调整为25万元。

案例9-5 全国特大网络制售假药案[①]

2014年3月24日,婺城区检察院审结一起全国特大"家族式"新型网络制售假药案件,这是公安部"云端行动"系列案之一,涉案人谭昌军、谭丽峰、谭立平因涉嫌制售假药罪,被依法提起公诉。

该案系公安部重点打击的特大涉网制售假药案,多名家族内亲属分工合作,针对中老年人常见病的主流药品,跨区域收购半成品进行包装,利用新型网络终端在全国范围内批发零售,并依托专业物流采取货到付款的"一条龙服务",致使案件受害者遍布河南、河北、山东、山西、湖南、浙江、广东、江苏、江西等全国多个省份,总涉案金额近百万元,社会影响极其恶劣。

作案不到5个月,谭昌平等人便被公安机关在山东家中抓获。直至案发,4人利用物流公司发货近60次,仅当场查扣的货单上销售金额便达40余万元,堆在家中未出售的假药半成品近3000盒,空包装盒近1000只,市场价值近百万元。本案中几十名受害者跨越

[①] 金华日报. 全国特大网络制售假药案在金提起公诉. http://epaper. jhnews. com. cn/site1/jhrb/html/2014-03/27/content_1775904. htm.

大江南北,遍布全国多个省份,其中不仅有中老年病人及其家属、小药品批发中间商,甚至还包括省内部分实体大药房的采购人员(均另案处理),致使大量假药流入市场,对社会危害极大。

案例 9-6　务工人员网购数万条考生信息行骗[①]

近日,经江苏省靖江市人民检察院提起公诉,靖江市人民法院以诈骗罪和非法获取公民个人信息罪一审判处被告人周兵有期徒刑一年两个月,并处罚金 8000 元。

周兵就是利用考生求成心理,通过在网上非法购买考生信息,并于事业单位招聘考试前群发信息,谎称其有考试答案,当考生汇款后即上演"躲猫猫",从而骗取考生钱财。公安机关接到报案后,于 2013 年 8 月 6 日将正忙着在 QQ 上与其他考生"谈生意"的周兵抓获。

周兵被抓获时,民警在其作案的笔记本电脑内还查获了贵州省某事业单位招考及建设工程造价员资格考试报名人员个人信息两万余条,包含考生姓名、身份证号码、联系方式、户籍地等内容,这些信息均是周兵通过网络购买。

"侵犯公民个人信息已成为电信诈骗、敲诈勒索等多种下游犯罪的源头,社会危害性较大,严重威胁社会和谐稳定。"承办检察官彭颖倩说,我国刑法修正案(七)首次把对个人隐私和信息保护上升到刑法层面。"这要求掌握公民个人信息的国家机关和相关部门加强行业自律,注重公民个人信息保护,建立追责机制,严防公民信息非法泄露"。

案例 9-7　打车软件接单拒载被起诉[②]

上海男子严某于 2014 年 3 月 13 日向浦东新区法院递交诉状,正式起诉上海锦江汽车服务有限公司,请求判定该出租车公司构成违约,并赔偿 3000 元。

诉状称,2014 年 2 月 28 日 16:30 左右,严某在上海光大会展中心的东馆门口,排队乘坐出租车。经过较长时间等待后,一辆亮着绿色顶灯的锦江出租车在上海光大会展中心东馆门口停下,严某见状立即过去,打开该出租车的车门坐进去,但该车驾驶员表示不愿意严某搭乘其出租车。之后,严某向上海锦江汽车服务有限公司电话投诉拒载事件,经该公司客服人员确认:驾驶员当时确实没有为严某提供服务,但其是在用打车软件接老客户的单子,因此并不属于拒载。

严某认为,根据《合同法》关于合同成立相关规定,以及《上海市出租汽车管理条例》在出租车待运空车情况下,一旦因乘客招手时停下来,乘客与出租车的客运合同就已经成立不得拒载。因此,被告拒绝履行合同义务,并无礼地驱赶原告下车,理应承担违约责任。

---

① 法制网.谎称可出售事业单位考试真题答案 务工人员网购数万条考生信息行骗,2014-3-25.
② 新华网.上海一出租车司机接单软件打车拒载被起诉,2014-3-14.

案例 9-8　快递公司赔淘宝店主七成损失[①]

淘宝店主快递一部手机给买家并代收货款 4500 多元,却没想到买家利用收货之际,从快递员手中抢夺手机潜逃,店主遂向快递公司索赔。2013 年 10 月,陈先生以委托合同纠纷为由,向东莞市第二人民法院状告快递公司,请求法院判令快递公司支付赔偿金 4550 元及其利息、快递费 35 元以及通信费、交通费、律师费等共 2400 元。

快递公司则感到冤枉。快递公司认为,此案疑点太多,货是由深圳发往广州的,而犯罪嫌疑人作案车辆属深圳车牌,手机号码也属于深圳联通用户。根据《国内快递服务协议》约定,因不可抗力原因致协议不能履行或不能完全履行的,受影响的一方在不可抗力影响的范围和限度内免于承担责任。本事件是快递公司不可预知的,属不可抗力,依约可免除赔偿责任。

法院经审理认为,本案关键在于,快递公司能否以不可抗力为由免责。法院认为,在本案中,被抢事件虽事发突然,但如能加以谨慎防范与注意,还是有可能避免。故法院对快递公司关于被抢事件属于不可抗力并应免责的说法不予采纳。

快递公司未能代收货款属于违约,但寄件人陈先生未能准确填写收件人的身份及地址信息,违反合同义务,为收件人实施抢夺行为提供了便利,对未能追回货款有一定过错,也存在违约行为。法院酌情认定快递公司就本案损失承担 70% 的责任,陈先生自行承担 30% 的责任。

✔ 本章小结

电子商务是在全球性电子虚拟市场上开展的商务活动,它改变了传统的买卖双方面对面的交流方式,也打破了旧有工作经营模式。如何保障各个方面都能有效服务于电子商务,不仅仅是国家所探讨和研究的,也是这些从事或欲从事电子商务的人们所希望了解的。本章就与电子商务相关的公共管理领域进行了一定的探讨和分析,以期能使读者对这些问题有初步的了解。

工商管理方面,现行工商管理还是按照对传统经济主体,如股份公司、有限责任公司、个体工商户、个人合伙等的管理来划分和要求的。但随着电子商务的发展,一些地方相继进行了电子商务网站和其他网络经营主体工商管理方面的探索,2014 年 2 月 13 日国家工商总局颁布的《网络交易管理办法》中明确制定了网上交易中消费者的合法权益保护措施,坚持了个人网上开店的"实名制"原则。要求从事网络商品交易的自然人,应通过第三方交易平台开展经营活动,并向第三方交易平台提交其姓名、地址、有效身份证明、有效联系方式等真实身份信息。具备登记注册条件的,还要依法办理工商登记。

税收方面,我国对电子商务税收的政策主要包括税收优惠和尝试性的电子商务税收

---

① 南方周末.买主未付款抢走货品 快递公司赔淘宝店主七成损失,2014-2-19.

征管。目前我国电子商务的税收方面主要适用现有关于企业和个人税收的相关法律规定。此外，虚拟货币等电子商务的产物也有逐步进入法律视野。目前已将个人通过网络收购网络游戏玩家的虚拟货币，加价后向他人出售取得的收入，作为个人所得税的一部分。其他虚拟财产的法律问题还未有明确规定。

个人隐私与商业数据保护方面，我国法律对互联网络信息安全及合法性做出了规定，并赋予互联网服务提供者对信息的监管义务，在具体的商业数据相关主体权益方面，《民法通则》及最高法院的相关司法解释等对保护公民隐私权做出了规定，《合同法》、《反不正当竞争法》、《全国人大常务委员会关于加强网络信息保护的决定》、《电信和互联网用户个人信息保护规定》法律规范对企业的商业秘密保护做出了规定。

消费者权益保护方面，新修订的《消费者权益保护法》将网络消费者权益保护提高到一个新的高度。规定，消费者有权自收到商品之日起 7 日内退货，且无须说明理由，网络商品经营者应当自收到退回商品之日起 7 日内返还消费者支付的商品价款。消费者定做的、鲜活易腐的、在线下载或消费者拆封的数字化商品、报纸和期刊等除外，消费者退货的商品应当完好，并承担退回商品的运费等。

在第三方平台的法律责任方面，工商总局的《网络交易管理办法》明确了第三方交易平台的主要责任和义务，即第三方交易平台经营者应当积极协助工商行政管理部门查处网上违法经营行为，提供在其平台内涉嫌违法经营的经营者的登记信息、交易数据等资料，不得隐瞒真实情况；为网络商品交易提供网络接入、支付结算、物流、快递等服务的有关服务经营者，应当积极协助工商行政管理部门查处网络商品交易相关违法行为，提供涉嫌违法经营的网络商品经营者的登记信息、联系方式、地址等相关数据资料，不得隐瞒其真实情况。

在不正当竞争方面，电子商务中不正当竞争的主要表现形式有：垄断行为；侵犯商标权及商业混同行为；域名纠纷、侵犯他人商业秘密；利用网络广告等手段进行虚假宣传；利用网络技术措施实施不正当竞争行为等。

思考题

1. 电子商务的工商管理包括哪些内容？
2.《网络交易管理办法》明确了交易平台的哪些主要义务？
3. 个人数据和商业数据的法律保护目前在我国的执行状况如何？
4. 我国现阶段如何保护网络环境下的版权？
5. 电子数据库目前在我国的法律保护现状如何？
6. 我国电子商务消费者权益保护目前主要存在哪些问题？
7. 第三方平台如何区分？不同类型平台的责任如何？
8. 电子商务领域的不正当竞争包括哪些形式？

参考文献

著作类：

[1] 卢文浩.抢占新三板：新政解读与案例集锦.2版.[M].北京：中国经济出版社,2014.

[2] 车品觉.决战大数据：驾驭未来商业的利器[M].杭州：浙江人民出版社,2014.

[3] 杨彪.中国第三方支付有效监管研究[M].厦门：厦门大学出版社,2013.

[4] 王丹.电子商务法律事务[M].上海：上海交通大学出版社,2013.

[5] 鞠晔.B2C电子商务中消费者权益的法律保护[M].北京：法律出版社,2013.

[6] 孙秋宁.网络广告：互联网上的不正当竞争和商标[M].北京：中国政法大学出版社,2004.

[7] 艾瑞学院.蜕变：传统企业如何向电子商务转型[M].北京：清华大学出版社,2012.

论文期刊类：

[1] 中国互联网法律与政策研究报告[R].北京：电子工业出版社,2014年.

[2] 2014年反垄断第一案调查高通[J].IT时代周刊,2014-1-20.

[3] 电子商务报告(2012)[R].北京：清华大学出版社,2013-5-1.

[4] 网规研究通讯[R],2013(12).

[5] 薛红.电子商务第三方交易平台权力、责任和问责三重奏[R].

[6] 姜奇平.APEC跨境商业个人是数据隐私权保护——规则与实施[R].

电子阅读类：

[1] 2011—2012年度中国电子商务法律报告[R].中国电子商务研究中心.http://www.100ec.cn/zt/2012law/.

[2] 一中院向淘宝发加强安保司法建议[N].新民晚报.http://news.sina.com.cn/o/2014-02-09/155929421078.shtml.

[3] 2013年网络虚假宣传十大典型法律案例[N].中国工商报.http://www.cicn.com.cn/index.html.

[4] 深圳商标侵权案首次冻结被告支付宝账号[N].人民日报.http://finance.people.com.cn/n/2014/0320/c1004-24683279.html.

[5] 阿拉木斯.电子签名法研究[R].www.chinaeclaw.com,2010-4-23.

[6] 国内首例网络著作权犯罪宣判[N].京华时报.http://www.techweb.com.cn/internet/2014-05-16/2037007.shtml.

[7] 去哪儿网维权胜诉 去哪网被判赔25万[N].羊城晚报.http://www.ebrun.com/20140425/97530.shtml.

[8] 全国特大网络制售假药案在金提起公诉[N].金华日报.http://epaper.jhnews.com.cn/site1/jhrb/html/2014-03-27/content_1775904.htm.

[9] 《中小卖家"反攻"淘宝：欲起诉维权》编选[EB/OL].中国电子商务研究中心.法治周末.http://www.legaldaily.com.cn/xwzx/content/2013-12/25/content_5154674_4.htm.